## ATENÇÃO

Prezados(as) Alunos(as): todas as **atividades** serão inseridas diretamente no Portifólio referente à disciplina. O objetivo é aumentar a interação do(a) aluno(a) com a plataforma, além de atualizar as **atividades**. Entrem com sua senha e acompanhe as **atividades** no sistema. Se preferir, imprimam as **atividades** e anexem no seu material impresso. Guias de estudo que contenham as **atividades** são guias de estudo antigos, onde as **atividades** já foram **modificadas**. Por favor, observem.

Atenciosamente,

Direção da UNIGRANET

# Graduação a Distância

**1º SEMESTRE**

## Ciências Biológicas

# TECNOLOGIA
## EDUCACIONAL EM EAD

**UNIGRAN** - *Centro Universitário da Grande Dourados*

Rua Balbina de Matos, 2121 - CEP 79.824 - 9000
Jardim Universitário
Dourados - MS
Fone: (67) 3411-4141 / Fax: (67) 3411-4167

*Os direitos de publicação desta obra são reservados ao Centro Universitário da Grande Dourados (UNIGRAN), sendo proibida a reprodução total ou parcial de acordo com a Lei 9.160/98.*

*Os artigos de sites e revistas indicados para a leitura foram registrados como nos originais.*

# Apresentação da Docente

Maria Dolores Bortolança – Especialista em Metodologia do Ensino Superior e Educação Infantil com ênfase em Educação Especial e Gestão. Graduada em: Pedagogia, Serviço Social e Turismo pelo Centro Universitário da Grande Dourados - UNIGRAN. Atua na docência desde 2006. Ministrou aulas no curso de Turismo modalidade presencial. Professora da disciplina de Tecnologias Educacionais e EAD nos cursos de: Ciências Biológicas, Engenharia Ambiental e Sanitária, Engenharia de Produção, Filosofia, Geografia, História, Matemática, e Pedagogia. É orientadora de TCC na área de Pedagogia.

---

BORTOLANÇA, Maria Dolores. Tecnologia Educacional em EAD. Dourados: UNIGRAN, 2019.

60 p.: 23 cm.

1. Educação à Distância. 2. Software. 3. Tecnologia.

# Sumário

**Conversa inicial** .................................................. 4

**Aula 01**
*Tecnologia educacional: conceitos e pressupostos filosóficos* .. 5

**Aula 02**
*Tecnologia educacional: relação com a aprendizagem* ............ 10

**Aula 03**
*Tecnologia e educação a distância* ................................ 16

**Aula 04**
*Dinamização da aprendizagem: educação presencial e à distância* .................................................. 24

**Aula 05**
*Ferramentas e técnicas instrucionais no uso da tecnologia na aprendizagem* .................................................. 30

**Aula 06**
*Recursos de ensino: a utilização da linguagem audiovisual no ensino* .................................................. 37

**Aula 07**
*Novas tecnologias educacionais: informática, software, internet, outros* .................................................. 44

**Aula 08**
*Educação a distância e as novas tendências no uso do computador* .................................................. 51

**Referências** .................................................. 59

## Conversa Inicial

Prezado(a) estudante:

Nesta disciplina vamos discutir as tecnologias educacionais nas suas diversas expressões e a educação a distância no Brasil. É uma imersão no ambiente da tecnologia e da educação a distância que agora você faz parte.

Nossa sociedade atualmente está marcada por uma revolução tecnológica que já se iniciou há algum tempo, e que é contínua. Contemporaneamente a tecnologia muda quase todo dia e isso não é força de expressão. A educação tenta acompanhar essa avalanche de mudanças no mesmo ritmo, mas nem sempre consegue.

A comunicação interativa é um exemplo disso. Se esse tipo de comunicação alcançar as metas desejadas, na qual o sujeito seja capaz de interagir diretamente com a informação, seja por meio da TV, do rádio ou dos programas de computadores, a educação terá que acompanhar esse processo de modernização.

A educação a distância é a modalidade de ensino que mais se utiliza das tecnologias educacionais. A educação a distância no Brasil existe há algumas décadas, mas se expandiu acentuadamente a partir da década de 90. Hoje vem se consolidando e sendo regulamentada, principalmente no ensino superior, independentemente das críticas por parte dos intelectuais ligados ao ensino superior público no Brasil.

O grande debate existente está sempre relacionado à qualidade do ensino oferecido na educação a distância. A questão da qualidade ou não independe da modalidade a ser oferecida, pois esta é fruto de um esforço coletivo (professores e alunos) e pode ocorrer no ensino presencial e/ou a distância.

Na primeira aula, vamos discutir os conceitos e pressupostos filosóficos das tecnologias educacionais; na segunda aula, analisaremos o uso da tecnologia para o desenvolvimento dos alunos, ou seja, a tecnologia também ajuda promover a aprendizagem.

Na terceira aula, abordaremos a tecnologia e educação a distância, e na quarta aula vamos estudar como podemos dinamizar a aprendizagem presencial e à distância.

A quinta aula abordará técnicas de utilização das diversas tecnologias da educação. Para que a aprendizagem ocorra de forma eficaz, várias são as técnicas que podem ser desenvolvidas com o uso da tecnologia. Partimos do pressuposto de que a intensificação do uso de tecnologia na educação tem alterado os papéis dos sujeitos envolvidos no processo de ensino e aprendizagem no âmbito da escolarização formal.

A utilização de diversos meios tecnológicos aplicados ao ensino é historicamente construída, ou seja, pode-se identificar que de acordo com o momento vivenciado pela humanidade, há incorporação de vários instrumentos tecnológicos em consonância com o grau de desenvolvimento existente.

Na sexta aula, analisaremos os recursos de ensino (audiovisuais) e a utilização da linguagem audiovisual no ensino. Em Educação a Distância, os meios de ensino são imprescindíveis para que a aprendizagem ocorra, permitindo a realização das atividades, o acesso aos conteúdos, as comunicações e as interações. Dessa forma, cada meio se destinará a uma função específica com vistas ao objetivo desejado.

Na sétima aula, estudaremos a educação a distância e as novas tendências no uso do computador. As novas tecnologias estão cada vez mais avançadas e superam a utilização somente do computador na sala de aula.

Por último, na oitava aula, estudaremos de forma geral, a tecnologia e as novas tendências do uso do computador, ferramenta essencial nos vários modelos de educação a distância.

Bons estudos para todos nós!

# Aula 1º

# Tecnologia educacional: conceitos e pressupostos filosóficos

Caros(a) alunos(a),

Para que possamos entender a relação entre tecnologia e aprendizagem, estudaremos um pouco sobre a tecnologia e sobre as teorias da aprendizagem.

É importante compreender as várias teorias da aprendizagem, para podermos compreender como a tecnologia pode contribuir para otimizar a aprendizagem.

Vamos começar então nossa disciplina? Para iniciar esta disciplina vamos discutir nesta primeira aula, os conceitos e pressupostos filosóficos das tecnologias educacionais. Vamos à aula então!!!

Bons estudos!

### Objetivos de aprendizagem

Esperamos que, ao término desta aula, vocês serão capazes de:

- compreender a relação das mudanças tecnológicas e a sua influencia na educação;
- identificar as características das teorias da aprendizagem;
- perceber a relação entre desenvolvimento cognitivo e aprendizagem.

## Seções de estudo

1 - Tecnologia e Educação
2 - Breve reflexão acerca das teorias da aprendizagem
3 - Outras abordagens do processo de desenvolvimento cognitivo

## 1 - Tecnologia e educação

A partir do final dos anos de 1970, a crise estrutural do capital vai gerir para as próximas décadas mudanças na ordem econômica, política, social e cultural no mundo como um todo.

Vemos a partir da década de 1980 novas formas de organização dessa economia, tratada a partir de então, não apenas em um único estado, mas em nível global, pela totalidade dos países, sem se restringir a determinadas regiões do globo.

Assim, as transformações ocorridas nessa fase do capitalismo nos remetem à vivência em redes, em um mundo agora globalizado, que se inter-relaciona e se reorganiza numa dimensão planetária.

É nesse contexto que essas transformações vão imprimir mudanças significativas, tanto nas relações sociais, econômicas, políticas quanto no que diz respeito especificamente à educação. Impondo assim novas formas de ensinar e aprender.

As instituições educacionais sempre foram palco para a inserção de tecnologias que, como aponta Oliveira (2001), "são produtos da ação humana, historicamente construídos, expressando relações sociais, das quais dependem, mas que também são influenciadas por eles".

Assim, do "velho" quadro negro à informática, as novas tecnologias estão sendo incorporadas ao processo ensino-aprendizagem, sendo as ferramentas atuais utilizadas por nossas escolas na construção do conhecimento.

Para Pretto (1999), um dos conceitos-chave do mundo contemporâneo é o de rede. Não se trata de um conceito novo, surgido somente no final do milênio, mas a partir da segunda metade do século XX, quando se ampliou de forma considerável e passou a ter uma dimensão planetária. É importante aprofundá-lo, articulando-o com o desenvolvimento crescente das tecnologias de comunicação e informação, para com isso compreendermos sua relação com a educação.

Num pequeno histórico das mudanças na tecnologia da informática, podemos ainda dizer que há três momentos distintos no seu desenvolvimento: o primeiro e o segundo ocorrem durante a década de 70, quando a introdução da informática pareceu algo inusitado e até traumatizante, pois o acesso era restrito a um grupo pequeno e altamente especializado; já num segundo momento, com o surgimento do microprocessador e da CPU, as mudanças começaram a desmantelar os sistemas centralizados.

A terceira fase, na década de 1980, é marcada pelo aumento no processamento dos dados e pesquisas, bem como pelo barateamento dos equipamentos, fazendo com que palavras como conexões em tempo real, redes interativas sejam citadas frequentemente.

Com isso, a informática passa a ser um instrumento de uso frequente em salas de aula e também na gestão escolar.

Vale lembrar que tecnologia não se restringe apenas ao uso do computador. Por muito tempo, tivemos os cursos por correspondência, e os programas de rádio e televisão (sendo a TV Escola um grande exemplo).

<http://portaldoprofessor.mec.gov.br/fichaTecnicaAula.html?aula=1757>. Disponível em: 10 de Maio 2017.

Assim, com o advento das novas tecnologias de comunicação e de informação, o convívio social passa a ter outras maneiras de se relacionar e de se organizar e também de fazer educação.

Com isso, é necessário pensar nessa nova organização da sociedade, na qual as informações são passadas e se diluem como em um passe de mágica. Assim, se faz viável pensar não somente na tecnologia apresentada hoje às escolas, pois esse tema é bastante complexo, já que envolve não apenas o uso de computador.

Também é necessário pensar na formação dos professores dentro desse novo cenário, bem como nas correntes teóricas para embasar esse processo de ensino, o acesso e a democratização do uso das novas tecnologias.

## 2 - Breve reflexão acerca das teorias da aprendizagem

Com a utilização do computador como ferramenta no processo ensino-aprendizagem abriu-se o leque para as várias teorias opinarem acerca desse tema. Neste tópico, faremos uma breve reflexão sobre algumas delas no sentido de compreender os novos ambientes de aprendizagem.

Vale lembrar que o computador não está apenas no ambiente escolar, mas está presente nos lares, e isso leva a uma múltipla forma de se pensar o conhecimento, pois o mesmo equipamento que está disponível no ambiente escolar também está no conforto do seu lar, com as mesmas possibilidades e funções disponíveis.

Como aponta Silva (1998), dos mais clássicos softwares educacionais (tutoriais, exercitação e prática, simulação, jogos) aos tipos mais sofisticados, como realidade virtual, os projetos contêm, consciente ou inconscientemente, uma opção teórica de ensino e aprendizagem que é privilegiada no produto. Esta opção teórica implícita nos sistemas de ensino auxiliado por computador busca responder as grandes questões sobre a natureza do processo de aprendizagem: quando, como e por que acontece a aprendizagem? Como saber que uma pessoa aprendeu?

É nesse sentido que se faz necessário mencionar as teorias de aprendizagem que hoje estão colocadas neste universo escolar informatizado. Segundo Silva (1998), as correntes de pensamento vão desde o empirismo até os teóricos da psicologia cognitiva, passando ainda pelas teorias clássicas de Piaget, Vygotsky e Wallon; e aqui no Brasil a autora chega a mencionar Paulo Freire como um referencial importante. São estas assim denominadas:

Empirismo: ao nascer, o ser é considerado uma tábula rasa, as ideias vão sendo gravadas a partir das percepções que contribuem para as capacidades mais elementares, os comportamentos mais complexos, sendo a inteligência capaz de acumular conhecimento.

Inatismo ou nativismo: para essa corrente, o conhecimento está predeterminado, já que desde o nascimento a hereditariedade é capaz de marcar as diferenças individuais, tanto no campo psicológico como no físico.

Associacionismo: seu pressuposto consiste na combinação de uma série de condutas simples, chegando ao comportamento complexo. Estão presentes nesta corrente as teorias do comportamento reflexo de Skinner.

Os Teóricos de Campo, representados na Gestalt e na Fenomenologia, afirmam que os indivíduos são capazes de analisar e responder a uma dada situação a partir das suas percepções e interpretações. Nesse campo a totalidade é mais que a soma das partes, diferentes dos campos anteriores, no qual se parte do simples para o complexo.

> Para Silva (1998): na Gestalt, o paradigma de aprendizagem é a solução de problemas e ocorre do total para as partes. Consiste também na organização dos padrões de percepção. Na Fenomenologia, o todo é compreendido de modo mais detalhado, sem realmente fragmentar as partes. Considera, ainda, entre outras premissas, que a procura de adequação ou autoatualização do indivíduo é a força que motiva todo o comportamento. A aprendizagem, como processo de diferenciação, move-se do grosseiro para o refinado (PETTENGER e GOODING,1977, apud SILVA, 1998,p.180).

Já os teóricos do Processamento da Informação ou Psicologia Cognitiva fazem uma abordagem da inteligência a partir de representações mentais. Para esse grupo o conhecimento se dá pelo sistema de tratamento da informação. Aponta Silva (1997), que na psicologia cognitiva, em essência, as atividades mentais são o motor dos comportamentos. Os teóricos cognitivos preocupam-se em desvendar a "caixa preta" da mente humana. A noção de representação é central nessas pesquisas. A representação é definida como toda e qualquer construção mental efetuada a um dado momento e em certo contexto.

Assim, a construção do conhecimento através da percepção, da aprendizagem, da resolução de problemas, ou seja, as esquematizações do processo mental se tornam componentes para as investigações dos programas de computador ou softwares. São esses componentes que dão base para os modelos artificiais.

Ainda conforme Silva (1998): dentre as teorias mais contemporâneas de aprendizagem, em especial as cognitivistas, destacamos a teoria construtivista de Jean Piaget e as teorias sociointeracionistas de Lev Vygotsky e Henri Wallon, devido à pertinência com que suas preocupações epistemológicas, culturais, linguísticas, biológicas e lógico-matemáticas têm sido difundidas e aplicadas para o ambiente educacional, em especial na didática e em alguns dos programas de ensino auxiliado por computador, bem como sua influência no desenvolvimento de novas pesquisas na área da cognição e educação.

Nesse sentido, até mesmo as abordagens tradicionais têm contribuído para a educação informatizada. Essas abordagens trazem elementos que nos permitem visualizar a construção do conhecimento dentro de uma determinada realidade, e referindo-se ao uso do computador, se faz necessário avaliar o seu acesso para aí sim se pensar nesse processo de ensino-aprendizagem.

Assim, para Jean Piaget o conhecimento se constrói a partir da organização das estruturas mentais e cognitivas, combinando com os estágios de desenvolvimento da inteligência. Ele aborda que a inteligência resulta da interação entre dois pontos, a assimilação e a acomodação, que são para ele os motores da aprendizagem, portanto, no equilíbrio entre ambas ocorre a adaptação intelectual.

Segundo Silva (1997) pela acomodação, as mudanças qualitativas de desenvolvimento modificam os esquemas existentes em função das características da nova situação; juntas justificam a adaptação intelectual e o desenvolvimento das estruturas cognitivas. As estruturas de conhecimento, designadas por Piaget (Gaonach'h e Golder, 1995) como esquemas, se complexificam sobre o efeito combinado dos mecanismos de assimilação e acomodação. Ao nascer, o indivíduo ainda não possui essas estruturas, mas reflexos (sucção, por exemplo) e um modo de emprego desses reflexos para a elaboração dos esquemas que irão se desenvolver.

Assim, a obra de Piaget fala sobre os estágios de desenvolvimento e inteligência segundo as lógicas das construções mentais que são: a estrutura sensório-motora, a das operações concretas e a das operações formais.

A primeira vai dos 18 meses até os 2 anos de idade. Nesse momento, a inteligência é coordenada pelas informações sensoriais e motoras.

Nas operações concretas, essa estrutura se aperfeiçoa, a criança passa a fazer as ações adquiridas anteriormente em pensamento. Esse estágio vai da fase da preparação no período de 2 a 7 anos e se equilibra dos 7 aos 11 anos.

Nas operações formais, realizam-se novas modificações, que se equilibram fazendo com que o sujeito trabalhe com objetos ausentes e hipotéticos.

Apesar de Piaget não ter desenvolvido especificamente uma teoria da aprendizagem, ele tem contribuído na informática, nas modelagens computacionais, na área de Inteligência Artificial – IA, nas linguagens de programação e nas modalidades do ensino através do computador. O mais utilizado com essa orientação é o LOGO, onde o indivíduo estabelece os pensamentos e conhecimentos através da interação com seu ambiente psíquico e social.

Já, Vygotsky, centra-se na origem social da inteligência, no estudo dos processos sociocognitivos. Aborda o funcionamento mental de duas maneiras: os processos mentais elementares e os superiores.

Os processos elementares obedecem ao estágio sensório motor de Piaget, que fazem parte da maturação biológica e da experiência com o ambiente. Para Silva (1998, p. 43): "As funções superiores resultam da construção histórica e social do homem em sua relação com o mundo, através dos instrumentos culturalmente desenvolvidos.

Fialho (1998) destaca que, para Vygotsky, o desenvolvimento humano compreende um processo dialético, caracterizado pela periodicidade, irregularidade no desenvolvimento das diferentes funções, metamorfose ou transformação qualitativa de uma forma em outra, entrelaçando fatores internos e externos e processos adaptativos.

Dessa maneira, o autor aborda que o meio social é essencial para o aprendizado e o desenvolvimento, já que a maturação biológica e as funções psicológicas superiores ocorrem a partir da interação com o meio de forma dialética.

De acordo com Silva (1998) a relação entre educação, aprendizagem e desenvolvimento vem em primeiro lugar. Já o papel da mediação social nas relações entre o indivíduo e seu ambiente (mediado pelas ferramentas) e nas atividades psíquicas intraindividuais (mediadas pelos signos) vem em segundo lugar e, a passagem entre o interpsíquico e o intrapsíquico nas situações de comunicação social, em terceiro lugar. Esses são os três princípios fundamentais, totalmente interdependentes, nos quais Vygotsky sustenta a teoria do desenvolvimento dos processos mentais superiores.

Na abordagem de Henri Wallow, inteligência é genética e social. A sua teoria aborda a psicogênese da pessoa completa. Assim, as etapas de desenvolvimento são marcadas por rupturas, retrocessos e descontinuidade. As etapas são permeadas por profundas mudanças.

Portanto, para esse estudioso do desenvolvimento, ele não ocorre de forma linear, mas por reformulações que se alojam na passagem de uma etapa para outra. Segundo Silva (1998, p.53): "Conflitos se instalam nesse processo e são de origem exógena quando resultantes dos desencontros entre as ações da criança e o ambiente exterior, estruturado pelos adultos e pela cultura, e endógenos quando gerados pelos efeitos da maturação nervosa".

## 3 - Outras abordagens do processo de desenvolvimento cognitivo

Dentre outras correntes que buscaram novas abordagens do processo de desenvolvimento destacam-se:

Bruner (1976), para ele, a teoria de que o desenvolvimento cognitivo ocorre no tratamento da informação. O autor parte de três características: inativo, no qual a informação ocorre nas ações especificadas; habituais (caminhar, andar de bicicleta); o modo icônico, através de imagens e, simbólica, onde a informação é um esquema arbitrário e abstrato.

Para Maturana e Varela (2001) esses autores têm influenciado os modelos computadorizados. Para eles, os seres vivos são um tipo particular de máquinas homeostáticas. Trabalham com o conceito de autopoiesis, para explicar a vida, assim ela cria, inventa e reinventa a si própria. Dessa forma, compreendem que os indivíduos, ao tomarem conhecimento das mudanças externas, transformam a realidade a partir do que já tem estabelecido em sua criação interna. Compreendem que os indivíduos não são padrões de inter-relacionamentos (externo e interno), portanto, a realidade apenas estimula uma reorganização desse inter-relacionamento.

Robert M. Gagné (1980) associa as fases da aprendizagem aos processos internos; estes, por sua vez, podem ser modificados pelos processos externos. Assim, aprendizagem é um processo de mudança nas capacidades do indivíduo. Ela é produzida mediante a interação do indivíduo com seu meio, seja este físico, social ou psicológico.

Howard Gardner trabalha com a ideia de que o ser humano possui múltiplas inteligências, ou um espectro de competências manifestadas pela inteligência. Essas competências se revelam com diferentes intensidades dentro de uma ou várias competências. Ele defende que os indivíduos aprendem de maneiras diferentes e apresentam diferentes configurações e inclinações intelectuais. As inteligências múltiplas apontadas pelo autor são: a lógico-matemática, a linguística, a espacial, a musical, a corporal-sinestésica, a interpessoal e a intrapessoal.

Ainda segundo Silva 1998, p. (57) na prática escolar convencional, a concretização das condições de aprendizagem que asseguram a realização do trabalho docente está pautada nas teorias, determinando as tendências pedagógicas. Essas práticas possuem condicionantes psicossociopolíticos que configuram concepções de inteligência e conhecimento, de homem e de sociedade. Com base nesses condicionantes, diferentes pressupostos sobre o papel da escola, a aprendizagem, as relações professor-aluno, os recursos de ensino e o método pedagógico influenciam e orientam a didática utilizada. Os programas educacionais informatizados, dos diversos tipos, igualmente, contêm implícita ou explicitamente (ou no uso educacional que se faz deles) os pressupostos teórico-metodológicos desses condicionantes.

O que a autora revela é o uso que se faz dos pressupostos teóricos da aprendizagem para os programas educacionais informatizados, embora veja que o surgimento de novas abordagens por si só, não dão conta de firmar sozinhas seus pressupostos.

A escola, de forma geral, se veste da velha roupagem para desfrutar dos novos instrumentos que hoje estão dentro das salas e que estão em constantes processos de modificação. As tecnologias computadorizadas são rapidamente remodeladas e infelizmente as escolas não acompanham esse frenético ritmo de mudanças.

Segundo Rezende (2002, p. 2):

> [...] a introdução de novas tecnologias na educação não implica necessariamente em novas práticas pedagógicas, pois podemos com ela apenas vestir o velho com roupa nova, como seria o caso dos livros eletrônicos, tutoriais multimídia e cursos a distância disponíveis na Internet, que não incorporam nada de novo no que se refere à concepção do processo de ensino aprendizagem. Dessa forma, as novas tecnologias são usadas apenas como instrumento.

Diante disso, Kawamura (1998) afirma o que tende a ser inócuo na educação se não repensamos os demais elementos envolvidos nesse processo. Nesses termos, "sua utilização acaba por resultar quase sempre em aulas em vídeo iguais às da escola de hoje, ou a textos em microcomputadores, interativos e autoinstrutivos, mais limitados que os livros existentes nas estantes escolares"

Assim, é preciso pensar de forma crítica sobre os objetivos a serem alcançados através da informatização das instituições escolares. Nos dias atuais não se é mais possível barrar esse processo. No entanto, a escola precisa ter clareza do seu alcance e do seu interesse por esse modelo educacional que se faz presente.

Mesmo diante das diferenças de opinião dos teóricos apresentados, há entre eles dados comuns que são fundamentais. O que se evidencia é a colocação do indivíduo como agente ativo de seu próprio conhecimento. Para os construtivistas o estudante aprende por meio da interação com a realidade, constituindo, assim, seu conhecimento, o que difere do processo ensino aprendizagem de visão tradicional.

Ufa, acabamos!? Não, ainda não!
Vamos, ao item "Retomando a Conversa Inicial", fazer um breve resumo dos conteúdos estudados nesta primeira aula!?

## Retomando a aula

Chegamos, assim, ao final da primeira aula. Espero que vocês tenham compreendido a relação entre teoria e educação, as teorias da aprendizagem e as outras abordagens do processo de desenvolvimento cognitivo.

### 1 - Tecnologia e educação

As mudanças na tecnologia da informática, têm três momentos distintos no seu desenvolvimento: o primeiro e o segundo ocorrem durante a década de 70, quando a introdução da informática pareceu algo inusitado e até traumatizante, pois o acesso era restrito a um grupo pequeno e altamente especializado; já num segundo momento, com o surgimento do microprocessador e da CPU, as mudanças começaram a desmantelar os sistemas centralizados. Hoje em dia, a sociedade tecnológica se organiza em rede e é importante pensar na formação dos professores nesta área.

### 2 - Breve reflexão acerca das teorias da aprendizagem

Das teorias de aprendizagem que hoje estão colocadas neste universo escolar informatizado, destacam-se três grupos:

Empirismo: ao nascer, o ser é considerado uma tábula rasa, as ideias vão sendo gravadas a partir das percepções que contribuem para as capacidades mais elementares, os comportamentos mais complexos, sendo a inteligência capaz de acumular conhecimento.

Inatismo ou nativismo: para essa corrente, o conhecimento está predeterminado, já que desde o nascimento a hereditariedade é capaz de marcar as diferenças individuais, tanto no campo psicológico como no físico.

Associacionismo: seu pressuposto consiste na combinação de uma série de condutas simples, chegando ao comportamento complexo. Estão presentes nesta corrente as teorias do comportamento reflexo de Skinner.

### 3 - Outras abordagens do processo de desenvolvimento cognitivo

Neste item, vários autores debatem sobre a aplicação do conceito de aprendizagem na educação tecnológica, são eles: Bruner (1976), Maturana e Varela (2001) - Robert M. Gagné (1980) e Kawamura (1998).

## Vale a pena

### Vale a pena ler,

FILATRO, Andrea. *As teorias pedagógicas fundamentais em EAD*. In: LITTO, Fredric M.;

FORMIGA, Marcos (orgs.). *Educação a distância*: o estado da arte. São Paulo: Pearson; Prentice Hall, 2009.

MORAN, J, MASETTO, M. BEHRENS, M.A. *Novas tecnologias e mediação pedagógica*. Campinas, SP: Papirus, 2000.

### Vale a pena acessar,

<http://www.scielo.br/pdf/es/v25n89/22617.pdf>.
<www.tecnologianaeducacao.com.br/>.

**Obs:** Não se esqueçam! Em caso de dúvidas, acessem as ferramentas "fórum" ou "quadro de avisos" para se comunicarem com o(a) professor(a).

## Minhas anotações

# 2º Aula

# Tecnologia educacional: relação com a aprendizagem

Caros acadêmicos, vamos começar uma nova aula da nossa disciplina? Tecnologia Educacional: relação com a aprendizagem!!

Nesta aula vamos discutir a tecnologia aplicada à educação, as concepções pedagógicas na educação mediada pela tecnologia e as abordagens teóricas sobre a aprendizagem, ou seja, as concepções de ensino e de avaliação.

Agora chegou a hora de nos aprofundarmos na discussão específica de educação e de tecnologia. Vamos lá, então?

Começaremos, então, analisando os objetivos e verificando as seções que serão desenvolvidas ao longo desta aula.

Boa aula!

## Objetivos de aprendizagem

Ao término desta aula, os alunos serão capazes de:

- compreender a relação da educação e tecnologia, ou seja, quais os pressupostos principais da educação tecnológica;
- perceber e distinguir as concepções pedagógicas na educação mediada pela tecnologia.

### Seções de estudo

1 - A tecnologia como recurso didático
2 - Concepções pedagógicas na educação mediada pela tecnologia

## 1 - A tecnologia como recurso didático

O uso da tecnologia tem promovido amplo debate acerca de sua relação com a educação. A inserção dos computadores no universo educacional brasileiro deu-se na década de 1970, por meio das universidades e, de lá para cá, a incorporação tem se intensificado, apresentando como um dos resultados a oferta de programas de educação a distância em várias instituições de ensino.

À medida que a tecnologia aplicada à educação foi sendo ampliada, a regulamentação sobre a educação a distância também foi se corporificando, bem como o debate no campo da educação e sua interface com as novas tecnologias de comunicação.

Um dos pontos discutidos é a aprendizagem que se processa nesse universo. Assim, dessa relação surgiram novas mediações entre a ação do professor e do aluno, conforme aponta Kenski:

> a imagem, o som e o movimento oferecem informações mais realistas em relação ao que está sendo ensinado. Quando bem utilizadas, provocam alteração dos comportamentos de professores e alunos, levando-os ao melhor conhecimento e maior aprofundamento do conteúdo estudado. (KENSKI, 2007, p. 45).

De acordo com a autora, a escolha da tecnologia pode alterar a natureza do processo educacional e a maneira como a comunicação entre os sujeitos se realiza. Entretanto, em face do enraizamento do modelo de estrutura dos cursos, a tecnologia tem sido comumente utilizada como um recurso didático. Isso significa que ainda não mudaram, por exemplo, a articulação entre os conteúdos, as maneiras como os professores trabalham didaticamente com os alunos, a permanência das aulas seriadas ligadas a uma única disciplina e "graduadas em níveis hierárquicos e lineares de aprofundamento dos conhecimentos em áreas específicas do saber" (id. Ibid.).

Nesse processo em curso surgiram várias modalidades de educação online, tais como as indicadas por Okada apud Okada e Barros (2010, p. 21):

> novas derivações e práticas adjacentes surgiram, tais como o e-learning, o b-learning e "open-learning". O "e-learning" cujo significado está associado com aprendizagem eletrônica, é uma convergência da aprendizagem via tecnologias digitais e do ensino a distância baseado em Web. O "b-learning" cuja descrição é derivada de "blended learning" refere-se ao sistema de aprendizagem que combina situações online e também presenciais, daí a origem da designação "blended" como aprendizagem mista. Já o termo "open-learning" refere-se a aprendizagem aberta, onde recursos educacionais abertos REAs favorecem a construção colaborativa, socialização de processos e produtos visando a maior interação e autonomia da comunidade de aprendizes.

Na análise das autoras, a educação pode ser potencializada por meio de tecnologias que estabeleçam a comunicação de todos, principalmente se considerar a usabilidade técnica e pedagógica da web.2.

Essa constatação resulta no entendimento de que a tecnologia tem possibilitado novas formas de relacionamento e comunicação que ensejam o desenvolvimento de competências para lidar com essas mudanças, notadamente com a existência das redes que se constituem em um universo rico e plural para a descoberta de novas informações. Tal navegabilidade implica em mudanças comportamentais dos alunos, tais como o imediatismo quanto ao retorno das informações, a pouca aceitação dos métodos de transmissão do saber em que a oralidade do professor é lenta ou monótona, cujas respostas às dúvidas são dadas após a fala do professor e a ansiedade frente às avaliações e autoavaliações.

A pedagogia interativa necessária para adentrar no universo dos alunos que a cada dia estreitam sua convivência com as tecnologias de informação e comunicação deve romper, portanto, com essa prática assentada na transmissão, e compartilhar com os alunos a construção do conhecimento. Esse compartilhamento não significa, no entanto, que o aluno deva caminhar sozinho, sem referências e "solto" em razão de sua participação ativa. O professor deve compreender em que espaço esse processo se opera, com interconexões e sociabilidades diferenciadas para que o processo educativo seja materializado.

A segunda geração da internet denominada web.2, mais focada no usuário e propensa a desenvolver atividades colaborativas, bem como, com uma grande convergência de mídias, tem promovido uma alteração no perfil do usuário que se torna mais ativo e interativo com novas formas de aprender. Essas formas diversas ocorrem tanto no âmbito da escolarização formal quanto na não formal por meio de competências cognitivas não lineares, polissêmicas e não hierarquizadas. Para que ocorram de forma eficaz necessitam que sejam desenvolvidas as capacidades de compreensão, interpretação e de postura crítica em relação ao conteúdo acessado para que se possa selecionar o que é importante e relevante do que não é.

Além da necessidade de forjar essa capacidade, há que se ressaltar a importância de uma prática pedagógica que seja rica na constituição do processo de aprendizagem, pois às vezes as instituições são sofisticadas do ponto de vista tecnológico, porém não elaboram ambientes que proporcionem a reflexão, a colaboração e agucem a capacidade criativa dos alunos. Vejamos o que Maria Candida Moraes (2002, p. 2-3) tem a dizer a respeito das pesquisas realizadas sobre tecnologias e educação, notadamente sobre a aprendizagem:

> pesquisas realizadas em universidades brasileiras [na Universidade Federal do Rio Grande do Sul (UFRGS); Universidade

Estadual de Campinas – (UNICAMP) e na Pontifícia Universidade Católica de São Paulo – (PUC/SP) sinalizam que as novas tecnologias digitais podem se constituir em ferramentas importantes para o desenvolvimento de processos construtivos de aprendizagem, para a criação de novos espaços de aprendizagem, de novas formas de representação da realidade, para ampliação de contextos e maior incentivo aos processos cooperativos de produção do conhecimento. Favorecem também o desenvolvimento do pensamento reflexivo (Valente, 1999), da consciência crítica e o encontro de soluções criativas aos novos problemas que surgem (Nevado, 1999). Essas possibilidades estão sendo geradas a partir do uso adequado e competente dessas ferramentas computacionais e da construção de ambientes virtuais de aprendizagem que privilegiam a construção do conhecimento compartilhado e o desenvolvimento de processos reflexivos e em função das novas perspectivas interacionistas geradas entre pessoas e objetos de conhecimento. Clicando aqui e ali, novas janelas são abertas, novos links desdobram-se, revelam-se, potencializando a navegação em um mar de informações, a partir de novos espaços hipertextuais cada vez mais interativos, dinâmicos e amigáveis. Tais pesquisas sinalizam que o universo informático pode favorecer tanto as dimensões da racionalidade (Fagundes, 1999), da tomada de consciência e da autonomia, do conhecimento compartilhado (Nevado, 1998), como também a expressão da sensibilidade, da criatividade e a formação de novos valores (Pellegrino, 2001). Pode também facilitar a ocorrência de processos que desenvolvem a imaginação, os diferentes diálogos do pensamento com o contexto e a abertura ao inédito, ao novo e ao criativo. Toda essa potencialidade vem sendo fortemente marcada pelo enfoque humanista associado aos processos de construção do conhecimento utilizando-se essas tecnologias e que também favorecem ao desenvolvimento da criatividade e a possibilidade de transformação da aprendizagem em experiência ótima, como propõe Mihaly Csikszentmihalyi, (1999).

Apesar desse potencial promissor, a autora adverte que muitas instituições têm primado pelo uso de ambientes virtuais de aprendizagem que utilizam ferramentas nas quais há a condução do ensino por meio de processos diretivos rígidos, implicando em interações entre alunos e professores com estratégias predeterminadas, nas quais a memorização do conteúdo é privilegiada em detrimento do fomento de estratégias que atendam às reais necessidades dos alunos. A partir do reconhecimento de que o acesso a computadores por si só não é suficiente para a promoção de novas práticas pedagógicas, os educadores têm se debruçado sobre essa necessidade que se coloca com muita veemência no cenário educacional.

> A universidade de São Paulo realiza pesquisa para descobrir se o uso frequente da tecnologia altera a forma como os alunos desenvolvem a aquisição de conhecimento.

## 2 - Concepções pedagógicas na educação mediada pela tecnologia

A fim de mapear as concepções pedagógicas que têm sido utilizadas para compreender o ensino-aprendizagem em educação mediada pela tecnologia, Andréa Filatro (2009), propõe a apresentação de um panorama geral das três perspectivas dominantes, a saber: a associacionista, a construtivista (individual e social) e a situada. A partir de seus estudos vamos nos debruçar um pouco sobre elas a fim de compreendê-las em seus elementos constitutivos.

• **Perspectiva associacionista:** entende a aprendizagem enquanto mudança de comportamento.
• **Perspectiva cognitiva:** entende a aprendizagem como alcance da compreensão, incluindo nessa tipologia as teorias construtivistas e socioconstrutivistas.
• **Perspectiva situada:** entende a aprendizagem como prática social.

A primeira perspectiva, a associacionista, tem seus fundamentos iniciais a partir dos estudos de Pavlov, Watson e Thorndike, os quais davam ênfase às respostas dadas aos estímulos externos. Tais mudanças comportamentais, para Thorndike, seriam observadas e mensuradas com métodos próprios das ciências exatas. Para Pavlov, a aprendizagem seria realizada por meio de conexões entre estímulos e respostas e daria as bases para o trabalho de Watson sobre o desenvolvimento de respostas emocionais aos estímulos.

Além desses autores, outros como Mager e Gagné e Briggs pesquisaram formas eficazes de planejamento do ensino por meio de descrições de condutas observáveis. A taxonomia dos objetivos educacionais formulada por Bloom em 1950 criou uma linguagem padronizada para identificar e classificar as atividades educacionais que iriam do mais simples – o conhecimento – para o mais complexo – a avaliação. De 1950 a 1960, a instrução programada de Skinner foi predominante no campo por meio de sua psicologia experimental.

> a definição de objetivos específicos a serem perseguidos, a divisão da instrução em pequenos passos, o estabelecimento de padrões de comportamento desejados, o respeito ao ritmo de aprendizagem individual para alcançar esses padrões e o feedback imediato desembocaram primeiramente em livros e aparelhos tidos como 'máquina de ensinar' e, posteriormente, a partir dos anos 1980, em softwares educacionais que ofereciam uma

alternativa tecnológica à educação tradicional. (FILATRO, 2009, p. 97).

Filatro (2009), aponta que os estudos de Wilson e Myers destacam que via de regra a perspectiva associacionista é associada a um modelo de aprendizagem centrado no professor, ressaltando que essa perspectiva "preocupa-se em enfatizar a aprendizagem ativa (aprender fazendo), com análise cuidadosa e feedback imediato de resultados e sobretudo de alinhamento de objetivos de aprendizagem, estratégias instrucionais e métodos de avaliação" (FILATRO, 2009, p. 97).

No que diz respeito à perspectiva cognitiva, esta se opõe à anterior, qual seja, o associacionismo e estabelece o foco nos "processos internos de percepção, representação, armazenamento e recuperação de conhecimentos" (Id. Ibid.). Para tanto, o referencial teórico de base é Piaget.

Nesse sentido, o homem teria uma estrutura biológica e que o conhecimento se daria por meio de permanentes interações com o meio, isto é, haveria uma interdependência entre o sujeito e o objeto, na qual o sujeito é sempre ativo nesse processo. A função ativa diz respeito às categorizações, reflexões, comparações etc., as quais, desde que existam seus esquemas cognitivos, permitem assimilação das situações, sua apropriação e seu emprego na construção de novos conhecimentos. As formas mentais que permitiriam o desenvolvimento do indivíduo são as assimilações entendidas enquanto a condição de integrar elementos novos em estruturas existentes. Se houver conflito entre as estruturas mentais já formuladas existirá uma busca por novas estruturas que fornecerão o equilíbrio cognitivo, resultando em adaptação.

Seguindo os pressupostos piagetianos, Davi Ausubel desenvolveu o conceito da aprendizagem significativa. Vejamos a definição de Filatro sobre sua teoria:

> segundo Ausubel, para que a aprendizagem significativa ocorra em uma situação social determinada, como a sala de aula, é necessário que novos conhecimentos se relacionem significativamente com as ideias e informações já existentes na estrutura cognitiva dos alunos. O uso de organizadores prévios e o sequenciamento de conteúdos são essenciais para o aperfeiçoamento da aprendizagem e solução dos problemas. (Id. Ibid.).

Seria a partir da metade do século XX que surgiria um novo modelo de processamento da informação baseado na comparação da mente humana com o computador, entendendo que os registros sensoriais seriam primeiramente processados, em curto espaço de tempo, em uma memória de curto prazo e depois transferidos para a memória de longo prazo, a qual, por sua vez, armazenaria os conhecimentos em forma de esquemas que seriam ativados, reestruturados e recuperados no processo de aquisição do conhecimento.

Quanto ao ensino, John Dewey estabeleceu um construto teórico no qual postulava que a educação se daria por meio da reconstrução e reorganização da experiência.

---

> Dewey é uma das três figuras centrais do pragmatismo nos Estados Unidos, ao lado de Charles Sanders Peirce (que re-significou o termo após a leitura da antropologia prática de Immanuel Kant), e William James (que o popularizou).

No campo da teoria da aprendizagem construtivista Vygotsky empreendeu sua análise sobre a aprendizagem desenvolvendo duas categorias fundamentais: Zona de Desenvolvimento Real – ZDR, entendida enquanto aquelas funções psíquicas e habilidades já dominadas pelo sujeito e, a outra, Zona de Desenvolvimento Proximal – ZDP, entendida como o conjunto de habilidades que poderão vir a ser exitosas na solução de problemas, se orientadas por adultos. Seria na ZDP que o professor atuaria para que as habilidades pudessem ser desenvolvidas com mais completude.

A última tipologia indicada por Filatro (2009), qual seja, a perspectiva situada valoriza "o contexto social da aprendizagem, mas esse contexto deve ser muito mais próximo – ou idêntico – à situação na qual o aluno aplicará a aprendizagem adquirida" (Id. Ibid., p. 98). Dessa forma, entende-se a aprendizagem como uma atividade social, isto é, o aluno está sujeito às influências sociais e culturais em que a aprendizagem ocorre:

> [...] a aprendizagem é tida como uma atividade inerentemente social, na qual o diálogo cooperativo permite que os participantes experimentem similaridades e diferenças entre vários pontos de vista. Professores, materiais instrucionais e colegas de classe são vistos como fontes de informação e insights que podem ser consultados para resolver problemas reais. Valorizam-se as estratégias de ensino que permitem aos alunos aplicar diversas perspectivas a um problema e assumir a postura de que, para entender o ponto de vista dos outros, é necessário dialogar, e não apenas ouvir. Assim, a aprendizagem deve ocorrer em um ambiente social, não como uma ação privada, e precisa estar situada em contextos realistas que interessam aos alunos (Id. Ibid.).

Filatro (2009), aponta os autores Jean Lave e Etienne Wenger, que ancoram seus estudos nessa abordagem, a partir dos anos 1991, entendendo que há Comunidades de Prática formadas por grupos de pessoas que, ao compartilhar interesses comuns, constroem um processo social de aprendizagem por meio de trocas, estratégias, ideias e resoluções conjuntas adquiridas por meio de interações regulares entre si. Nesse processo, a identidade do aluno é moldada ao relacionar-se com a comunidade.

A fim de permitir um panorama dessas perspectivas teóricas, a autora apresentou o quadro que nos permite compreender os seus elementos distintivos:

Abordagens teóricas sobre a aprendizagem, o ensino e a avaliação baseadas em Beetham (2005). Vejamos a seguir:

|  | Associativa | Construtivista (individual) | Construtivista (social) | Situada |
|---|---|---|---|---|
|  | Tarefas de aprendizagem mais formalmente estruturadas || Tarefas de aprendizagem mais autêntica ||
| A teoria | As pessoas aprendem por associação, inicialmente por meio de condicionamento estímulo/resposta simples, posteriormente através da capacidade de associar conceitos em uma cadeia de raciocínio, ou de associar passos em uma cadeia de atividades para construir uma habilidade complexa. As teorias associativas não estão preocupadas em como os conceitos ou as habilidades estão representados internamente, mas em como eles se manifestam em comportamentos externos. Como não há uma janela mágica que permita ver o que acontece dentro da mente humana, toda a aprendizagem formal repousa sobre a evidência externa (comportamento) como um indicador do que foi aprendido. | As pessoas aprendem ao explorar ativamente o mundo que as rodeia, recebendo feedback sobre suas ações e formulando conclusões. A capacidade de construir leva à integração de conceitos e habilidades dentro das estruturas de competências ou de conceitos já existentes no aluno. A aprendizagem pode ser aplicada a novos contextos e expressa em novas formas. As teorias construtivistas estão mais preocupadas com o que acontece entre os inputs (entradas) do mundo exterior e a manifestação de novos comportamentos, isto é, como os conhecimentos e as habilidades são integradas pelo aluno. | A descoberta individual de princípios é intensamente suportada pelo ambiente social. Os colegas de estudo e os professores desempenham um papel fundamental no desenvolvimento, ao participarem do diálogo com o aluno, ou desenvolverem uma compreensão compartilhada da tarefa e ao fornecerem feedback das atividades e as representações do aluno. As teorias socioconstrutivistas estão preocupadas em como conceitos e habilidades emergentes são suportadas por outros, possibilitando que os alunos cheguem além do que seriam capazes individualmente (aprendizagem na zona de desenvolvimento proximal). A atenção está voltada aos papéis dos alunos em atividades colaborativas, assim como à natureza das tarefas que eles desempenham. | As pessoas aprendem ao participar de comunidades de prática, progredindo da posição de novatos até o de especialistas através da observação, reflexão, mentoria e "legítima participação periférica". Da mesma maneira que o socioconstrutivismo, a abordagem situada enfatiza o contexto social da aprendizagem, mas esse contexto deve ser muito mais próximo – ou idêntico – à situação na qual o aluno eventualmente aplicará a aprendizagem adquirida. A aprendizagem baseada em trabalho e desenvolvimento profissional continuado são exemplos típicos de aprendizagem situada. A autenticidade do ambiente de aprendizagem é pelo menos tão significativa quanto o suporte que ele fornece e, por essa razão, atividades formais de aprendizagem recebem menos atenção. |
| Principais teóricos | Skinner, Gagné | Piaget | Vygotsky | Lave e Wenger, Cole, Engstrom e Wertsch |
| Implicações para a aprendizagem | Rotinas de atividades organizadas. Progressão através de componentes conceituais e de habilidades. Objetivos e feedbacks claros. Percursos individualizados correspondentes a desempenhos anteriores. | Construção ativa e integração de conceitos. Oportunidades para reflexão. Problemas pouco estruturados. Domínio da tarefa. | Desenvolvimento conceitual por meio de atividades colaborativas. Problemas pouco estruturados. Domínio compartilhado da tarefa. | Participação em práticas sociais de investigação e aprendizagem. Aquisição de habilidades em contextos de uso. Desenvolvimento de identidade como aluno. Desenvolvimento de relações de aprendizagem e profissionais. |
| Implicações para o ensino | Análise de unidades componentes. Sequências progressivas de componentes para conceitos ou habilidades complexos. Abordagem instrucional clara para cada unidade. Objetivos altamente focados. | Ambientes interativos e desafios apropriados. Encorajamento à experimentação e à descoberta de princípios. Adaptação a conceitos e habilidades existentes. Treinamento e modelagem de habilidades metacognitivas. | Ambientes colaborativos e desafios apropriados. Encorajamento a experimentação e descoberta compartilhadas. Foco em conceitos e habilidades existentes. Treinamento e modelagem de habilidades, inclusive sociais. | Criação e ambientes seguros para participação. Suporte ao desenvolvimento de identidades. Facilitação de diálogos e relacionamentos de aprendizagem. Elaboração de oportunidades de aprendizagem autênticas. |
| Implicações para a avaliação | Reprodução acurada de conhecimentos ou habilidades. Desempenho de partes ou componentes. Critérios claros, feedback rápido e social. | Compreensão conceitual (aplicada a conhecimentos e habilidades). Desempenho estendido. Processos tanto quanto resultados. Certificados variados de excelência. Autoavaliação da autonomia na aprendizagem. | Compreensão conceitual (aplicada a conhecimentos e habilidades). Desempenho estendido. Processos e participação tanto quanto resultados. Certificados variados de excelência. Avaliação por pares e responsabilidade compartilhada. | Certificados de participação. Desempenho estendido, incluindo contextos variados. Autenticidade na prática (valores, crenças, competências). Envolvimento dos pares. |

A abordagem teórica escolhida guiará o método de ensino e aprendizagem que, por sua vez, definirá quais serão as atividades a serem realizadas, por meio dos recursos e ferramentas apropriadas para o fim almejado.

Chegamos ao fim do nosso percurso de aprendizagem e convidamos você para a reflexão sobre a educação e a tecnologia no texto de Kenski.

---

O desafio é o de inventar e descobrir usos criativos da tecnologia educacional que inspirem professores e alunos a gostar de aprender, para sempre. A proposta é ampliar o sentido de educar e reinventar a função da escola, abrindo-a para novos projetos e oportunidades, que ofereçam condições de ir além da formação para o consumo e a produção. As instituições escolares de todos os níveis, com a adoção dos pressupostos da cultura informática, já não se veem como sistemas isolados, fechados em suas próprias atividades de ensino. Ao contrário, a utilização das múltiplas formas de interação e comunicação via redes amplia as áreas de atuação das escolas, colocando-as em um plano de intercâmbios e de cooperação internacional real com instituições educacionais, culturais e outras – no Brasil e no mundo -, de acordo com os interesses e as necessidades de cada projeto. Essa "internacionalização" pontual das possibilidades educacionais pode levar a escola à necessidade de definição de novas regras e procedimentos, que certamente transformarão também as atuais formas de gestão da educação.

Os projetos educacionais desenvolvidos via redes não podem ser pensados apenas como uma forma diferenciada de promover o ensino. Eles são formas poderosas de interação, cooperação e articulação, que podem abranger professores, alunos, pessoal administrativo e técnico das escolas, pais e todos os demais segmentos nacionais e internacionais envolvidos. Eles viabilizam o desenvolvimento do ensino, da pesquisa e da gestão da educação em caminhos novos e diferenciados (KENSKI, 2007, p. 67-68).

---

Chegamos, assim, ao final da segunda aula. Espero que vocês tenham compreendido a relação entre tecnologia e educação; e ainda tenham identificado as diversas concepções pedagógicas que auxiliam na compreensão da educação mediada pela tecnologia.

## Retomando a aula

Chegamos, assim, ao final da segunda aula. Vamos, então, recordar:

**1 – A tecnologia como recurso didático**

Na seção 01, conhecemos modalidades de educação online e discutimos sobre a tecnologia como recurso didático, a relação desse tipo de educação e a ampliação e regulamentação sobre educação a distância. Outro aspecto a ser considerado são as novas tecnologias de comunicação, que podem ser aplicadas também na educação, principalmente na modalidade a distância.

**2 – Concepções Pedagógicas na Educação Mediada pela Tecnologia**

Nesse tópico discutimos as concepções pedagógicas que têm sido utilizadas para compreender o ensino-aprendizagem em educação mediada pela tecnologia, ou seja associacionista, a construtivista (individual e social) e a situada.

## Vale a pena

### Vale a pena ler

CYSNEIROS, Paulo Gileno. *Novas Tecnologias Na Sala De Aula:* Melhoria Do Ensino Ou Inovação Conservadora? Informática Educativa Vol 12, No, 1, 1999. UNIANDES/LIDIE pp 11-24. Disponível em: <http://www.clickideia.com/site2/sites/default/files/usuarios/usuario13772/arquivos/articles-106213_archivo.pdf>.

FILATRO, Andrea. *As teorias pedagógicas fundamentais em EAD.* In: LITTO, Fredric M.; FORMIGA, Marcos (orgs.). Educação a distância: o estado da arte. São Paulo: Pearson; Prentice Hall, 2009.

GRINSPUN, Mírian P. S. Zippin (ORG.). *Educação Tecnológica desafios e perspectivas.* São Paulo: Cortez, 1999.

### Vale a pena acessar

Abed.org.br

Anped.org.br

ANFOPE - anfope.spaceblog.com.br

---

**Obs:** Não esqueçam! Em caso de dúvidas, acessem as ferramentas "fórum" ou "quadro de avisos" para se comunicarem com o(a) professor(a).

## Minhas anotações

# 3º Aula

# Tecnologia e educação a distância

Caros(a) alunos(a),
Vamos começar nossa terceira aula?
Nesta aula vamos discutir os recursos tecnológicos e a educação a distância. Discutiremos alguns modelos de educação a distância existentes no Brasil, bem como a avaliação na educação a distância. A avaliação é um dos pontos mais discutidos da educação a distância.
Vamos à aula, então!!!
Começaremos, analisando os objetivos e verificando as seções que serão desenvolvidas ao longo desta aula.
Bom trabalho!

Boa aula!

## Objetivos de aprendizagem

Ao término desta aula, os alunos serão capazes de:

- compreender a situação atual da educação a distância;
- perceber as diferenças fundamentais dos modelos de educação a distância mais utilizados no Brasil;
- identificar as várias utilizações da tecnologia na educação a distância.

## Seções de estudo

1 - Modelos de educação a distância existentes no Brasil: modelo via satélite
2 - Modelos de educação a distância existentes no Brasil: modelo totalmente via *web*

## 1 - Modelos de educação a distância existentes no Brasil: modelo via satélite

A educação a distância no Brasil existe há algumas décadas, mas se expandiu acentuadamente a partir da década de noventa. Atualmente vem se consolidando e sendo regulamentada, principalmente no ensino superior.

A educação a distância possui muitos críticos, principalmente entre os intelectuais ligados ao ensino superior público no Brasil.

O grande debate existente está sempre relacionado à qualidade do ensino oferecido na educação a distância. Considero que a educação a distância é de fato mais apropriada para adultos, ou seja, é mais apropriada para ser utilizada no ensino superior, na pós-graduação e na educação continuada (educação em serviço, por exemplo). A questão da qualidade ou não independe da modalidade a ser oferecida no ensino, pois esta é fruto de um esforço coletivo (professores e alunos) e pode ocorrer no ensino presencial e/ou a distância.

O ensino a distância pode trazer como consequência negativa o fato de não possibilitar o convívio escolar tão propício à aprendizagem, mas, por outro lado, tem um enorme alcance na democratização do ensino, permitindo a populações que, devido a posição geográfica (longe dos centros urbanos), nunca teriam acesso ao ensino superior, não pudessem estudar.

A questão da avaliação na educação a distância é o ponto mais nevrálgico a ser debatido, pois está intimamente ligada à qualidade e é apontada por muitos como um dos elementos mais falhos.

A avaliação é tão importante, que o Ministério da Educação, quando estabeleceu os termos de regulação desta modalidade de ensino, definiu que as avaliações são obrigatoriamente presenciais, e no caso da pós-graduação, que o trabalho de conclusão de curso TCC seja individual e passe pela defesa.

Para a pós-graduação, tanto a prova como a obrigatoriedade de apresentação do TCC, são exigências mais rígidas do que as dos cursos presenciais.

Para compreendemos melhor como funciona a educação a distância no Brasil, temos que estudar os diferentes modelos de educação a distância que existem. Cada modelo usa uma tecnologia em especial. Moran destaca esses modelos:

> [...] além de ter significados, existem modelos bem diferentes que respondem a concepções pedagógicas e organizacionais distintas. Temos desde modelos autoinstrucionais a modelos colaborativos; modelos focados no professor (teleaula), no conteúdo, a outros centrados em atividades e projetos. Temos modelos para poucos alunos e modelos de massa para dezenas de milhares de alunos. Temos cursos com grande interação com o professor e outros com baixa interação. E não é fácil pensar em propostas que atendam a todas estas situações tão diferentes. (...) Há cursos que combinam material impresso, CD/DVD e Internet. Há cursos para poucos e muitos alunos; cursos com menos ou mais encontros presenciais (MORAN, 2009, p. 55).

No contexto do Ensino Superior, dois modelos se destacam: O modelo via satélite e o modelo de aulas distribuídas via Internet. Nesta aula, vamos aprender sobre esses dois modelos.

Para começar, vamos discutir o modelo via satélite, que durante as décadas de 1990 e 2000 foi o modelo mais predominante de distribuição de aulas nos cursos à distância. Com o crescimento da Internet, esse modelo passou a ser preterido para dar lugar ao modelo totalmente via Internet.

Nesse modelo, os alunos se dirigem aos polos presenciais para assistir as aulas do curso. Essas aulas são ministradas por professores, em um estúdio montado pela instituição de ensino e transmitidas ao vivo para todos os polos simultaneamente. Nesse modelo, os alunos devem ir de uma a duas vezes por semana até o polo para assistir as aulas e tirar dúvidas com o tutor do pólo (veremos sobre o papel dele mais adiante).

Em um curso típico distribuído pelo modelo via satélite, temos três ferramentas que são dadas ao aluno para ajudar nos seus estudos: as aulas ao vivo, o material impresso e o ambiente virtual de aprendizagem (AVA). Veremos sobre eles agora.

*Figura 2 . Fonte pessoal.*

*Figura 3 - Fonte: <http://goo.gl/5IuAnO>. Acesso em: 12 de maio 2017.*

**Aulas ao vivo via satélite:** são aulas ministradas por um professor habilitado na disciplina, com transmissão via satélite, em tempo real. Durante as aulas o acadêmico poderá participar com perguntas ou comentários por meio da internet, enviadas pelo tutor local, ou ao vivo, dependendo da tecnologia disponível de cada instituição. Nas aulas em geral são expostos os conteúdos apresentados no material impresso e disponível no ambiente virtual de aprendizagem. Na maioria das vezes as aulas são enriquecidas com vídeos, entrevistas, filmes, animações. Algumas instituições contam com equipes de produção dos materiais como vídeos com entrevistas em estúdio e até locações externas. A qualidade depende obviamente dos recursos tecnológicos utilizados. Existem instituições que possuem equipamentos semelhantes aos de uma emissora de televisão.

Algumas instituições adotam de forma mais criteriosa trechos de filmes como, por exemplo, vídeos de domínio público e/ou produções próprias, enquanto outras utilizam trechos de filmes comerciais, sem muito critério. De qualquer forma as aulas via satélite são em geral consideradas mais atraentes que as aulas presenciais, ou seja, utilizam muito mais recursos tecnológicos do que as aulas presenciais. Existem instituições que "tentam imitar a televisão", contratando professores que mais parecem atores ou ancoras de telejornais para ministrar as aulas.

O tempo de aula varia de 50 minutos a mais de 100, por disciplina, em cada dia de aula. Outra variação desse modelo é o fato de o professor que ministra a aula no estúdio não necessariamente ser o mesmo que escreve o material didático e o que faz a tutoria eletrônica (tutoria no ambiente virtual).

**Material Impresso:** o material impresso é o suporte didático enviado aos polos para ser distribuído aos alunos. Esse material possui o conteúdo das aulas, ou seja, o conteúdo que o professor escreveu para a disciplina. O professor que escreve o material impresso, em muitos casos, é o mesmo que ministra as aulas. O conteúdo deve ser escrito em uma linguagem acessível aos acadêmicos, sem perder a cientificidade, o que em geral é uma difícil tarefa para os professores que estão acostumados a produzir textos acadêmicos para publicação. Em geral as instituições estabelecem um contrato com o professor autor, onde se estabelece a cedência de direitos autorais do professor autor à instituição. Na maioria das instituições, os livros são publicados como tal, isto é, por editoras com número de ISBN e tudo mais.

**Ambiente Virtual de Aprendizagem:** é a denominação do ambiente virtual, em geral desenvolvido pelas próprias instituições, e que possui ferramentas de interação professor-aluno. De maneira geral, esses ambientes possuem ferramentas como chat, fórum, quadro de avisos (ou mural), textos básicos e complementares. Através dele os alunos têm acesso a outros materiais além do impresso, os alunos se comunicam com os professores e tomam conhecimento do resultado de suas avaliações. O professor que faz a "tutoria eletrônica" pode ser o mesmo que escreve o material impresso e ministra as aulas via satélite. Em alguns casos existe um professor auxiliar para cuidar das manutenções no sistema e para responder os questionamentos dos alunos.

Você viu que temos a participação do(s) professor (es) na criação e na operação dessas três ferramentas que o aluno usa para apoiar os seus estudos. Porém, em um curso a distância, é necessário alguém que dê suporte ao aluno presencialmente, para que ajude o aluno em caso de eventuais dificuldades. Para isso, temos o tutor.

Para começarmos a entender o seu papel, vejamos o que dicionário diz a respeito dele:

---

**Tutor, segundo o Dicionário**

adj sm
Que ou aquele que tutora, que exerce tutoria, jurídica ou não.

sm
1 Jur Indivíduo que, por disposição testamentária ou decisão judicial, exerce tutela ou tutoria: "– Só aos vinte e um é que poderá viver sobre si e governar-se. – É a sua opinião? Vou pedir ao juiz que me dê outro tutor mais condescendente. – Como diz?" (SEN).
**2 por ext Indivíduo que protege, ampara ou defende alguém ou algo mais frágil; guardião.**
**3 Em algumas instituições educacionais, aluno que exerce o papel de professor, instruindo e orientando outros alunos.**
4 Agr Estaca ou vara que se crava no solo para amparar uma planta cujo caule é frágil ou flexível.

*Fonte: TUTOR. In: Dicionário Michaelis On-line. s.d. Disponível em: <https://michaelis.uol.com.br/moderno-portugues/busca/portugues-brasileiro/tutor/>. Acesso em 05 dez. 2018.*

---

Assim, podemos entender que o tutor local, desenvolve uma importante função no processo de ensino e aprendizagem. Em geral é um profissional graduado na área que fica no polo acompanhando as aulas ao vivo com os alunos, aplica as avaliações, em alguns casos tira dúvidas do conteúdo em dias diferentes das aulas. Na maioria das instituições que adota esse modelo, o tutor também faz a correção das atividades e provas dos alunos, bem como acompanha o estágio.

Para deixar mais claro o seu papel no ensino, veja esse texto escrito por Patrícia Fernandes:

---

**O papel do tutor na Educação a Distância**

O tutor é considerado o professor que ensina a distância. Ele se tornou um personagem recente na história da educação brasileira e foi institucionalizado não só na educação pública com a Universidade Aberta do Brasil (UAB), mas também em instituições de ensino privadas e na Educação a Distância profissional e corporativa.
Embora a tutoria ainda seja vista em alguns cursos como uma atividade que está abaixo da função docente, alguns autores a defendem a superação do termo para caracterizá-lo como o professor na Educação a Distância (EaD). O professor e autor Marcos Silva (2006) utiliza a expressão professorar, também encontrada no dicionário, com o sentido de trabalhar como professor para definir o exercício das atividades de tutoria. Podemos dizer que o tutor é professor até pela exigência de sua formação, porque para atuar nesta função é necessário ter nível superior e a experiência mínima de um ano no magistério do ensino básico ou superior, ou ter formação pós-graduada, ou estar vinculado a algum programa de pós-graduação.

Os autores Bruno e Lemgruber (2009, p.6. In: Mattar, 2011) apontam dois documentos legais para ressaltar a visão do tutor como professor: "Parágrafo Único. Para os fins desta Portaria, entende-se que a tutoria das disciplinas ofertadas na modalidade semipresencial implica na existência de docentes qualificados em nível compatível ao previsto no projeto pedagógico do curso, com carga horária específica para os momentos presenciais e os momentos a distância" (Art. 2º da Portaria nº 4.059/2004).

"O quadro técnico e pedagógico para o funcionamento de cursos e programas a distância autorizados explicita que a função de tutoria terá que ser exercida por professores" (Deliberação CEE-RJ nº 297/2006).

Uma questão que sempre reforçou o rebaixamento do trabalho docente é a remuneração extremamente baixa. O tutor recebe menos ainda em comparação aos professores presenciais em uma mesma instituição. Sua remuneração se caracteriza como bolsa com duração limitada, o que não promove vínculo entre o tutor e a instituição ou a empresa. Isso acontece porque a EaD custa menos que a educação presencial, e também acredita-se que esta modalidade de ensino seja sinônimo de aprendizado por conta própria, valendo mais o conteúdo do que a mediação pedagógica.

Segundo João Mattar (2011), é possível supor que o tutor tenha sido desenhado em posição inferior na hierarquia docente na Educação a Distância, porque se concebeu um aluno com autonomia suficiente para estudar sozinho, precisando de apenas um bom conteúdo e um monitor, que lhe atende mais como um suporte do que um mediador. Por esta razão, para Bruno e Lemgruber (2009, p.7. In: Mattar, 2011), a nomenclatura professor-tutor deveria ser reformulada. Eles consideram que o tutor a distância é também um docente, e não simplesmente um animador, ou monitor de suporte técnico, e muito menos um repassador de pacotes instrucionais. O tutor é um mediador pedagógico do processo de ensino e aprendizagem. Ele também assume a docência e deve ter plenas condições de mediar conteúdos e intervir na mensagem para promover a aprendizagem.

Sob esta responsabilidade, o autor João Mattar (2011) acredita que o professor-tutor pode ser classificado como docente por realizar inúmeras funções, como:

- Mediar a comunicação de conteúdos entre o professor e os alunos;
- Acompanhar as atividades discentes conforme o cronograma do curso;
- Apoiar o professor da disciplina no desenvolvimento das atividades docentes;
- Manter a regularidade de acesso ao Ambiente Virtual de Aprendizagem (AVA) e dar retorno às solicitações do aluno, no prazo de 24 horas;
- Estabelecer contato permanente com os alunos e mediar suas atividades;
- Colaborar com a coordenação do curso na avaliação dos estudantes;
- Participar das atividades de capacitação e atualização promovidas pela Instituição de Ensino;
- Elaborar relatórios mensais de acompanhamento dos alunos e encaminhar à coordenação de tutoria;
- Participar do processo de avaliação da disciplina sob a orientação do professor responsável;
- Apoiar operacionalmente nos polos, especialmente na aplicação das atividades presenciais e das avaliações.

O tutor acaba executando diferentes papéis concomitantemente. Ele desempenha um papel administrativo e organizacional quando organiza a classe virtual, definindo o calendário e os objetivos do curso, dividindo os grupos e esclarecendo as expectativas dos alunos sobre a interação esperada nas atividades síncronas e assíncronas. Sua função também é acompanhar o aprendizado dos alunos e coordenar o tempo para o acesso ao material e a realização de atividades.

O tutor desempenha um papel social quando ele faz o contato inicial com a turma. Ao provocar a apresentação dos alunos, principalmente ao despertar a reação daqueles que não se expõem com facilidade em um ambiente virtual, ele deve enviar mensagens de agradecimento, fornecer feedback rápido, sempre mantendo um tom amigável e acolhedor. O tutor se torna responsável por gerar um sentimento de turma em uma classe virtual; e para isso, ele deve ter um alto grau de inteligência pessoal.

Ao elaborar atividades, incentivar a pesquisa, fazer perguntas, avaliar respostas, relacionar comentários discrepantes, coordenar as discussões, sintetizar os seus pontos principais e estimular o pensamento crítico da turma, ele desenvolve um papel pedagógico e intelectual, encorajando a construção colaborativa do conhecimento entre os participantes do processo de aprendizagem.

Quando ele auxilia os alunos na interpretação do material visual e multimídia, ele assume o papel tecnológico. Muitas vezes, os alunos chegam aos cursos a distância sem o pleno domínio das tecnologias e se o tutor não oferecer o suporte necessário para sua autonomia tecnológica, pode prejudicar o andamento do curso.

Com todos esses papéis a ser desempenhados simultaneamente, incluindo a capacidade para exercer a docência, o tutor vai encontrar naturalmente dificuldades para cumprir todas essas atribuições. É profissional de fundamental importância na EaD e precisa ser tão valorizado quanto o professor na educação presencial.

Fonte: FERNANDES, Patrícia Cunha. O papel do tutor na Educação a Distância. Portal Educação, s.d. Disponível em: <https://www.portaleducacao.com.br/conteudo/artigos/conteudo/o/44228>. Acesso em: 04 dez. 2018.

Cabe aqui, ressaltar que os papéis dos professores e os tutores praticamente serão os mesmos no modelo via internet, que descreveremos com mais profundidade na próxima seção.

Antes de prosseguirmos, vamos discutir alguns aspectos a respeito da avaliação neste modelo?

Figura 5 - Fonte: <http://www.colegio-resgate.com.br/Portal/conteudo/noticias/noticia.php?tipo=3&id=236>. Acesso em: 15 de maio 2017.

### A AVALIAÇÃO NO MODELO VIA SATÉLITE

A avaliação é o "calcanhar de Aquiles" da educação a distância. No modelo via satélite, um dos problemas evidentes quanto à avaliação é o fato de existirem muitos professores e tutores em um mesmo processo pedagógico.

Neste contexto, a grande dificuldade é o critério de avaliação comum, pois o professor que dá aula e elabora a prova não é o mesmo que aplica e corrige. Em geral, quem corrige as provas é o tutor local que possui pouco ou quase nenhum contato com o professor da disciplina. Ainda que o professor que deu a aula seja o mesmo que escreveu o material, e que ele interaja com os alunos no AVA, os gabaritos formulados por esse professor não conseguem traduzir com exatidão os critérios de avaliação. Isso porque é necessário que existam questões abertas na prova, e gabarito para correção de questões abertas é suscetível de múltiplas interpretações.

Se considerarmos que nesse processo de ensino existe mais de dois personagens, ou seja, que professores e tutores diferentes ministrem aula, escrevam o material, realizem a tutoria on-line e a tutoria presencial, a coerência entre os conteúdos ministrados e a definição dos critérios de correção é ainda mais difícil, senão impossível.

Os autores e os profissionais que formulam os projetos de educação a distância, das instituições que atuam na área, quando abordam o tema avaliação, discutem os tipos e modelos que devem ser adotados e não os problemas que podem comprometer em muito a avaliação.

A seguir, vamos abordar uma outra modalidade de ensino, mais popular nos tempos atuais: O modelo via Internet.

## 2 - Modelos de educação a distância existentes no Brasil: modelo totalmente via *web*

*Figura 6 - Fonte: <http://ensinodistancia.wordpress.com/author/andreianunes/>. Acesso em: 16 de maio 2017.*

O modelo via satélite foi muito utilizado no Brasil por um bom período, durante os anos de 1990 a 2010. Mas, ele tinha certo problema: Ainda requeria do aluno a necessidade de deslocar para o pólo para ver as aulas.

> Cabe lembrar que o modelo via satélite ainda é utilizado, mas apenas para os cursos denominados semipresenciais, que requerem do aluno uma frequência presencial.

Durante os anos 2000, a Internet foi se popularizando e melhorando no país. Novos equipamentos e tecnologias implantadas tornaram a Internet mais rápida, e o barateamento da tecnologia proporcionou a popularização da Internet nas casas dos brasileiros.

Novas tecnologias surgiram ou foram aprimoradas para aproveitar essas novas possibilidades. Uma delas foi o streaming (transmissão) de vídeos (e áudios). Veja uma definição no quadro a seguir:

---

**Saiba mais sobre streaming, a tecnologia que se popularizou na web 2.0**

A tecnologia streaming é uma forma de transmissão instantânea de dados de áudio e vídeo através de redes. Por meio do serviço, é possível assistir a filmes ou escutar música sem a necessidade de fazer download, o que torna mais rápido o acesso aos conteúdos online.

O streaming se desenvolveu no Brasil nos últimos anos principalmente pela melhora em um dos seus principais pré-requisitos: a melhora na velocidade das conexões com a Internet. Com isso, os dados são armazenados temporariamente na máquina e vão sendo exibidos ao usuário em velocidade quase instantânea.

A tecnologia, entretanto, não é recente. O mecanismo já existia desde a década de 90, mas não se popularizava por conta da baixa velocidade das conexões com a web, que não permitia o carregamento instantâneo.

Tentar assistir a um vídeo ou ouvir uma música por streaming continuou sendo um verdadeiro exercício de paciência até os anos 2000, já que os dados ficavam mais tempo carregamento e sendo armazenados do que sendo exibidos. Os vídeos travavam muito e frequentemente eram exibidos com baixa qualidade.

Com a chegada da banda larga, a tecnologia ganhou mais espaço. A popularização do streaming traz um número incalculável de possibilidades. A tecnologia permite tanto que se acompanhe um evento ao vivo – como a cerimônia de entrega do Oscar, uma twitcam ou um show que seja transmitido diretamente pela internet – quanto que se faça uso dos serviços on-demand.

Um exemplo do uso do streaming com funções on-demand é o Netflix, que cobra uma assinatura mensal e disponibiliza filmes e séries que podem ser assistidos em diversos dispositivos a qualquer hora. Vários sites oferecem serviço parecido e possibilitam o streaming de músicas, como o Grooveshark e o Rdio. Da mesma forma, muitas redes de televisão já disponibilizam sua programação online por streaming.

Os serviços de streaming on-demand possibilitam que o usuário esteja no controle do que vai assistir, quando e onde. Ele acessa os dados ao mesmo tempo em que os recebe, sem a necessidade de esperar um download ou de ocupar espaço em seu HD com o armazenamento de conteúdo. Também é possível controlar a exibição, pausando, avançando ou retrocedendo o vídeo ou a música.

A previsão é que a implantação da rede 4G no Brasil otimize ainda mais o streaming, já que a conexão com velocidade até 10 vezes superior ao 3G permitirá uma melhor qualidade para transmissão e recepção de dados fora das redes Wi-Fi. A tendência é que fique cada vez mais comum assistir a vídeos e ouvir músicas instantaneamente em qualquer lugar.

*Fonte: COUTINHO, Mariana. Saiba mais sobre streaming, a tecnologia que se popularizou na web 2.0. TechTudo, 2014. Disponível em: < https://www.techtudo.com.br/artigos/noticia/2013/05/conheca-o-streaming-tecnologia-que-se-popularizou-na-web.html>. Acesso em 04 dez. 2018.*

---

Como podemos ver, a expansão da Internet nos possibilitou

ver vídeos e ouvir músicas diretamente usando a Internet. Assim, cresceu o número de possibilidades de nos informarmos, entretermos e, é claro, estudarmos, usando a Internet.

Atentas a essas inovações, muitas Instituições de Ensino Superior mudaram a forma de como as aulas eram distribuídas. O curso deixava de ser oferecido através da transmissão via satélite e passou a ser disponibilizado pela Internet, através da própria área do aluno.

Os vídeos podem ser gravados previamente, onde o professor grava as aulas com a explicação do conteúdo. Nesse caso, o aluno poderá ver o vídeo em qualquer hora do dia, bastando apenas que tenha em mãos um dispositivo que acesse a sua área de aprendizagem, que pode ser um computador, um tablet ou um celular, conectado a Internet. Cabe aqui, informar que a UNIGRAN Net adota esse processo para a geração das aulas.

Com o crescimento dos smartphones, os alunos ganharam um novo dispositivo para ver as suas aulas, e uma maior mobilidade. Agora, os alunos podem ver os conteúdos em qualquer lugar, seja em um ônibus em deslocamento para o lugar de trabalho, seja em um hotel, durante em uma viagem. Podemos dizer que agora a universidade pode estar no bolso do acadêmico.

Aproveitando a deixa, a Unigran NET possui aplicativos que facilitam o acesso a sua área do aluno pelo seu celular. Com ele, você pode ver as aulas, acessar os materiais e ver o fórum e o quadro de avisos. Para instalar procure na Apple Store™ ou na Google Play™ por Unigran Net.

*Figura 7 – Aplicativo Unigran Net. Fonte: <https://play.google.com/store/apps/details?id=com.unigran.ead>. Acesso em: 04 dez. 2017.*

Outras IES adotam o esquema de aulas ao vivo, mas ao invés de serem transmitidas aos pólos via satélite, são disponibilizados na mesma área do aluno, bastando que o aluno tenha um dispositivo que acesse a internet para ver o conteúdo, não necessitando de algum deslocamento.

Como veremos mais tarde, o avanço do modelo Web passou a ser um fator decisivo para o crescimento das matrículas dos cursos da modalidade de Educação a Distância em todo o país, em decorrência de ser um sistema mais barato para o aluno, considerando a dispensa de deslocamentos frequentes e o custo da mensalidade. O aluno só precisa ir até o pólo caso tenha alguma pendência administrativa, alguma dúvida no sistema ou no ensino ou para fazer as provas. Assim como no modelo via satélite, os tutores estão à disposição dos acadêmicos nos pólos presenciais.

A esta altura, você deve estar se perguntando: por que se o Ensino é a Distância, tenho que ir ao pólo para fazer a prova? A explicação está no Decreto 5622, de 19 de Dezembro de 2005, que regulamenta alguns aspectos do EaD. Transcrevemos aqui o artigo 1º, que informa dessa necessidade:

Art. 1º Para os fins deste Decreto, caracteriza-se a educação a distância como modalidade educacional na qual a mediação didático-pedagógica nos processos de ensino e aprendizagem ocorre com a utilização de meios e tecnologias de informação e comunicação, com estudantes e professores desenvolvendo atividades educativas em lugares ou tempos diversos.

§ 1º A educação a distância organiza-se segundo metodologia, gestão e avaliação peculiares, **para as quais deverá estar prevista a obrigatoriedade de momentos presenciais para:**
**I - avaliações de estudantes;**
II - estágios obrigatórios, quando previstos na legislação pertinente;
III - defesa de trabalhos de conclusão de curso, quando previstos na legislação pertinente; e
IV - atividades relacionadas a laboratórios de ensino, quando for o caso. (BRASIL, 2005)

Para que o aluno tenha uma boa experiência de estudo, as instituições oferecem as seguintes ferramentas de aprendizagem:

**Material impresso:** o material impresso, assim como no outro caso, é o suporte didático enviado aos polos para serem distribuídos aos alunos. Esse material traz o conteúdo das aulas, ou seja, o conteúdo que o professor escreveu para a disciplina. O mais comum é que o professor que escreve o material é o mesmo que grava os vídeos do portal e que acompanha as aulas no portal.

Nesse caso, também é comum as instituições estabelecerem um contrato com o professor-autor, determinando a cedência de direitos autorais à instituição.

*Figura 8 - Fonte: <http://moduloacolhimento-desafios.blogspot.com/2009/12/ambientes-virtuais-como-aliados-na.html>. Acesso em: 17 maio 2017.*

**Ambiente Virtual de Aprendizagem (AVA):** é a denominação do ambiente virtual, em geral desenvolvido pelas próprias instituições, e que possui ferramentas de interação professor/aluno. O AVA é muito importante, pois será o único instrumento utilizado para entrar em contato com o professor. No modelo totalmente web, no ambiente virtual o aluno tem acesso aos textos, às atividades, assiste vídeos das aulas (quando os vídeos são disponibilizados no ambiente virtual), acessa suas notas, envia recado ao professor, realiza chat, posta dúvidas, acessa o planejamento do professor e acessa links importantes relacionados à aula. Sendo assim, esse componente do modelo pedagógico é o mais importante.

É importantíssimo que você conheça a sua área do aluno no portal da Unigran NET. É através dele que você gerencia toda a sua vida acadêmica, pois você pode:
- Consultar as aulas disponíveis no Guia de Estudo (esta apostila que você tem em mãos);
- Ler outros materiais complementares, disponibilizados pelo professor;
- Ver o Plano de Ensino, que mostra os conteúdos que serão abordados na matéria e a forma de avaliação, além de indicar materiais complementares de estudo;
- Postar as atividades, usando a ferramenta "Portifólio";
- Interagir com os seus colegas e o seu professor, usando as ferramentas "Quadro de Avisos", "Fórum" e "Chat";
- Imprime os seus boletos de pagamento das suas mensalidades;
- Agenda as suas provas;
- Entre outras possibilidades.

Agora, vamos ver como funciona a avaliação neste modelo:

### A Avaliação no Modelo Totalmente Web

No modelo totalmente web, a avaliação possui os mesmos problemas da educação a distância, que é ter mais de uma pessoa envolvida no processo, e essas pessoas conseguirem uma afinação pedagógica e de critérios a serem adotados na avaliação do aluno. No modelo totalmente web, normalmente tem um professor que elabora o texto, responde questões no portal, elabora e corrige provas. Só que na maioria das vezes, esse professor divide ou até mesmo transfere a função da correção das provas para um tutor. Este segundo personagem torna-se necessário pelo número de alunos, sendo assim, apenas instituições que possuem um número pequeno de alunos por turma consegue dispensar a função do tutor auxiliar.

### Quase acabando !!!!!

Vamos ao item "Retomando a Conversa Inicial", fazer um breve resumo dos conteúdos estudados nesta terceira aula!?

## Retomando a aula

Chegamos, assim, ao final da terceira aula. Espero que vocês tenham compreendido os dois principais modelos de educação a distância existentes no Brasil e os diversos aspectos que compõem a organização da educação a distância, tais como material impresso, ambiente virtual de aprendizagem, função do professor e processo de avaliação.

**1 - Modelos de Educação a distância existentes no Brasil: modelo via satélite**

São utilizadas três mídias ou três formas de comunicação do professor com o aluno: material impresso, aulas interativcas ao vivo (via satélite) e internet (atividades desenvolvidas no ambiente virtual). Nesse modelo, as aulas são ministradas por um professor habilitado na disciplina, com transmissão via sstélite, em tempo real. O acadêmico poderá participar com perguntas ou comentários por meio da internet, enviadas pelo tutor, ou ao vivo, dependendo da tecnologia disponível na instituição.

**2 - Modelos de Educação a distância existentes no Brasil: modelo totalmente via web**

Em geral combina internet com material impresso e vídeos que ficam no ambiente de aprendizagem. As aulas são gravadas e disponibilizadas no ambiente virtual de aprendizagem (AVA) e o aluno assiste a qualquer hora e em qualquer lugar. A diferença nesse modelo é que o acadêmico se dirige ao polo somente para realizar a avaliação presencial.

## Vale a pena

### Vale a pena ler,

KEARSLEY, Greg e : MOORE, Michael G. *Educação a Distância*. São Paulo: Thomson Pioneira, 2007.

MORAN, Jose Manuel e VALENTE, Jose Armando. *Educação a Distância* - Pontos e Contrapontos, São Paulo: SUMMUS EBOOK,2001.

SILVA, Rafael Silvério da. Tutor EAD: qual o seu papel na educação a distância?. EadBox, 2016. Disponível em: <https://eadbox.com/tutor-ead/>. Acesso em 05 dez. 2018.

### Vale a pena **acessar**

Site do GT de Didática da Anped: <http://gtdidatica.sites.uol.com.br/index.htm>.

Site da Secretaria da Educação a Distância: <http://www.seed.se.gov.br/index.asp>.

Site da UAB- Universidade Aberta do Brasil: <http://www.uab.capes.gov.br/index.php>.

**Obs:** Não esqueçam! Em caso de dúvidas, acessem as ferramentas "fórum" ou "quadro de avisos" para se comunicarem com o(a) professor(a).

### **Minhas** anotações

# 4º Aula

# Dinamização da aprendizagem: educação presencial e à distância

Caros(a) alunos(a),

O mundo globalizado provoca uma dinâmica social que requer o uso de novas tecnologias em todos os setores, incluindo a educação. Embora as escolas, em sua grande maioria, estejam alheias às tecnologias, ela se faz presente como instrumento pedagógico. A tecnologia é importante tanto na educação presencial como na educação a distância, não é uma questão de opção, e sim uma adequação necessária ao atual contexto social.

Nesta aula vamos analisar a importância da tecnologia tanto no ensino presencial como a distância. Vamos também, discutir o papel do professor nessa discussão. Vamos à aula então!!!

Começaremos, então, analisando os objetivos e verificando as seções que serão desenvolvidas ao longo desta aula.

Bom trabalho!

Boa aula!

## Objetivos de aprendizagem

Ao término desta aula, os alunos serão capazes de:

- compreender a influência das novas tecnologias nas mudanças de práticas pedagógicas presenciais;
- identificar os aspectos estudados sobre as especificidades da educação presencial com uso da tecnologia e educação a distância com uso da tecnologia;
- perceber o papel do professor na educação informatizada.

### Seções de estudo

1 - O ensino na modalidade presencial e a distância e sua relação com a tecnologia
2 - O professor no contexto da educação informatizada

## 1 - O ensino na modalidade presencial e a distância e sua relação com a tecnologia

As mudanças profundas que estão ocorrendo no campo econômico, político, social e cultural vêm transformando a maneira de relacionamento do homem com o meio.

Essas mudanças afetam o comportamento individual, que por sua vez gera uma nova organização da sociedade nos dias atuais, conhecida como sociedade da informação. O mundo globalizado provoca uma dinâmica social que requer o uso de novas tecnologias em todos os setores, incluindo a educação.

Embora as escolas, em sua grande maioria, estejam alheias às tecnologias, ela se faz presente como instrumento educacional em uma parcela considerável das redes estadual e municipal de ensino. E está em crescente desenvolvimento no ensino superior, com as graduações a distância.

Este é o momento de mudanças na área da comunicação, que passa do modelo massivo para o interativo, e nessa lógica a educação é terreno fértil na expansão dessas novas formas de se comunicar. Assim, termos como hipertexto, cibercultura, software, games, sites, blogs estão colocados nessa nova configuração.

Tais terminologias ocupam lugar no cotidiano de vários estudantes, obrigando as instituições educacionais a se "atualizar" para atender a uma nova geração de jovens, muitos deles filhos desse contingente que hoje se forma com o apoio das novas tecnologias.

No modelo de interatividade que se faz presente, o expectador sai do seu lugar de sujeito passivo e passa a interagir direto com o seu objeto, podendo ler, visualizar, avaliar, inserir textos, imagens, reduzir, enviar conteúdos e, portanto, se comunicar com o mundo externo no seu dia a dia. Como diz Silva (2001, p.2).

> [...] suma, a interatividade permite ultrapassar a condição de espectador passivo para a condição de sujeito operativo. [...] Seja lá o nome que se dê, era digital, cibercultura, sociedade de informação ou sociedade em rede, o fato é que em nosso tempo a interatividade é desafio não só para os gestores da velha mídia, mas para todos os agentes do processo de comunicação. É um desafio explícito que mais parece ultimato à lógica da distribuição em massa, própria também da fábrica e da escola. Esta última em particular, visando atender à demanda moderna criada a partir do preceito iluminista de "educação para todos", tornou-se instituição de massa dispensando ao conjunto da população a ser instruída um tratamento uniforme garantido por um planejamento centralizado (SILVA, 2001, p.2).

Mesmo que as instituições de ensino ainda preservem algumas de suas características de origem, elas têm se esforçado para acompanhar as transformações que a sociedade vem sofrendo. De acordo com Silva (2001, p.3).

> [...] é preciso enfrentar o fato de que tanto a mídia de massa quanto a sala de aula estão diante do esgotamento do mesmo modelo comunicacional que separa emissão e recepção. Muitos educadores já perceberam que a educação autêntica não se faz sem a participação genuína do aluno, que a educação não se faz transmitindo conteúdos de A para B ou de A sobre B, mas na interação de A com B. No entanto, esta premissa ainda não mobilizou o professor diante da urgência de modificar o modelo comunicacional baseado no falar-ditar do mestre que se mantém inarredável na era digital.

Embora a sala de aula seja o palco para o que acontece no seu entorno, o que o autor aponta são as dificuldades para lidar com o novo, com a era digital, já que a maioria dos professores ainda permanece com as aulas estilo educação bancária, como apontou Paulo Freire.

*Figura 8 - <http://pt.wikipedia.org/wiki/Ficheiro:Method_Paulo_Freire.jpg>. Paulo Freire dando aulas na educação de jovens e adultos. Acesso em: 16 maio 2017*

Esse modelo de educação não está organizado para a interação do professor-aluno-conteúdo. O processo de ensino-aprendizagem encontra-se ainda centrado na figura do professor que é aquele que deposita o conhecimento na cabeça dos alunos.

Nesse sentido, a educação precisa abarcar a era digital, modificando ou reinventando a maneira de tratar a transmissão do conhecimento, para atender à sociedade da informação. As instituições educacionais precisam rapidamente se preparar para formar os cidadãos desse novo tempo.

Para isso torna-se necessário repensar a prática escolar, repensar o modelo de gestão escolar e também o conteúdo, ou melhor, o currículo que as escolas vêm desenvolvendo ao longo do tempo.

Se o desenvolvimento da comunicação interativa alcançar as metas desejadas, na qual o sujeito seja capaz de interagir diretamente com a informação, seja ela através da TV, do rádio ou dos programas de computador, a educação terá que acompanhar essa evolução. As políticas educacionais precisam ser revistas, especialmente naqueles pontos referentes ao acesso à informatização, o que exigirá também mudanças no currículo, já que o posto no momento é obsoleto para o desenvolvimento dessa tecnologia.

Como bem aponta Silva (2001, p.4):

> [...] a inquietação dos empresários e programadores de tv diante da interatividade não encontra eco na escola e nos sistemas de ensino. É preciso despertar o interesse dos professores para uma nova comunicação com os alunos em sala de aula, presencial e virtual.

Com isso, vemos que o desafio da educação para se integrar à era digital é enorme, pois hoje as escolas estão equipadas com os instrumentos necessários, no entanto as aulas continuam sendo administradas com o conhecimento centrado na figura do professor.

O desafio nesse momento é superar o modelo de escola tradicional. Urge avançarmos num currículo que dê conta dessa realidade, que seja capaz de construir para e com os estudantes, um currículo voltado para a interatividade.

A discussão de um currículo com a participação dos estudantes já havia sido pronunciada por Paulo Freire, e este momento, mais do que nunca, exige um currículo capaz de atender à demanda de um mundo globalizado e informatizado, e que a interatividade passe a ser uma realidade nas escolas.

> Goodson (1995) afirma que a etimologia da palavra currículo é reveladora, pois a origem latina Scurrere significa curso, correr, e indica que currículo é um caminho a ser seguido.

Ao se falar de interatividade se anuncia uma participação em que o sujeito seja capaz de buscar elementos, conceitos, imagens, links que contribuam para a elaboração dos conteúdos tratados em sala de aula.

A aula nesse espaço de interatividade ganha novos elementos, pois ao mesmo tempo em que ela é presencial é também virtual, já que os estudantes terão a internet como aliada na construção do processo ensino aprendizagem. Silva (2001, p.4):

> [...] na sala de aula presencial prevalece a baixa participação oral dos alunos e na insistência nas atividades solitárias. Na educação a distância via tv o perfil comunicacional da "telessala" ou da "teleaula" se mantém em grande parte centrado na lógica da distribuição, na transmissão massiva de informações ou "conhecimentos". E via internet, os sites educacionais continuam estáticos, subutilizando a tecnologia digital, ainda centrados na transmissão de dados, desprovidos de mecanismos de interatividade, de criação coletiva. Portanto, seja na sala de aula "inforrica" (equipada com computadores ligados à Internet), seja no site de educação a distância, seja na "telessala", seja na sala de aula "infopobre", é preciso ir além da percepção de que o conhecimento não está mais centrado na emissão. É preciso perceber que doravante os atores da comunicação têm a interatividade e não apenas a separação da emissão e recepção própria da mídia de massa e dos sistemas de ensino. Daí ser oportuno conhecer um pouco mais sobre interatividade e assim se inquietar e ousar na modificação da comunicação na aprendizagem, na construção do conhecimento, em suma no exercício da participação cidadã.

Dessa forma, o que aponta o autor não é nada de novo, é uma retomada da construção de uma educação cidadã e participativa que se configura no Brasil desde a década dos anos 1980.

A abordagem que ele aponta é a forma que essa participação vem acontecendo nas escolas que propagam a educação de forma interativa. Isso que estão chamando de interatividade na verdade não muda a estrutura da transmissão do conhecimento.

Mesmo os centros que utilizam a tecnologia nos cursos a distância não estão se dando conta do real significado da interatividade. Já que esta, para ser democrática requer interferência direta na programação.

Moran (2001, p. 13):

> [...] aos poucos a educação vai-se tornando uma mistura de cursos, de sala de aula física e também de intercâmbio virtual. Há um processo de aproximação. Daqui a cinco anos, aproximadamente, falar de educação a distância e de educação presencial, não vai ter tanto sentido. Em alguns cursos, predominará o presencial, em outros o virtual, mas tudo será híbrido nesses próximos anos e será possível com facilidade fazer cursos em vários lugares, tanto aqui, na USP, na PUC ou na UFRGS em Porto Alegre. Há uma série de iniciativas promissoras. Estão surgindo consórcios de Educação a distância, públicos como a UNIREDE e particulares, como a UVB – Universidade Virtual Brasileira. Uma série de propostas novas estão surgindo. Isso nos obriga a redimensionar, a reorganizar o conceito de aula presencial.

É nesse sentido a necessidade de rever o modelo, a didática, o conteúdo da sala, ou seja, é preciso pensar a aula presencial, mesmo sendo ela fundamental. A aula aparelhada com as novas tecnologias precisa, portando, se modernizar, principalmente na transmissão de conhecimentos.

Ainda, segundo Moran (2001, p.18):

> [...] nós temos que pensar sobre como dar aula. É desafiador. Não é um modismo, não é algo voluntário e só alguns professores fanáticos irão fazer. Cada um de nós vai, de alguma

forma, confrontar-se com essa necessidade de reorganizar o processo de ensinar. Não será tudo a distância, sem contato físico. Nós precisamos do contato, do encontro. Ele é e será sempre superior ao que nós fizermos através de uma câmera. Mas será muito mais cômodo. Você se conecta, eu posso estar na minha sala, em São Paulo e conectado com uma série de alunos em Pelotas, por exemplo. Podemos marcar um horário para orientação individual ou grupal, para tirar dúvidas, para desenvolver uma pesquisa. Evitamos todo esse deslocamento atual. Depois que você está presente (depois da viagem...) vale muito mais a pena, pela intensidade da troca, estarmos juntos. Mas a comunicação virtual será muito mais econômica e cômoda para todos. A relação custo x benefício vai fazer com que todos tenham que repensar esse processo. Hoje, muitas faculdades estão sendo abertas em cidades menores. Há uma proliferação de cursos superiores. Se eles não forem bons, daqui a pouco tempo, será possível escolher fazê-lo localmente ou a distância, em universidades de ponta, comodamente.

Portanto, a aula presencial será também resignificada, assim como está sendo o processo educacional. Isso se dá pelo modelo econômico que imprime exigências que precisam ser adotadas. As escolas acompanham e, mesmo diante das dificuldades, buscam se reinventar para acompanhar o mundo tecnológico.

## 2 - O professor no contexto da educação informatizada

O professor, nesse sentido, também vai se colocar numa outra postura. Ele precisa deixar de lado a sua roupagem de detentor do conhecimento, seu papel nesse novo momento passa a ser o do mediador.

Como assinala Silva (2001, p.9):

> [...] uma pedagogia baseada nessa disposição à coautoria, à interatividade, requer a morte do professor narcisicamente investido do poder. Expor sua opção crítica à intervenção, à modificação requer humildade. Mas diga-se humildade e não fraqueza ou minimização da autoria, da vontade, da ousadia. Em sala de aula presencial ou virtual o professor não é um contador de histórias. À maneira do design de software interativo, ele constrói um conjunto de territórios a explorar, não uma rota. Mais do que "conselheiro" ou "facilitador", ele converte-se em formulador de problemas, provocador de interrogações, coordenador de equipes de trabalho, sistematizador de experiências.

Para atender a essa demanda o professor vai precisar de um esforço que não é simplesmente individual, mas coletivo, quando a escola propõe em sua formação possibilidades para a mudança de comportamento e de postura diante desse desafio.

Os centros de formação de professores precisam assumir essa responsabilidade para com a educação, pois não se pode simplesmente deixar nas mãos dos professores a tarefa de mudar tal situação, como se fosse só ele o iluminado.

Pensar um educador voltado para o nosso tempo é pensar a política educacional, é pensar em mudanças em todos os níveis da educação, principalmente no currículo.

As novas tecnologias vêm contribuindo para a mudança das práticas na escola, pois elas demandam reorganizações das metodologias utilizadas, para que de fato ocorra a tão falada interatividade. Conforme Lobato (2009, p.13):

> [...] é por meio de tais ferramentas que o professor complementa as explicações iniciadas em cada aula, mediando ações que conduzem o aluno a refletir, levantar problemáticas, em um espaço propício às ações críticas. Para Moran (2003), com a educação on-line os papéis do professor se multiplicam, diferenciam e complementam, exigindo uma grande capacidade de adaptação, de criatividade diante de novas situações, propostas, atividades. O professor que até pouco tempo atuava somente em salas de aula presenciais, na qual "expunha conteúdos", no contexto atual passa a se deparar com a possibilidade de transcender as "informações fechadas" em blocos, para caminhar livremente em um ambiente próprio para que professor e aluno revejam a posição de emissor-receptor informacional. Trata-se, portanto, de se constatar a existência de um "novo" enredo educativo no qual mediatizar todo o processo de conhecimento é transcender as próprias barreiras geradas na construção deste mesmo processo de conhecimento: é tempo de ações de (re)conhecimento e ressignificação.

Diante desse cenário os educadores estão percorrendo um caminho de crítica e autocrítica das suas práticas docentes. A novidade gerada nesse momento é também esse exercício que estão tendo que fazer agora. Tarefa esta que não se faz de um dia para o outro, pois repensar a prática educacional requer um esforço muito grande, já que é preciso inovar, abandonar velhos hábitos, por anos arraigados.

De acordo com Silva (2001, p.15):

> [...] então é preciso enfatizar: o essencial não é a tecnologia, mas um novo estilo de pedagogia sustentado por uma modalidade comunicacional que supõe interatividade, isto é, participação, cooperação, bidirecionalidade e multiplicidade de conexões entre informações e atores envolvidos. Mais do que nunca o professor está desafiado a modificar sua comunicação em sala de aula e na educação. Isso significa modificar sua autoria enquanto docente e inventar um novo modelo de educação. Como diz Edgar Morin, "Hoje, é preciso inventar um novo modelo de educação, já que estamos numa época que favorece a oportunidade de disseminar um outro modo de pensamento". A época é essa!: a era digital, a sociedade em rede, a sociedade

de informação, a cibercultura.

É este mais um tempo de mudança para a educação, que embora esteja sempre mudando de roupa, preserva velhos hábitos, e novamente está sendo desafiada a viver o tempo presente, e hoje esse tempo traz em seu bojo atitudes que sinalizam momentos de reorganização.

Nesse sentido, é preciso compreender esse momento que se configura "sem tempo e espaço limitados" para que ocorra a promoção de uma aprendizagem desafiadora, marcada pelo diálogo e interatividade.

Assim, não basta apenas desenvolver ou absorver as novas tecnologias e novos métodos, é preciso considerar as particularidades que esse momento requer. Não apenas o perfil do estudante, mas as próprias ferramentas que estão disponíveis na educação.

Portanto, o desafio é associar as tecnologias com o processo de ensino aprendizagem, que sejam inovadores e de fato participativos, que deem direito à voz não apenas a aqueles que fazem a escola, mas a todas as outras vozes para se ter uma educação participativa.

A educação não pode ficar refém dos grupos empresariais que atuam na área educacional e tecnológica, já que tem interesses distintos, assim ela não pode simplesmente comprar as ferramentas sem pensar sobre elas.

No entanto, nos dias atuais presenciamos as instituições que não primam pela transmissão de conhecimento. Como aponta Moran (2001, p. 23):

> [...] aqui também, o mundo das tecnologias envolve muitos grupos empresariais que querem ganhar dinheiro, que só querem vender, que vendem tudo como solução. A tecnologia nos ajuda, mas também nos complica. Tem um lado que nos favorece e um lado que nos controla: essas câmeras que eles colocam nas grandes cidades que servem para observar o trânsito e também para vigiar os cidadãos, para controle dos movimentos sociais. Temos também muitas ambiguidades no uso das tecnologias. Então, como sociedade nós avançamos muito sob o ponto de vista tecnológico. Dizia Arnold Toynbee que, tecnologicamente, somos como que deuses, enquanto do ponto de vista humano, ainda somos como primatas. Isso não acontece só no Terceiro Mundo. As guerras mais cruéis, os grandes genocídios do século XX aconteceram na Europa avançada, na Europa refinada, na Europa cheia de museus e de história.

Portanto, mesmo vivenciando a era digital, a sociedade da informação, sobre a educação recai a importante tarefa de se elaborar, transmitir conhecimento e este ainda requer a presença humana como a única máquina que pode avaliar, reorganizar, modificar e estabelecer relações significativas.

Em uma aula de laboratório, por exemplo, em que a rede trava, a internet para de funcionar, o professor tem que estar atento para mudar estratégias, e isso só pode acontecer quando ele tem a tecnologia como parte e não como a totalidade da aula.

Pensar na dinamização da aprendizagem na aula presencial é compreender o contexto econômico, político, social e cultural no momento atual no qual o mundo está inserido no processo de globalização.

A novidade do mundo globalizado não é apenas as tecnologias, mas o alcance que elas tomaram e as novas ferramentas postas à disposição da sociedade. As novas tecnologias têm pautado várias áreas como a saúde, a cultura, as relações e em especial a educação.

Dessa forma, pensar o contexto educacional nesse tempo é pensar nos estudantes, nos currículos, na formação do corpo docente, no acesso à tecnologia e na relação com o lado de fora da escola. Daí a relevância da análise da dinâmica presencial no tempo do advento das novas tecnologias.

Nesse sentido, a educação tem um grande e novo desafio pela frente, aliás, mais um, já que ela está sempre sendo desafiada. Neste momento, o desafio é inserir as novas tecnologias sem perder de vista a figura do professor que continua sendo imprescindível.

Porém, este também necessita reformular as suas aulas, rever as suas práticas e absorver as novas tecnologias como ferramentas na contribuição do processo ensino aprendizagem.

Para alcançar essa nova dinâmica, que passa a ser exigência da sociedade da informação, o professor terá talvez que retomar práticas e metodologias já anunciadas tempos atrás por teóricos, defensores da democratização da educação.

Essas práticas, se de fato forem democratizadas, vão imprimir uma relação em que a interatividade de fato vai ocorrer. Pois ela requer a interação com o conteúdo, isso significa modificar a estrutura, inserir textos, imagens, pesquisar informações em diversos links.

E o professor nesse contexto? Ele continua sendo primordial, só que nessa dinâmica o seu papel vai ser de mediador, de questionador, de coordenador dos trabalhos desenvolvidos. Ele vai deixar de ser o sujeito investido de conhecimento, e o estudante aquele que simplesmente recebe a informação dada por esse iluminado.

Nesse cenário se verifica que há mudança em todos os sentidos, pois as posturas na e da escola terão que ser revistas, já que a própria dinâmica social requer isso. Professores, estudantes, diretores terão que estar atentos para interagir com o mundo globalizado, preservando a participação e a construção de uma educação cidadã.

**Ufa, acabamos!? Não, ainda não!**

## Retomando a aula

Vamos, ao item "Retomando a Conversa Inicial", fazer um breve resumo dos conteúdos estudados nesta aula!?

**1 - O ensino na modalidade presencial e à distância e sua relação com a tecnologia**

Estudamos o ensino na modalidade presencial e a distância

e sua relação com a Tecnologia. Neste sentido é importante destacar a influência das novas tecnologias nas mudanças de práticas pedagógicas presenciais e ainda as especificidades da educação presencial com uso da tecnologia e da educação a distância com uso da tecnologia;

**2 - O professor no contexto da educação informatizada**

Nesta seção de estudo estudamos o novo papel do professor na sociedade globalizada e tecnológica. O professor no contexto da educação informatizada é de implementação de novas práticas pedagógicas seja na educação presencial seja na educação a distância.

## Vale a pena

### Vale a pena ler,

GRINSPUN, Mírian P. S. Zippin (ORG.). *Educação Tecnológica:* desafios e perspectivas. São Paulo: Cortez, 1999.

KENSKI, Vani Moreira. *Educação e tecnologias:* o novo ritmo da informação. Campinas: Papirus, 2007. (Coleção Papirus Educação).

LEITE, Lígia Leite (coord). *Tecnologia educacional* – Descubra suas possibilidades na sala de aula, Petrópolis, RJ: Vozes, 2003.

### Vale a pena acessar,

<http://edutec.net/Textos/Alia/PROINFO/prf_txtie12.htm>.

<http://www.smec.salvador.ba.gov.br/site/documentos/espaco-virtual/espaco-edu-com-tec/publicacoes/educacao%20e%20cibercultura.pdf>.

**Obs:** Não esqueçam! Em caso de dúvidas, acessem as ferramentas "fórum" ou "quadro de avisos" para se comunicarem com o(a) professor(a).

## Minhas anotações

# Aula 5º

# Ferramentas e técnicas instrucionais no uso da tecnologia na aprendizagem

Caros(a) alunos(a),
Nesta aula estudaremos técnicas instrucionais adequadas a cada concepção de aprendizagem e ainda as ferramentas dos ambientes virtuais de aprendizagem mais utilizadas, assim como outras ferramentas da web igualmente utilizadas na aprendizagem mediada pela tecnologia.
Vamos à mais uma aula, então!!!
Começaremos, assim, analisando os objetivos e verificando as seções que serão desenvolvidas ao longo desta aula.
Bom trabalho!

Boa aula!

## Objetivos de aprendizagem

Ao término desta aula, os alunos serão capazes de:

- compreender como as técnicas instrucionais podem facilitar a aprendizagem;
- identificar os aspectos estudados sobre as ferramentas mais utilizadas nos Ambientes Virtuais de Aprendizagem – AVA;
- perceber a evolução dos novos estudos acerca da aplicação da tecnologia no processo de ensino.

### Seções de estudo

1 - Metodologias e técnicas eficazes no uso da tecnologia
2 - Ferramentas mais utilizadas e que devem estar articuladas com os tipos de atividades propostas

## 1 - Metodologias e técnicas eficazes no uso da tecnologia

Para que a aprendizagem ocorra de forma eficaz, várias são as técnicas que podem ser desenvolvidas com o uso da tecnologia. Partimos do pressuposto de que a intensificação do uso de tecnologia na educação tem alterado os papéis dos sujeitos envolvidos no processo de ensino e aprendizagem no âmbito da escolarização formal.

Isto implica entendermos que apesar da tecnologia ser importante ela, por si só, não promove a aprendizagem e requer do professor o planejamento de suas atividades com vistas ao fim que se pretende atingir.

Assim, nessa configuração não apenas o professor e o aluno integram o universo da Educação a Distância como, também, os profissionais responsáveis pela concepção, planejamento, implementação e realização dos cursos, pelas mídias e tecnologias envolvidas nas plataformas de aprendizagem escolhidas. O trabalho, portanto, é colaborativo e deve ser organizado com base nas conexões e relações entre os diversos setores. De acordo com Almeida (2010) esta atuação deve ser pensada desta forma:

> [...] o desenvolvimento do currículo na EaD mediatizada pelas TIC ou EaD online pode fortalecer os métodos instrucionais baseados na distribuição de materiais didáticos digitalizados, no reforço da lógica disciplinar e nas avaliações somativas acompanhadas de feedback automatizados. Por outro lado, as potencialidades de comunicação multidirecional e multimodal, a representação do conhecimento com o uso de distintas linguagens e o desenvolvimento de produções em colaboração com pessoas situadas em diferentes contextos, evidenciam possibilidades de superação da abordagem da EaD alicerçada em princípios da organização industrial de produção de massa, racionalização e divisão do trabalho (ALMEIDA, 2010, p. 95).

Assim, para o trabalho colaborativo converge uma gama de ações empreendidas pelos envolvidos no processo educacional.

Figura 9 - <http://movimentonossabh.blogspot.com/2010_08_01_archive.html>. Acesso em: 20 maio 2017.

---

Partindo da premissa de que nem todos aprendem da mesma forma e que há uma pluralidade que precisa ser atendida, Palloff e Pratt (2004) sugerem a utilização de atividades colaborativas como a melhor estratégia a ser utilizada e sugerem várias técnicas instrucionais on-line. Vejamos como se estrutura essa proposta:

**Técnicas instrucionais on-line que abordam estilos de aprendizagem**

| Estilo ou preferência de aprendizagem | Técnicas instrucionais |
|---|---|
| Visual-verbal: prefere ler a informação. | • Apresente, sob forma escrita, um sumário do material apresentado.<br>• Use materiais escritos, como livros, textos e recursos da internet. |
| Visual-não verbal ou visual-espacial: prefere trabalhar com gráficos ou diagramas que representam a informação. | • Use material visual, tal como PowerPoint, vídeo, mapas. Diagrama e gráficos.<br>• Use recursos de internet, especialmente aqueles com gráficos.<br>• Use a videoconferência. |
| Auditivo-verbal ou verbal-linguístico: prefere ouvir o material apresentado | • Incentive a participação em atividades colaborativas e de grupo.<br>• Use arquivos de áudio streaming.<br>• Use a audioconferência. |
| Tátil-cinestésio ou corporal-cinestésico: prefere atividades físicas e práticas. | • Use simulações.<br>• Use laboratórios virtuais.<br>• Exija pesquisa de campo.<br>• Exija a apresentação e a discussão de projetos. |
| Lógico-matemático: prefere a razão, a lógica e os números. | • Use estudos de caso.<br>• Use a aprendizagem baseada em problemas.<br>• Trabalhe com conceitos abstratos.<br>• Use laboratórios virtuais.<br>• Incentive a aprendizagem que tem como base o desenvolvimento de habilidades. |
| Interpessoal-relacional: prefere trabalhar com os outros. | • Incentive a participação em atividades colaborativas e de grupo.<br>• Use o fórum de discussões.<br>• Use estudos de caso.<br>• Use laboratórios virtuais.<br>• Use simulações. |
| Intrapessoal-relacional: prefere a reflexão e o trabalho com os outros. | • Incentive a participação em atividades colaborativas e de grupo.<br>• Use o fórum de discussões.<br>• Use estudos de caso.<br>• Faça uso de atividades que requeiram o acompanhamento individual e de grupo. |

*Pallof, Rena M. O aluno virtual: um guia para trabalhar com estudantes on-line, Porto Alegre: Artmed, 2004.*

Apesar das estratégias diferentes que podem ser adotadas em estreita relação com o perfil do aluno, há uma diversidade de fatores que contribuem para a exclusão digital de várias pessoas. Com a perspectiva de amenizar esta condição, já que muitas vezes liga-se a própria estrutura de uma sociedade excludente que impede o acesso aos bens materiais, outras técnicas são apresentadas de acordo com as variáveis consideradas pelos autores como passíveis de serem enfrentadas, tais como:

| Técnicas instrucionais que diminuem a exclusão digital ||
|---|---|
| Questão de acesso *on-line* a ser abordada | Técnicas Instrucionais |
| Cultura: Aborde e inclua todas as culturas no material do curso | • Use material cuja perspectiva seja multicultural.<br>• Incentive os alunos a trazer material multicultural para o curso ou a abordar pontos de vista multiculturais em trabalhos e projetos.<br>• Use tarefas colaborativas que permitam aos alunos trabalhar com sua cultura e ensinar sobre ela.<br>• Incentive os alunos a falar de sua perspectiva cultural nas mensagens que enviam.<br>• Desenvolva a sensibilidade a questões culturais ao ensinar e entre os alunos, por meio de um *feedback* adequado e pelo respeito às diferenças culturais. |
| Gênero: crie um ambiente agradável para ambos os sexos | • Alterne a facilitação entre homens e mulheres, dando-lhes oportunidades iguais.<br>• Incorpore tarefas colaborativas no curso.<br>• Confronte, com respeito, qualquer uso de linguagem ou comportamento que não incentive a equidade.<br>• Converse com os alunos que não participam, tentando remover barreiras que podem ter como causa questões de gênero. |
| Geografia: aborde questões de acesso | • Prepare o material do curso levando em consideração o acesso e o uso de conexão discada - simplifique.<br>• Proporcione alternativas, tais como versões em texto para arquivos de vídeo e áudio.<br>• Informe os alunos sobre como obter acesso grátis ou de baixo custo a um computador se o aluno não possuir em casa. |
| Religião e espiritualidade: crie um ambiente em que todas as crenças e práticas religiosas sejam respeitadas | • Permita a inclusão de todas as crenças nas discussões *on-line*.<br>• Dê espaço para práticas religiosas, tais como ausência em feriados.<br>• Incentive os alunos a responsabilizarem-se por suas necessidades nesta área por meio de comunicação regular com o professor |
| Alfabetização (competência linguística) e deficiência física: aborde as necessidades dos alunos com deficiência física e com problemas de leitura e escrita | • Incentive os alunos a escrever suas mensagens *off-line*, a fim de que erros ortográficos e questões gramaticais sejam verificados.<br>• Ofereça acesso a cursos de redação.<br>• Projete o curso com o modo de acesso em mente: use o meio textual como alternativa a áudio, vídeo e gráficos, o que permite o uso de *software* de assistência - simplifique.<br>• Use a ferramenta *Bobby Worldwide* para verificar o site do seu curso quanto à compatibilidade com a ADA. (http://bobby.cast.org/htm/en/index.jsp). |

*Acesso em: 20 maio 2017.*

*Figura 10 - <http://textosecomputadores.blogspot.com/2010/10/com-base-na-imagem-acima-de-sua-opiniao.html>. Acesso em: 20 maio de 2017.*

Em relação à deficiência no quesito leitura é importante salientar que em razão de estarmos acostumados ao modelo cristalizado do ensino presencial há a necessidade de se fazer um letramento digital, como forma de promover uma aproximação com os textos e ferramentas síncronas e assíncronas existentes na Educação a Distância, pois dessa forma, o espaço de aprendizagem virtual não causará o estranhamento presente em alunos que tomam conhecimento de sua existência e da importância desse espaço na construção da aprendizagem.

Os espaços virtuais de aprendizagem ou Ambientes Virtuais de Aprendizagem são também denominados de: LMS sigla da palavra Learning Management System; ou de plataformas com interfaces e ferramentas síncronas e assíncronas. Os ambientes virtuais são desenvolvidos como forma de possibilitar várias interações e interatividades, dentre elas a aprendizagem no âmbito da educação a distância. A multiplicidade de recursos existentes nas plataformas de aprendizagem concorre para que os objetivos de aprendizagem sejam alcançados:

> [...] esses espaços virtuais de aprendizagem oferecem condições para a interação (síncrona e assíncrona) permanente entre seus usuários. A hipertextualidade – funcionando como sequências de textos articulados e interligados, entre si e com outras mídias, sons, fotos, vídeos etc. – facilita a propagação de atitudes de cooperação entre os participantes, para fins de aprendizagem. A conectividade garante o acesso rápido à informação e à comunicação interpessoal, em qualquer tempo e lugar, sustentando o desenvolvimento de projetos em colaboração e a coordenação das atividades. Essas três características – interatividade, hipertextualidade e conectividade – já garantem o diferencial dos ambientes virtuais para a aprendizagem individual e grupal. (KENSKI, 2008, p. 95).

Nesse sentido, os ambientes virtuais de aprendizagem precisam possuir características que promovam a aprendizagem colaborativa, as interações, o rompimento com a linearidade de textos ao se constituírem em hipertexto e hipermídia. O texto, portanto, pode permitir a interconexão com outros textos por meio de links, garantindo um entrelaçamento com outras unidades textuais, ramificados e dinâmicos. No caso da

3. Considere seu público-alvo:
I. Muitas vezes, os textos mais longos ou aqueles em língua estrangeira não são lidos nem discutidos, causando constrangimentos para professores e alunos.
II. Verifique se o texto pode oferecer desafios adequados. Um texto simples demais subestima a capacidade dos alunos e um texto muito complexo os desestimula.

4. Leia e releia muitas vezes o texto, buscando identificar:
I. Suas ideias principais e secundárias.
II. Seus aspectos polêmicos e/ou que possam apresentar dificuldades.
III. Possíveis relações entre o conteúdo do texto e o contexto de vida dos estudantes.
Nunca forneça um texto para estudo antes de conhecê-lo profundamente!
Só assim você será capaz de explorá-lo com seus alunos.
Texto selecionado, é hora de decidir como trabalhá-lo com seus alunos.

**• Sugestões de estratégias de estudo de texto**

**a. Textos para mobilização do grupo para o problema a ser estudado (contos, poemas, notícias, etc.)**
• Disponibilize o texto no início do módulo de conteúdo (aula).
• Oriente sobre o que deve ser observado. No Moodle, escreva no sumário. Ex.: Observe como o autor..., identifique seus sentimentos..., identifique as relações... etc.
• Abra ao menos um tópico de Fórum para os alunos comentarem suas impressões. Escreva
a primeira mensagem mostrando que você acolherá todas as opiniões.

**b. Textos que apoiam a construção de novos conhecimentos (artigos, capítulos de livro, etc.)**
• Dê instruções claras sobre o que o aluno deve buscar no texto e sobre o espaço e a forma como o aluno deve registrar o produto de sua leitura.
• Sugestões:
• Selecione as ideias principais e registre no diário, em formato de síntese.
• Destaque aspectos que chamam atenção e publique em seu diário, justificando suas escolhas.
• Destaque os pontos que apresentem dificuldades e coloque-os no fórum de discussões.
• Quando encontrar um termo desconhecido pesquise seu significado e publique no glossário.
• Observe como o autor aborda... e registre suas ideias no blog.
• Repare na metodologia adotada pelo autor da pesquisa. Descreva-a passo a passo em seu diário. Que tipo de metodologia é essa?
• Analise a coerência do autor quanto à questão proposta e pesquise outros autores que tratem do tema. Registre seus achados no fórum, incluindo sua análise crítica.
• Dê instruções claras sobre o espaço e a forma como o aluno deve registrar o produto de sua leitura: fórum, tarefa, blog, diário, glossário etc.
• Sempre ofereça um feedback sobre a atividade do aluno, seja individualmente ou em grupo.
• Se sugerir participação em fórum, não deixe de:
• Mediar as discussões.
• Instigar os alunos a aprofundarem questões complexas e

---

hipermídia, imagens e sons podem se associar ao mesmo texto por meio de recursos multimidiáticos, como por exemplo, o www.

Os materiais educacionais digitais (MEDs) que são incorporados ao processo educativo devem constar no planejamento do curso a distância que será oferecido. Para tanto, deve-se ter clareza para qual situação determinado recurso atende com mais eficácia para que os objetivos sejam alcançados. Veja a sugestão de roteiro (planejamento) voltado para EaD elaborada por Andrea Filatro:

- **unidade de estudo:** o que os alunos estudarão?
- **objetivo:** para que eles estudarão isto, neste momento?
- **atividade:** o que os alunos (e professores) farão efetivamente?
- **quem executa a atividade:** como os alunos trabalharão (individualmente, em duplas, grupos)?
- **duração:** quanto tempo será dedicado à realização da atividade?
- **ferramentas:** que tecnologias serão necessárias para a realização da atividade?
- **conteúdos:** que assuntos ou tópicos serão tratados?
- **produção dos alunos:** qual será o resultado (processo ou produto) da atividade proposta?
- **avaliação:** qual o peso desse resultado na avaliação geral da aprendizagem? Que tipo de feedback os alunos darão ou receberão quanto ao seu processo e/ou produto de aprendizagem? (FILATRO, 2009, p. 101).

Assim, o planejamento deve levar em conta que os recursos a serem utilizados devem ser escolhidos em estreita relação com os objetivos previamente definidos. De acordo com Leite (2003), os recursos podem ser utilizados a partir dessa orientação:

**Orientações sobre a escolha do texto:**
1. O professor deve ser criterioso e se orientar pelos objetivos de ensino. Deve resistir ao impulso de fornecer um volume maior de leituras, que podem divergir da proposta inicial. Com a Internet, essa é uma grande tentação...

**Exemplo:** O professor tem como objetivo que os alunos sejam capazes de aplicar a sistematização da assistência de enfermagem. Deve selecionar um texto que subsidie sua proposta, buscando aqueles que ofereçam informações práticas. Não vale a pena ampliar o conteúdo para aspectos históricos da assistência de enfermagem, por exemplo.

2. Identifique se o texto servirá para:
I. Mobilizar para um problema concreto. Ex. um conto, uma notícia de jornal, uma poesia.
II. Retomar conteúdos anteriores, a fim de nivelar o conhecimento do grupo. Ex.: um texto didático.
Lembre-se:
Um nivelamento total é impossível! Saiba tirar vantagem da diversidade de seus alunos.
III. Construir novos conhecimentos. Ex.: artigos, capítulos de livro.
IV. Complementar ou enriquecer o repertório estudado ou outros.

• Dar um fechamento que indique que os problemas remanescentes da discussão serão abordados oportunamente.

## 2 - Ferramentas mais utilizadas e que devem estar articuladas com os tipos de atividades propostas

Após a concepção de como será o oferecimento do curso e/ou disciplina, vamos nos deter nas ferramentas mais usuais que devem estar articuladas às atividades propostas.

### Chat

O chat ou bate-papo é uma ferramenta síncrona que permite a discussão e o esclarecimento de dúvidas. Essa atividade é muito utilizada, pois permite a interação com o professor que pode aprofundar o debate. Para tanto, deve-se iniciar o chat com um texto introdutório dando as boas-vindas e com uma questão provocadora que estimulará o debate.

*Figura 11 - Fonte <http://agvendapinheiro-m.ccems.pt>. Acesso em: 12 maio 2017.*

### Fórum

O fórum é uma ferramenta assíncrona que possibilita o gerenciamento do tempo pelo aluno que poderá manifestar-se sobre o tema de acordo com a disponibilidade dele. Assim como no chat, deve ter um pequeno texto ou uma pergunta, afirmação que sirva como motivação para a participação.

Para tanto, o aluno precisa organizar-se para o acesso semanal e esta necessidade deve ser explicitada para ele. Sobre essa ferramenta existente no ambiente, Leite apresenta as seguintes considerações:

### Introdução

De modo geral, a mediação deve procurar levar o aluno, e consequentemente a própria discussão, a um nível mais elevado do ponto de vista cognitivo. É importante que a discussão cresça, evolua. Apenas dessa forma ela estará cumprindo seu papel de confrontar os conceitos e ideias iniciais e construir novos conhecimentos, colaborativamente.

Muitas questões surgem ao mediar uma discussão em Fórum.
Devo responder?
O que dizer?
Como estimular a discussão?
Não há soluções padronizadas. Vamos discutir essas questões?
Inicialmente...
Em primeiro lugar, é importante pensar em um tema ou pergunta que seja geradora de discussão.
Seja específico em seu questionamento. Busque questões polêmicas.
Em geral, proposições muito abertas, como " Discuta o texto", "O que você acha do texto?" tendem a motivar participações isoladas, onde as pessoas apenas publicam suas ideias, mas não se sentem motivados a discuti-las.

### Automediação

Muitas vezes, o fórum é automediado, isto é, os próprios alunos fazem as intervenções, colocam sugestões e ampliam as discussões. Isso é muito positivo, e o mediador deve apenas observar, intervindo somente se julgar necessário.
Entretanto, é necessário ficar atento para perceber em que momento intervir. Mas como?

### Perguntas Mediadoras

É recomendável que, na maioria das situações, a mediação ocorra por perguntas, e não por respostas, pois essas tendem a encerrar uma discussão.
Existem diferentes tipos de perguntas mediadoras, dependendo da finalidade.
Aqui estão alguns exemplos, que devem ser adaptados, de acordo com o contexto.
Não copie e cole estas perguntas direto para os fóruns!!! Conte com seu bom senso e sensibilidade para adaptá-las da forma mais adequada para seu grupo. Você pode (e deve!) criar outras perguntas e categorias!

**Perguntas que estimulam o levantamento de hipóteses:**
- Que hipóteses podem ser levantadas a partir desse problema?
- Que outras hipóteses?
- Como vocês comprovariam essa hipótese?
- O que vocês acham que está acontecendo nesse caso?
- O que refuta essa hipótese de imediato?

**Perguntas sobre o processo de aquisição de conhecimento:**
- Como você chegou a esta conclusão?
- Que estratégias usou para resolver este problema?
- Que dificuldades encontrou?

**Perguntas que exigem maior precisão e exatidão:**
- De que outras maneiras poderiam ter feito isso? (se a resposta está imprecisa ou incompleta)
- Há outras opções? Esclareça.
- Tem certeza sobre sua afirmação?
- Pode esclarecer sobre isso?
- Qual é fonte dessa informação? Onde você a encontrou?

**Perguntas que estimulam o pensamento criativo: (para o grupo)**
- Alguém consegue imaginar uma outra solução ou resposta?
- O que vocês fariam em uma situação semelhante? (para os demais participantes)
- O que vocês fariam em um contexto diferente? (descrever contexto alternativo)
- Por que foram encontradas respostas diferentes?

- Vocês podem imaginar um problema/situação semelhante que exigiria outro tipo de abordagem?
- Em que situações este conceito não se aplicaria?

**Perguntas que levam a pensar criticamente:**
- Por que o autor afirma isso?
- Em que contexto sócio-histórico isso se enquadra?
- Sim, mas naquela época/naquele contexto....(explique)
- Todos concordam com essa ideia?
- Isso é verdade, mas por outro lado, outros autores ...... (explique) O que vocês acham?
- Que princípios estão implícitos nessa fala?
- Será que não é preconceito/generalização pensar que...?

**Perguntas para conduzir a conclusões e encerrar a discussão:**
- Comparando com ..., o que se pode concluir?
- De acordo com o que foi dito até agora, podemos chegar a alguma conclusão?
- É possível então generalizar que...?
- Que questões ficam ainda pendentes para estudos posteriores?
- Algumas mediações em Fórum visam dar suporte a questões de ordem emocional, como ansiedade, desânimo e sentimento de incapacidade.
- Para controlar a ansiedade e a impulsividade:
- Será que vocês já exploraram o tema suficientemente?
- Talvez seja necessário esperar um pouco, vamos ver o que os colegas pensam sobre isso?
- Sabemos o quanto vocês desejam ir em frente, mas é importante compreender os fundamentos. Vamos retomá-los?
- Veremos isso na disciplina seguinte. Vamos explorar mais sobre ... agora?

**Para estimular o sentimento de competência:**
- Muito bem, vocês já trilharam um longo caminho. A partir de agora começam novos desafios!
- Vejam quantas coisas vocês já aprenderam: x,y,z... Parabéns!
- Sabemos que muitas vezes é difícil dar conta de tudo. Como vocês acham que podem colaborar com o colega?
- Fico muito feliz que você tenha conseguido!

**Para lidar com situações de insatisfação em relação ao curso/professor.**
- Encaminharei seus comentários ao professor, que dará o retorno em breve.
- Temos todo o interesse de solucionar este mal entendido, vou pessoalmente conversar com o professor.
- A insatisfação do colega é compartilhada por outros?
- O que eu posso fazer para ajudar?

**Atenção:**
Algumas vezes, é recomendável que essas interações se deem de forma privativa, por meio da ferramenta Mensagens.

---

A Wikipédia é uma enciclopédia on-line e, como um meio para esse fim, é também uma comunidade virtual formada por pessoas interessadas na construção de uma enciclopédia de alta qualidade, num espírito de respeito mútuo. Por isso, há certas coisas que a Wikipédia não é e que não deverá ser.

### Wiki

Partindo do pressuposto de que os trabalhos realizados de forma colaborativa são importantes para a aprendizagem, a ferramenta Wiki permite a construção coletiva de textos. O termo, de origem havaiana, significa "rápido" e dá a condição de o usuário editar, a qualquer momento, o que está registrado, sendo possível a reelaboração rápida do que está escrito. Dessa forma, constitui-se em uma ferramenta de produção hipertextual:

> [...] wikis simples permitem apenas a formatação básica, enquanto os mais complexos suportam tabelas, imagens, fórmulas, ou até elementos interativos, como votações e jogos. Wikis são verdadeiras mídias hipertextuais, com estrutura de navegação não linear. Cada página geralmente contém um grande número de ligações para outras páginas. Páginas com navegação hierárquica são frequentemente usadas em grandes wikis, mas não devem ser usadas em pesquisas científicas. As ligações são criadas usando-se uma sintaxe específica, o chamado "padrão link" (O QUE É WIKI... on-line).

O compartilhamento de conteúdos tem promovido experiências interessantes, tais como o Wikipédia, uma enciclopédia de construção coletiva, de conteúdo livre e passível de edição por todos. Seu início data de 2001 e já possui expressão considerável em vários países.

### Mural ou Quadro de Avisos

O mural tem sua utilização para a postagem de comunicados a serem vistos por todos. Fica postado na plataforma de aprendizagem de acordo com o período previamente determinado.

Há uma multiplicidade de recursos que podem ser direcionados para a realização de atividades conforme as especificidades do ambiente virtual de aprendizagem utilizado. O importante é compreender a ferramenta como um meio de aprendizagem, ou seja, a plataforma de aprendizagem, via de regra, estrutura-se em torno de funções que são necessárias ao ensino, como por exemplo, a distribuição da informação, a comunicação, a avaliação e os recursos. O fio condutor é o planejamento das unidades que deverão conter os recursos mais apropriados.

### Acabamos!? Não, ainda não!

A sua plataforma de ensino da Unigran NET oferece a você os seguintes recursos: Chat, Fórum e Mural (sob o nome de Quadro de Avisos). Eles estão a sua disposição quando você estiver com dúvidas ou problemas em relação ao conteúdo. Não deixe de usá-los.

## Retomando a aula

Bem pessoal, chegamos ao final de mais uma Aula. Então, vamos recordar?

### 1 - Metodologias e técnicas eficazes no uso da tecnologia

As técnicas instrucionais podem facilitar a aprendizagem mediada pela tecnologia. Para que a aprendizagem seja eficaz, várias são as técnicas que podem ser desenvolvidas com o uso da tecnologia. A intensificação do uso de tecnologia na educação tem alterado os papéis dos sujeitos envolvidos no processo de ensino e aprendizagem no âmbito da escolarização formal. Ou seja apesar da tecnologia ser importante ela, por si só, não promove a aprendizagem e requer do professor o planejamento de suas atividades com vistas ao fim que se pretende atingir.

### 2 - Ferramentas mais utilizadas e que devem estar articuladas com os tipos de atividades propostas

As ferramentas mais utilizadas e que devem estar articuladas com os tipos de atividades propostas. Existem ferramentas mais utilizadas nos Ambientes Virtuais de Aprendizagem –AVA: fórum, chat, mural etc. Todas as ferramentas utilizadas devem estar articuladas às atividades propostas, ou seja a ferramenta sozinha não tem o papel determinante no processo, ela precisa sempre da mediação do professor e será utilizada de acordo com a concepção metodológica do professor.

Chegamos, assim, ao final da quinta aula. Espero que vocês tenham compreendido como as ferramentas dos ambientes virtuais de aprendizagem podem auxiliar o processo de aprendizagem.

## Vale a pena

### Vale a pena ler,

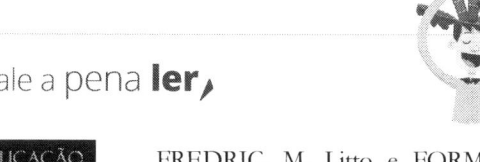

FREDRIC, M. Litto e FORMIGA. Marcos. *Educação a Distância* - O Estado da Arte, São Paulo: Ed. Prentice Hall Brasil.
VALENTE, Jose Armando. *Educação a Distância:* Prática e Formação do Profissional Reflexivo, São Paulo: Ed. Avercamp.

### Vale a pena acessar,

<http://www.fafich.ufmg.br/tubo/criacao/iptv/novas-midias-e-internet/o-que-e-wiki-desvendando-uma-ferramenta-cibernetica/>.
<http://pt.wikipedia.org/wiki/Wikip%C3%A9dia:O_que_a_Wikip%C3%A9dia_n%C3%A3o_%C3%A9>.

**Obs:** Não esqueçam! Em caso de dúvidas, acessem as ferramentas "fórum" ou "quadro de avisos" para se comunicarem com o(a) professor(a).

## Minhas anotações

# Aula 6º

# Recursos de ensino: a utilização da linguagem audiovisual no ensino

Olá pessoal esta é nossa sexta aula, vamos lá!!!
Nesta aula vamos estudar um pouco os recursos de ensino, os recursos atuais!
Caros(a) alunos(a),
Para que possamos entender todos os recursos tecnológicos disponíveis, e como os professores podem fazer uso destes recursos na educação a distância, vamos ver como alguns autores refletem sobre essas questões.
Começaremos, então, analisando os objetivos e verificando as seções que serão desenvolvidas ao longo desta aula.
Bom trabalho!

Boa aula!

## Objetivos de aprendizagem

Ao término desta aula, os alunos serão capazes de:

- compreender como os professores podem fazer uso dos recursos tecnológicos na educação a distância;
- compreender que os materiais educacionais digitais devem estar de acordo com o desenho pedagógico de cada instituição;
- perceber as diferenças entre os recursos tecnológicos que permitem a criação e edição de objetos gráficos, vídeos, simulação de exercícios e diagramação de textos.

## Seções de estudo

1 - Materiais educacionais digitais de acordo com o desenho pedagógico de cada instituição
2 - Ferramentas que permitem a criação e edição de objetos gráficos, vídeos, simulação de exercícios e diagramação de textos
3 – Outras ferramentas de apoio ao Ensino a Distância

## 1 - Materiais educacionais digitais de acordo com o desenho pedagógico de cada instituição

Em Educação a Distância os meios de ensino são imprescindíveis para que a aprendizagem ocorra, permitindo a realização das atividades, o acesso aos conteúdos, as comunicações e as interações. Dessa forma, cada meio se destinará a uma função específica com vistas ao objetivo desejado.

A utilização de diversos meios tecnológicos aplicados ao ensino é historicamente construída, ou seja, pode-se identificar que de acordo com o momento vivenciado pela humanidade, há incorporação de vários instrumentos tecnológicos em consonância com o grau de desenvolvimento existente. Por essa razão, a primeira geração tecnológica em EaD, que vai de 1850 a 1960 utilizou prioritariamente o material impresso, o rádio e a televisão. Nesse período, os correios cumpriam importante função no que tange à interação entre alunos e professores que, aliás, era muito baixa. A segunda geração, que vai de 1969 a 1985, pautou-se pela utilização do videocassete e o televisor, também se caracterizava pela baixa interação.

A terceira geração, de 1985 a 1995 incorporou o uso do computador, da internet e da videoconferência bidirecional, marcando um avanço significativo no âmbito das interações, pois passou a utilizar CD-ROM, multimídias e correio eletrônico. A partir desse momento a interação passa a ser mais direta. Assim, os meios ora convergem para o apoio à aprendizagem ora para o apoio ao ensino e à comunicação.

Os recursos digitais são usados largamente no campo educacional, fazendo com que os conteúdos sejam abordados nos formatos de imagens digitais, vídeos, hipertextos, animações, simulações, objetos de aprendizagem, páginas web, jogos educacionais, etc., sendo ferramentas que, ao potencializarem as práticas pedagógicas, se convertem nos chamados Materiais Educacionais Digitais – MEDs.

> Recursos Digitais são elementos informatizados, como imagens digitais, vídeos, animações, hipertextos, entre outros, que possibilitam a interatividade entre usuário e a realização de uma determinada atividade ou ação. Materiais Educacionais Digitais [são] conceituados como todo material didático elaborado com objetivos relacionados à aprendizagem e que incorpora recursos digitais (TORREZAN; BEHAR, 2009, p. 33).

As autoras alertam que as ferramentas por si só não garantem a aprendizagem, portanto, é preciso que estejam inseridas no design pedagógico em estreita articulação com os seus objetivos.

Antes de adentrarmos na discussão sobre os materiais educacionais digitais, vamos identificar as diferentes tipologias de design pedagógico existentes na produção acadêmica, de acordo com as autoras citadas:

- Identificados com o planejamento de materiais educacionais: são denominados de **design instrucional** (Palloff e Pratt, 2004) e **design didático** (Amaral et al., 2007).
- Identificados com os aspectos pedagógicos de materiais educacionais que potencializam situações de aprendizagem: são denominados de **design educacional** (Paas, 2001).
- Identificados com o planejamento e programação ou reprogramação do sistema que dá suporte ao material educacional digital: são denominados de **design de sistemas** (Romiszowski e Romiszowski, 2005).

Pelo exposto, depreende-se que de acordo com a intenção da área, determinados tipos de designs são construídos, porém devem ser feitos de forma interdisciplinar, ou seja, as equipes devem estar integradas em sua construção. Essa ideia de integração resulta no que Torrezan e Behar (2009) denominam como design pedagógico constante dos elementos gráficos (imagens); técnicos (navegação e usabilidade) e pedagógicos (baseado na teoria pedagógica que lhe dará suporte – caso das autoras a escolha recaiu sobre Piaget e Ausubel). Veja neste quadro a síntese da proposta das autoras, considerando os elementos citados:

Parâmetros para a construção de materiais educacionais digitais baseados no design pedagógico:

| Parâmetros | Aplicações | |
|---|---|---|
| Imagem | Com relação ao conteúdo:<br>• Aplicá-las de modo a apoiar práticas pedagógicas e não simplesmente como forma de apresentar uma informação, possibilitando que o usuário seja capaz de interpretá-las segundo os seus conceitos previamente construídos sobre determinado assunto.<br>• Utilizar imagens estáticas (imagens gráficas e vídeos) e interativas (animações e simulações) de modo que o usuário possa criar e testar hipóteses ao longo dos seus estudos. | Com relação ao design de interfaces:<br>• Contextualizar as interfaces na cultura do usuário e/ou no assunto a ser abordado pelo material.<br>• Utilizar ícones que se relacionem com os signos do usuário e com a composição gráfica da interface, de modo a contemplar o conceito de relevância.<br>• Alternar a utilização de ícones de alta e baixa iconicidade, de modo a apoiar as práticas pedagógicas aplicadas ao conteúdo. |

| | | |
|---|---|---|
| Navegação | Escolher um tipo de navegação (linear, não linear, mista, *breadcrumbs*) [*breadcrumbs* trata da representação textual de todo o conteúdo do site, normalmente escrito entre o sinal ">", na parte superior da interface.<br>• Aplicar uma estrutura navegacional compatível com o nível de conhecimento<br>• Complementar os critérios de usabilidade com os seguintes fatores (também de usabilidade):<br>Visibilidade – relação ícone/função que se desempenha.<br>*Feedback* – conciliar a expectativa do usuário com a função dos botões de navegação.<br>Mapeamento – optar pela utilização de uma simbologia padrão, pela ruptura das representações padrão, ou ainda pela mistura entre esses elementos.<br>Consistência – evitar a simples digitalização do mundo real. | • Priorizar a contemplação dos seguintes critérios de usabilidade:<br>Condução – orientar o usuário (ajuda) no decorrer de sua exploração pelo material educacional digital. Portanto, torna-se interessante a implementação dos chamados "materiais de apoio": biblioteca, guia do professor, glossário, entre outros, que auxiliam o usuário no decorrer da sua navegação pelo material.<br>Carga de trabalho – planejar uma confortável carga de informação em cada interface.<br>Controle explícito – possibilitar ao usuário o controle sobre suas ações e uma eficaz comunicação usuário-sistema.<br>Adaptabilidade – contextualizar as interfaces na cultura do usuário.<br>Gestão de erros – projetar o sistema de modo que ele seja capaz de identificar, informar e consertar possíveis erros.<br>Consistência – contemplar uma coerência entre as informações, as padronizações e a lógica das interfaces. |
| | • Elaborar estratégias de *affordance* (fornecer pistas a respeito do significado de um determinado elemento de interface. | Expressividade – estabelecer uma relação entre os símbolos utilizados e o seu significado.<br>Compatibilidade – criar componentes nas interfaces responsáveis pela interação homem-máquina e que sejam compatíveis com o estilo e a personalidade do usuário. |

*Fonte: Torrezan e Behar (2009).*


| Interação e interatividade | Escolher um tipo de modelo conceitual | | |
|---|---|---|---|
| | Baseados em atividades | Baseado em objetos | Mistos |
| | **Instrução:** a base está na programação do sistema, que premedita uma interatividade rápida e eficiente com o usuário. Uma forma de aplicação é por meio de atividades objetivas seguidas de feedbacks do sistema, de modo que o usuário vai tomando consciência do conhecimento que está construindo.<br>**Conversação:** possibilitar a interação entre colegas e professor, assim como a interatividade homem-máquina mediante agentes virtuais. Pode-se aplicar esse tipo de navegação a atividades em grupo, por meio de ferramentas síncronas e assíncronas. Os agentes virtuais, por sua vez, podem auxiliar a trajetória do usuário por meio de *feedbacks* do sistema.<br>**Manipulação e navegação:** a navegação é baseada em metáforas de objetos analógicos. Essa característica pode ser utilizada para a conquista de uma boa interatividade homem-máquina.<br>**Exploração e pesquisa:** a navegação ocorre de forma aleatória, em que o aluno investiga o conteúdo a partir de desafios propostos. Essa modalidade pode ser aplicada a atividades investigativas e dissertativas. | As interfaces remetem a objetos comuns de um certo cotidiano. Por exemplo: adoção de uma metáfora de interface ou ícones de alto grau de iconicidade. | Integrar os modelos conceituais baseados em atividades aos baseados em objetos. |
| Organização do conteúdo | • Planejar o conteúdo de modo a possibilitar um diálogo entre o usuário e a teoria abordada e não a simples comunicação de conceitos – comunicação didática. | | |
| | Aplicar as seguintes relações (sujeito – conteúdo): | | |
| | **Relação de ajuda**<br>Propiciar um diálogo entre o sistema e o usuário de modo que o aluno sinta-se instigado pelos desafios, e não desestimulado. | **Relativização do discurso**<br>Possibilitar que o usuário atue criticamente sobre o conteúdo como uma das formas de construção do seu conhecimento. Desse modo torna-se interessante a disponibilização de animações e simulações interativas em que o usuário possa elaborar/testar/reconstruir hipóteses referentes ao conteúdo estudado. | |

*Fonte: TORREZAN; BEHAR, 2009, p. 59-62.*

Assim, as escolhas das ferramentas devem estar integradas no desenho pedagógico que se deseja, visto que essa definição não pode ficar dissociada do todo.

No âmbito das ferramentas de autoria são dois grandes grupos que a integram, a saber: as que se destinam à construção de elementos individuais que serão incluídos em um curso e aquelas que se destinam à construção de um curso completo.

## 2 - Ferramentas que permitem a criação e edição de objetos gráficos, vídeos, simulação de exercícios e diagramação de textos

No caso do primeiro grupo, a da construção de elementos, vamos nos basear nas indicações feitas por Carmem Maia e João Mattar (2007) sobre a diversidade de ferramentas que permitem a criação e edição de objetos gráficos por meio de vários softwares. Vamos conhecer estes softwares que permitem incremento no ensino por meio do desenho, do vídeo, do áudio, de simulações e produção de arquivos em PDF. Apesar de longas, as citações são importantes pelo seu caráter informativo.

Dentre esses softwares, podemos distinguir os painting programs, programas para edição de imagens, fotos e gráficos, como o Adobe Photoshop e Affnity Photo, para os quais hoje existe uma opção gratuita, o GIMP e o Krita; e os drawing programs, softwares para desenho, como o Corel Draw, Adobe Ilustrator, Affnity Designer e a sua principal alternativa grátis, o programa de edição vetorial Inkscape (MAIA; MATTAR, 2007, p. 73-74).

> Para a diagramação de textos, temos:
> Por fim, você deve ser capaz, ainda, de produzir arquivos pdf de qualidade, e o programa de diagramação que tem se tornado padrão, em substituição ao PageMaker e ao QuarkXPress, é o Adobe InDesign. A mídia impressa é essencial em EaD, por sua praticidade e economia, e um arquivo pdf pode servir, por exemplo, como guia para o estudo e para o curso. Para edições em grupos de pdfs, há o padrão Adobe Acrobat. Vários programas, como o próprio Word, já convertem hoje automaticamente arquivos para pdf, sem entretanto, vários recursos que o Adobe InDesign e Acrobat oferecem. Dois exemplos de softwares gratuitos bastante práticos e interessantes para esse propósito são o PDFill e o CutePDF Writer (id. Ibid).

Além dos ambientes virtuais de aprendizagem desenvolvidos pelas instituições ou desenvolvidos por outros e utilizados nas instituições, há repositórios digitais que possuem objetos de aprendizagem dos quais os professores podem lançar mão para tutoria ou para a autoria. A denominação pode ser variada, como: repositórios digitais, educacionais, institucionais e de objetos de aprendizagem. Os denominados repositórios digitais são utilizados para a armazenagem de conteúdos que podem ser pesquisados e acessados para utilização.

O tipo de material educacional que se encontra em repositórios educacionais é variado: software, multimídia, textos, livros eletrônicos, testes, ementas de cursos, cursos, simulações, planos de aula, apresentações, arquivos de áudio e vídeo e outros. Para tanto, há repositórios estrangeiros e brasileiros que podem ser acessados. No Brasil há conteúdos no RIVED – Rede Interativa Virtual de Educação, feito pelo MEC, que oferece objetos para várias disciplinas constantes nos currículos escolares por meio de animações interativas e simulações, baseadas em situações-problema. Os recursos possuem tutoriais para o professor contendo sugestões de uso e integração nas práticas de ensino.

Além do RIVED o portal Domínio Público, produzido pelo MEC em 2004, coloca à disposição obras literárias, artísticas e científicas – em textos, sons, imagens e vídeos para ampla utilização pelo público.

Também produzido pelo MEC o Banco Internacional de Objetos Educacionais é um repositório com vários arquivos disponíveis para incrementar a aprendizagem.

De acordo com Nascimento (2009, p.34), quanto aos repositórios externos:

> [...] há o MIT Open Course Ware (OCW) de iniciativa do MIT que em parceria com a Elsevier (editora de periódicos de prestígio nas áreas de ciências e saúde) para que as imagens dos periódicos possam ser incluídas junto aos materiais de cursos da OCW, para download e uso gratuitos.

O repositório de Los Alamos Archive, ArXiv.org oferece vasto material das áreas de física, matemática, ciência da computação e biologia, bem como a Public Library of Science (PLoS) também permite o acesso a vários artigos científicos e os valida por pares.

No caso de simulações, animações e vídeos há programas como Maricopa Learning Exchange (MLX), Scoult Archives, Harvey Projects e INTUTE que dão possibilidades aos alunos de compreenderem fenômenos científicos complexos.

Para as montagens de módulos de curso pelos professores, a Rice University, por meio do projeto denominado Connexions, desenvolveu este repositório que armazena muitos objetos de aprendizagem que podem ser misturados e combinados na estruturação de cursos, todos apoiados na licença Creative Commons.

No caso de arquivos de áudio podem ser baixados arquivos no site Partners in Rhyme e arquivos de músicas completas em interface digital para instrumentos musicais (MIDI) principalmente para músicas clássicas. Animações podem ser baixadas pela Animation Factory e para sons, imagens, fotos, ilustrações etc. pelo site Clipart.com.

Além das possibilidades já mencionadas, diversos recursos educacionais para tutoria, por exemplo, podem ser utilizados por meio das ferramentas informais tais como o Google Earth, Skype ou blogs.

Considerando que a Web 2.0 possibilita que sejam rodados nos computadores vários aplicativos, as possibilidades são diversas. O importante é contextualizar a escolha e o uso que se fará com o desenho pedagógico do que se pretende. Assim, discute-se a necessidade de que os ambientes virtuais de aprendizagem possuam funcionalidades que permitam o gerenciamento da aprendizagem. Nas palavras de Almeida:

[...] os recursos desses ambientes são basicamente os mesmos existentes na internet (correio, fórum, bate-papo, conferência, banco de recursos, mural, agenda e outras ferramentas emergentes), com a vantagem de incorporar elementos que viabilizam atividades específicas de informática, tais como gerenciamento de arquivos e manutenção de cópias de segurança, gestão de informações segundo critérios preestabelecidos de organização definidos de acordo com as características de cada software, bancos de recursos representados em diferentes mídias e interligados por meio de conexões (links internos ou externos ao sistema), elementos para a administração acadêmica de cursos, avaliações e relatórios quantitativos (ALMEIDA, 2010, p. 92).

Assim, a escolha do recurso deve integrar a convergência de mídias e tecnologias que deverão atender ao objetivo proposto, materializado em um sistema de EaD. Tal sistema de gerenciamento de aprendizagem eletrônica, também denominado de LMS (Learning management system) é um instrumento de gerenciamento da aprendizagem eletrônica com foco no aprendiz, nas atividades de aprendizagem, no processo de avaliação da aprendizagem eletrônica e no mapeamento de competências da organização do ensino (Vaz, 2009). Assim, todo recurso deve ser pensado de forma a que sua utilização no LMS garanta a efetividade da aprendizagem, pois os recursos são eficazes se referidos a um contexto de aprendizagem.

> Avaliação eletrônica. A educação a distância sempre cria novos termos, além das inúmeras palavras em inglês, deve ser influência da tecnologia!!

Além disso, espera-se que os recursos de interação em um curso dependam das ferramentas de gestão de aprendizagem. Para tanto, alguns critérios devem mobilizar a escolha da referida ferramenta, conforme argumenta Palange (2009, p. 384):

- O ambiente do curso pode ser criado sem o uso de modelos e contempla a criação de ambientes diversos como, por exemplo, uma cidade, um parque industrial, uma fazenda, um teatro, entre outros?
- É possível organizar a navegação do aluno por caminhos diferentes? Por exemplo, o aluno pode acessar um texto pelo ambiente criado no curso e também pela biblioteca?
- É possível criar exercícios e avaliações interativas que não se restrinjam a perguntas e respostas por meio de textos?
- É possível ter um ambiente específico para atividades dos alunos em pequenos grupos?
- Há ferramentas como bate-papo, fórum e FAQ que possam ser organizadas pelo professor?
- É possível a interação on-line com o professor e companheiros de turma?
- Está contemplado no ambiente um perfil pessoal dos alunos e professores, preenchido por eles próprios, e que possa ser acessado por todos da turma?
- Podem ser criadas pesquisas de opinião para saber o que os alunos pensam sobre vários aspectos do curso?
- A ferramenta contempla espaço para que o aluno publique contribuições, opiniões, textos ou links que considera de interesse para os companheiros de toda a turma?

Esses critérios norteadores para a gestão de um curso envolvem, portanto, o estabelecimento de coerência entre os pressupostos, o conteúdo, a arte, a programação e os recursos escolhidos, propiciando a contextualização necessária aos recursos de aprendizagem, notadamente os audiovisuais.

**Ufa, acabamos!? Não, ainda não!**

## 3 - Outras ferramentas de apoio ao Ensino a Distância

Além das ferramentas que citamos anteriormente, existem outras ferramentas que não se enquadram nas categorias descritas anteriormente neste material. Assim, vamos agora mostrar eles.

Uma classe de ferramentas muito importante são os aplicativos de videochamadas. Com eles, podemos fazer chamadas de vídeo (o popular cara a cara) com alguém que pode estar em qualquer lugar do mundo (desde que tenha internet e o mesmo aplicativo). Essa categoria é muito útil para a educação a distância, pois podemos utilizar para interação com colegas de estudo. Existem diversos programas que fazem isso. Aqui, vamos mostrar os principais programas desse ramo na atualidade.

**Skype:** Comprado pela Microsoft, substituindo o antigo MSN Messenger, um serviço de mensagens bastante utilizado na década de 2000. Ele permite a realização de videochamadas em grupo, bastando apenas à instalação do programa no celular ou no computador. Se a pessoa não tiver um webcam a sua disposição, ele pode fazer chamadas de áudio com outros membros do programa. O Skype é disponível de graça para o uso em videochamadas, chamadas e mensagens instantâneas. Seu site oficial é (https://www.skype.com/pt-br/.)

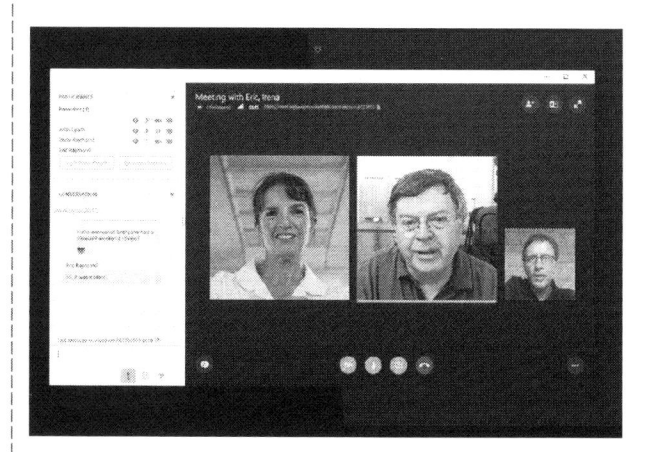

*Figura 1 – Skype. Fonte: Disponível em: <https://secure.skypeassets.com/content/dam/scom/images/skype-meetings/animation-tablet.png>. Acesso em 03 dez. 2018.*

Hangouts: Criado pelo Google possui quase as mesmas funções principais do Skype, mas com uma diferença: Não é necessário fazer a instalação de um programa, caso esteja em um computador. Basta usar um navegador de internet mais atualizado (como Google Chrome ou Mozilla Firefox) e entrar no site, usando uma conta do Google. Para usar em *smartphones*, o usuário deve baixar o aplicativo do Hangouts na sua loja de aplicativos correspondente. Seu site oficial é (https://hangouts.google.com/).

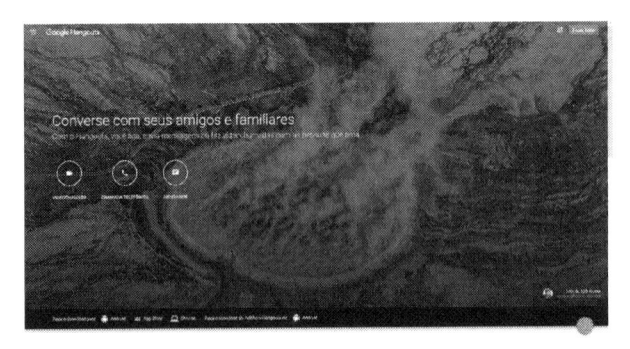

*Figura 2 – Google Hangouts. Fonte: Disponível em: <https://hangouts.google.com/>. Acesso em 03 dez. 2018.*

Para a Engenharia de Software, existem alguns programas muito bons que podem ser usados para o Ensino a Distância. Vejamos quais deles a seguir:

**Khan Academy:** Mantido por uma instituição sem fins lucrativos, mantém um vasto acervo de cursos on-line, que podem ser feitos em qualquer lugar. Na área de computação, tem cursos de introdução a programação, HTML, JavaScript, algoritmos, criptografia, teoria da informação, entre outros. Todos os cursos são grátis e podem ser feitos neste site: (https://pt.khanacademy.org/).

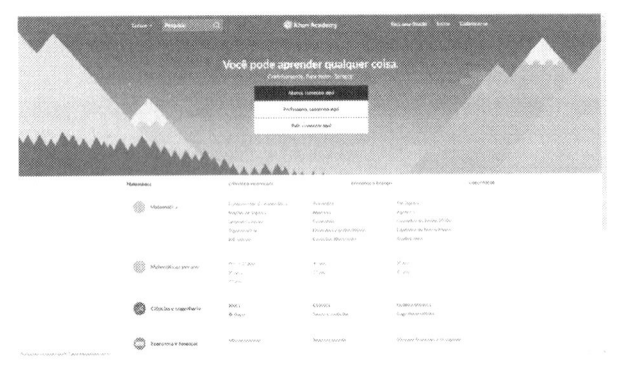

*Figura 3 – Khan Academy. Fonte: Disponível em: < https://pt.khanacademy.org/>. Acesso em 03 dez. 2018.*

**URI Online Judge:** Este site permite que você resolva problemas através da escrita de programas de computador. Este site possui um repositório de mais de mil exercícios, onde o usuário deve escrever um programa que resolva o problema. O próprio site corrige as respostas, proporcionando *feedback* imediato ao acadêmico. O sistema está disponível no site: (https://www.urionlinejudge.com.br/judge/pt/login.)

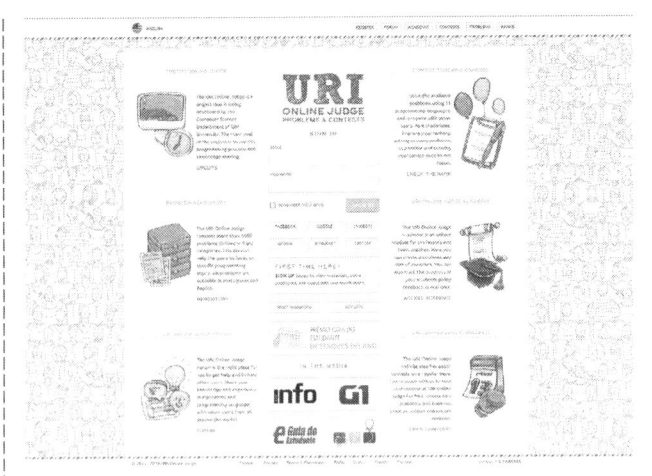

*Figura 4 – URI Online Judge. Fonte: Disponível em: <https://www.urionlinejudge.com.br/judge/pt/login/>. Acesso em 03 dez. 2018.*

SQL Fiddle: Este site permite a escrita de consultas SQL, visando à prática da linguagem SQL, que é muito utilizada para recuperar dados no banco de dados. O usuário pode construir de forma simples a base de dados a ser consultada, para que os comandos SQL sejam executados no banco de dados. Ele está disponível nesse link: (http://sqlfiddle.com).

*Figura 5 – SQL Fiddle. Fonte: Disponível em: <https://sqlstudiesdotcom.files.wordpress.com/2014/03/sqlfiddle2.jpg >. Acesso em 03 dez. 2018.*

W3Schools: Disponibilzado de forma gratuita em inglês, o site se dedica ao ensino das tecnologias de programação de páginas da internet, como JavaScript, CSS e HTML. Em muitos tutoriais, há um editor on-line, onde a pessoa pode programar o site e vê o resultado na mesma página. Para ver mais, acesse: (https://www.w3schools.com/).

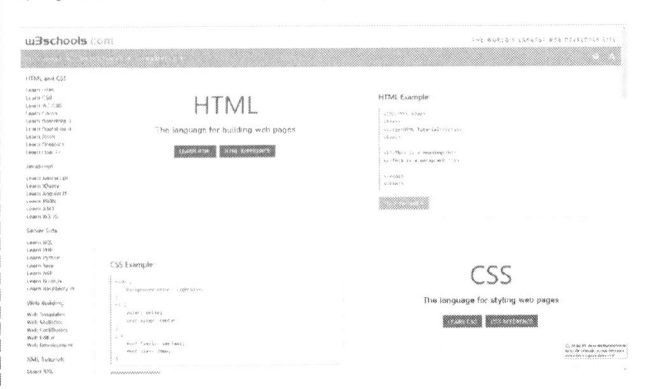

*Figura 6 – W3Schools. Fonte: Disponível em: <https://www.w3schools.com/>. Acesso em 03 dez. 2018.*

E você, conhece mais algum site ou programa que pode te auxiliar nesta jornada de estudos? Conte para a gente no Fórum!

## Retomando a aula

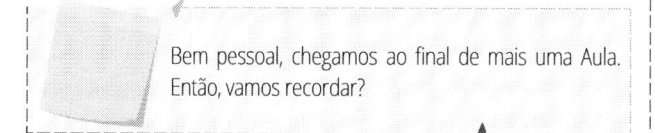

*Bem pessoal, chegamos ao final de mais uma Aula. Então, vamos recordar?*

**1 - Materiais educacionais digitais de acordo com o desenho pedagógico de cada instituição**

Em Educação a Distância os meios de ensino são imprescindíveis para que a aprendizagem ocorra, permitindo a realização das atividades, o acesso aos conteúdos, as comunicações e as interações. Dessa forma, cada meio se destinará a uma função específica com vistas ao objetivo desejado e de acordo com o modelo pedagógico de cada instituição de ensino.

**2 - Ferramentas que permitem a criação e edição de objetos gráficos, vídeos, simulação de exercícios e diagramação de textos**

Existem softwares que permitem incremento no ensino por meio do desenho, do vídeo, do áudio, de simulações e produção de arquivos em PDF. Além dos ambientes virtuais de aprendizagem desenvolvidos pelas instituições ou desenvolvidos por outros e utilizados nas instituições, há repositórios digitais que possuem objetos de aprendizagem dos quais os professores podem lançar mão para tutoria ou para a autoria.

**3 – Outras ferramentas de apoio ao ensino a distância**

Na seção 3, você viu algumas outras ferramentas interessantes que podem ser utilizadas para o ensino a distância, inclusive algumas específicas a Engenharia de Software.

Chegamos, assim, ao final da sexta aula. Espero que vocês tenham compreendido que os recursos digitais devem estar submetidos sempre ao projeto pedagógico da instituição de ensino em questão.

## Vale a pena

### Vale a pena ler,

MOORE, Michael. *Educação a Distância:* Uma Visão Integrada, São Paulo: Ed. Thomson Pioneira, 2010.
BEHAR, Patrícia Alejandra. *Modelos Pedagógicos em Educação a Distância*, Porto Alegre: Ed. Artmed, 2009.
SILVA, Robson Santos. *Educação a Distância na Web 2.0*, São Paulo: Ed. Novatec, 2010.

### Vale a pena acessar,

<http://rived.mec.gov.br/>.
<scielo.com.br>.

**OBS:** Não esqueçam! Em caso de dúvidas, acessem as ferramentas "fórum" ou "quadro de avisos" para se comunicarem com o(a) professor(a).

## Minhas anotações

# 7º Aula

# Novas tecnologias educacionais: informática, software, internet, outros

Caros(a) alunos(a),
Que bom, estamos na sétima aula e vamos conhecer um pouco mais sobre as novas tecnologias educacionais!!!
Para que possamos compreender como a tecnologia é utilizada nas escolas e um pouco da história da educação a distância vamos discutir e estudar alguns autores.
Para iniciar vamos ver como as escolas rejeitam ou incorporam as tecnologias em suas práticas pedagógicas!
Começaremos, então, analisando os objetivos e verificando as seções que serão desenvolvidas ao longo desta aula.
Bom trabalho!

Boa aula!

## Objetivos de aprendizagem

Ao término desta aula, os alunos serão capazes de:

- compreender como as escolas públicas e particulares incorporam as tecnologias em suas práticas cotidianas;
- identificar as diversas fases da história da educação a distância no Brasil;
- perceber que a história da educação a distância é influenciada e influencia os avanços tecnológicos.

## Seções de estudo

1 - As tecnologias e o computador na escola
2 - História da educação a distância: as gerações de ensino a distância

## 1 - As tecnologias e o computador na escola

As novas tecnologias estão cada vez mais avançadas e superam a utilização do computador na sala de aula. Neste momento histórico do modo de produção capitalista, no qual a globalização é norteadora dos rumos das políticas econômicas, sociais e culturais, são necessárias novas formas de educação e do processo ensino-aprendizagem que atendam essa demanda.

Muitos dos que defendem a educação, se colocam nessa posição, ou seja, na de que as novas tecnologias devem atender às novas exigências da sociedade, já que ela é resultado do acúmulo de conhecimentos produzidos socialmente.

Portanto, é urgente se apropriar desse novo mecanismo para que ele sirva de instrumento ou de ferramenta que venha contribuir na superação dos dilemas enfrentados pela educação pública brasileira, como aponta Reis (2003, pag. 16).

> Nesse contexto, o principal desafio das instituições formadoras, superado o questionamento da EAD como forma preponderante de educação do futuro, consiste em tentar viabilizá-la, mediante projetos acadêmicos que possibilitem uma educação de qualidade para muitos. Para tal, as mudanças trazidas pelo avanço tecnológico precisam ser absorvidas como conquista da humanidade e utilizadas para propiciar os mesmos avanços no campo da educação.

Apesar de o autor estar se referindo à educação a distância, a educação básica, que pouco se utiliza da educação a distância também deve estar atenta às mudanças tecnologias e às suas possibilidades para a melhoria do ensino.

Cysneiro (1999), ressalta os insucessos na utilização do computador na escola convencional, ou seja, na maioria das escolas públicas.

> Sua principal conclusão é que o uso de artefatos tecnológicos na escola tem sido uma história de insucessos, caracterizada por um ciclo de quatro ou cinco fases, que se inicia com pesquisas mostrando as vantagens educacionais do seu uso, complementadas por um discurso dos proponentes salientando a obsolescência da escola. Após algum tempo são lançadas políticas públicas de introdução da nova tecnologia nos sistemas escolares, terminando pela adoção limitada por professores, sem a ocorrência de ganhos acadêmicos significativos. Em cada ciclo, uma nova sequência de estudos aponta prováveis causas do pouco sucesso da inovação, tais como falta de recursos, resistência dos professores, burocracia institucional, equipamentos inadequados (CYSNEIRO, 1999, p. 03).

De tempos em tempos, segundo o autor, surge uma nova tecnologia e o ciclo recomeça, com os defensores dizendo que foram "aprendidas as lições do passado", que as novas tecnologias são mais poderosos e melhores que as anteriores, permitindo novas aplicações e realização, conforme demonstram as novas pesquisas. "E o ciclo fecha-se novamente com uso limitado e ganhos educacionais modestos" (CYSNEIRO, 1999, p. 03).

As tecnologias são geralmente utilizadas como recursos didáticos. De forma geral o autor tem razão, os novos recursos quando são incorporados na prática pedagógica não alteram a prática pedagógica existente. Em geral, as novas tecnologias começaram a ser utilizadas há pouquíssimo tempo com o advento das salas de informática nas escolas.

As escolas particulares mais elitizadas utilizam-se dos mais inovadores recursos tecnológicos para a aula e desenvolvem também atividades a distância por meio da Internet. Algumas dessas escolas distribuem um net book para cada aluno. Os alunos acessam pelo equipamento o portal da instituição que possui atividades complementares às aulas. Estou me referindo a escolas de ensino médio e em raros casos de ensino fundamental. Nessas poucas instituições considera-se que a tecnologia pode estar alterando a prática pedagógica, ou seja, pode estar influenciando uma nova forma de organizar o ensino e a aprendizagem.

A Universidade de São Paulo desenvolve pesquisas sobre as mudanças na forma de aprendizagem, mediadas por novas tecnologias.

O que é fato é que as nossas escolas públicas, com poucos recursos para empregar massivamente as novas tecnologias, possuem ainda outros entraves para uma boa utilização desses recursos.

Nas escolas públicas em geral e em algumas escolas particulares os professores possuem muita resistência quanto à incorporação das novas tecnologias, como internet, redes sociais, computador etc., na sua prática pedagógica. Quando essas tecnologias são utilizadas, elas são submetidas à lógica anterior, ou seja, utiliza-se o computador, por exemplo, para fazer leituras de textos e exercícios que poderiam ser feitos em um caderno normal.

Não acreditamos que a tecnologia sozinha possa mudar totalmente a concepção e a prática pedagógica dos professores, mas é fundamental que a escola acompanhe o que as novas tecnologias estão produzindo de mudança na maneira de pensar e de se comunicar dos alunos. Algumas instituições estão pesquisando tais mudanças, mas os professores precisam ter acesso a essas pesquisas, caso contrário as novas tecnologias serão utilizadas na escola de uma maneira totalmente superficial.

Historicamente o setor educacional que mais utiliza as tecnologias educacionais é a educação a distância, e mesmo assim, o debate de como a tecnologia pode influenciar uma nova forma de aprendizagem ainda é incipiente, apesar de alguns autores indicarem que conforme as décadas fossem passando teríamos uma mudança na concepção pedagógica em relação ao desenvolvimento das novas tecnologias.

Rocha (2011), elaborou um quadro para melhor explicitar esse paralelo histórico entre EAD e perspectiva educacional, ou seja, concepção de prática pedagógica. Vejamos:

| Décadas | Persperctiva Educacional | Concepção de Avaliação | Gerações da EAD |
|---|---|---|---|
| 50 e 60 | Empirista/Racionalista. A aprendizagem se dá por experiências mecânicas e acumulativas; com a maturação e pela descoberta (insight). Período do movimento escolanovista. | Quantificação das informações dadas, reproduzidas. Mensuração do que as percepções conseguiram concretizar. | Na década de 50 e 60 1° Geração: Estudo por correspondência, no qual o principal meio de comunicação eram materiais impressos, geralmente um guia de estudo com tarefas ou outros exercícios enviados pelo correio. |
| 70 a 80 | Tecnicista. A aprendizagem voltada para a prática com valorização da técnica. Lei 5.692/71 e a qualificação para o trabalho. | Estática. Medida do conteúdo apreendido para a classificação e seleção. | 2° Geração: Surgem as principais Universidades Abertas, com design e implementação sistematizadas de cursos a distância, utilizando, além do material impresso, transmissões por televisão aberta, rádio e fitas de áudio e vídeo, com comunicação por telefone, satélite e TV a cabo |
| 90 até hoje | Socioconstrutivista. A aprendizagem se dá no grupo e mediante processo de equilibração. Teoria construtivista de ensino. | Formativa, visando a autorregulação das aprendizagens | 3° Geração: Esta geração é baseada em redes de conferência por computador e estações de trabalho multimídia |

De acordo com a autora acima, atualmente teríamos na educação a distância a teoria construtivista de ensino, mas até que ponto os (as) professores (as) que dão aulas via satélite ou pela internet possuem essa nova concepção e como esta concepção reflete na prática pedagógica desses professores?

**Você Sabia?**
Que a primeira tecnologia utilizada em educação a distância no Brasil foi o rádio!!!

## 2 - História da educação a Distância: as gerações de ensino a distância

Considerando que foi a educação a distância que começou e é quem mais utiliza as tecnologias na educação, vamos falar um pouco da história da educação a distância e da história das tecnologias utilizadas.

Perceber a educação a distância numa perspectiva histórica não é tarefa fácil, pois não há consenso quando se trata de estabelecer uma cronologia ou marco histórico inicial para a educação a distância. Há autores como Moore e Kearsley (1996), que identificam pelo menos três gerações na evolução histórica da EaD:

As gerações de ensino a distância:

> [...] primeira geração: até 1970, estudo por correspondência, no qual o principal meio de comunicação eram materiais impressos, geralmente um guia de estudo, com tarefas ou outros exercícios enviados pelo correio. Segunda geração - 1970 - Surgem as primeiras Universidades Abertas, com design e implementação sistematizadas de cursos a distância, utilizando, além do material impresso, transmissões por televisão aberta, rádio e fitas de áudio e vídeo, com interação por telefone, satélite e TV a cabo. Terceira geração -1990 - esta geração é baseada em redes de conferência por computador e estações de trabalho multimídia.

*Disponível em :http://www.escolanet.com.br/sala_leitura/hist_ead.html. Acesso em: 17.set.2011. Acesso em: 17 maio 2017.*

Remontando a períodos anteriores à emergência das novas tecnologias, encontramos abordagens históricas da EaD que situam o começo das práticas de ensino-aprendizagem a distância no início do século XVIII. Landim (1997, p. 2-4) apresenta como marco inaugural da EaD o anúncio sobre um tipo de curso por correspondência publicado na Gazeta de Boston, em 1728.

Para Nunes (2008), o cenário internacional atual caracteriza-se pelo fato de mais de 80 países, nos cinco continentes, adotarem a educação a distância em todos os níveis, em sistemas formais e não formais de ensino, atendendo a milhões de estudantes.

> A educação a distância tem sido largamente usada para treinamento e aperfeiçoamento de professores em serviço, como é o caso do México, Tanzânia, Nigéria, Angola e Moçambique. Uma característica do novo momento da educação a distância é a criação e o desenvolvimento de megaestruturas (ou megauniversidades), que passam a atender mais de 100 mil alunos. A Open University, do Reino Unido, é um exemplo desse contexto. A experiência britânica passou a se configurar como um paradigma desse tempo, tanto por sua qualidade e respeitabilidade quanto pelo método de produção de cursos, a forma de articular as tecnologias comunicativas existentes e a preocupação com a investigação pedagógica. São cerca de 11 as universidades que atendem mais de 100 mil alunos na modalidade a distância, abarcando um total de aproximadamente 3 milhões de estudantes, entre

elas: Universidade da África do Sul; Sukhothai Thammathirat Open University (Tailândia), Anadolu University (Turquia); Payame Noor University (Irã) e Centro Nacional de Ensino a Distância (França) ( NUNES, 2008, p. 3).

No Brasil, temos como marco inicial da Educação a Distância no país o ano de 1904, quando o Jornal do Brasil , na sua seção de classificados, mostra um inédito curso de datilógrafo por correspondência. Aliás, os cursos por correspondência, foram uma das formas mais importantes de acesso a educação no país por quase 100 anos. Em 1939, surge o Instituto Monitor, onde um dos seus ex-sócios viria a formar em 1941 o Instituto Universal Brasileiro – ainda em funcionamento, que passou a ser uma das instituições mais respeitadas nessa modalidade do país, formando 4 milhões de pessoas. (ALVES, 2011).

*Anúncio do Instituto Universal Brasileiro na década de 1980. Entre os anos de 1950 a 1990, eram frequentes ver anúncios dos cursos por correspondência em revistas. Fonte: Disponível em: < https://2.bp.blogspot.com/-BYfjbuUAbVg/V2QFIArOiCI/AAAAAAAAAOE/axlEckHbfVYYcZOzCae4RjXedTMkI6WyQCLcB/s1600/iub3im7.jpg>. Acesso em 03 dez. 2018.*

Um curso por correspondência funciona da seguinte forma: O aluno recebe todos os materiais pelos Correios, que são usados como facilitadores dos seus estudos. O aluno também recebe a prova pelo correio, onde ele responde e devolve para a sede a organização, que avalia e – em caso de aprovação – realiza a expedição do certificado. Diversos cursos foram ofertados, como Eletrotécnica, Cabeleleiro, Detetive Particular, Secretariado etc.

*Envelope do Instituto Monitor, contendo um curso por correspondência, de data desconhecida. Fonte: Disponível em: <https://educacao.uol.com.br/album/2012/04/16/cursos-por-correspondencia—cursos-a-distancia-se-popularizam-a-partir-da-decada-de-1940.htm?foto=1>. Acesso em 03 dez. 2018.*

Um resumo dos principais marcos da EaD no Brasil pode ser apresentado da seguinte forma:

Em 1923, são registrados as primeiras tentativas de oferta de educação pelo rádio, através da Rádio Sociedade do Rio de Janeiro, fundada por Henrique Morize e Edgard Roquette-Pinto, oferecendo cursos de Português, Francês, Silvicultura, Literatura Francesa, Esperanto, Radiotelegrafia e Telefonia. (ALVES, 2011)

**1923 a 1965:** a educação a distância surgiu e se desenvolveu por meio do **rádio e dos cursos por correspondência.**

**1966 a 1974:** instalação de oito emissoras de **televisão educativa:** TV Universitária de Pernambuco, TV Educativa do Rio de Janeiro, TV Cultura de São Paulo, TV Educativa do Amazonas, TV Educativa do Maranhão, TV Universitária do Rio Grande do Norte, TV Educativa do Espírito Santo e TV Educativa do Rio Grande do Sul.

**1967:** criada a Fundação Padre Anchieta, mantida pelo Estado de São Paulo, com o objetivo de promover atividades educativas e culturais através do rádio e da televisão (iniciou suas transmissões em 1969); constituída a Feplam (Fundação Educacional Padre Landell de Moura), instituição privada sem fins lucrativos, que promove a educação de adultos através de **tele-educação por multimeios.**

**1969: TVE** Maranhão/CEMA - Centro Educativo do Maranhão: programas educativos para a 5ª série, inicialmente em circuito fechado e a partir de 1970 em circuito aberto, também para a 6ª série.

**1970:** portaria 408 - emissoras comerciais de **rádio e televisão:** obrigatoriedade da transmissão gratuita de cinco programas semanais de 30 minutos diários, de segunda a sexta-feira, ou com 75 minutos aos sábados e domingos. É iniciada, em cadeia nacional, a série de cursos do Projeto Minerva, irradiando os cursos de Capacitação Ginasial e Madureza Ginasial, produzidos pela Feplam e pela Fundação Padre Anchieta.

**1971:** nasce a ABT - inicialmente como Associação Brasileira de Tele-Educação, que já organizava, desde 1969, os Seminários Brasileiros de Tele-Educação atualmente denominados Seminários Brasileiros de Tecnologia Educacional. Foi pioneira em cursos a distância, capacitando os professores através de **correspondência.**

**1972:** criação do Prontel - Programa Nacional de Tele-Educação - que fortaleceu o Sinred – Sistema Nacional de **Radiodifusão Educativa.**

**1973:** projeto Minerva passa a produzir o Curso Supletivo de 1º Grau, II fase, envolvendo o MEC, Prontel, Cenafor e secretarias de Educação.

**1973-74:** projeto SACI, conclusão dos estudos para o Curso Supletivo "João da Silva", sob o formato de telenovela, para o ensino das quatro primeiras séries do 1º grau; o curso introduziu uma inovação pioneira no mundo, um projeto-piloto de **teledidática da TVE**, que conquistou o prêmio especial do Júri Internacional do Prêmio Japão.

**1974: TVE** Ceará começa a gerar teleaulas; o Ceteb - Centro de Ensino Técnico de Brasília – inicia o planejamento de cursos em convênio com a Petrobrás para capacitação dos empregados desta empresa e do projeto Logus II, em convênio com o MEC, para habilitar professores leigos sem afastá-los do exercício docente.

**1978:** lançado o **Telecurso** de 2º Grau, pela Fundação Padre Anchieta (TV Cultura/SP) e Fundação Roberto Marinho, com programas televisivos apoiados por fascículos impressos, para preparar o telealuno para os exames supletivos.

**1979:** criação da FCBTVE - Fundação Centro Brasileiro de Televisão Educativa/MEC; dando continuidade ao Curso "João da Silva", surge o Projeto Conquista, também como telenovela, para as últimas séries do primeiro grau; começa a utilização dos programas de alfabetização por **TV** - (MOBRAL), em recepção organizada, controlada ou livre, abrangendo todas as capitais dos estados do Brasil.

**1979 a 1983:** é implantado, em caráter experimental, o Posgrad - pós-graduação Tutorial a Distância - pela Capes - Coordenação de Aperfeiçoamento do Pessoal de Ensino Superior – do MEC, administrado pela ABT - Associação Brasileira de Tecnologia Educacional - com o objetivo de capacitar docentes universitários do interior do país.

**1981:** FCBTVE trocou sua sigla para FUNTEVE: Coordenação das atividades da **TV** Educativa do Rio de Janeiro, da Rádio MEC-Rio, da Rádio MEC-Brasília, do Centro de Cinema Educativo e do Centro de Informática Educativa.

**1983 / 1984:** criação da **TV** Educativa de Mato Grosso do Sul. Início do "Projeto Ipê", da Secretaria da Educação do Estado de São Paulo e da Fundação Padre Anchieta, com cursos para atualização e aperfeiçoamento do magistério de 1º e 2º Graus, utilizando-se de multimeios.

**1988:** "Verso e Reverso - Educando o Educador": curso por correspondência para capacitação de professores de Educação Básica de Jovens e Adultos MEC/Fundação Nacional para Educação de Jovens e Adultos (EDUCAR), com apoio de programas televisivos através da Rede Manchete.

**1991:** o "Projeto Ipê" passa a enfatizar os conteúdos curriculares.

**1991:** a Fundação Roquete Pinto, a Secretaria Nacional de Educação Básica e secretarias estaduais de Educação implantam o Programa de Atualização de Docentes, abrangendo as quatro séries iniciais do ensino fundamental e alunos dos cursos de formação de professores. Na segunda fase, o projeto ganha o título de "Um salto para o futuro".

**1992:** o Núcleo de Educação a Distância do Instituto de Educação da UFMT (Universidade Federal do Mato Grosso), em parceria com a Unemat (Universidade do Estado do Mato Grosso) e a Secretaria de Estado de Educação e com apoio da Tele-Université du Quebec (Canadá), cria o projeto de Licenciatura Plena em Educação Básica: 1ª a 4ª séries do 1º grau, utilizando a EAD. O curso é iniciado em 1995.

Fonte: <http://www.vdl.ufc.br/catedra/telematica/cronologia.htm#bras>. Acesso em: 20 jan. 2019.

Vejamos o que diz o Relatório da Comissão de EAD:

> Em 1995, a Universidade Federal de Santa Catarina (UFSC) cria o Laboratório de Ensino a Distância (LED), em Florianópolis. Em 1996, um importante marco histórico deve ser destacado na educação a distância no contexto do ensino superior. Trata-se da Lei 9.394 (Lei de Diretrizes e Base da Educação Nacional). A educação a distância, como alternativa de formação regular, foi introduzida no sistema educacional brasileiro ao final de 1996, com a promulgação da Lei de Diretrizes e Bases da Educação (Lei nº 9.394, de 20/12/1996), em especial nos seus artigos 80 e 87. A regulamentação foi, inicialmente, efetivada por meio de edição do Decreto nº 2.494, de 10 de fevereiro de 1998, cujos artigos 11 e 12 foram alterados pelo Decreto nº 2.561, de 27 de abril de 1998, e da Portaria MEC nº 301, de 07 de abril de 1998. Dois pontos se destacam nessa regulamentação: a definição de educação a distância pela diferença que apresenta em relação à educação presencial, ou seja, abrangendo todos os programas e cursos que não sejam estrita e integralmente presenciais; e a delegação, para o âmbito dos conselhos estaduais de educação, do credenciamento de instituições e da autorização de cursos de educação a distância para a educação de jovens e adultos, para o ensino médio e para a educação profissional de nível técnico. Em relação ao ensino superior, essa regulamentação dispôs, tão somente, sobre a oferta de cursos de graduação, nas modalidades de bacharelado, de licenciatura e de formação de tecnólogo (Relatório da Comissão de EAD, 2002).

Segundo Formiga (2008), a terminologia da EAD ao longo da história inicia com o ensino por correspondência:

> [...] ensino por correspondência desde a década de 1830 até as três primeiras décadas do século XX. Ensino a distância; educação a distância; educação permanente ou continuada, décadas de 1930 e 1940. Teleducação (rádio e televisão em broadcasting), início da segunda metade do século XX. Educação aberta e a distância, final da década de 1960 (ICDE e Open University, Reino Unido) Aprendizagem a distância; aprendizagem aberta e a distância, décadas de 1970 e 1980. Aprendizagem por computador, década de 1980. E-learning; aprendizagem virtual, década de 1990. Aprendizagem flexível, virada do século XX e primeira década do século XXI (FORMIGA, 2008, p. 44)

A aprendizagem virtual a que o autor se refere são aulas via satélite, interação por meio de chats com os professores, atividades desenvolvidas em salas de aula virtual. A realidade atual da educação a distância revolucionou a relação do ensino com as novas tecnologias, nesse sentido as novas tecnologias de fato mudam radicalmente a forma como o ensino e aprendizagem são pensados e não é apenas um recurso.

Como podemos perceber a história da educação a distância se utiliza desde o rádio, passando pela televisão, correspondência e chegando à internet e aula via satélite. Grande parte desses recursos e tecnologias poderiam ter sido incorporadas ao ensino de forma geral, mas não existe uma correlação direta entre a utilização de recursos na educação a distância e na educação presencial, especialmente em relação à educação básica.

*Figura 12 - <http://internautajovem.blogspot.com/2009/06/assistindo-filmes.html>. 23.01.2019, às 15h23.*

As escolas utilizam, por exemplo, a televisão para passar filmes, e em geral os filmes não são um recurso bem explorado pelos professores. Os filmes devem estar diretamente ligados ao conteúdo e o professor deve deixar claro, por exemplo, qual o objetivo do filme e passar um roteiro de aspectos a serem analisados. Logo, após a exibição do filme, o professor deve dar uma atividade que relacione o filme ao conteúdo, seja oral ou escrita.

Pelo contrário, o que vemos nas escolas são os filmes serem usados como uma maneira de matar aula, eles são utilizados como diversão, não como um recurso de estudo. Essa situação evidencia que para os professores, de forma geral, aulas com conteúdo e sérias são aulas expositivas.

Essa concepção fica clara nas poucas escolas que dispõem de sala-laboratório de informática. Primeiro, a maioria dos professores não possui habilidades na utilização do computador, e não adianta disponibilizar um técnico apenas para a denominada muitas vezes como sala de tecnologia, se é o professor que precisa pensar atividades para os alunos. Se esse professor não dominar a tecnologia não tem como elaborar as atividades.

Na maioria das vezes a visita à sala de tecnologia, ou é para passar uma atividade que poderia ser dada na sala de aula, como escrever um texto ou desenvolver um exercício, ou ainda para deixar os alunos navegarem na internet, sem objetivos claros.

As escolas precisam não só de tecnologias, mas de formação para os professores, de como utilizar essa tecnologia, para a melhoria do ensino, para que o ensino esteja mais perto da realidade do aluno, realidade essa que é permeada pelo uso das novas tecnologias, mesmo nas comunidades mais carentes.

A escola está cada vez mais longe da forma de comunicação e interação que os alunos mantêm entre si, mediada pela tecnologia. Os alunos acessam internet, seja ela particular, pública ou paga, mas acessam, e participam de redes sociais, jogos, etc.

As novas tecnologias têm muito a oferecer para o ensino, desde as múltiplas utilidades da internet para pesquisa e acesso a textos, imagens, vídeos, etc., até a utilização de recursos como redes sociais para comunicação com os alunos e instrumentos de estudo.

A demora para incorporar as novas tecnologias no dia a dia da sala de aula, talvez se deva ao medo de perder o controle e a autoridade com os alunos, mas parece que isso não está resolvendo muito, pois a violência nas escolas só aumenta. Em alguns casos ainda falta a própria tecnologia, o que é inadmissível para uma instituição que está formando cidadãos para a sociedade atual.

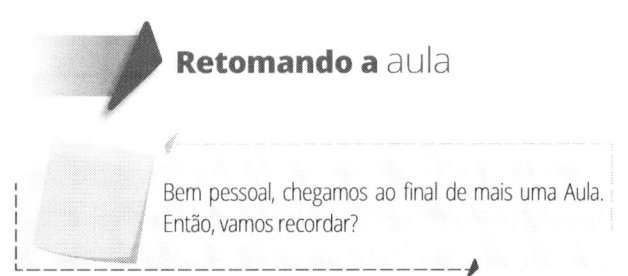

## Retomando a aula

Bem pessoal, chegamos ao final de mais uma Aula. Então, vamos recordar?

### 1 - As tecnologias e o computador na escola

As tecnologias são geralmente utilizadas como recursos didáticos. Os novos recursos quando são incorporados na prática pedagógica não alteram a prática existente. Em geral, as novas tecnologias começaram a ser utilizadas nas escolas publicas, há pouco tempo com o advento das salas de informática nas escolas.

### 2 – História da educação a distância: as gerações de ensino a distância

Nesta seção identificamos as diversas fases da história da educação a distância no Brasil; percebemos que a história da educação a distância é influenciada e influencia os avanços tecnológicos. Perceber a educação a distância numa perspectiva histórica não é tarefa fácil, pois não há consenso quando se trata de estabelecer uma cronologia ou marco histórico inicial para a educação a distância. Há autores como Moore e Kearsley (1996), que identificam pelo menos três gerações na evolução histórica da EaD.

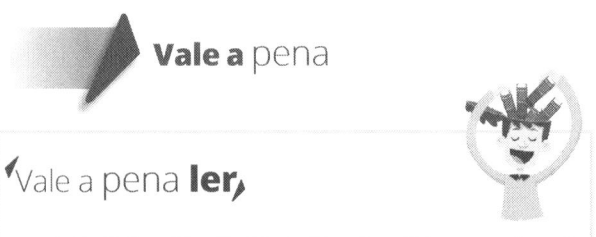

## Vale a pena

### Vale a pena ler,

LANDIM, Claudia Maria Ferreira. *Educação a distância*: algumas considerações. Rio de Janeiro, s/n, 1997.

LUCENA, Marisa. *Um modelo de escola aberta na Internet: kidlink* no Brasil.Rio de Janeiro: Brasport, 1997.

NISKIER, Arnaldo. *Educação a distância*: a tecnologia da esperança; políticas e estratégias a implantação de um sistema nacional de educação aberta e a distância. São Paulo: Loyola, 1999.

## Vale a pena **acessar**

<www.abed.org.br/congresso2008/tc/552008104927AM.pdf>.
<www.proged.ufba.br/ead/EAD%2057-68.pdf>.
<www.rbep.inep.gov.br/index.php/emaberto/article/view/1048/950>.

**OBS:** Não se esqueçam! Em caso de dúvidas, acessem as ferramentas "fórum" ou "quadro de avisos" para se comunicarem com o(a) professor(a).

## Minhas anotações

# Aula 8º

# Educação a distância e as novas tendências no uso do computador

Caros(a) alunos(a),

Para que possamos entender as novas tendências do uso do computador vamos retomar alguns conceitos de educação a distância, identificar a definições de Educação Distância presente na Legislação Brasileira; a analisarmos como a educação a distância está sendo reconhecida pelo mercado de trabalho.

Vamos começar, então, nossa última aula?

Começaremos, então, analisando os objetivos e verificando as seções que serão desenvolvidas ao longo desta aula.

Bom trabalho!

Boa aula!

## Objetivos de aprendizagem

Ao término desta aula, os alunos serão capazes de:

- diferenciar os vários conceitos de educação a distância;
- identificar a definições de Educação a Distância presente na Legislação Brasileira;
- perceber que a educação a distância está sendo reconhecida pelo mercado de trabalho.

## Seções de estudo

1 - Conceitos atuais de educação a distância
2 - Definições de EAD na legislação brasileira e o crescimento da EAD de 2003 a 2017 no Brasil
3 - Educação a distância e o mercado de trabalho

# 1 - Conceitos atuais de educação a distância

> Uffa!!!! Chegamos à última aula!!!
> Nesta última aula da nossa disciplina vamos discutir: Educação à distância e as novas tendências no uso do computador.

A educação a distância atualmente é a expressão das novas tendências no uso do computador, pois hoje os vários modelos de educação a distância utilizam o computador como ferramenta essencial. O computador é utilizado para inúmeras atividades diárias, como comunicar-se com amigos, com seu chefe e outras pessoas do trabalho, utilizar redes sociais, fazer compras, localizar-se, fazer pesquisas, etc.

Ou seja, as novas tendências no uso do computador são muito amplas e essa tecnologia, além de fazer parte do cotidiano da maioria das pessoas, revolucionou o modo de vida das pessoas e a maneira de estudar. Nesse sentido, essa revolução expressa o crescimento da educação a distância. Isso ocorreu de tal forma que alguns intelectuais acham até difícil conceituar a educação a distância.

Segundo Dalier (2009) conceituar Educação a Distância é cada vez mais complicado, visto que as constantes mudanças e inovações tecnológicas e suas implicações interferem na dinâmica dos processos educacionais e nos fazem agir com cautela, na tentativa de definir tal modalidade de educação. Para o autor:

> As possibilidades de adesão a novas tecnologias e a incerteza quanto às implicações das rápidas e contínuas transformações facilmente vislumbradas no cenário da EaD levam alguns a sugerir, até mesmo, o abandono do esforço de se propor uma definição de Educação a Distância. No entanto, não parece de todo despropositado revisitar algumas tentativas de conceituação de EaD, a fim de se verificar a pertinência da discussão sobre as concepções de tal modalidade educacional no momento atual (DALIER, 2009, p. 20).

Para Rurato (2005), a Educação a Distância, no sentido fundamental da expressão, é o ensino que ocorre quando o facilitador e o sujeito que aprende estão separados (no tempo e/ou no espaço). Hoje em dia, enfatiza-se mais a distância no espaço, o uso de tecnologias de telecomunicações e de transmissão de dados, voz (sons) e imagens (incluindo dinâmicas, isto é, televisão ou vídeo). O ensino a distância é o método de transmitir/partilhar conhecimentos, capacidades e atitudes, mediante a aplicação da divisão do trabalho e de princípios organizacionais, assim como o uso extensivo de meios técnicos, especialmente com o objetivo de reproduzir material de ensino de alta qualidade, o que torna possível instruir um grande número de alunos ao mesmo tempo, onde quer que estejam. É uma forma industrial de ensinar e aprender.

Para Moran, outro autor renomado, a educação a distância é uma prática importante e não pode ser considerada como um "*fast-food*".

> Educação a distância não é um "fast-food" em que o aluno se serve de algo pronto. É uma prática que permite um equilíbrio entre as necessidades e habilidades individuais e as do grupo - de forma presencial e virtual. Nessa perspectiva, é possível avançar rapidamente, trocar experiências, esclarecer dúvidas e inferir resultados. De agora em diante, as práticas educativas, cada vez mais, vão combinar cursos presenciais com virtuais, uma parte dos cursos presenciais será feita virtualmente, uma parte dos cursos a distância será feita de forma presencial ou virtual-presencial, ou seja, vendo-nos e ouvindo-nos, intercalando períodos de pesquisa individual com outros de pesquisa e comunicação conjunta. Alguns cursos poderão fazê-los sozinhos, com a orientação virtual de um tutor, e em outros será importante compartilhar vivências, experiências, ideias (MORAN, 2010, p. 4).

Conforme Moore (1990), apud Belloni (2003), existe uma concepção que afirma que educação a distância é uma relação de diálogo, estrutura e autonomia que requer meios técnicos para mediatizar essa comunicação. Educação a distância seria um subconjunto de todos os programas educacionais caracterizados por grande estrutura, baixo diálogo e grande distância transacional.

E esse tipo de educação incluiria também a aprendizagem.

> A comunicação também é um elemento central em outra definição, que apresenta o aspecto bidirecional da comunicação, possibilitado pela mediação tecnológica: o ensino a distância é um sistema tecnológico de comunicação bidirecional, que pode ser de massa e que substitui a interação pessoal entre professor e aluno na sala de aula, como meio preferencial do ensino, pela ação sistemática e conjunta de diversos recursos didáticos e pelo apoio de uma organização e tutoria que propiciam a aprendizagem autônoma dos estudantes (ARETIO, apud Ibánez, 1996, p. 10).

Segundo CROPLEY e KAHL:

> [...] o aspecto não presencial ou a separação

física dos sujeitos envolvidos no processo de aprendizagem também é destacado na definição a seguir: Educação a distância é uma espécie de educação baseada em procedimentos que permitem o estabelecimento de processos de ensino e aprendizagem mesmo onde não existe contato face a face entre professores e aprendentes – ela permite um alto grau de aprendizagem individualizada (CROPLEY e KAHL, 1983 apud BELLONI, 2003, p. 26).

Segundo Moran (1994), no Brasil, mais recentemente, começou a se trabalhar e elaborar alguns conceitos de EaD, em um esforço teórico de preencher lacunas nas pesquisas e publicações da área acadêmico-científica, da educação a distância.

Moran (1994) apresenta uma definição para educação a distância a partir de uma distinção em relação ao "ensino a distância":

> educação a distância é o processo de ensino-aprendizagem, mediado por tecnologias, no qual professores e alunos estão separados espacial e/ou temporalmente. Apesar de não estarem juntos, de maneira presencial, eles podem estar conectados, interligados por tecnologias, principalmente as telemáticas, como a Internet. Mas também podem ser utilizados o correio, o rádio, a televisão, o vídeo, o CD-ROM, o telefone, o fax e tecnologias semelhantes. Na expressão "ensino a distância" a ênfase é dada ao papel do professor (como alguém que ensina a distância). Preferimos a palavra "educação", que é mais abrangente, embora nenhuma das expressões seja perfeitamente adequada. Hoje, temos a educação presencial, semipresencial (parte presencial/parte virtual ou a distância) e educação a distância (ou virtual). A presencial é a dos cursos regulares, em qualquer nível, nos quais professores e alunos se encontram sempre num local físico, chamado sala de aula. É o ensino convencional (MORAN, 1994, p. 1).

## 2 - Definições de EAD na Legislação Brasileira e o crescimento da EAD de 2003 a 2017 no Brasil

Vejamos agora, como as definições de EaD na legislação brasileira também expressam esses avanços na forma do uso do computador. A legislação brasileira referente à educação a distância não aborda a questão da simultaneidade (interatividade) entre professor e aluno, além de não deixar claro como deveriam ser vários elementos ligados ao processo de ensino-aprendizagem.

O decreto 2.494 de 10 de fevereiro de 1998, ao regulamentar o artigo da LDB de 1996 (Lei de Diretrizes e Base da Educação Nacional) que trata da educação a distância, apresenta uma definição para essa modalidade de ensino, por exemplo, muito centrada na autoaprendizagem e nos meios para a realização de tal atividade:

> Art. 1º. Educação a distância é uma forma de ensino que possibilita a autoaprendizagem com a mediação de recursos didáticos sistematicamente organizados, apresentada em diferentes suportes de informação, utilizados isoladamente ou combinados, e veiculados pelos diversos meios e comunicação.

Os Cursos de Educação a Distância são Reconhecidos pelo MEC, no artigo 80, da LDB (lei nº9394/1996): fica definido que o Poder Público incentivará [...] o ensino a distância, em todos os níveis e modalidades de ensino [...]. e ainda que a educação a distância [...] deve ser oferecida por instituições credenciadas pela União.

No inciso § 2º. Define que a União regulamentará [...] a realização de exames e registro de diploma relativos a cursos de educação a distância.

O decreto nº. 2.494 de 10/02/1998 foi revogado pelo decreto nº. 5.622, de 20 de dezembro de 2005. Nesse decreto, fica estabelecido um novo entendimento da educação a distância:

> Art. 1º Para os fins deste Decreto, caracteriza-se a educação a distância como modalidade educacional na qual a mediação didático-pedagógica nos processos de ensino e aprendizagem ocorre com a utilização de meios e tecnologias de informação e comunicação, com estudantes e professores desenvolvendo atividades educativas em lugares ou tempos diversos.

Regulamento do artigo 80 da LDB. (Decreto Nº 5.622, de 19 de dezembro de 2005) §1º. Os cursos e programas a distância deverão ser projetados com a mesma duração definida para os respectivos cursos na modalidade presencial. (Art.3o do Decreto Nº 5.622) Art.4º. A avaliação do desempenho do estudante para fins de promoção, conclusão de estudos e obtenção de diplomas ou certificados dar-se-á no processo, mediante: Cumprimento das atividades programadas; e II-realização de exames presenciais. Art.5. Os diplomas e certificados de cursos e programas a distância, expedidos por instituições credenciadas e registrados na forma da lei, terão validade nacional.

Como podemos perceber o próprio conceito oficial da educação a distância, isto é, o conceito que está presente na legislação, expressa o atual estágio do desenvolvimento tecnológico e as novas tendências no uso do computador.

A EAD está derrubando preconceitos, pois muitas universidades americanas já adotam modelos consagrados de EAD e têm reconhecimento internacional. A EAD invadiu o mercado aos poucos com cursos de graduação, especialização, programas de mestrado e até mesmo doutorado. Em 1999, um estudo do Departamento de Educação dos E.U.A. deu conta de que 79% de todas as universidades do país deveriam iniciar ou intensificar suas atividades em EAD, via internet, naquele ano.

No Brasil o crescimento quantitativo e qualitativo da EAD é surpreendente, com destaque para a graduação.

Vejamos os dados e os gráficos a seguir:

Uma das maneiras de comprovar o crescimento do Ensino a Distância na Educação Superior é verificar os resultados obtidos no censo da Educação Superior, realizado anualmente pelo Ministério da Educação. Os últimos resultados, referentes ao ano de 2017, continuam mostrando uma tendência de crescimento das matrículas feitas em cursos de Graduação Superior na modalidade à distância. Observe o próximo gráfico:

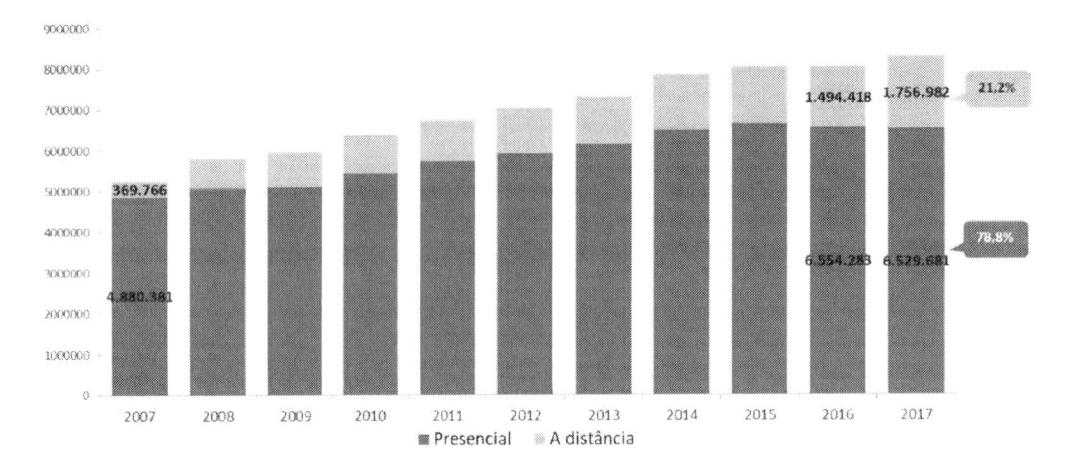

*Gráfico 1 - Número de Matrículas em Cursos de Graduação, por Modalidade de Ensino – 2007 – 2017. Fonte: (INEP/ MEC, 2017, p. 17)*

Em 2007, os cursos presenciais detinham quase 93% de todas as matrículas realizadas nos cursos de graduação superior. Entre 2007 e 2015, os números de matrículas nas duas modalidades de ensino cresciam praticamente em proporções iguais. Porém, houve em 2016 uma mudança na tendência. Em números gerais, as matrículas na educação superior caíram. Porém, como podemos ver neste mesmo gráfico, a modalidade Ensino a Distância continuou crescendo, enquanto que as matrículas presenciais caíram. Em 2007, o número de matrículas na graduação a distância era de apenas 7%. Dez anos depois, a proporção triplicou (oficialmente um aumento de 375,2%), chegando a 21,2% das matrículas. Para fazermos um paralelo, o número de matrículas na modalidade presencial apenas aumentou 33,8%. (INEP/MEC, 2017)

Em termos de categoria administrativa, vemos que a maioria das matrículas são realizadas na rede privada, que tem cerca de 90% de todas as matrículas realizadas na graduação de nível superior a distância. Isso pode ser visto no próximo gráfico:

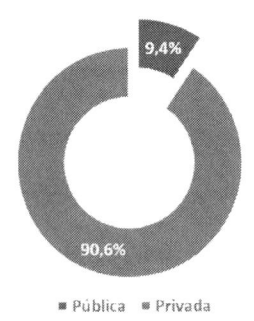

*Gráfico 2 - Participação Percentual do Número de Matrículas em Cursos de Graduação a Distância, por Categoria Administrativa – 2017. Fonte: (INEP/ MEC, 2017, p. 17)*

Se o crescimento do ensino a distância na Educação Superior impressiona, os números referentes aos cursos da Educação Tecnológica surpreendem mais ainda. No gráfico a seguir, vemos um aumento de 586% nas matrículas dos cursos a distância em um período de dez anos, enquanto que as matrículas em cursos presenciais apenas cresceram 54,1%.

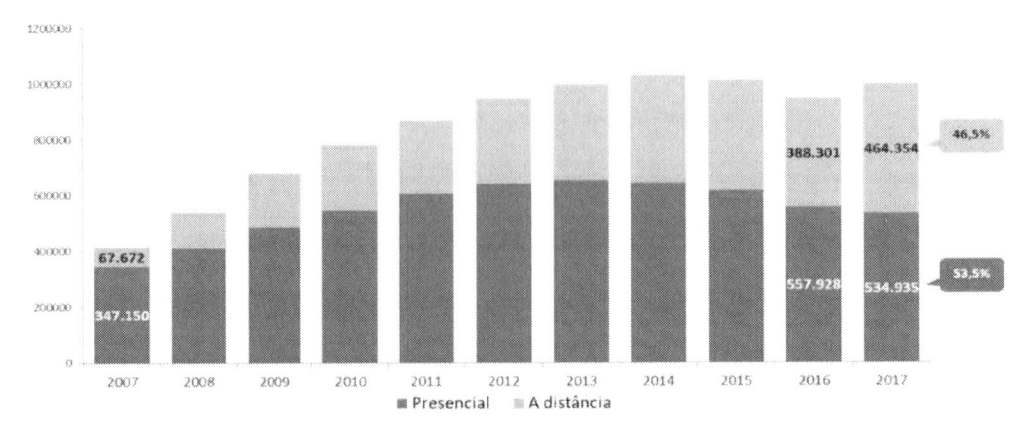

*Gráfico 3 - Número de Matrículas em Cursos de Graduação Tecnológicos, por Modalidade de Ensino – 2007-201  Fonte: (INEP/ MEC, 2017, p. 20)*

> **Saber Mais:**
> **A UNIGRAN NET**
> O Ministério da Educação tem defendido a ampliação do ensino a distância como estratégia mais eficiente e apropriada para diminuir a exclusão social no ensino superior, elevar a média de escolaridade dos brasileiros, bem como para estimular a inclusão digital. O Brasil, país com dimensões continentais, somente poderá vencer a exclusão se utilizar da tecnologia da EaD.
> A educação a distância se põe como um processo de formação humana que se organiza e se desenvolve metodologicamente, diferentemente do modelo presencial, no que diz respeito a questões relativas ao tempo e ao espaço. Nessa modalidade, o centro, o ápice da aprendizagem se desloca do professor para o aluno, validando vertentes epistemológicas e teorias educacionais carregadas de significado.
> Diante desse contexto, a UNIGRAN, acreditando na autoaprendizagem, iniciou suas primeiras experiências em EaD, no período compreendido entre os anos 2002 a 2005, instrumentalizando-se a fim de oferecer educação a distância com excelente qualidade.
> Criou a Coordenadoria de Educação a Distância – CEAD - em 2002, com o desenvolvimento de seus primeiros cursos livres a distância. Com essa criação, a UNIGRAN pretendia fomentar e gerir estudos, recursos e ações no sentido de manter presente, em seu ambiente interno, o conhecimento acerca de aprendizagens ativas e significativas, vivenciadas em diversos espaços e tempos e, ainda, intermediadas por múltiplos sujeitos. O objetivo traçado vem obtendo sucesso e, portanto, se perpetuando.
> É importante ressaltar que desde 1976 a Instituição atua no ensino superior, desenvolvendo processos de aprendizagem e qualificando profissionais nas diversas áreas do conhecimento. De modo que a criação e manutenção da CEAD possibilitaram agregar os profissionais da casa que já atuavam com a educação a distância, tanto os técnicos que desenvolviam projetos nos laboratórios, a Diretoria de Informática, os funcionários do DMU (Departamento Multimídia UNIGRAN) quanto os professores que estavam vinculados a programas de Pós-Graduação stricto sensu na área de EaD, inclusive anteriormente à criação da CEAD. Operacionalizando e sistematizando seus estudos, a partir de 2003, a Instituição passa a executar projetos na área da Educação a Distância. O primeiro projeto trata da oferta da disciplina "Ciência Política", em regime de dependência, para 50 alunos, por meio da ferramenta "TelEduc" da UNICAMP.
> O segundo projeto foi a introdução, em alguns cursos de graduação na área da formação de professores, de tecnologias educacionais que possibilitaram ao aluno optar por cursos semipresenciais, conforme disposto nas Portarias n. 2.253, de 18 de outubro de 2001 e Nº 4.059, de 10 de dezembro de 2004.
> Para desenvolver esse projeto, mesclou-se aulas presenciais e recursos da Web, tendo como ferramenta básica para o desenvolvimento e postagem dos materiais didáticos no ambiente de aprendizagem, inicialmente, com o TelEduc e, atualmente, com o UNIGRAN VIRTUAL.
> Para implementar essa modalidade de ensino, a Instituição iniciou o estudo dos principais ambientes existentes no mercado, tanto nacional como internacional, como Web-CT, Universite, Learn Space, AulaNet, BlackBoard e TelEduc, até criar a sua plataforma denominada "UNIGRAN Virtual", que evoluiu para "UNIGRAN NET", com o propósito de otimizar o processo de interação entre alunos e professores, potencializando o processo de aprendizagem por meio do princípio da educação colaborativa. Atende, ainda, às especificidades do contexto institucional e às características dos seus alunos. Destaca-se que esse ambiente permanece em constante sintonia com as exigências de flexibilidade, otimização de tempo, redução de gastos, desenvolvimento científico e amplo processo de avaliação da qualidade dos cursos.
> Para o desenvolvimento de todo esse programa, a IES contou e conta com a participação de profissionais de diversas áreas, como pedagogos, analistas de sistemas, matemáticos, estatísticos, web designers, bacharéis em ciência da computação, cinegrafistas, jornalistas e professores de diversas áreas do conhecimento.
> Dando continuidade à sua programação, a Instituição obteve credenciamento para oferta de curso de pós-graduação a distância pela Portaria 1.087 de 1 de abril de 2005 e o primeiro curso nessa modalidade teve início em agosto de 2005. Em dezembro de 2005, a IES obteve credenciamento para oferta de cursos de graduação pela Portaria nº. 4070/2005.
> Em 2006, a UNIGRAN deu início à oferta de cinco cursos de graduação a distância. Em 2007, foram oferecidos oito cursos e, em 2008, dez cursos que atendem alunos de 17 estados brasileiros, além de acadêmicos da Europa, América e Ásia, por meio dos polos de Portugal, EUA e do Japão.
> Agora, a UNIGRAN oferece mais de 30 cursos na modalidade a distância, através de polos distribuídos em todos os estados brasileiros e nas principais cidades da Europa, EUA e Japão.

## 3 - Educação a distância e o mercado de trabalho

O aluno da EAD desenvolve habilidades e competências solicitadas pelo mercado de trabalho. Desenvolve habilidade no uso de novas tecnologias, autonomia intelectual, criatividade, etc. Isso fica claro na fala do ex-secretário de EaD do MEC: "Qualquer curso de educação a distância, seja no ensino superior ou técnico, vai obrigatoriamente trazer para o aluno essa possibilidade de criar de maneira mais independente o seu conhecimento." Eduardo Bielschowsky, Secretário de Educação a Distância do Ministério da Educação (Seed/MEC).

Por conta desse crescimento vertiginoso, o MEC aumentou a fiscalização e estabeleceu critérios de avaliação cada vez mais rígidos para os Cursos de EAD. O Ministério da Educação editou a Portaria nº 2, a qual dispõe sobre os procedimentos de regulação e avaliação da educação superior na modalidade a distância (EAD), em especial acerca do funcionamento de polos de apoio presencial para a realização dos momentos presenciais obrigatórios.

A Portaria estabelece que o pedido de credenciamento para EAD, bem como dos polos previstos, dependerá da efetiva comprovação da existência de estrutura física e tecnológica e recursos humanos adequados e suficientes à educação a distância.

Segundo Dalier (2009), o documento **Referenciais de Qualidade para Educação Superior a Distância**, publicado em uma versão preliminar pela Secretaria de Educação a Distância do MEC, em agosto de 2007, cita a definição do Decreto nº. 5.622, ao mesmo tempo em que afirma não haver um modelo único de educação a distância, acrescentando que apesar da possibilidade de diferentes modos de organização, um ponto deve ser comum a todos aqueles que desenvolvem projetos nessa modalidade: é a compreensão da educação como fundamento primeiro, antes de se pensar no modo de organização.

> Nesse sentido, a educação a distância é incluída no conjunto dos demais processos educativos, devendo estar sujeita aos objetivos gerais da educação: isto porque educação a distância compõe um processo educativo como os demais, cuja finalidade, naquilo que dispõe a Lei de Diretrizes e Bases da Educação Nacional – LDB, em seu artigo 2º, 9 é "... o pleno desenvolvimento do educando, seu preparo para o exercício da cidadania e sua qualificação para o trabalho" (DALIER, 2009, p. 13).

ABE, a Universidade Aberta do Brasil é um sistema integrado por universidades públicas que oferece cursos de nível superior para camadas da população que têm dificuldade de acesso à formação universitária, por meio do uso da metodologia da educação a distância.

Ao se pensar a qualidade dessa modalidade de ensino é preciso pensar como nos diz Alonso (2011, p. 10):

> [...] em processos educativos que ultrapassem as instituições de ensino mais tradicionais ou em propostas que apresentem, como possibilidade, a criação de novos ambientes de aprendizagem, onde a relação presencial professor/aluno seja transcendida [...].

Segundo Alonso (2011):

> A crítica relativa à EAD segue, muitas vezes com razão, essa condição de se pensarem "modelos pedagógicos" que sejam aplicáveis a tudo e a todos. Parece-nos que o caráter transgressor da EAD se colocará, na medida em que pensarmos essa forma de ensino como um processo que poderá ocorrer em tempos e espaços distintos, porém vinculados a contextos e situações específicas.

Uma preocupação eminente que surge com esse crescimento da educação a distância é a formação dos professores que vão atuar com essas novas tecnologias, e que serão formados nessa nova modalidade. Isso é muito importante, pois além de não permitir a diminuição da qualidade do ensino, esse modelo de educação não pode ser uma mera transposição das aulas presenciais.

Assim, segundo Oliveira (2003, p. 2):

> Um novo fio passou a entremear as inquietações investigativas: a análise de ambientes de aprendizagem, virtuais ou presenciais, que oportunizassem a troca, o diálogo, a colaboração, a elaboração conjunta, dimensões que podem ser sintetizadas na questão da interatividade. Outro impasse surge: quem garante a interatividade – a ferramenta de trabalho ou a orientação constante e sistemática do professor ou orientador acadêmico? Ainda sem decidir que ponto focalizar na pesquisa que ora se apresenta, outros "nós" foram sobressaindo-se na trama da EAD, como por exemplo, a questão do conhecimento: que tipo de conhecimento priorizar – o científico ou o saber prático da experiência – e qual a maneira mais adequada de organizá-lo – em disciplinas ou temas e projetos inter/multi ou transdisciplinares?

Como nos remete a autora acima, os desafios da educação a distância como a formação dos professores são variados, e é preciso pensar nessa variação dentro de um contexto que impõe novos paradigmas sociais. A novidade que se faz presente neste momento, não é apenas ver a educação atendendo às exigências mercadológicas, mas acima de tudo é saber como interagir com ela nesse momento em que as tecnologias da informação são ferramentas constantes e as mudanças sociais, econômicas, políticas e culturais ocorrem em ritmo acelerado.

No entanto, não são apenas as ferramentas tecnológicas que estão em pauta, mas a qualificação de um projeto de formação. Para isso, as instituições que oferecem essa modalidade de ensino devem se voltar para esse projeto de formação que se propõem a oferecer.

É preciso ter clareza do aporte teórico/metodológico educacional que estão oferecendo, pois dependendo desse aporte, podem ser oferecidos programas de formação que se volte a uma qualidade social da educação ou também, a uma formação apenas que visa a entender a educação como simples mercadoria.

Segundo Rios (2003, p. 17), o que se tem visto na formação dos professores por meio da educação a distância é:

> A institucionalidade da educação a distância e a racionalidade política, tal qual ocorre na reforma do Estado e na reforma educacional, que a informam, pode ser sintetizada da seguinte maneira: 1) as relações entre Estado e sociedade civil alteram-se, impondo para essa segunda esfera, no campo social, responsabilidades outrora de pertença do Estado; 2) este último passa a formular as políticas no seu núcleo estratégico e a avaliar a execução no âmbito da sociedade civil, contingenciando o financiamento das ações desenvolvidas por instituições, organizações não governamentais ou mesmo empresas do terceiro setor; 3) as principais instituições são as universidades ou outras instituições da educação superior com excelência em educação tecnológica e tecnologias educativas; 4) esse novo complexo de relações entre o Estado e a sociedade civil produz uma grande potência para a privatização, seja no que se refere à transferência de responsabilidades para a sociedade civil, seja em relação ao âmbito econômico, na medida em que possibilita um grande nicho de mercado para empresas de consultoria, por um lado, e de outro, torna-se a porta de entrada para o capital industrial, como se ilustrou com o necessário kit tecnológico do TV Escola mais os custos de transmissão; 5) supõe

a existência de um sistema tecnológico barato e acessível, o que implica indicar um critério que merece atenção: a razão de proporcionalidade custo/benefício do investimento na formação de professores através da educação a distância; e 6) o que orienta os programas analisados são os Parâmetros Curriculares Nacionais e as Diretrizes Curriculares, o que, talvez, nos ajude a entender algumas linhas de ação propostas, tais como "familiarizar o cidadão com a tecnologia de seu cotidiano" (sem questionar a razão de sua existência), "dar respostas flexíveis e personalizadas para as pessoas que exigem diversidade maior de tipos de educação (reduzida ao processo de ensino-aprendizagem), informação e treinamento" e "oferecer meios de atualizar rapidamente o conhecimento." Tais linhas de ação fazem supor um processo educacional baseado predominantemente no cognitivo e no gnosiológico, sem a preocupação em ver a educação como uma prática social. Em acréscimo, elas sugerem a adaptação e a instrumentalidade como pilares da formação dos professores.

Esta análise nos indica que a política de formação de professores, implementada pela educação a distância, continua mantendo a orientação ideológica e política desde a reforma do Estado.

Nesse sentido, mais uma vez se evidencia a necessidade de pensar a formação de professores e a educação a distância sobre novos paradigmas teórico-metodológicos.

Esses novos paradigmas devem vir para romper com a lógica dominante/conservadora, devem ser eles voltados para uma lógica emancipadora/progressista que dê conta de formar professores que sejam capazes de lidar com as diversidades do mundo contemporâneo.

Nesse sentido, as várias experiências dos cursos de formação a distância oferecidos por algumas instituições públicas têm demonstrado que é preciso arremessar-se na pluralidade dos procedimentos de investigações, construindo assim uma rede de articulações entre o conhecimento dito oficial e as práticas pedagógicas plurais existentes.

É nesse sentido que a importância de se trabalhar a formação de professores aproveitando a diversidade que é dada pelo momento, no qual o global deve interagir com o local, do geral com o específico e até mesmo do coletivo com o individual.

É preciso que a formação de professores prepare o homem e a mulher para lidar com as especificidades do século 21. Para isso é fundamental entender que nesse contexto não basta somente ter acesso às novas tecnologias e a internet. É preciso analisar que neste momento o acesso a outras culturas, outras formas de educação se fazem presentes e o tempo todo estão sendo colocadas em evidência para a educação do Brasil.

A formação de professores não pode simplesmente fugir desse contexto, é preciso aprender a lidar com ele, diante de uma realidade que também é específica, que é a sociedade brasileira e em especial a educação brasileira.

Desse modo, a interação com outras realidades, poderá obter uma construção educação que se volte para a elaboração do conhecimento, este, por sua vez, não pode fugir do paradigma de ser social ou socialmente construído (LUCKESI et. al., 1985).

Segundo Luckesi et al. (1985), a compreensão do mundo que possuímos no momento atual, seja nos seus aspectos cotidianos, seja nos seus aspectos científicos, seja nos seus aspectos filosóficos, é produto de uma prática que se faz social e historicamente situada.

Portanto, talvez o maior desafio seja a elaboração desse novo paradigma, esse que se apresenta como emergente, mas que por isso mesmo, não deve ser edificado sem a presença da construção histórica e social da educação.

O ritmo acelerado que está colocado para a sociedade mundial hoje, contribui para a constituição de ações que promulgam o aniquilamento das diversidades, hoje as propostas para as políticas sociais são homogeneizadas, mesmo aparecendo o debate sobre as diferenças na sociedade. Essa disputa está colocada nas esferas da educação e no que tange à formação dos professores. Esse é um debate que não deve ficar do lado de fora dos currículos, sejam eles na educação presencial como na educação a distância.

Como nos aponta Oliveira (2003, p. 5):

> [...] percebemos que o mundo ao nosso redor está mudando de forma bastante acelerada e a educação continua assentada no paradigma conservador/dominante. Este reforça um ensino fragmentado e conservador, caracterizado pela reprodução do conhecimento – parcelarizado, estático, linear, descontextualizado – e pela adoção de metodologias que conduzem a respostas únicas e convergentes, mesmo utilizando sofisticados instrumentos tecnológicos.

**Ufa, acabamos!? Não, ainda não!**

---

**Saber Mais:**
**Em 2023, graduação on-line será maioria**
Em: 17 Fevereiro 2017 | Fonte: Valor Econômico
O número de alunos matriculados em cursos a distância deve ultrapassar o ensino presencial daqui a seis anos. Em 2023, a estimativa é de 9,2 milhões de estudantes em faculdades privadas, sendo que 51% deverão estar matriculados em cursos on-line, de acordo com dados da consultoria Educa Insights. Em 2015, último dado disponível no Ministério da Educação (MEC), cerca de 20% dos universitários faziam cursos a distância.
A projeção leva em conta o histórico de crescimento dos últimos cinco anos, mas também considera a entrada de instituições privadas renomadas no mercado de graduação on-line como FGV e PUC, e universidades públicas como USP a Federal Fluminense, que tem cerca de 10 mil inscritos.
"Um curso a distância é rentável a partir de 10 mil alunos. A força da marca no presencial é importante porque atrai para os cursos on-line. Mas a instituição precisa ter fôlego financeiro porque o ensino a distância demanda um investimento alto antes da geração de receita, ou seja, antes dos alunos começarem estudar", disse Luiz Trivelato, sócio da Educa Insights.
A Unigranrio, conhecida pelo curso presencial de medicina, investiu R$ 4 milhões numa plataforma tecnológica da Blackboard,

empresa americana de tecnologia aplicada à educação, que possibilita acesso às aulas até pelo celular e um conteúdo pedagógico mais interativo. A universidade carioca espera dobrar ainda neste ano o número de matriculados nos cursos a distância, que hoje é de 2,8 mil.

"Nossa previsão é que o ensino presencial fique estável, sem crescimento, porque no Rio a crise está ainda pior. Os servidores estão sem salário e fica difícil arcar com o custo dos estudos. O ensino a distância é uma opção mais em conta", disse Jeferson Pandolfo, diretor acadêmico da Unigranrio, que está focando as ações comerciais na captação de alunos nessa modalidade. Segundo a Educa Insights, o valor médio das mensalidades de cursos a distância é de R$ 260.

Outro impulso vem do Ministério da Educação (MEC). O governo tem liberado um grande número de polos - como são chamadas as unidades onde são realizadas avaliações presenciais dos cursos a distância - para variados grupos de ensino e aprovado novas graduações on-line, como engenharia e outras na área da saúde. Até 2014, os cursos a distância eram basicamente de administração, pedagogia e licenciaturas.

A Uninter, uma das maiores instituições de ensino a distância, aposta em novos cursos como o de jornalismo e publicidade, lançados neste começo de ano. Trata-se do primeiro curso a distância de comunicação no país. "É difícil adaptar o conteúdo desses cursos para o on-line e é preciso investir em laboratórios e equipamentos", disse Benhur Gaio, reitor da Uninter.

Segundo Trivelato, os cursos on-line são a única opção para algumas pessoas que moram em regiões distantes dos grandes centros. Em 2015, havia 434 municípios que contavam somente com graduações a distância. Essas cidades juntas contam com cerca de 153 mil alunos.

Hoje há em operação no país cerca de 3,8 mil polos de ensino a distância. A Kroton, maior grupo de ensino privado, tem 1,5 mil polos. Em seguida vem Unip e Uninter, com 1 mil unidades cada.

O MEC tem um projeto com novas regras para o segmento. Entre elas, está permitir que universidades e centros universitários tenham autonomia para abrir polos, sem precisar de aval do ministério. Hoje, a aprovação de pedidos de aberturas dessas unidades pode levar anos. Com isso, a concentração de polos nas mãos dos atuais grupos tende a diminuir.

Postado em: Notícias do Setor | Autor: Beth Koike

*Disponível: http://www.forumensinosuperior.org.br/cms/index.php/noticias/item/em-2023-graduacao-on-line-sera-maioria>. Acesso em: 21 maio 2017.*

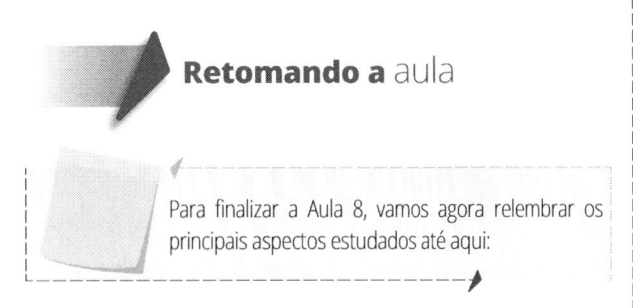

## Retomando a aula

Para finalizar a Aula 8, vamos agora relembrar os principais aspectos estudados até aqui:

**1 – Conceitos atuais de educação a distância**

A educação a distância atualmente é a expressão das novas tendências no uso do computador, pois hoje os vários modelos de educação a distância utilizam o computador como ferramenta essencial. Por outro lado, conceituar Educação a Distância é cada vez mais complicado, visto que as constantes mudanças e inovações tecnológicas e suas implicações interferem na dinâmica dos processos educacionais e os conceitos dessa modalidade de educação também se tornam dinâmicos.

**2 - Definições de EAD na Legislação Brasileira e o crescimento da EAD de 2003 a 2017 no Brasil**

As definições de EaD na legislação brasileira também expressam avanços na forma do uso do computador. Entretanto, essa legislação ainda possua lacunas, pois não aborda a questão da simultaneidade (interatividade) entre professor e aluno, além de não deixar claro como deveriam ser vários elementos ligados ao processo de ensino-aprendizagem na educação a distância.

**3 – Educação a distância e o mercado de trabalho**

Educação a distância no seu ainda curto tempo de existência mais massiva já conseguiu reconhecimento como formadora de mão de obra para o mercado de trabalho. O aluno da EAD desenvolve habilidades e competências solicitadas pelo mercado de trabalho. Desenvolve habilidade no uso de novas tecnologias, autonomia intelectual, criatividade, etc. O ministério de educação implementou referenciais mínimos de qualidade para a educação a distância o que contribui ainda mais com o reconhecimento do mercado.

**Chegamos, assim, ao final da disciplina. Espero que vocês tenham ampliado seus conhecimentos sobre a educação e tecnologia e sobre a educação a distância.**

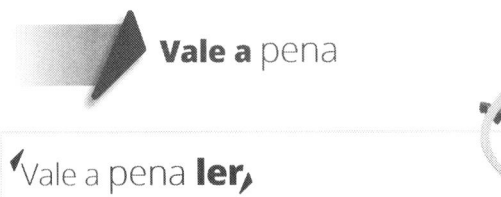

## Vale a pena

### Vale a pena ler,

GRINSPUN, Mírian P. S. Zippin (ORG.). *Educação Tecnológica desafios e perspectivas*. São Paulo: Cortez, 2009.

LEITE, Lígia Silva (Coord). *Tecnologia Educacional*. Descubra suas possibilidades na sala de aula. Petrópolis, RJ: Vozes, 2004.

MORAN, J, MASETTO, M. BEHRENS, M.A. *Novas tecnologias e mediação pedagógica*. 2012.

BELLONI, Maria Luiza. *Educação a distância*. São Paulo: Autores Associados, 2003.

LÉVY, Pierre. *As tecnologias da inteligência:* O Futuro do Pensamento na Era da Informática, tradução de Carlos Irineu da Costa. São Paulo: Editora 34, 1993.

LÉVY, Pierre; NEVES, Paulo (Trad.). *O que é virtual?* São Paulo: Editora 34, 1999.

KENSKI, V. M. *Tecnologias e ensino presencial e a distância*. Campinas: Papirus, 2004.

VALENTE, José Armando. *Educação a distância via internet*. São Paulo: Avercamp, 2005.

## Vale a pena acessar,

<http://uab.capes.gov.br/index.php?option=com_content&view=frontpage&Itemid=1>.
<http://www.sead.ufsc.br/site/>.
<http://www.abed.org.br/arquivos/Educacao_a_distancia_desafios_para_a_qualidade.pdf>.
<http://www.forumensinosuperior.org.br/cms/index.php/noticias/item/em-2023-graduacao-on-line-sera-maioria>.

**OBS:** Não esqueçam! Em caso de dúvidas, acessem as ferramentas "fórum" ou "quadro de avisos" para se comunicarem com o(a) professor(a).

## Referências

ALMEIDA, Maria Elizabeth Bianconcini de. *Currículo, avaliação e acompanhamento na Educação a distância.* In: MILL, Daniel; PIMENTEL, Nara Maria (orgs.). Educação a distância: desafios contemporâneos. São Carlos: Edufscar, 2010.

ALVES, Lucineia. *Educação a distância:* conceitos e história no Brasil e no mundo. Revista Brasileira de Aprendizagem Aberta e a Distância, v. 10, 2011. Acesso em: <http://www.abed.org.br/revistacientifica/Revista_PDF_Doc/2011/Artigo_07.pdf>. Acesso em 02 dez. 2018.

BRASIL. DECRETO Nº 5.622, DE 19 DE DEZEMBRO DE 2005. Regulamenta o art. 80 da Lei no 9.394, de 20 de dezembro de 1996, que estabelece as diretrizes e bases da educação nacional. Brasília, 2005.

BELLONI, Maria Luiza. *Educação a distância.* Campinas, SP: Editores Associados, 2003.

COUTINHO, Mariana. *Saiba mais sobre streaming, a tecnologia que se popularizou na web 2.0.* TechTudo, 2014. Disponível em: <https://www.techtudo.com.br/artigos/noticia/2013/05/conheca-o-streaming-tecnologia-que-se-popularizou-na-web.html>. Acesso em 04 dez. 2018

CHAGAS, Ariana; BRITO, Gláucia da Silva; KLAMMER, Celso Rogério; RIBAS, André. *O Conceito de Tecnologia:* Pressupostos de Valores Culturais Refletidos nas Práticas Educacionais. In: VIII Congresso Nacional de Educação da Pucpr – Educere e o III Congresso Ibero–Americano sobre Violências nas Escolas - Ciave. Anais eletrônicos Curitiba: PUCPR, 2008. Disponível em: http://educere.bruc.com.br/arquivo/pdf2008/460_449.pdf Acesso em: 15 de jan. 2019.

CYSNEIROS, Paulo Gileno. *Novas Tecnologias Na Sala De Aula:* Melhoria do Ensino ou Inovação Conservadora? Informática Educativa Vol. 12, No, 1, 1999. UNIANDES/LIDIE pp 11-24. http://www.pucrs.br/ciencias/viali/doutorado/ptic/textos/articles-106213_archivo.pdf. Acesso em: 15 de jan. 2019.

FERNANDES, Patrícia Cunha. *O papel do tutor na Educação a Distância.* Portal Educação, s.d. Disponível em: <https://www.portaleducacao.com.br/conteudo/artigos/conteudo/o/44228>. Acesso em: 04 dez. 2018.

FILATRO, Andrea. *As teorias pedagógicas fundamentais em EAD.* In: LITTO, Fredric M.; FORMIGA, Marcos (orgs.). Educação a distancia: o estado da arte. São Paulo: Pearson; Prentice Hall, 2009.

GRINSPUN, Mírian P. S. Zippin (ORG.). *Educação Tecnológica desafios e perspectivas.* São Paulo: Cortez, 2009.

INEP/MEC. CENSO DA EDUCAÇÃO SUPERIOR: *Notas Estatísticas 2017.* Brasília, 2017. Disponível em: http://download.inep.gov.br/educacao_superior/censo_superior/documentos/2018/censo_da_educacao_superior_2017-notas_estatisticas2.pdf. Acesso em: 02 dez. 2018.

KENSKI, Vani Moreira. *Educação e tecnologias:* o novo ritmo da informação. Campinas: Papirus, 2008. (Coleção Papirus Educação).

LEITE, Lígia Leite (coord). *Tecnologia educacional –* Descubra suas possiblidades na sala de aula, Petrópolis, RJ: Vozes, 2003.

LEITE, Maria Teresa Meirelles. *O ambiente virtual de aprendizagem na prática docente:* conteúdos pedagógicos. São Paulo: UNIFESP, s.d. Disponível em: http://www.pucrs.br/ciencias/viali/tic_literatura/artigos/ava/textomoodlevvirtual.pdf. Acesso em: 15 de jan. 2019

LÉVY, Pierre - *A inteligência coletiva* - por uma antropologia do ciberespaço – Edições Loyola, São Paulo, 1998.

LÉVY, Pierre – *As tecnologias da inteligência:* O Futuro do Pensamento na Era da Informática. Rio de Janeiro, Ed.34, 1993.

LOBATO, Iolene Mesquita. *O processo interativo na educação a distância:* professor, aluno e material didático. Disponível em: revistapaideia.unimesvirtual.com.br vol 2 – n°1 – jun 2009. Acesso em 15 de jan. 2019.

MORAES, Maria Candida. *Tecendo a rede, mas com que paradigma?* In:.(org). Educação à distância: fundamentos e práticas. Campinas: UNCAMP/NIED, 2002.

MORAN, J, MASETTO, M. BEHRENS, M.A. *Novas tecnologias e mediação pedagógica.* Campinas, SP: Papirus, 2012.

MORAN, José Manuel. *Novos desafios na educação –* a internet na educação presencial e virtual. In: Saberes e Linguagens de educação e comunicação. Ed. Da UFPEL, Pelotas, 2010, p. 19-44.

OKADA, Alexandra; BARROS, Daniela Melaré Vieira. *Ambientes virtuais de aprendizagem aberta:* bases para uma nova tendência. Revista digital de tecnologias cognitivas, São Paulo, n. 3, p. 20 – 35, jan./jun. 2010.

OLIVEIRA, Maria Rita Neto Sales. *Do mito da tecnologia ao paradigma tecnológico:* a mediação tecnológica nas práticas didático-pedagógicas. Disponível em: Revista Brasileira de Educação Set/Out/Nov/Dez 2001 n° 18. Acesso em: 17 de set. 2011.

PALLOFF, Rena M; PRATT, Keith. *O aluno virtual:* um guia para trabalhar com estudantes on-line. Porto Alegre: Artmed, 2004.

PRETTO, Nelson. *Educação e inovação tecnológica:* Um olhar sobre as políticas públicas brasileiras. Revista Brasileira de Educação, Nº 11: 1999.

REZENDE, Flavia. *As novas tecnologias na prática*

pedagógica sob a perspectiva construtivista. Ensaio – Pesquisa em Educação em Ciências Vol. 02 / n. 1: Março, 2002.

SILVA, Marco. *Sala de aula interativa:* a educação presencial e à distância em sintonia com a era digital e com a cidadania. Disponível em: INTERCOM – Sociedade Brasileira de Estudos Interdisciplinares da Comunicação XXIV Congresso Brasileiro da Comunicação – Campo Grande /MS – setembro 2001. Acesso em 15 de jan. 2019.

SILVA, Cassandra Ribeiro de Oliveira e. *Bases pedagógicas e ergonômicas para concepção e avaliação de produtos educacionais informatizados.* Dissertação de Mestrado. 1998. 122 f. PPGEP/UFSC, Florianópolis. SC. Disponível em: https://repositorio.ufsc.br/bitstream/handle/123456789/77834/138909.pdf?sequence=1&isAllowed=y Acesso em 15 de jan. 2019.

VALENTE, José Armando. *"Informática na educação: a prática e a formação do professor"*. In: Anais do IX ENDIPE (Encontro Nacional de Didática e Prática de Ensino), Águas de Lindóia, 1998 p. 1-1.

**Minhas** anotações

**Graduação a** Distância **1º SEMESTRE**

**Ciências Biológicas**

# EDUCAÇÃO AMBIENTAL
## E BIOSSEGURANÇA

**UNIGRAN** *Net*

**UNIGRAN** - *Centro Universitário da Grande Dourados*

Rua Balbina de Matos, 2121 - CEP 79.824 - 9000
Jardim Universitário
Dourados - MS
Fone: (67) 3411-4141 / Fax: (67) 3411-4167

*Os direitos de publicação desta obra são reservados ao Centro Universitário da Grande Dourados (UNIGRAN), sendo proibida a reprodução total ou parcial de acordo com a Lei 9.160/98.*

*Os artigos de sites e revistas indicados para a leitura foram registrados como nos originais.*

CEAD

# Apresentação do Docente

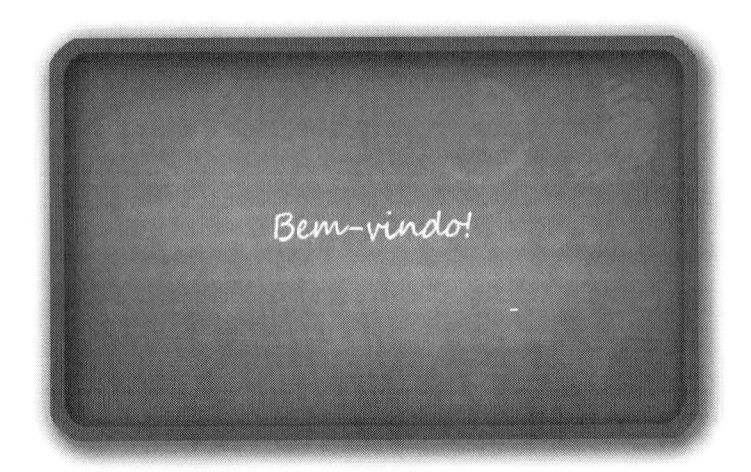

*Bem-vindo!*

Maicon Matos Leitão é graduado em Biomedicina pelo Centro Universitário da Grande Dourados (UNIGRAN), com habilitação em Análises Clínicas e Análise Ambiental; é mestre em Ciências da Saúde pelo Programa de Pós-Graduação em Ciências da Saúde - Área de Concentração em Farmacologia - pela Universidade Federal da Grande Dourados (UFGD). Atualmente é professor de Parasitologia nos cursos de Enfermagem, Biomedicina e Farmácia da Unigran, e Supervisor de Estágio em Bioquímica Clínica no curso de Biomedicina da Unigran.

---

LEITÃO, Maicon Matos. Educação Ambiental e Biossegurança. Dourados: UNIGRAN, 2019.

xx p.: 23 cm.

1. xxx. 2. xxx.

# Sumário

**Conversa inicial** ........................ 4

**Aula 01**
*Conceitos gerais relacionados à educação e ao meio ambiente* ........................ 5

**Aula 02**
*Histórico e epistemologia da educação ambiental no Brasil e no mundo* ........................ 11

**Aula 03**
*Educação ambiental e políticas públicas* ........................ 17

**Aula 04**
*Educação ambiental e desenvolvimento sustentável* ........................ 23

**Aula 05**
*Educação ambiental no desenvolvimento econômico e vivência prática* ........................ 29

**Aula 06**
*Tópicos em Biossegurança: definições, conceitos e aplicabilidade* ........................ 35

**Aula 07**
*Tópicos em Biossegurança: boas práticas laboratoriais* ........................ 41

**Aula 08**
*Tópicos em Biossegurança: gestão de resíduos biológicos e legislação* ........................ 47

**Referências** ........................ 51

# Conversa Inicial

Prezados(as) estudantes:

Bem-vindos(as) à disciplina de Educação Ambiental, que foi organizada em oito aulas, divididas com temas e subtemas, a fim de facilitar o processo de ensino-aprendizagem, e de tornar seu estudo mais proveitoso e prazeroso. Aqui, iremos tratar de assuntos referentes à temática ambiental, no que diz respeito à relação do ser humano com o meio ambiente, aprofundar conceitos, ideias e conhecimentos adquiridos ao longo de sua vida com os temas aqui propostos. Desta forma, trataremos de diversos paradigmas ao entorno das questões ambientais quanto ao processo de impacto ambiental, o desenvolvimento sustentável, e é claro, a relação disso tudo com a educação ambiental.

Não é difícil, no decorrer do dia a dia, nos depararmos com discussões relacionadas às questões ambientais, sejam elas em revistas e/ou jornais impressos, programas de TV, no rádio ou na internet. A relação meio ambiente x homem, em termos potenciais de causas de impacto ambiental, há um bom tempo foram, são e estarão em discussão na sociedade. Mas como se dá essa relação e desde quando o sujeito homem é visto como causador de impacto ambiental? O que é impacto ambiental?

Na primeira aula, veremos os conceitos gerais relacionados ao meio ambiente e à educação ambiental, o que significa cada um deles e qual a importância de seu estudo. Na segunda aula, trataremos do curso histórico da educação ambiental no Brasil e no mundo, os eventos e os encontros importantes da área e a epistemologia da educação ambiental. Na terceira aula, estudaremos as políticas públicas em torno da educação ambiental, a legislação vigente e a necessidade de incorporação de assuntos relacionados à educação ambiental em todos os níveis da educação básica nacional.

Na quarta aula, veremos a educação ambiental na questão do consumo consciente e sustentável, abordando as problemáticas ambientais em evidência na sociedade. A quinta aula trata de assuntos relacionados à interdisciplinaridade da educação ambiental no atual modelo de desenvolvimento socioeconômico, aliando o conceito de educação ambiental como forma de construção de uma sociedade mais sustentável.

Além disso, iremos estudar tópicos relacionados à biossegurança. Neste sentido, trataremos de conceitos básicos e a aplicabilidade da biossegurança no âmbito laboratorial e no gerenciamento de resíduos contaminados, principalmente. Mais especificamente, na sexta aula, falaremos a respeito de conceitos gerais e aplicabilidade da biossegurança em diferentes ocasiões e locais de trabalho. Já na sétima aula, estudaremos as boas práticas laboratoriais e a legislação pertinente, pontuando o procedimento correto a ser desenvolvido em cada situação de risco. Por fim, na oitava aula, falaremos a respeito do gerenciamento de resíduos biológicos e de suas prerrogativas legais.

Esperamos que até o término da disciplina, vocês possam ampliar seus conhecimentos acerca da educação ambiental e de conceitos básicos relacionados à biossegurança. Então, bons estudos! Forte abraço!

Professor Maicon Matos Leitão

# Aula 1º

# Conceitos gerais relacionados à educação e ao meio ambiente

Caros(as) alunos(as), esta é nossa primeira aula!
Para que possamos iniciar nossos estudos na disciplina, trataremos dos conceitos gerais no âmbito da educação e do meio ambiente. O que é meio ambiente? O que estuda a educação ambiental? Qual a importância deste estudo?
Calma, não precisam responder de imediato, creio que, ao término do estudo desta aula, vocês já serão capazes de responder. Então, vamos começar nossa disciplina! Iniciaremos analisando os objetivos de aprendizagem e as seções de estudo a serem desenvolvidas nesta aula.
Bons estudos!

Bons estudos!

## Objetivos de aprendizagem

Ao término desta aula, vocês serão capazes de:

- definir o que é meio ambiente e educação ambiental;
- reconhecer a importância do estudo da educação ambiental;
- enxergar a educação ambiental como parte integrante e necessária para a formação de uma sociedade consciente e sustentável.

## Seções de estudo

1 – O meio ambiente
2 – Conceito de educação
3 – Educação ambiental e seus desafios

## 1 - O meio ambiente

Discussões relacionadas a questões ambientais têm tomado cada vez mais proporção nas últimas décadas, visto que com o passar do tempo, o crescimento da sociedade como um todo tem determinado um aumento nos riscos e agravos de impactos socioambientais, sendo, então, necessário a inclusão de medidas de prevenção e preservação ao meio ambiente, por meio de ferramentas efetivamente transformadoras na vida das pessoas, como, por exemplo, por meio da educação ambiental (CABREIRA, 2013).

Toda essa discussão, ao torno dos impactos ambientais, envolve vários fatores relacionados à qualidade de vida humana. Os impactos de ação antrópica (ação humana) em vários segmentos e escalas, como, por exemplo, interferindo nas condições climáticas, biogeográficas, hidrológicas, na fauna e na flora, são consideradas como significativas no desequilíbrio ambiental e, consequentemente, na qualidade de vida da sociedade, sendo estas prerrogativas objetos de estudo na educação ambiental (PELICIONI; PHILIPPI JUNIOR, 2005).

Mas para compreender bem as questões ambientais, os impactos ambientais da ação humana e a relação da educação ambiental com isso tudo, precisamos entender bem o conceito de Meio Ambiente. Então, o que é meio ambiente? Onde ele fica? Para que serve? Pois bem, o termo "meio ambiente" é visto, quase que por unanimidade por estudiosos do direito ambiental, como redundante, uma vez que o termo "meio" e "ambiente" são sinônimos.

O motivo pelo qual isso ocorre é explicado pela impressão semântica da tradução do inglês durante a Conferência de Estocolmo sobre Meio Ambiente Humano, organizada pelas Nações Unidas, em 1972, gerando o termo "meio ambiente" como uso comum, ao invés de apenas meio ou ambiente separadamente.

No dicionário o termo "meio" é fixado como: "ponto médio no espaço ou no tempo; o ambiente onde se vive; modo para se chegar a um fim; no sentido figurado como local onde se vive ou se exerce uma atividade" (DICIO, 2018a). Já o termo "ambiente" é descrito como: "meio ambiente; tudo o que faz parte do meio em que vive o ser humano, os seres vivos e/ou as coisas; recinto; lugar em que se está; atmosfera; reunião do que envolve uma pessoa, sua situação financeira, cultural, psicológica e moral; que está ao redor, envolvendo pessoas ou coisas (DICIO, 2018b)".

Neste caso, podemos perceber que ambos os termos, em algumas definições, realmente apresentam-se como sinônimos. Agora, vejamos a definição de "meio ambiente" também no dicionário: "reunião do que compõe a natureza, o ambiente em que os seres estão inseridos, bem como suas condições ambientais, biológicas, físicas e químicas, tendo em conta a sua relação com os seres, especialmente com o ser humano" (DICIO, 2018c).

É notória a relação entre cada um dos termos, mas que consagrou-se ao longo dos anos de tal forma que a própria legislação brasileira acabou por adotá-la na Lei nº. 6.938, de 31 de agosto de 1981, que dispõe sobre a Política Nacional do Meio Ambiente, que descreve: "Art. 3º. Para os fins previstos nesta Lei, entende-se por: I - Meio ambiente, o conjunto de condições, leis, influências e interações de ordem física, química e biológica, que permite, abriga e rege a vida em todas as suas formas".

Neste sentido, já começamos a enxergar o meio ambiente de uma maneira mais clara e vimos este termo pode ser empregado em diferentes situações, como, por exemplo: em contextos relacionados à sociedade ou a política, a interpretação deste termo pode-se referir a questões em que a sociedade julga importante ou valiosa, como o "ambiente econômico", "estético", "filosófico", "sentimental", dentre outros. Nas ciências biológicas, mais diretamente na ecologia, a visão de "meio ambiente" direciona-se a tudo que está relacionado ao comportamento ou metabolismo dos seres vivos, como a água, a luz, o ar, o solo e tudo o que mais coabita com ele, como os seres vivos (SECCON, 2010, p.15).

Figura 1 – Charge "meio" ambiente.

Fonte: <http://sonytauane6.blogspot.com.br/2013/10/meio-ambiente.html>.
Acesso em: 15 de maio 2018.

Não é comum nos depararmos com situações onde o termo meio ambiente é confundido como sendo somente a fauna e flora, no sentido de que é algo que não nos atinge, que não faz parte do contexto social da vida em sociedade, não nos incluindo neste termo. Como podemos perceber, esta visão é totalmente equivocada, pois o meio ambiente está em todo o nosso redor, em todos os locais em que frequentamos e vivemos.

A Constituição Federal Brasileira, em seu artigo 225, nos diz: "Todos têm direito ao meio ambiente ecologicamente equilibrado, bem de uso comum do povo e essencial à sadia qualidade de vida, impondo-se ao Poder Público e à coletividade o dever de defendê-lo e preservá-lo para as presentes e futuras gerações".

Ao lermos o referido artigo, podemos perceber que ele nos permite a abertura de diversas interpretações no texto da lei, que nos faz refletir a cerca de diversas questões. O conceito de ambiente ecologicamente equilibrado é o mesmo para mim e para você? O que seria isso? O que seria essencial à sadia qualidade de vida? Existe uma igualdade na qualidade de vida das pessoas? Todos possuem um padrão de vida social igualitário nas diferentes classes sociais (ricos, pobres e classe média)?

Podemos ver, então, que as questões ambientais estão, intimamente, relacionadas a diversos valores, como cultural, social e biológica. A visão de cada um desses seguimentos deve levar em consideração, primordialmente, a preservação ambiental, ou seja, o respeito ao ambiente em que fazemos parte e que necessitamos para viver. Entretanto, para que essa visão seja fixada nestes segmentos, faz-se necessário uma plena reforma destes valores e como acabamos de perceber, uma reforma nas próprias políticas públicas.

Neste quesito, a educação ambiental está intimamente inserida. O processo de educação ambiental deve começar logo nos primeiros dias de vida, na infância, na adolescência e na vida adulta, perpetuando por toda a vida do indivíduo, sendo este processo contínuo e ininterrupto, pois as questões ambientais sempre estarão em constante evidência e modificação, visto que o crescimento da sociedade também encontra-se em constante modificação e mudança tecnológica. A educação ambiental deve ser tratada em casa, na família, nas ruas, nas escolas, nos centros religiosos, no campo, nas cidades, sem nenhuma fronteira ou limitação.

Quando se fala em educação ambiental, não se pode entender como uma ação de punição, correção ou castigo, e sim com um olhar de respeito, amor e consciência de corpo, alma e espírito, de que o cultivo de bons hábitos ou a criação de novos são necessários para preservar, recuperar e prevenir danos ao meio ambiente, pois trata-se do meio em que vivemos e coabitam inúmeros seres vivos.

## 2 - Conceito de educação

Caros(as), já conceituamos o termo meio ambiente, e iniciamos a discussão da ação do homem sobre o meio em que vive e a necessidade de cultivar boas práticas ambientais, agora, podemos adentrar um pouco mais a fundo nesta ação transformadora da realidade no combate a degradação ambiental, chamada educação ambiental.

Como o próprio nome diz, é por meio da educação em sua plenitude (uma das melhores, se não a melhor, forma de transformação das nossas vidas) que podemos modificar o curso de degradação ambiental no planeta terra. Isso porque a educação tem o poder de modificar a forma de agir e de pensar das pessoas, de tal forma que as pessoas, assim, conscientizadas, possam desenvolver em suas vidas atitudes transformadoras no meio em que vivem na cidade, estado, país e para o planeta como um todo.

A palavra "educação" vem do latim *educare*, que significa extrair de si, liderar ou conduzir. Neste sentido, pode-se inferir que todos nascem com um potencial de desenvolvimento igualitário, que todos os seres humanos possuem a capacidade de desenvolver esse potencial ao longo de sua vida. Para Pelicione (2009), a capacidade de desenvolver esse potencial ao longo do desenvolvimento humano deve-se a figura do educador, que possui o papel de criar as condições para que esse potencial aflore e para que as pessoas cresçam.

Paulo Freire (1987, p.39), famoso autor, escritor e educador brasileiro reconhecido em vários países, pontua que "Ninguém educa ninguém, ninguém educa a si mesmo, os homens se educam entre si, mediatizados pelo mundo", ele defende que o ato de educar é uma forma de amor e sinônimo de humanizar. Isso nos leva a pensar que a educação é um ato de ensinar e aprender, que depende da aceitação plena e voluntária de nós mesmos, e que se trata de uma transposição às gerações futuras de modos culturais, de ser, de agir, da adequação do indivíduo no convívio em grupos e em sociedade.

Na Constituição Federal Brasileira de 1988, em seu artigo 205, está assim definido o termo: "Educação: o pleno desenvolvimento da pessoa humana, seu preparo para o exercício da cidadania e a qualificação para o trabalho, fins que concretizam o bem comum". Neste contexto, podemos ver que a educação engloba conceitos socioculturais. A socialização é o processo de inserção do indivíduo ao grupo e a comunidade, sendo um processo contínuo que inicia-se logo após o nascimento e que, por meio da família, amigos, escola, religião, admiração por atores, músicos ou super-heróis, aos poucos constrói hábitos e valores específicos, que viabilizam a integração do indivíduo com a sociedade.

Podemos distinguir o processo de socialização em primária: que consiste nos primeiros aprendizados, que são básicos e que logo na infância já interiorizamos, como, por exemplo, as regras sociais básicas, a linguagem, o comportamento e a moral, sendo a socialização primária: uma ação que marca profundamente a vida do indivíduo e é indispensável para o convívio em comunidade; e a socialização secundária: que nada mais é do que todo o processo de aprendizagem posterior introduzido ao indivíduo já socializado, agregando a ele novos conceitos e valores de vida em comunidade, como, por exemplo, na escola, faculdade, trabalho, outras cidades, estados e países (SECCON, 2010).

Contudo, conclui-se que a educação é a ação que favorece o crescimento individual do ser humano, que o acompanha desde seu nascimento, aflorando neste indivíduo todos os processos intelectuais, morais, religiosos, éticos e espirituais, que o permite agir, pensar e viver por meio de seis princípios e critérios (REIGOTA, 1994). Portanto, uma das condições fundamentais da educação, particularmente, hoje, é a personalização, porque exige a tomada de consciência de seu próprio ser, descobrir a sua dimensão histórica, descobrir a interdependência pessoal ou os nós, descobrir-se e comportar-se como ser ético (CABREIRA, 2013).

Ainda assim, no processo de educação podemos classificá-la nas seguintes formas: educação formal, não-formal e informal. A diferença entre elas se dá no processo educativo de escolar ou não escolar. "Assim, ações educativas escolares seriam formais e aquelas realizadas fora da escola não formais e informais" (MARANDINO; SELLES; FERREIRA, 2009, p.133).

De acordo com Gohn (2006, p. 28):

> [...] A educação formal é aquela desenvolvida nas escolas, com conteúdos previamente demarcados; a informal como aquela que os indivíduos aprendem durante seu processo de

socialização - na família, bairro, clube, amigos, etc., carregada de valores e cultura própria, de pertencimento e sentimentos herdados; e a educação não-formal é aquela que se aprende "no mundo da vida", via os processos de compartilhamento de experiências, principalmente em espaços e ações coletivas cotidianas.

Neste sentido, podemos dizer, então, que a educação formal ocorre em espaço próprio, com conteúdos direcionados, de modo institucional, enquanto que a educação informal ocorre em espaços diferentes que possuem princípios, valores e culturas próprias e distinguíveis. Já a educação não-formal é aquela que ocorre em espaços coletivos, a partir da troca de experiências individuais. A partir disso, podemos analisar a real importância de diferentes ambientes educativos no processo de desenvolvimento do ser humano.

Aliado a estes conceitos encontra-se a educação ambiental. Com base em todas estas informações, podemos perceber a importância da educação ambiental na vida das pessoas. Esse tipo de educação possui, então, um poder de formar cidadãos conscientes e responsáveis com a temática ambiental em seu contexto geral. A partir de agora, já começa a ficar claro como a educação ambiental atua e como ela é primordial no processo de formação da sociedade.

## 3 - Educação ambiental e seus desafios

Diante do atual cenário de desenvolvimento econômico, a educação ambiental aparece em uma posição contrária no que se refere ao modelo de avanço social. Isso porque o modelo atual age como um capitalismo que sobrepõe princípios e valores éticos, de solidariedade, de justiça social e de cooperação, visando sempre em primeiro lugar a lucratividade que culmina em egoísmo, privilégios e competição (PELICIONI; PHILIPPI JUNIOR, 2005).

Então, como define-se o termo "educação ambiental"? Segundo Ross (2012, p.1):

> [...] A Educação Ambiental pode ser entendida como uma metodologia em conjunto, onde cada pessoa pode assumir e adquirir o papel de membro principal do processo de ensino/aprendizagem a ser desenvolvido, desde que cada pessoa ou grupo seja agente ativamente participativo na análise de cada um dos problemas ambientais diagnosticados e com isso buscando soluções, resultados e inclusive preparando outros cidadãos como agentes transformadores, por meio do desenvolvimento de habilidades e competências e pela formação de atitudes, através de uma conduta ética, condizentes ao exercício da cidadania.

A partir do capítulo 36 da Agenda 21 (documento elaborado durante a Rio-92, ocorrida no Rio de Janeiro, Brasil, em 1992), podemos fixar que a educação ambiental busca:

> [...] desenvolver uma população que seja consciente e preocupada com o meio ambiente e com os problemas que lhes são associados. Uma população que tenha conhecimentos, habilidades, atitudes, motivações e compromissos para trabalhar, individual e coletivamente, na busca de soluções para os problemas existentes e para a prevenção dos novos.

Figura 2 – Charge desenvolvimento sustentável.

Fonte: < https://www.reconectta.com/single-post/2017/02/02/Educa%C3%A7%C3%A3o-Ambiental-Relacional >. Acesso em: 15 de maio 2018.

Vale ressaltar, então, que a educação ambiental não se preocupa apenas com a aquisição do conhecimento, mas também com a real mudança de comportamento da sociedade em relação as novas necessidades do mundo atual, no que diz a respeito à relação entre ambiente social, cultural, humano e econômico. É claro que nem sempre a relação do ser humano com o ambiente é tida como uma relação danosa ou nociva, pois existe o entendimento de coevolução inserida neste contexto, que seria a relação entre a natureza e diferentes espécies no processo de evolução de ambas as partes.

Entretanto, como já estudamos nesta aula, a educação ambiental possui inúmeros desafios no que se refere à conscientização da população em relação ao uso incorreto de recursos renováveis e não renováveis, na contaminação do solo e da água por agrotóxicos, indústrias e mineradoras, na contaminação do ar por automóveis e queimadas, na contaminação do mar, rios e lagos florestais e/ou urbanos, do mau gerenciamento de resíduos, sendo estes dispostos em lixões a céu aberto, do desmatamento, dentre tantas outras questões ambientais.

O autor Philippi Jr. (2002, p. 42) define que:

> [...] De fato, meios já existem, mas falta, evidentemente, mais educação: educação do empresário, para que não despeje o resíduo industrial nos rios; educação dos investidores imobiliários, para que respeitem as leis de zoneamento e orientem os projetos de modo a preservar a qualidade de vida do povo; educação dos comerciantes, para que não se estabeleçam onde a lei não permite e comprovem a conivência de autoridades públicas para a continuação de suas práticas

ilegais, educação do político, para que não venda leis e decisões administrativas, para que não estimule nem acoberte ilegalidades, para que não faça barganhas contra os interesses do povo; educação do povo, para que tome consciência de que cada situação danosa para o meio ambiente é uma agressão aos seus direitos comunitários e agressão aos direitos de cada um.

Sendo assim, estes desafios sempre irão existir, o que traz à tona a grande necessidade e importância da educação ambiental no convívio em sociedade. E agora eu pergunto-lhes: como é a aplicação da educação ambiental ao seu redor? Como as pessoas se portam no ambiente em que vocês vivem ou frequentam? Sabendo que em alguns países europeus, as pessoas não jogam lixo no chão, vocês acham que isso ocorre por conta da educação ou pela penalidade a qual estão sujeitos? Façam estas observações e vamos para o item "Retomando a aula", para fazermos um breve apanhado da aula de hoje!

## Retomando a aula

Chegamos, então, ao final da nossa primeira aula! Esperamos que vocês tenham compreendido os conceitos introdutórios da disciplina relacionados à educação ambiental. Sendo assim, vamos recordar o que estudamos em cada uma das seções de estudo da aula!

### 1 – O meio ambiente

Nessa seção, vimos que o conceito de meio ambiente pode ser aplicado e relacionado a diversas interpretações, podendo não ser somente atribuído ao meio biológico no sentido ecológico, mas também ao "meio ambiente político, financeiro, psicológico, químico", dentre outras formas interpretativas. É claro que o meio ambiente em que iremos tratar na disciplina é o meio ambiente no sentido de unidades ecológicas presentes em um meio natural ou não, composto por seres vivos, elementos químicos, solo, rochas, atmosfera, dentre outros.

### 2 – Conceito de educação

Nessa seção, pontuamos o que é educação. Ela pode ser classificada em formal, não-formal e informal. Vimos que é por meio da educação que se desenvolve a capacidade de socialização das pessoas na comunidade. Com isso, podemos enxergar o poder da educação ambiental no contexto de preocupação com o meio ambiente, pois só por meio de atitudes concretas de pessoas conscientizadas com as questões ambientais que conseguiremos diminuir, evitar ou remediar os impactos ao meio ambiente.

### 3 – Educação ambiental e seus desafios

Por fim, nessa seção, definimos o conceito de educação ambiental e os seus objetivos gerais. Aprendemos também que com o atual modelo de desenvolvimento fica cada vez mais difícil falar de sustentabilidade. Vimos que os desafios da educação ambiental esbarram em diferentes contextos e possibilidade. Claro que muita coisa é feita para diminuir os impactos ao meio ambiente, e isso tudo iremos tratar ao longo de nossa disciplina.

## Vale a pena

### Vale a pena ler,

GOHN, Maria da Glória. *Educação não-formal, participação da sociedade civil e estruturas colegiadas nas escolas*. Ensaio: aval. pol. públ. Educ., Rio de Janeiro, v.14, n.50, p. 27-38, jan./mar. 2006.

PHILIPPI JR., Arlindo; PELICIONI, Maria Cecília Focesi. *Educação ambiental e sustentabilidade*. Barueri: Manole, 2005.

PHILIPPI JR, Arlindo; ALVES, Alaôr Caffé; ROMÉRO, Marcelo de Andrade; BRUNA, Gilda Collet (ed.). *Meio ambiente, direito e cidadania*. São Paulo: Signus Editora, 2002.

### Vale a pena acessar,

DICIOa. Dicionário online de português: *Significado de Meio*. Disponível em: <https://www.dicio.com.br/meio/>. Acesso em: 15 de mai. 2018.

DICIOb. Dicionário online de português: *Significado de Ambiente*. Disponível em: <https://www.dicio.com.br/ambiente/>. Acesso em: 15 de mai. 2018.

DICIOc. Dicionário online de português: *Significado de Meio Ambiente*. Disponível em: <https://www.dicio.com.br/meio-ambiete/>. Acesso em: 15 de mai. 2018.

## Minhas anotações

**Minhas** anotações

# Aula 2º

# Histórico e epistemologia da educação ambiental no Brasil e no mundo

Caros(as) alunos(as)

Nesta aula, iremos abordar a epistemologia e o conceito histórico da Educação ambiental no Brasil e no mundo. Vamos realizar uma contextualização histórica do surgimento dos movimentos ambientais e da educação ambiental no Brasil e no mundo, discutindo a epistemologia acerca da educação ambiental, no que se refere a sua efetivação como atitude transformadora do sujeito homem, para que, de fato, suas premissas possam ser efetivamente colocadas em prática.

Bom trabalho.

Bons estudos!

### Objetivos de aprendizagem

Ao término desta aula, vocês serão capazes de:

- conhecer e compreender o desenvolvimento histórico das questões ambientais;
- reconhecer a necessidade do estudo da educação ambiental ao longo do desenvolvimento da sociedade civil;
- compreender a epistemologia da educação ambiental nas práticas pedagógicas.

## Seções de estudo

1 – Questões ambientais: síntese histórica
2 – Epistemologia na educação ambiental

## 1 - Questões ambientais: síntese histórica

Os primeiros registros acerca da temática ambiental datam o ano de 1948, durante o encontro da União Internacional para a Conservação da Natureza em Paris. No entanto, só em Estocolmo, no ano de 1972, é que realmente as questões ambientais começaram a tomar uma maior proporção na atenção da população. Porém, podemos aqui citar alguns estudiosos e pesquisadores que foram reconhecidos antes mesmo deste marco histórico em 1972, por já retratarem abertamente suas visões de futuro no que se refere a preocupação com o meio ambiente.

No ano de 1962, a escritora, Rachel Carson publicou seu livro "Primavera Silenciosa", pela editora Houghton Mifflin, onde retratou os efeitos danosos de diversas ações humanas sobre o meio ambiente, como, por exemplo, o uso de pesticidas em larga escala nas cadeias produtivas da época. Este livro ficou mundialmente conhecido por ter mudado a visão relacionada ao impacto das ações antrópicas no meio ambiente. A partir desta publicação ocorreu o banimento do uso do pesticida DDT, sendo a escritora condecorada em 1980, com a Medalha Presidencial da Liberdade, pelo presidente Jimmy Carter, a maior condecoração civil dos Estados Unidos (BONZI, 2013).

Figura 3 – Livro Primavera Silenciosa.

Fonte: <http://nossoambientedireito.blogspot.com/2016/05/rachel-carson-desenvolver-sem-destruir.html>. Acesso em: 03 de jul. 2018.

Em 1968, ambientalistas do Reino Unido se reuniram para a criação do primeiro movimento civil organizado para discussão das questões ambientais, o Conselho para Educação Ambiental. Neste mesmo ano nasce o Clube de Roma, conhecido pela publicação do relatório intitulado "Os Limites do Crescimento Econômico", em 1972, que trazia propostas de redução do consumo global, defendendo determinadas prioridades sociais, com a intenção de gerar um equilíbrio global (BESKOW; MATTEI, 2012).

Já em 1970 foi publicado, através da revista britânica "*The Ecologist*", um texto retratando a não utilização de recursos finitos na sustentação do aumento da demanda das atividades civis, sendo este manifesto chamado de "Manifesto para Sobrevivência" (SILVA, 2015).

Só então o rumo da educação ambiental começou a ser definido. No ano de 1972, em Estocolmo, ocorreu a "Conferência de Estocolmo", sendo, então, inserida a temática relacionada às questões ambientais na agenda internacional. Neste encontro foi discutido a urgência da criação de medidas para reverter os problemas ambientais, sendo uma destas medidas, a implementação efetiva da educação relacionada ao meio ambiente, como forma de mudança de costumes e hábitos dos cidadãos, para a solução dos problemas no meio ambiente (PIMENTA, *et at.*, 2016).

Durante a referida conferência foi editada a resolução número 96, onde ocorreu o surgimento da chamada "Educação Ambiental", visto que a resolução trouxe esta nova área do conhecimento, em caráter interdisciplinar, para ser incluída em todos os níveis educacionais, mesmo o ensino formal ou não-formal, como forma de preparação do sujeito humano para a preservação e vivência em harmonia com o meio ambiente (PIMENTA, *et at.*, 2016).

A partir desta tomada de atitude foi necessário, então, a criação pela ONU do (Programa das Nações Unidas para o Meio Ambiente). Neste mesmo ano foi criado o primeiro curso de pós-graduação em Ecologia do Brasil, pela Universidade Federal do Rio Grande do Sul (BORGES, 2014).

Ainda em resposta as medidas ditadas na Conferência de Estocolmo, no ano de 1975, em Belgrado na Iugoslávia, ocorreu o Encontro Internacional em Educação Ambiental pela UNESCO, gerando a criação do Programa Internacional de Educação Ambiental PIEA, pregando princípios como a estimulação da continuidade da Educação Ambiental, de forma inter-regional e interdisciplinar, visando os interesses nacionais (SILVA, 2015).

Neste mesmo ano foi escrita a "Carta de Belgrado", um documento contendo visões fortes e determinadas em relação à forma de crescimento e desenvolvimento dos países, levando em consideração que a ética global deveria ser melhorada no que se refere a não exploração e dominação como forma de desenvolvimento humanitário, pregando a prerrogativa de uma nova relação entre escola e comunidade, estudante e professor, para a efetividade de uma nova educação transformadora e inédita na vida em sociedade (BARBIERI; SILVA, 2011).

Em 1977, a conferência ocorrida em Tbilisi, na Georgia (ex-União Soviética), organizada pela colaboração da UNESCO e PNUMA, trouxe novos objetivos e estratégias a serem empregadas como parte dos planos nacionais e internacional da Educação Ambiental, sendo esta conferência um marco no rumo das questões ambientais ao redor do mundo.

> [...] a grande relevância de Tbilisi reside na ruptura das práticas ainda reduzidas ao sistema ecológico, por estarem demasiadamente implicadas com a educação meramente conservacionista. Então, fortemente atrelado aos aspectos político e econômico e socioculturais, não mais permanecendo restrito ao aspecto biológico

da questão ambiental, o documento de Tbilisi ultrapassa a concepção das práticas que são descontextualizadas, ingênuas e simplistas, por buscarem apenas a incorporação do ensino sobre a estrutura e funcionamento dos sistemas ecológicos ameaçados pelo ser humano" (LAYRARGUES, 2001, p.132).

Neste mesmo ano, o Conselho Federal da Educação tornou obrigatório a implementação da disciplina de Ciências Ambientais nos cursos de engenharia no Brasil, sendo implementado as disciplinas de saneamento básico e ambiental nos cursos de engenharia ambiental no ano de 1978. No ano seguinte, a CETESB e o MEC publicaram o documento "Ecologia - Uma proposta para o Ensino de 1º e 2º graus", que a partir de então, passaram a estabelecer estratégias para a inclusão de assuntos relacionados à ecologia nos ensinos de 1º e 2º graus, como, por exemplo, o parecer 819/1985, onde o MEC reforça "formação da consciência ecológica do futuro cidadão" (BESKOW; MATTEI, 2012).

No ano de 1988, a Constituição Federal Brasileira, por meio do Capítulo VI e do Art. 225, retrata o meio ambiente e determina ao "[...] Poder Público, promover a Educação Ambiental em todos os níveis de ensino...", ocorrendo também neste mesmo ano o Primeiro Congresso Brasileiro de Educação Ambiental no Rio Grande do Sul e o Primeiro Fórum de Educação Ambiental pela CECAE/USP (BORGES, 2014).

Outro documento de extrema importância história relacionado às questões ambientais foi o "Tratado de Educação Ambiental para Sociedades Sustentáveis e Responsabilidade Global" elaborado durante a Conferência das Nações Unidas sobre Meio Ambiente e Desenvolvimento (Rio 92), na cidade do Rio de Janeiro no ano de 1992 (TOMAZINI, 2018). Este evento foi um marco nacional para a sociedade civil brasileira, popularizando o conhecimento acerca das questões ambientais. Como alguns princípios deste tratado, podemos citar:

> [...] a EA deve basear-se num pensamento crítico e inovador; ter como propósito formar cidadãos com consciência local e planetária; ser um ato político baseado em valores para a transformação social; envolver uma perspectiva holística, enfocando a relação entre o ser humano, a natureza e o universo de forma interdisciplinar; e deve estimular a solidariedade, o respeito aos direitos humanos e a equidade (BRASIL, 2001).

Figura 4 – Reunião Rio-92.

Fonte: < http://g1.globo.com/natureza/rio20/noticia/2012/05/considerada-fracasso-na-epoca-rio-92-foi-sucesso-para-especialistas.html >. Acesso em: 03 de jul. 2018.

Durante este mesmo evento foi criado a "Agenda 21" abordando ações de caráter, local, nacional e global, a serem executados pela sociedade civil, governos ou Nações Unidas, para um desenvolvimento sustentável, visado, então, a diminuição do impacto da ação humana sobre o meio ambiente. Entretanto, passados cinco anos da Rio 92, observou-se que a evolução esperada neste contexto, não aconteceu de forma efetiva durante a Conferência Internacional sobre Meio Ambiente e Sociedade: Educação e Consciência Pública para a Sustentabilidade – Thessaloniki, 1997. Como disposto por Loureiro:

> "Os ciclos de conferências se repetem, mas a desigualdade econômica e política, assim como a devastação ambiental, também se perpetuam. Os problemas mundiais e os locais em cada nação não poderão ser resolvidos somente com educação, visto que a educação é uma prática social, e, portanto, define-se em sociedade. Porém não será possível solucionar problemas que se manifestam política e economicamente em todo o mundo sem a educação" (LOUREIRO, e al., 2007, p.31).

Outros dois eventos marcaram historicamente as discussões ambientais pelos países ao redor do mundo. A primeira delas é a Rio +10 (Cúpula Mundial sobre o Desenvolvimento Sustentável) ocorrida em 2002, na cidade de Johanesburgo, na África do Sul, reuniram-se nesta ocasião 189 países que discutiram a respeito do desenvolvimento sustentável a partir da preservação dos recursos naturais. O segundo evento foi a Rio +20, realizada no Rio de Janeiro em 2012, contando com a representação de 193 países, sendo elaborado o documento "O futuro que queremos", contendo novas metas de diminuição de impactos ambientais (BARBIERI; SILVA, 2011).

De fato, em todas estas reuniões, ocorreram diversificadas críticas por parte da sociedade civil, imprensa e pelos próprios representantes nacionais, no que se refere à objetividade e clareza dos pontos a serem alcançados e desenvolvidos por cada país, além da não aceitação de alguns termos por parte de alguns países desenvolvidos por não estarem de acordo com os termos firmados nos documentos, principalmente no quesito redução da emissão de gases poluentes e preservação e/ou reconstituição de áreas naturais.

## 2 - Epistemologia na educação ambiental

Como vimos, discussões englobando assuntos ambientais foram e estão sendo travadas ao longo de vários anos em diferentes âmbitos e níveis da sociedade. A necessidade de implementação de um olhar sustentável na vida das pessoas requer a implementação efetiva de uma educação ambiental como prática vivenciada na vida de cada cidadão. A educação em si tem por missão fornecer as bases científicas para que o indivíduo possa exercer sua cidadania e compreender seu papel fundamental na vida em sociedade (VON DENTZ, 2008).

O âmbito criativo e motivador, exercido pela relação

professor e aluno dentro das escolas, possibilita fluir novas ideias e concepções para que o sujeito aluno possa se formar um agente transformador dentro de sua comunidade. Neste sentido, a epistemologia educacional fornece requisitos que possibilitam o entendimento dos saberes e práticas pedagógicas que fundamentam estas atitudes inovadoras e potencialmente modificadoras da realidade social e ambiental (SOUZA-LIMA, 2003).

Fica claro que para a o completo discernimento e comprometimento do aluno, no seu modo de pensar e agir, a implementação de práticas educacionais no âmbito da educação ambiental necessita de uma visão interdisciplinar.

> A interdisciplinaridade proposta pelo saber ambiental implica a interação de processos naturais e sociais de diferentes ordens de materialidade e esferas de racionalidade. A especificidade destes processos depende tanto das condições epistemológicas que fundamentam sua apreensão cognitiva, como das condições políticas que levam a sua expressão na ordem do real (LEFF, 2012, p. 226).

Neste sentido, os professores devem proporcionar aos alunos, de forma interdisciplinar, condições para que eles possam ser formadores de opinião, formando seus próprios conceitos de ação-reflexão, para tornarem-se cidadãos conscientes e efetivamente participativos na comunidade. Segundo Rocha (2016):

> Os professores são convidados a aprimorar, a partir da compreensão da complexidade contemporânea, seus conhecimentos para criar ou ampliar espaços de participação, sabendo que o ato de aprender não se encerra na escola, mas motiva interesses do educando, que motivado leva adiante seu aprendizado, despertando nele a lógica ambiental transformadora. A escola que educa em um espaço formal e informal da aprendizagem, possuí um grande potencial para ensinar a educação ambiental transformadora, e capacitar cidadãos ativos comprometidos com as causas ambientais, e não apenas acumuladores de informação (ROCHA, 2016, p.7).

Com isso, a epistemologia ambiental visa evidenciar estes saberes, sua integração e aplicabilidade na prática profissional dos professores, para seu uso efetivo em todas as suas atividades. Para Marx (1999), o que importa não é o saber, mas o agir e o transformar. Segundo o autor, a transformação do percurso humano se dá pelos próprios sujeitos, e não seres abstratos, e essa transformação ocorre a partir da relação das várias esferas sociais, como cultura, política, economia e filosofia.

Figura 5 – Transformação socioambiental.

Fonte: <http://sobralonline.com.br/charge-para-se-pensar/>.
Acesso em: 26 de set. 2018.

A educação garante ao sujeito, independentemente de sua miséria material ou espiritual, ou mesmo os limites incumbidos em suas condições de vida, a capacidade de modificação e construção alterada no modo de vida da sociedade, na maneira de organização e execução de atividades e práticas civis (ROCHA, 2016, p.7).

> "O acolhimento da alteridade, a valorização da diferença e o respeito à diversidade performam o horizonte ético-político da epistemologia ambiental. Contraponto da razão hegemônica e filha da crise civilizatória, esta nova racionalidade tem consequências políticas evidentes. Para dentro do campo ambiental, esta postura não corrobora com uma visão orientada para o consenso e para diluição dos conflitos socio-ambientais, articulada pelo discurso de um futuro comum. Para além do campo ambiental, esta postura está em consonância com um projeto social alternativo que anseia por uma "revolução epistemológica" ou, ainda, poderíamos dizer uma "reconstrução do mundo". Contra um cenário anti-utópico e desagregador dos laços societários, a epistemologia ambiental aposta em uma nova utopia societária e epistêmica, capaz de ressemantizar os sentidos do viver e do agir político" (CARVALHO, 2001, p. 1).

## Retomando a aula

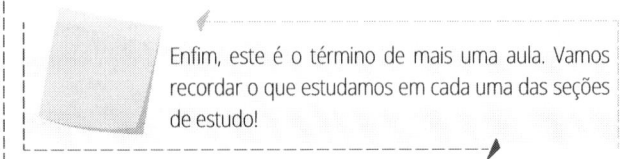

Enfim, este é o término de mais uma aula. Vamos recordar o que estudamos em cada uma das seções de estudo!

**1 – Questões ambientais: síntese histórica**

Nessa seção, pudemos aprender todo o desenrolar das

discussões referentes às questões ambientais ao redor do mundo. Vimos que foram diversas as reuniões e elaboração de textos importantes que nortearam as atividades de desenvolvimento humanitário preparadas por representantes de diversos países no mundo. No entanto, percebe-se que muitas destas medidas não foram efetivamente colocadas em prática e ainda que estejam a caminhar para um desenvolvimento sustentável em todas as esferas produtivas nacionais e internacionais, parecem caminhar a passos curtos.

### 2 – Epistemologia na educação ambiental

Nessa seção, a intenção foi a de compreendermos que os temas, as práticas e as atitudes a serem tomadas em educação ambiental, devem sempre ser motivadas pelo próprio sujeito quanto membro da sociedade civil, de forma espontânea e inerente a sua força de vontade. Percebemos que o professor e as escolas possuem papel determinante na formação desta concepção aos seus alunos, que devem ser os futuros fomentadores das práticas ambientais na comunidade em que são inseridos.

## Vale a pena

### Vale a pena **ler**

PHILIPPI JR., Arlindo; PELICIONI, Maria Cecília Focesi. *Educação ambiental e sustentabilidade*. Barueri: Manole, 2005.

PHILIPPI JR, Arlindo; ALVES, Alaôr Caffé; ROMÉRO, Marcelo de Andrade; BRUNA, Gilda Collet (ed.). *Meio ambiente, direito e cidadania*. São Paulo: Signus Editora, 2002.

### Vale a pena **acessar**

MEC. Portal MEC: *Um pouco da História da Educação Ambiental*. Disponível em: <http://portal.mec.gov.br/secad/arquivos/pdf/educacaoambiental/historia.pdf>. Acesso em: 03 de jul. 2018.

MINISTÉRIO DO MEIO AMBIENTE: *Histórico mundial*. Disponível em: <http://www.mma.gov.br/educacao-ambiental/politica-de-educacao-ambiental/historico-mundial>. Acesso em: 03 de jul. 2018.

## Minhas anotações

**Minhas** anotações

# Aula 3º

# Educação ambiental e políticas públicas

Caros(as) alunos(as)
Nesta aula, iremos abordar os pareceres e as leis vigentes no nosso país, que diz a respeito da educação ambiental. Dentre estes documentos, iremos estudar a Política Nacional de Educação Ambiental (Lei 9.795/99), a Política Nacional do Meio Ambiente e seus Sistemas e Institutos e Base nacional comum curricular. Todos estes documentos têm em comum a busca da implementação de forma efetiva da educação ambiental em todos os níveis da educação brasileira.

Vamos ao trabalho?

Bons estudos!

## Objetivos de aprendizagem

Ao término desta aula, vocês serão capazes de:

- conhecer e compreender a legislação brasileira no quesito da educação ambiental;
- reconhecer que a educação ambiental de forma legal deve ser trabalhada no âmbito escolar;

## Seções de estudo

1 – Política ambiental: conceitos gerais
2 – Política ambiental no Brasil

## 1 - Política ambiental: conceitos gerais

No que se refere à política e leis que regem um país, vale lembrar que no Brasil vigora o estado democrático de direito, ou seja, o sistema político aplicado no nosso país é a democracia. Desta forma, para um melhor entendimento do que está por vir nesta aula, iremos conceituar democracia e política.

Uma democracia constitucional é um governo exercido por pessoas eleitas pela maioria da população, por meio de eleições livres, com garantia de liberdade de expressão e limitação do poder dado aos governantes, garantidos pela constituição federal. Estes governantes por sua vez, possuem o poder de elaborar projetos, leis e orçamentos relacionados a diversos setores de interesse público, neste caso também relacionado à Educação Ambiental, ocorrendo, então, a necessidade de uma consciência ambiental por parte destes representantes, para o bem estar e preservação da sociedade e do meio ambiente.

Já a política possui como significado, em grego, de "limite", ou seja, refere-se ao processo onde grupos de pessoas controlam ações de governo internacional, nacional, estadual ou local (MILLER JÚNIOR, 2007). Desta maneira, podemos verificar que o real significado da palavra "política" é impor limites com o intuito de estabelecer o bem comum (SORRENTINO, et al., 2005).

De fato, quando nos referimos a política como limitadora, não deve-se subentender que ela regula a sociedade de forma engessada, e sim através de uma pluralidade entre sociedade e estado, por meio de uma igualdade político-social. Neste sentido, devemos encarar a política ambiental de forma a resgatar a relação da sociedade com sua própria natureza para a natureza, sendo isto possível por meio de uma ética na sustentabilidade (SORRENTINO, et al., 2005).

No momento pós-guerra ocorreu uma grande elevação da poluição associada ao crescimento das economias ocidentais. Com isso, tornou-se necessária a implementação de medidas de intervenção maciças, que pautou-se, até então, em uma política reconhecida como "Política do controle". As características desta política era de controle dos padrões de emissão ou abatimento de ações poluidoras, por meio de imposição de autoridade ambiental e incentivo ao uso de novas tecnologias por parte do agente poluidor (LUSTOSA; CÁNEPA; YUONG, 2003).

Hoje, os países desenvolvidos vivenciam o que pode ser chamado de "terceira etapa da política ambiental" ou então de "política "mista" de comando e controle", que trata padrões potencialmente poluidores como instrumentos, de uma forma que utiliza diversas possibilidade e alterativas para cumprimentos de metas acordadas no âmbito social.

## 2 - Política ambiental no Brasil

Desde o início da colonização portuguesa no Brasil vem ocorrendo a degradação ambiental de diversas formas em todo o território nacional. O fato é que desde a Carta de Caminha, ao rei de Portugal, enaltecendo as riquezas, terras férteis e abundância de recursos naturais brasileiros, ocorreu uma espécie de dogma que impediu a maior parte da população de enxergar a destruição ambiental até o início do século XX, visto que até então, o cenário político nacional não se atentava a tais problemas, apesar de que já houvesse problemas visíveis e diversas vozes tentando abrir os olhos dos governantes da época (BURSZTYN, 2001).

Por vezes, estas vozes que tentavam irremediavelmente mudar a visão político-ambiental da época eram as de André Rebouças, Joaquim Nabuco e José Bonifácio, políticos de reconhecimento nacional que são considerados os precursores ambientalistas nacionais. Estes ilustres políticos lutavam contra o latifúndio, escravatura e a monocultura (BURSZTYN, 2001).

Figura 6 – Degradação ambiental.

Fonte: <http://planetasustentavel-2011.blogspot.com.br/2011/10/charges-sobre-o-meio-ambiente.html/>. Acesso em: 27 de set. 2018.

Com o crescimento industrial nacional, iniciou-se então a caminhada de uma política ambientalista no país. Segundo Barbieri (2010), somente na década de 30 é que pode-se considerar o início da efetiva política ambiental brasileira, mais precisamente no ano de 1934, com a promulgação dos códigos florestal, de caça, de minas e de águas, sendo a partir de então, criados o Departamento de Recursos Minerais, Departamento Nacional de Água e Energia Elétrica.

Até meados de década de 70, a poluição ambiental gerada pela indústria (já consolidada neste momento), não era vista como problemática, sendo, então, aceitada de forma natural pela população. Entretanto, o rio Tietê, por exemplo, na década de 30 era utilizado para lazer da população são paulina, estando ele inviável para a mesma prática alguns anos depois.

Enfim, após a Conferência de Estocolmo em 1972, com o aumento da preocupação ambiental a nível global, o Brasil, por meio do Poder Executivo Federal, cria no ano de 1973 a Secretaria Especial do Meio Ambiente, e diversos estados, como São Paulo e Rio de Janeiro, implementaram agências estaduais de controle ao impacto ambiental Cetesb e Feema, respectivamente (BARBIERI, 2010).

Segundo Barbosa (2015), nesta época então, o governo federal promulgou diversos textos legais, com caráter de tratar problemas específicos por meio de abordagens segmentadas, como pode-se listar abaixo:

- Decreto-lei 1.413 de 14/8/1975 sobre medidas de prevenção da poluição industrial.
- Lei 6.453 de 17/10/1977 sobre responsabilidade civil e criminal relacionada com atividades nucleares.
- Lei 6.567 de 24/9/1978 sobre regime especial para exploração e aproveitamento das substâncias minerais.
- Lei 6.766 de 19/12/1981 sobre o parcelamento do solo urbano.
- Lei 6.902 de 27/4/1981 sobre a criação de estações ecológicas e áreas de proteção ambiental.

Neste período ocorreram diversas manifestações de cunho político e civil, por meio de estudantes, professores, prefeituras, governos estaduais e sociedade comum, com a intenção de implementação de atividades educacionais voltadas ao meio ambiente e de implementação de ações de recuperação e proteção do meio ambiente, o que explica a mobilização do governo nacional para implementação de medidas voltadas ao meio ambiente.

Teve início, então, a institucionalização da Educação Ambiental, mais precisamente no ano de 1973, com a criação da SEMA – Secretaria Especial do Meio Ambiente, iniciando também a criação dos primeiros cursos de pós-graduação em Educação Ambiental, o primeiro curso de pós-graduação em Ecologia do Brasil, pela Universidade Federal do Rio Grande do Sul, seguidos da pós-graduação em Ecologia nas Universidades de Campinas, Amazonas, São Carlos e Brasília, além do INPA (Instituto Nacional de Pesquisas Aéreas) em São José dos Campos (LOUREIRO, 2013).

Em 31 de agosto de 1981 foi promulgada a Lei 6.938, que dispõe sobre a Política Nacional do Meio Ambiente (PNMA).

> "A Política Nacional do Meio Ambiente tem por objetivo a preservação, melhoria e recuperação da qualidade ambiental propícia à vida, visando assegurar, no país, condições ao desenvolvimento socioeconômico, aos interesses da segurança nacional e à proteção da dignidade da vida humana" (BRASIL, 2008, p.15).

Além disso, esta mesma lei, instituiu a criação do Sisnama (Sistema Nacional do Meio Ambiente), englobando órgãos federais, estaduais e municipais, com o papel de desempenhar a melhoria e proteção do meio ambiente. A partir disso, também foram sendo criados sistemas estaduais com base no Sisnama, para que cada estado, em particular, pudesse melhorar a integração de diferentes entidades públicas de interesse ambiental.

O Art. 2º da PNMA (Lei nº 6.938, de 31 de agosto de 1981) dispõe os princípios a serem atendidos, afim de uma melhora nas condições ambientais e, consequentemente, na vida humana, sendo o décimo princípio à implementação da educação ambiental no ensino (BRASIL, 1981, p. 1):

I. Equilíbrio ecológico, considerando o meio ambiente com o patrimônio público.

II. Racionalização do uso do solo, do subsolo, da água e do ar.

III. Planejamento e fiscalização do uso dos recursos naturais.

IV. Proteção dos ecossistemas.

V. Controle e zoneamento das atividades potencial ou efetivamente poluidoras.

VI. Incentivo ao estudo e à pesquisa de tecnologias voltadas para o uso racional e à proteção dos recursos ambientais.

VII. Acompanhamento do estado da qualidade ambiental.

VIII. Recuperação de áreas degradadas.

IX. Proteção de áreas ameaçadas de degradação.

X. Educação ambiental em todos os níveis de ensino.

Figura 7 – Poluição ambiental.

Fonte: <https://www.pensamentoverde.com.br/meio-ambiente/conheca-os-diferentes-tipos-de-degradacao-ambiental-e-importancia-da-recuperacao-de-terras/>. Acesso em: 27 de set. 2018.

Apesar de aprovada em 1981, a PNMA só foi realmente destacada no final da década de 80, com a promulgação da Constituição Federal Brasileira em 1988, que no inciso VI do artigo 225 relata a necessidade de "promover a Educação Ambiental em todos os níveis de ensino e a conscientização pública para a preservação do meio ambiente", além disso, neste mesmo artigo (*caput*), determina: "todos têm o direito ao meio ambiente ecologicamente equilibrado, bem de uso comum do povo e essencial à sadia qualidade de vida, impondo-se ao poder Público e à coletividade o poder de defendê-lo e preservá-lo, para as presentes e futuras gerações" (BRASIL, 1988).

Foi então, em 1991, que o Poder Executivo contou a criação de duas novas instâncias: Grupo de Trabalho de Educação Ambiental do MEC, por meio da Portaria 2421/91 do MEC, objetivando traçar estratégias e metas em conjunto com as secretarias estaduais de educação para a implementação da educação ambiental no meio escolar, que em 1993 transformou-se em Coordenação-Geral de

Educação Ambiental (Coea/MEC); e Divisão de Educação Ambiental do Instituto Brasileiro de Meio Ambiente e dos Recursos Naturais Renováveis (Ibama), órgão com a responsabilidade de ser um marco institucional na política ambiental nacional. No ano de 1992 foi criado o Ministério do Meio Ambiente (MMA), juntamente com o Ibama, que fomentou e posteriormente prestou serviços voltados à criação de Comissões Interinstitucionais Estaduais de Educação Ambiental (LOUREIRO, 2013).

No final do ano de 1994 foi criado o Programa Nacional de Educação Ambiental (PRONEA), objetivando "capacitar o sistema de educação formal e não-formal, supletivo e profissionalizante, em seus diversos níveis e modalidades", executado pelo MMA e Ibama, além de outras entidades públicas e privadas. No ano seguinte, outro importante passo para o fortalecimento da Educação Ambiental foi a criação do Conama (Câmara Técnica Temporária de Educação Ambiental no Conselho Nacional de Meio Ambiente), com o intuito de descentralizar e trazer pluralidade, interdisciplinaridade e diversidade cultural (BRASIL, 2005).

Em 1997 foram aprovados pelo Conselho Nacional de Educação os Parâmetros Curriculares Nacionais (PCN), com o tema "Convívio Social, Ética e Meio Ambiente", que trouxe um suporte ainda maior para que as escolas pudessem elaborar seu projeto educativo, sendo estes parâmetros temas transversais como urgências sociais, relevância nacional, ética e meio ambiente, relação de trabalho e consumo, dentre outros, podendo ainda cada escola acrescentar itens que julgassem necessário de acordo com a realidade local (LOUREIRO, 2013).

Os PCNs são referenciais de qualidade para a educação no ensino em todo o Brasil. Eles não são o currículo acabado e obrigatório, mas o seu grau de detalhes os torna parte importante do currículo do Ensino Fundamental, seu objetivo é padronizar o ensino no país. No entanto, esses assuntos não são tratados como disciplinas isoladas, mas são trabalhados como temas que transcorrem por todas as disciplinas (BOMFIM, *et al.*, 2013).

Em 1999 foi promulgada a Lei nº 9.795, que dispõe sobre a Política Nacional de Educação Ambiental (PNEA), um novo marco na história da Educação Ambiental brasileira. Foram também criadas a Coordenação-Geral de Educação Ambiental (CGEA) no MEC e a Diretoria de Educação Ambiental (DEA) no MMA, todas com o objetivo de garantir a aplicabilidade das questões ambientais nos vários âmbitos de interesse (BRASIL, 2007). A partir de então, os educadores têm se atualizado para melhor desempenhar seu papel adequando-se à realidade.

Desde então, ocorreram vários fatos relacionados à Educação Ambiental no meio escolar, entretanto, é importante observar a composição do currículo escolar atual, que em 2012 foi ainda mais reforçada pelas resoluções nº 14, de 6 de junho e nº 2, de 15 de junho de 2012, que Estabelece Diretrizes Curriculares Nacionais para a Educação Ambiental, e posteriormente, com a Base Nacional Comum Curricular (BNCC), muito discutida no ano de 2017 e implementada em 2018, que diz:

"Por fim, cabe aos sistemas e redes de ensino, assim como às escolas, em suas respectivas esferas de autonomia e competência, incorporar aos currículos e às propostas pedagógicas a abordagem de temas contemporâneos que afetam a vida humana em escala local, regional e global, preferencialmente de forma transversal e integradora" (BNCC, p. 19).

Este é o documento normativo que define o conjunto orgânico e progressivo de aprendizagens essenciais em conformidade com a Lei de Diretrizes e Bases da Educação Nacional (LDB, Lei nº 9.394/1996) e Parâmetros Curriculares Nacionais (PCNs), destacando que ações de educação englobam processos de formação, que se desenvolvem durante a vida familiar e em diversos momentos da vida social do indivíduo (BRASIL, 1996).

Figura 8 – Educação ambiental nas escolas.

Fonte: < http://g1.globo.com/al/alagoas/noticia/2013/06/projeto-de-horta-escolar-incentiva-educacao-ambiental-em-maceio.html >. *Acesso em: 27 de set. 2018.*

Por fim, embora a UNESCO e Agenda 21 retratem a Educação Ambiental como uma ciência educacional distinta, ela deve ser implementada em todas as disciplinas de forma interdisciplinar, contínua e transversal, fato que ainda precisa ser mais fortalecido e implementado de forma efetiva no ensino brasileiro (CABREIRA, 2013).

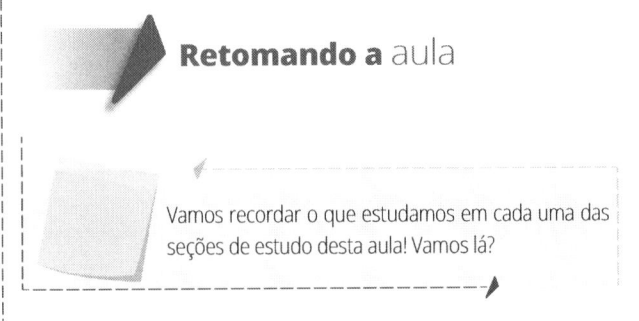

## Retomando a aula

Vamos recordar o que estudamos em cada uma das seções de estudo desta aula! Vamos lá?

### 1 – Política ambiental: conceitos gerais e aplicabilidade

Nessa seção, conceituamos democracia e política, analisando o real entendimento e o papel da política exercida pelos governantes para o bem comum da vida em sociedade. Pontuamos que os governantes eleitos, pelo voto direto e livre de cada cidadão, também necessita de um pleno entendimento acerca da educação ambiental, para que possam ser capazes de lutar por ela a partir dos poderes a eles confiados pelo voto popular. Desta forma, podemos observar que para que tenhamos a garantia da preservação ambiental no futuro, literalmente, devemos nos preocupar com a educação dos jovens no presente!

### 2 – Política ambiental no Brasil

Nessa seção, observamos a crescente modificação da visão ambientalista nacional, no que se refere às políticas públicas e enfrentamento de desordens ambientais. Vimos que, ao longo dos anos, em resposta a manifestações de ambientalistas nacionais e internacionais, o poder público brasileiro passou a tomar providências para que se assegure a preservação do meio ambiente, através da promulgação de leis e criação de entidades que tem como cunho a fiscalização e cuidados na implementação da consciência ambiental como base na formação escolar de todos os níveis da educação nacional.

## Vale a pena

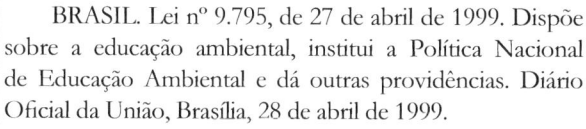

### Vale a pena ler,

BRASIL. Lei nº 9.795, de 27 de abril de 1999. Dispõe sobre a educação ambiental, institui a Política Nacional de Educação Ambiental e dá outras providências. Diário Oficial da União, Brasília, 28 de abril de 1999.

BRASIL. Conselho Nacional de Educação/Conselho Pleno. Parecer nº 14, 6 de junho de 2012. Estabelece Diretrizes Curriculares Nacionais para a Educação Ambiental. Diário Oficial da União, Brasília, 15 de junho de 2012, Seção 1, p. 18.

BRASIL. Ministério da Educação. Conselho Nacional de Educação; Conselho Pleno. Resolução nº 2, de 15 de junho de 2012. Estabelece as Diretrizes Curriculares Nacionais para a Educação Ambiental. Diário Oficial da União, Brasília, 18 de junho de 2012, Seção 1, p. 70.

### Vale a pena acessar,

BRASIL. Ministério do Meio Ambiente. Lei n. 9.795/1999. Dispõe sobre a educação ambiental, institui a Política Nacional de Educação Ambiental e dá outras providências. 1999. Disponível em: < http://www.planalto.gov.br/ >. Acesso em: 06/07/ 2018.

_____. Lei nº 9.394/1996. Estabelece as Diretrizes e Bases da Educação Nacional.1996. Disponível em: < http://www.planalto.gov.br/ >. Acesso em: 06/07/ 2018.

_____. Parâmetros Curriculares Nacionais: terceiro e quarto ciclos: apresentação dos temas transversais / Secretaria de Educação Fundamental. Brasília: MEC/SEF, 1998. Disponível em: < http://portal.mec.gov.br/seb/arquivos/pdf/ttransversais.pdf >. Acesso: 06/07/ 2018.

## Minhas anotações

**Minhas** anotações

# Aula 4º

# Educação ambiental e desenvolvimento sustentável

Caros(as) alunos(as)

Nesta aula, iremos discutir a relação da educação ambiental e o desenvolvimento sustentável, verificando que esta relação é de extrema importância para o equilíbrio entre as ações do ser humano e o meio ambiente. Trataremos o desenvolvimento sustentável como a melhor forma de continuar o crescimento da sociedade sem abrir mão dos recursos naturais e, consequentemente, não interferindo de forma negativa na qualidade de vida das pessoas.

Vamos começar?

Bons estudos!

## Objetivos de aprendizagem

Ao término desta aula, vocês serão capazes de:

- compreender a relação da educação ambiental com o incentivo ao desenvolvimento sustentável;
- reconhecer que a educação ambiental e o desenvolvimento sustentável são bases para que as gerações futuras não sofram com a degradação ambiental;
- aprender princípios básicos e avançados em desenvolvimento sustentável;

## Seções de estudo

1 – Sustentabilidade e cidadania
2 – Vertentes da sustentabilidade

# 1 - Sustentabilidade e cidadania

Para que ocorra uma real mudança no estilo de vida das pessoas, confrontando costumes, comportamentos e atitudes a elas associadas, a educação ambiental se mostra peça chave como forma de educação ao desenvolvimento sustentável do planeta, estabelecendo uma relação, entre ser humano e meio ambiente, mais ética no quesito econômico, social e político, moldando uma visão menos destrutiva e abusiva dos recursos aturais (CABREIRA, 2013).

O problema não se restringe ao aumento populacional e na necessidade de maior consumo dos recursos naturais como aumento da alimentação, vestimenta, e moradia, mas sim no consumismo exacerbado por parte da população, que gera extremo desperdício e produção de matérias inúteis e supérfluas ao bem-estar da pessoa (REIGOTA, 2004).

A Educação Ambiental é entendida, de acordo com a literatura, como uma ação educativa onde instruem jovens e até adultos sobre as consequências ambientais caso não haja conscientização. Esta educação trabalha diretamente nos valores de cada indivíduo, para que haja mudanças em seus hábitos diários relacionados ao meio ambiente, além de trabalhar também em práticas para trazer melhor qualidade de vida à pessoa e ao meio ambiente (SAHEB; ALVES, 2013).

Por isso é tão importante a aplicação do EA nas escolas, pois assim, esse valor moral, em prol à preservação do meio ambiente, será moldado desde a infância e adolescência, sendo que é nestas fases que inicia-se a formação do desenvolvimento moral e intelectual do ser humano. Assim, esse valor de sustentabilidade já será aplicado no dia a dia de cada pessoa, então trará, futuramente, maior qualidade de vida ao indivíduo que executa esses valores, aos terceiros que o cercam e ao meio ambiente, além de conseguir repassar seus valores à diante por suas atitudes ou ensinamentos (SAHEB; ALVES, 2013).

## 1.1 - Desenvolvimento sustentável

A grande utilização dos recursos naturais junto com a superpopulação mundial e a poluição industrial geraram muitos impactos negativos no meio ambiente, o que veio comprometendo o desenvolvimento sustentável. O desenvolvimento sustentável tem como objetivo atender às necessidades das gerações atuais, sem que possa comprometer as futuras gerações (SEVERO; GUIMARÃES, 2014).

Figura 9 – Sustentabilidade.

Fonte: <https://bemcoletivo.wordpress.com/2011/04/18/charge/ >. Acesso em: 26 de set. 2018.

A fim de promover modelos baseados na sabedoria da utilização dos recursos, o conceito de desenvolvimento sustentável foi associado à educação ambiental, levando em conta a equidade e a durabilidade. Ficou proposto que o desenvolvimento sustentável é o objeto mais decisivo entre a relação homem-ambiente (SAUVÉ, 1997).

> "O princípio de sustentabilidade surge como uma resposta à fratura da razão modernizadora e como uma condição para construir uma nova racionalidade produtiva, fundada no potencial ecológico e em novos sentidos de civilização a partir da diversidade cultural do gênero humano. Trata-se da reapropriação da natureza e da invenção do mundo; não só de um mundo no qual caibam muitos mundos, mas de um mundo conformado por uma diversidade de mundos, abrindo o cerco da ordem econômica-ecológica globalizada" (LEFF, 2001, p.31).

Para que o desenvolvimento sustentável seja realizado é preciso planejamento e reconhecimento de que os recursos naturais não são infinitos, sendo assim ficou representada uma nova forma de desenvolvimento econômico levando em conta o meio ambiente. É possível alcançar o desenvolvimento sustentável de várias maneiras, algumas empresas criam e acabam seguindo alguns conceitos difundidos por organizações governamentais (TÁVORA, 2014).

Segundo Távora (2014) foram descritos os chamados "R's" para ajudar aos cidadãos à consciência ambiental desde suas casas gerando mais qualidade de vida e preservação da natureza como um todo. São eles: repensar, reduzir, reutilizar, reaproveitar, reciclar, recuperar e recusar. É uma ferramenta utilizada em vários países.

Para que seja feito o projeto de desenvolvimento sustentável é preciso a participação coletiva, mas para que tenha resultados tudo começa no individual, a partir de um para todos. Sendo assim, cada pessoa deve avaliar seus comportamentos e as consequências destes no meio ambiente, buscando de modo que não afete a ele (FREITAS, 2018).

> "Muito mais que a simples causa do meio ambiente, a Educação Ambiental voltada para a sustentabilidade analisa um amplo conjunto de fatores levando em consideração também os indivíduos afetados pelas atividades e as ameaças a comunidades sujeitas às consequências danosas das práticas que não sustentáveis, tanto para o meio ambiente quanto para o ser humano. Assim deve-

se também ter em mente que a Educação Ambiental voltada para a sustentabilidade tem que prever a redução da vulnerabilidade das pessoas quanto a não insistência em se ter uma sustentabilidade para o planeta Terra, uma vez que tal processo é demorado e em longo prazo" (ROSS; BECKER, 2012, p.4).

De acordo com Freitas (2018), o desenvolvimento sustentável é algo que deve ser praticado desde dentro de casa, seja em economia de água; nas épocas ensolaradas, evitar ligar luzes elétricas, utilizar a claridade oriunda do sol e propagar essa atitude; requerer, junto aos órgãos públicos ambientais, coleta seletiva nos bairros. Dentre várias outras atitudes.

## 2 - Vertentes da sustentabilidade

### 2.1 - Desenvolvimento Sustentável dentro de casa

Diferente do que muitos pensam esse valor sustentável não deve começar apenas quando iniciar os estudos, o primeiro lugar que deve-se ter o contato sobre a sustentabilidade é dentro de casa, ensinado por pais ou responsáveis. Quando a criança tem esse contato dentro de casa seus valores são moldados e com a junção da educação ambiental traz grandes benefícios econômicos e sustentáveis.

Atitudes simples como o racionamento de água, a reutilização de lixos domésticos para feitos próprios também é uma ótima forma de sustentabilidade, entre muitas e outras formas, que podem auxiliar e trazer benefícios ao meio ambiente que trará resultados positivos e satisfatórios no futuro.

Programas governamentais ou de instituições privadas são criados no intuito de aumentar essas sustentabilidades, a exemplo disso, é a reportagem feita pela Green Savers (2016), portal que aborda conteúdos sobre a sustentabilidade e o desenvolvimento sustentável, que apresentou um programa criado pela Fundação SOS Mata Atlântica em 2009, que diz para ensinar os filhos a fazer o "xixi no banho", esse programa é bem conhecido e possui fundamentos comprovadamente plausíveis.

Figura 10 – Projeto "Xixi no banho", Fundação SOS Mata Atlântica.

Fonte: < https://www.sosma.org.br/13184/xixi-no-banho-inspira-proposta-de-vereador-holandes-para-economia-de-agua/ >. Acesso em: 15 de jul. 2018.

A água potável é algo necessário no dia a dia do ser humano, e atos como, dar descarga, lavar carro ou calçada traz gastos a essa água, mesmo que sejam gastos consideravelmente necessários, podem ser haver certo racionamento desse consumo.

De acordo com a Fundação SOS Mata Atlântica, uma simples descarga gasta 12 litros de água potável, cerca de 4380 litros de água potável são gastos somente nas descargas, por ano por pessoa. Então, o racionamento de água em casa, como reutilização de água, varrer a calçada, reutilizar água da chuva, entre outras coisas, pode ser uma forma de sustentabilidade dentro de casa que traz o benefício próprio, financeiramente, e também ao meio ambiente.

A reciclagem é uma das formas mais comuns de sustentabilidade já conhecida. A reciclagem baseia-se na reutilização de materiais que seriam descartados para formar objetos de decoração, móveis, entre outros. Um trabalho realizado por Arnaud (2012) mostra a forma de reciclagem na realização de uma horta suspensa, ela ensina as crianças sobre o cultivo de horta dentro de casa e também a reciclagem de materiais que seriam jogados no lixo, um trabalho simples e que traz benefício econômico e sustentável em curto prazo.

Com isso, nota-se a importância da formação vida sustentável, sendo assim haverá a formação do princípio de sustentabilidade dentro de casa e não somente nas escolas, trazendo o benefício econômico para os residentes, a formação do caráter humano para a família e o benefício ecológico futuro.

### 2.2 - Desenvolvimento sustentável nas indústrias

Quando se trata de meio ambiente relacionado as indústrias, é sempre importante enfatizar a produção menos poluente e mais eficiente na utilização de recursos. Atualmente, nenhum país conseguiu resolver totalmente os problemas de gerenciamento de resíduos, purificação da água e poluição, contudo, intervenções ambientalmente corretas podem reduzir bastante a degradação ambiental (SACHS, 2004).

Tal conceito de desenvolvimento sustentável se tornou obrigatório para qualquer tipo de indústria que queira se destacar no meio atual dos mercados globalizados. A sustentabilidade passou a ser cada vez mais cobrada no último século por toda sociedade, que passaram a cobrar atitudes sustentáveis das organizações. Como exigência, as indústrias passaram a ter como objetivos produzir em escalas mundiais, atendendo a massa populacional em crescimento e desenvolvimento, preservando os recursos naturais e garantindo uma reserva para as futuras gerações (FONSECA et al., 2012).

Na sociedade moderna existem alguns conflitos entre os interesses de preservação ambiental e os interesses econômicos. Na maioria das vezes é abordada a questão do meio ambiente buscando soluções aos aspectos econômicos, sociais e ambientais. Como exemplo disso, os ecodesenvolvimentistas que controlam a sociedade quanto ao consumo mantido em nível sustentado, para que não prejudique as gerações futuras. Os setores das industrias passam por modificações em busca a cada dia da sustentabilidade, que hoje é muito defendida

(Oliva et al., 2012).

Segundo Santos (2013), a agenda de desenvolvimento sustentável requer transformações que dependem de alguns investimentos públicos e privados, focando em tecnologias mais limpas e inovações, assim como novos métodos na gestão dos negócios. A indústria tem a opção de contribuir para a economia efetivamente sustentável adotando novas tecnologias que tenham maior produtividade junto ao equilíbrio das diversas cadeias produtivas, a grande demanda de geração de empregos de qualidade e a eficiência no uso dos recursos naturais, levando ao fim do desperdício.

## 2.3 - Sustentabilidade voltada ao ensino infantil

Existem inúmeras maneiras de aplicar a sustentabilidade na rotina das crianças no meio escolar, sendo a mais comum entre elas em forma de "brincadeiras", um bom exemplo a ser citado é o kit disponível aos professores do ensino infantil sobre trabalhos a serem aplicados com as crianças, disponibilizado pelo PEA (Programa de Educação Ambiental Campo Limpo).

> "A Educação Ambiental promove uma conscientização do que realmente pode-se entender sobre o que é sustentabilidade, uma vez que, ao se estudar a o desenvolvimento sustentável deve-se visar à educação como base para fundamentar um conceito consciente e que realmente promova a sustentabilidade" (ROSS; BECKER, 2012, p. 9).

A exemplo podemos citar algumas brincadeiras, como o Jogo de memória com tampinhas de Garrafa PET, Boliche com Garrafas PETs, Pipa Reciclável, entre outros. Todas essas atividades foram projetadas para que, em forma de brincadeira, instruíssem as crianças sobre a reciclagem, a sua importância e a vida sustentável.

Figura 11 – Boliche com Garrafas PETs.

Fonte: <http://inpevcampolimpo.org.br/wp-content/uploads/delightful-downloads/2018/03/Jogos-com-materiais-reciclados.pdf>. Acesso em: 15 de jul. 2018.

Figura 12 – Jogo de memória com tampinhas de Garrafa PET.

Fonte: <https://br.pinterest.com/pin/415597871836858848/>. Acesso em: 15 de jul. 2018.

Figura 13 – Pipa Reciclável.

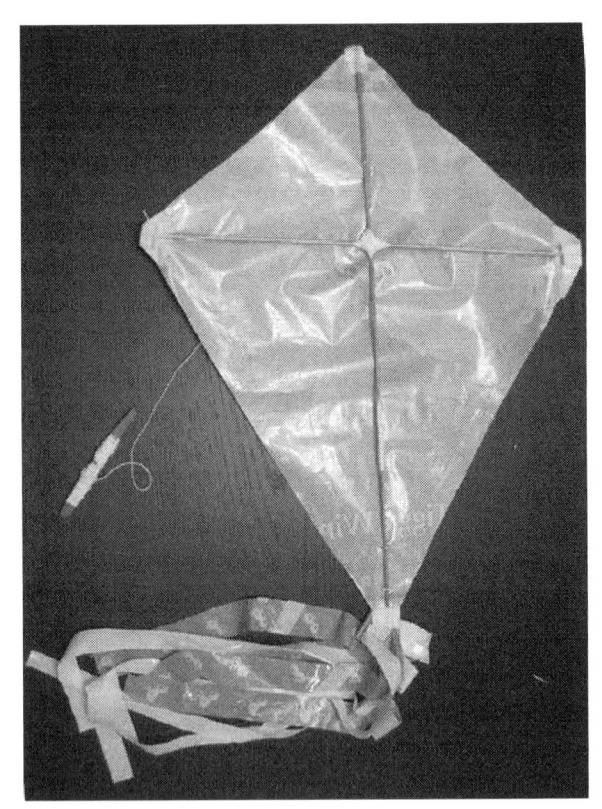

Fonte: < https://www.pensamentoverde.com.br/dicas/aprenda-pipa-material-reciclavel// >. Acesso em: 15 de jul. 2018.

Por fim, é importante enfatizar que a sustentabilidade e os cuidados com o meio ambiente devem ser realizados desde cedo, principalmente em casa e não somente nas escolas. Precisamos aplicar os princípios ambientais o mais breve, se possível antes de ser formado o caráter humano na pessoa, ou seja, na infância, para que assim a criança cresça e se torne um adulto responsável seja em modo pessoal como ecológico.

## Retomando a aula

Como de costume, vamos recordar o que estudamos em cada seção de estudo desta aula! Vamos lá?

**1 – Sustentabilidade e cidadania**

Nessa seção, observamos que atitudes sustentáveis estão diretamente relacionadas à educação ambiental vivenciada por cada indivíduo. Demonstramos que a educação ambiental é de extrema importância para que ocorra um desenvolvimento sustentável a nível global. Vimos que a sustentabilidade está relacionada à melhora nos hábitos e costumes da população, como uso racional de objetos e o não desperdício e alimentos, por exemplo.

**2 – Vertentes da sustentabilidade**

Nessa seção, desmembramos a sustentabilidade em várias vertentes. Verificamos que a aplicabilidade do movimento sustentável deve ocorrer nas mais diferentes esferas produtivas e integradoras da sociedade. Aprendemos que os conceitos relacionados à prática sustentável devem-se iniciar dentro de casa e ser fortalecido dentro das escolas, para que no meio produtivo, como no industrial, esses conceitos sejam literalmente colocados em prática. Vimos exemplos de como trabalhar isso no ensino infantil, exemplos estes que vocês verão ao longo das próximas disciplinas do curso.

## Vale a pena

### Vale a pena ler

UNESCO. Década das Nações Unidas da educação para o desenvolvimento sustentável: 2005-2014 – documento final – plano internacional de implementação. Brasília: Escritório da UNESCO no Brasil, 2005.

MACHADO, ADJANE DE ARAÚJO. Educação ambiental na escola: interdisciplinaridade, sustentabilidade e cidadania. 2013. 16 p. Escola Estadual de Ensino Médio Integral Presidente Médici, Joao Pessoa, 2014.

### Vale a pena acessar

FREITAS, Eduardo de. "O cidadão no desenvolvimento sustentável"; Brasil Escola. Disponível em: <https://brasilescola.uol.com.br/geografia/o-cidadao-no-desenvolvimento-sustentavel.htm>. Acesso em: 15/07/2018.

TÁVORA, Allison. DESENVOLVIMENTO SUSTENTÁVEL – O QUE É E COMO ALCANÇÁ-LO? Disponível em: <https://meioinfo.eco.br/desenvolvimento-sustentavel-o-que-e/>. Acesso em: 14/07/2018.

### Vale a pena assistir

*Wall-E* (2008).
*Home* (2009).
*Trashed - Para Onde Vai Nosso Lixo* (2012).
*O Sal da Terra* (2014).

## Minhas anotações

**Minhas** anotações

# Aula 5º

# Educação ambiental no desenvolvimento econômico e vivência prática

Caros(as) alunos(as)
Nesta aula, discutiremos a respeito do desenvolvimento econômico atual, no que se refere às diferenças sociais e ambientais no Brasil e no mundo, observando como o consumo e o desperdício afeta negativamente o meio ambiente. Além disso, iremos aprender que a educação ambiental também se faz parte integrante deste contexto. Por fim, estudaremos a importância da vivência prática da educação ambiental no meio escolar e como tais práticas veem sendo feitas nas escolas.

Bons estudos!

## Objetivos de aprendizagem

Ao término desta aula, vocês serão capazes de:

- compreender a relação da educação ambiental com o desenvolvimento econômico;
- reconhecer que a educação ambiental no desenvolvimento econômico é essencial para uma mudança de contexto social;
- verificar como professores têm trabalhado a educação ambiental nas escolas.

## Seções de estudo

1 – Desenvolvimento econômico e educação ambiental
2 – Escola como fomentadora da conscientização

## 1 - Desenvolvimento econômico e educação ambiental

Como vimos, o principal objetivo da educação ambiental é melhorar a qualidade de vida humana, através de atitudes e hábitos que não degradem o meio ambiente, garantindo a saúde e bem-estar da coletividade. Neste sentido, compreendemos também, que o papel da escola, mais precisamente do educador, é de extrema importância neste processo de conscientização ambiental. Desta forma, é importante que o educador reconheça a história da educação e que compreenda e utilize estratégias educativas com base nas diferentes vertentes socioambientais (MELLO, 2017).

Os problemas ambientais são determinados por vários fatores, de diferentes complexidades, o que a torna parte integrante de um conjunto de vertentes educacionais, ou seja, interdisciplinar, necessitando de diferentes profissionais de áreas diferentes do saber, com o objetivo de solucionar tais problemas e inserir na vida do indivíduo uma nova visão relacionada à relação ser humano com a natureza (PELICIONI, 2007).

Vivenciamos uma "crise" da forma de pensar e de socializar com as questões ambientais, de maneira que os indivíduos, por vezes, agem como dominadores da natureza e comercializadores do mundo. Esta "crise" permeia o interior do indivíduo, interferindo na qualidade de vida do próprio e das demais pessoas, sendo a única forma de mudar esta realidade, a quebra, a ruptura de hipocrisias, o amadurecimento humano e a busca de novos pensamentos e atitudes.

> "A humanidade chegou a uma encruzilhada que exige um autoexame urgente para tentarmos encontrar novos rumos, refletindo sobre a cultura, as crenças, os valores e conhecimentos em que se baseia o comportamento cotidiano, assim como sobre o paradigma antropológico-social que persiste em nossas ações, no qual a educação tem um enorme peso" (CHAGAS, 2017, p.18).

Desta forma, a educação ambiental relacionada ao desenvolvimento, nós quanto educadores, necessitamos obter um conhecimento acerca de economia para que se possa integrar práticas sustentáveis no ponto de vista econômico sustentável, para se fazer prevalecer práticas benéficas e sustentáveis e desmerecer as maléficas e não sustentáveis

Este tipo de desenvolvimento é importante, visto que possibilita o incentivo, através de premiações, subsídios ou incentivos fiscais pelo governo, ao crescimento econômico sustentável, e desencoraja o crescimento pautado em formas nocivas de desenvolvimento, através de sanções econômicas e impostos. Com isso, o sistema econômico deve satisfazer desejos e necessidades limitadas das pessoas, por meio da produção e distribuição de produtos e serviços obtidos através de recursos humanos e naturais, de forma sustentável e o mais ecológico possível (MILLER JUNIOR, 2008).

Miller (2008) retrata que a maneira como as mercadorias, produtos e serviços são produzidos e distribuídos (vendedores) e consumidos (consumidores) se baseia na forma de agir do mercado. Isso nos remete a outra questão, relacionada à aquisição de serviços e produtos, que é a desigualdade social vivenciada em todos os seguimentos.

A expansão dos mercados impulsionada pela globalização, deixa o mercado mais competitivo, mas sem garantia de equidade, o que coloca em cheque a garantia de direitos humanos, ética, justiça e respeito, pelo aumento da ambição e descontrole à obtenção de lucro (PNUD, 1999).

A globalização não é um ponto negativo relacionada às questões sociais e ambientais, o que ocorre é que a mesma deve ocorrer de maneira ética, com menor impacto ambiental, combatendo a equidade, marginalização, vulnerabilidade e desigualdade entre os povos (PNUD, 1999).

A economia atual possui um modelo de desenvolvimento econômico onde a classe rica, para obtenção de luxo e regalias, explora de maneira abusiva os recursos naturais, enquanto a classe mais necessitada explora para promover o mínimo para sua subsistência. Pode-se citar três dimensões diferentes relacionadas à exploração e degradação exacerbada neste século: o consumo que gera um desperdício além do necessário para a população, e que supera a capacidade de reciclagem natural do planeta, aos custos de grande consumo de recursos naturais renováveis e não renováveis; a degradação ambiental ocasionada, dentre diversos fatores, pela manufaturação industrial de materiais não renováveis, ou seja, que apenas se acumulam no solo, água ou ar, poluindo e toxicando o planeta que demorou séculos para se formar; e a pobreza que permeia quase metade da população mundial, que apesar do crescente aumento do consumo, luta pela sua sobrevivência diária, seja através da busca de alimento ou mesmo na fuga de conflitos armados.

É neste âmbito que a educação ambiental deve ser implementada, visando não só a ética e coerência, ou mesmo a visão ecológica e conservadora, porque a resolução dos problemas socioambientais citados ocorre no âmbito político social, para diminuição da pobreza, analfabetismo e aumento de oportunidades aos cidadãos.

Precisamos compreender que o grande desafio a ser superado é a utilização de sistemas econômicos e políticos, como forma de minimizar os problemas socioambientais, de forma criativa e inovadora. A maneira como isso pode ser realizado é de baixo para cima, ou seja, a partir de mudanças políticas e econômicas de ações individuais e em coletivo, por meio de pessoas comuns.

Estudos e eventos de outrora, demonstraram que para ocorrer uma grande mudança no contexto social basta cerca de 5 a 10% da população do país. Como diz a antropóloga Margaret Mead: "Nunca duvide que um pequeno grupo de cidadãos atentos e comprometidos possa mudar o mundo. Na realidade, só assim se foi capaz de mudar o mundo até hoje". Isso nos leva a refletir que nosso papel deveria ser deixar o planeta em condições boas, senão melhores as que nós encontramos (MILLER JUNIOR, 2008).

A partir disso, fica claro que nós, quanto educadores, precisamos lutar e interagir juntamente com movimentos sociopolíticos, contribuindo através do diálogo, lutando pela educação e direitos do próximo, para uma vida melhor para todos de hoje e de amanhã.

## 2 - Escola como fomentadora da conscientização

O conhecimento que os profissionais adquirem durante sua formação são de extrema importância, e a universidade é ideal para a instrução de nível superior, por se sensibilizar para a preparação do estudante para educação ambiental, objetivando a construção da consciência ambiental. No Brasil, diversas áreas das ciências como Biologia, Economia, Geografia, Engenharia, dentre outros, vêm se mobilizando cada vez mais para que os conceitos e princípios básicos da educação ambiental sejam trabalhados (BALBINO, 2014).

Não há modos de fugir sobre a importância da questão socioambiental e da educação ambiental. E apesar de conferências e movimentos sociais baseados na sustentabilidade e preservação ambiental, apesar de todas as campanhas de ministérios, o meio ambiente nunca se degradou tanto como nos dias atuais. Os investimentos e a centralidade dessas questões nas políticas empresariais, governamentais, não governamentais, familiares e individuais ficam na retórica e não há materialização desta propalada e necessária mudança cultural (SORRENTINO; BIOSOLI, 2014).

Instituições de Ensino Básico e Superior (público e particular) abordam projetos e iniciações científicas, muitas até entram com disciplinas na área de ambiental visando conscientizar seus acadêmicos para que tenham atitudes e pensamentos voltados para educação ambiental, mas, muitas vezes, essas atitudes acabam durando pouco tempo, os projetos acabam abandonados e esquecidos, seja talvez por desinteresse dos alunos que procuraram os projetos por troco de horas ou professores que não levaram para frente por falta de tempo.

Levando em consideração todas essas contradições, a partir de agora serão abordadas maneiras de enfrentar esses desafios e de se comprometer com projetos sustentáveis dentro das escolas e universidades, a partir de uma revisão bibliográfica utilizando a palavra-chave Educação Ambiental, na base de dados Lilacs e Scielo, do período de 2000 a 2015, adotando-se como objetos de análise 17 artigos.

Um dos resultados obtidos de maior relevância é que, embora os alunos tivessem ideia fragmentada de meio ambiente, eles puderam detectar muitos aspectos relacionados às suas vidas e a partir das metodologias puderam mudar expressivamente suas concepções, passando a se interessar mais pelo tema proposto.

Os autores veem a necessidade de compreender a dimensão da problemática ambiental e suas repercussões na educação ambiental, e a percepção de que a sociedade deve atentar-se a capacidade de manipulação das atividades econômicas, respeitando os limites impostos pela natureza, e os estudos relatados indagam que ações podem ser implementadas em favor de uma aproximação dos campos disciplinares (PELEGRINI, 2011).

Segundo Pelegrini (2011), ao longo dos anos, as discussões relacionadas à problemática ambiental receberam contribuições de diversas áreas científicas. Por isso, os artigos estudados, descritos na tabela a seguir, estimulam a discussão da questão ambiental. Na tabela estão descritos os artigos, os seus principais objetivos, os resultados e as conclusões.

Quadro 1 – Identificação dos artigos.

| Autores/Ano/Tipo | Objetivo(s) | Resultados/Conclusões |
|---|---|---|
| Barra, 2000 Documental | Compreender a educação ambiental como processo educativo fundamental no desenvolvimento de valores, atitudes e comportamentos necessários à busca da qualidade ambiental e da sustentabilidade; o exercício da prática cotidiana do magistério na Universidade Federal do Paraná, especificamente em cursos de formação de professores do ensino fundamental e médio. | Como resultado da pesquisa criou-se uma alternativa de intervenção na educação ambiental, teorizando e considerando a educação suas tendências e trajetória ao longo das do trabalho, buscou - se caracterizar o contexto onde o projeto de intervenção socioeducativa se situava e relatar o estudo empírico realizado, tornando-se resultado a ser implantado posteriormente à vista da obtenção de melhorias ao meio ambiente. |
| Andrade e Carvalho, 2002 Documental e Exploratório | Abordar, durante atividades de ensino de ciências, questões relacionadas com a dimensão valorativa e aspectos da relação entre ciência, tecnologia e sociedade e sistematizar os dados coletados em uma classe do ensino fundamental que teve como tema de estudos o "Projeto Pro-Álcool". | Os resultados das atividades desenvolvidas confirmam o fato de as relações entre Ciência, Tecnologia e Sociedade já serem apontadas pelos alunos de maneira simplista, estando mais diretamente vinculadas a situações muito imediatas do cotidiano desses alunos. E por meio das abordagens, os alunos conseguiram identificar relações envolvendo aspectos econômicos como influência decisiva nas opções tecnológicas, promovendo a incorporação, em sala de aula, de diferentes dimensões relacionadas com a ciência, tecnologia, sociedade e ambiente. |

| | | |
|---|---|---|
| Lima, 2004<br>Documental | Discutir a inserção da educação ambiental no ensino fundamental, e analisar três programas de educação ambiental, sendo eles: o Programa Cidadania Ambiental - um projeto desenvolvido para ser aplicado em escolas da rede pública estadual do Estado do Rio de Janeiro; o Programa Parâmetros em Ação – Meio Ambiente na Escola - uma proposta do Governo Federal Brasileiro, a ser aplicado na formação de professores e alunos do ensino fundamental; e o Programa Eco Escolas - um projeto internacional desenvolvido em escolas da Europa. | Foram obtidas perspectivas/saídas para a inserção da educação ambiental no ensino fundamental, saídas que possam levar a um novo entendimento do assunto e conhecimento dos contextos/conflitos sociais, ambientais, políticos, econômicos existentes. |
| Chaves e Farias, 2005<br>Documental e Exploratório | Conhecer atitudes, juízos e informações que o professor tem em relação à problemática ambiental e identificar concepções pedagógicas que subjazem à prática de Educação Ambiental deste professor para produzir subsídios para a organização e o desenvolvimento de Curso. Aproveitou-se o evento "Curso de Reciclagem em Ciências", organizado pela Universidade Luterana do Brasil (Ulbra) para realizar a investigação com ênfase do estudo em 3 escolas: municipal, estadual e particular. | Os dados coletados apontaram um predomínio, entre os professores, das três escolas, da visão antropocêntrica (62,9%), seguida pela visão naturalista (25,7%) e globalizante (11,4%). O que se percebe é a necessidade de buscar um conceito que atenda à essência e amplitude do que se compreende por meio ambiente contemporaneamente. |
| Carrillo e Batista, 2007<br>Documental e Exploratório | Avaliar a experiência de Educação Ambiental do "Projeto de Conservação do Papagaio-da-Cara-Roxa (Amazona brasiliensis)", no ensino formal, realizado pela Sociedade de Pesquisa em Vida Selvagem e Educação Ambiental (SPVS), no litoral norte do Estado do Paraná e fomentar, no corpo docente e discente a discussão sobre valores e princípios que norteiam as relações homem/natureza. | A metodologia das estratégicas educativas foi de fundamental importância para a conservação da espécie. Os resultados indicaram que a utilização do exemplo de uma espécie ameaçada de extinção e que ocorre próximo às comunidades envolvidas no processo de conservação, serviu de base para a associação do tema específico para com uma realidade ambiental mais ampla e contextualizada localmente. |
| Falcão e Roquette, 2007<br>Documental e Exploratório | Identificar a representação social de natureza quanto à compreensão das atitudes de cidadãos em relação à natureza e meio ambiente. Por meio de questionários e entrevistas e trabalhou-se com a abordagem qualitativa em quatro escolas. | Os resultados relatados neste artigo referem-se à pesquisa comparativa que envolveu estudantes do Ensino Fundamental de quatro escolas (zona urbana e zona rural, públicas e privadas) do Rio de Janeiro. Os resultados mostraram que prevalece, entre os estudantes, a ideia de separação homem-natureza e detectou-se a influência dos diferentes contextos onde os estudantes viviam e estudavam. |
| Corrêa, 2008<br>Documental e Exploratório | Diagnosticar os conhecimentos prévios de alunos sobre EA e influência das ações pedagógicas desenvolvidas em suas percepções e atitudes. A autora apresentou o estudo do trinômio Lixo-Água-Saúde, relacionando-os às atividades humanas e desenvolveu diversas atividades pedagógicas buscando contextualizar a aprendizagem. | Os resultados indicam ter havido uma ampliação da percepção dos alunos, ao ponto de alcançar maior compreensão da complexidade dos conteúdos abordados. Indicam ainda que houve mudança expressiva na concepção dos alunos, que passaram a se interessar mais pelo tema proposto. |
| Fiori, Bataghin e Toppa, 2008<br>Documental e Exploratório | Compreender a relação entre o ser humano, o meio ambiente e as atividades agrícolas, e os impactos ocasionados a partir desse modelo de desenvolvimento e pesquisar o entendimento dos docentes sobre cada tipo de impacto de cada atividade, classificando em: Impacto ecológico, Impacto social e Impacto econômico. | Após identificar os principais tipos de impactos ambientais sugeriu-se uma análise e a interpretação da percepção dos participantes, que se mostram como manifestação de experiências vividas e consciências. Diante da investigação foi possível obter informações para o processo educativo na escola fundamental, estimulando os docentes sobre a relação ambiental e as atividades produtoras no contexto regional. |
| Lestinge e Sorrentino, 2008<br>Documental | Apresentar alguns autores que dão ênfase à utilização de atividades de campo dirigidas, realizadas em ambiente extraclasse, aqui denominadas de estudos do meio (EM); contextualizando-as, como possível contribuição frente à crise de percepção vivida. Apesar de não estar restrito apenas à comunidade escolar, é um recurso didático que auxilia nas relações de ensino-aprendizagem, interpessoais e intrapessoais. | Observa-se que ao realizar atividades extraclasse, os EM é referendada pela contribuição para a melhoria da relação de ensino-aprendizagem. Confirma-se que a realização de estudos do meio precisa ser estimulada, apesar das dificuldades econômicas, pedagógicas e estruturais enfrentadas pelas instituições de ensino hoje. A utilização do estudo do meio como metodologia para a educação ambiental resulta na boa formação do indivíduo. |
| Lima e Oliveira, 2011<br>Documental e Exploratório | Pesquisar e discutir uma proposta de EA a partir da (re) construção de saberes com a coletividade de professores em duas escolas. | O estudo demonstrou que as discussões e trocas de conhecimento de forma participativa, envolvendo professores de diversas áreas de formação acadêmica, possibilitaram um ambiente propício para a aprendizagem e (re)construção dos conceitos de natureza, meio ambiente e EA. As análises dos resultados apontaram, em ambas escolas, uma mudança conceitual de EA. |
| Pelegrini e Vlach, 2011<br>Documental | Discutir a necessidade de ampliação da discussão, de maneira que possibilite o tratamento de temas fundamentais, geralmente discutidos no campo da política, da economia, e da sociologia, como estratégia de sensibilização e compreensão da problemática ambiental. | Como resultado da abordagem tem-se que a discussão da questão ambiental deve ser dada a partir da aproximação dos campos disciplinares, o que tornaria possível tanto a junção, para o mesmo propósito, das disciplinas do grupo das ciências sociais, como de algumas do grupo das ciências naturais. |

| | | |
|---|---|---|
| Garrido, 2012<br>Exploratório | Apresentar os resultados sobre a discussão da percepção de meio ambiente apresentada por alunos do Ensino Fundamental da rede pública do município de Duque de Caxias no estado do Rio de Janeiro. Os instrumentos de coleta de dados foram a elaboração de desenhos, entrevistas e análise de gravuras. | Apesar dos alunos apresentarem, de forma geral, uma percepção naturalista de meio ambiente, eles demonstraram conseguir identificar problemas ambientais presentes no cotidiano. Portanto, os resultados apontaram que, embora os alunos ainda tenham ideia fragmentada de meio ambiente, eles podem detectar muitos aspectos relacionados às suas vidas. |
| Mohamed Saleh e Oliveira Saleh, 2012<br>Documental | Abordar o meio ambiente e o consumo responsável, dirigindo-se em especial aos profissionais de Educação contribuindo para o desenvolvimento de uma visão crítica, observando os papéis desempenhados pelas empresas, produtos e serviços, e do consumidor que exerce a sua cidadania distinguindo e escolhendo empresas ou fornecedores que optem por uma conduta que respeite princípios de um consumo responsável. | Ao longo do texto, é abordada as possíveis nuanças acerca do tema "Consumo Responsável" e tais reflexões servem de referência e apoio aos educadores. Ao apresentar a questão do consumo responsável dentro de uma escala de medida que permita a coexistência da impossibilidade de um consumo responsável pleno criou-se a possibilidade de um consumo responsável. |
| Kondrat e Maciel, 2013<br>Documental e Exploratório | Estudar os conhecimentos prévios de alunos da educação básica relacionados a temas ambientais e tomá-los como base para realizar atividades de educação ambiental. | Por meio de atividades monitoradas de educação ambiental para turmas de alunos da escola foi possível uma análise qualitativa sobre a educação ambiental e cidadania Os alunos lançaram mão de conhecimentos prévios adquiridos no próprio processo de aprendizagem que foram essenciais para o esclarecimento e resolução do problema proposto. |
| Silva, 2013<br>Documental e Exploratório | Acompanhar alunos do ensino fundamental de uma escola municipal do Rio de Janeiro, abordando a conscientização do meio ambiente com atividades curriculares e extracurriculares, discussões, campanha, participação em eventos considerando observar a inclusão da internet nessa dinâmica. | Após a aplicação das atividades, notou-se que as páginas da internet apresentaram visões de ambiente que transitam entre diferentes vertentes da EA, o que é comum frente aos diferentes conceitos de ambiente existentes. Pode-se concluir também, que o ensino formal, o informal e os meios de comunicação são essenciais para a formação de sujeitos ambientalmente conscientes e responsáveis. |
| Zombini, 2013 Documental e Exploratório | Contribuir para a educação continuada de professores do ensino fundamental, habilitando-os para o ensino dos temas educação ambiental e saneamento básico. | Foi aplicada uma pesquisa em 5 escolas públicas de São Paulo/SP, e observou-se que ao término da abordagem os profissionais passaram a ter um melhor entendimento da influência do meio ambiente e do saneamento básico na definição do grau de saúde e qualidade de vida das pessoas. |
| Vindoura-Gomes, Câmara e Souza, 2015<br>Documental e Exploratório | Apresentar a avaliação de um programa educativo para identificação de aspectos sobre poluição e os efeitos à saúde provocados por um ambiente impactado pela destinação inadequada dos resíduos sólidos. A pesquisa foi realizada com alunos do ensino fundamental do município para o qual os resíduos sólidos de Cuiabá são destinados, local que não cumpre os requisitos do PNRS, o que tem ocasionado problemas sociais, ambientais e de saúde. | A partir da aplicação da atividade pode-se constatar que a população envolvida, apesar de já trabalhar a temática do meio ambiente, ainda apresenta desconhecimentos sobre conceitos emblemáticos, e percebe-se a necessidade de subsidiar a propagação do conhecimento sobre poluição ambiental considerando a proximidade do aterro sanitário, ressaltando o lixo e saneamento básico durante a realização das atividades, auxiliando com conhecimento e consequentemente, maior amplitude na EA. |

**Legenda:** *Apresentação de autores, ano de publicação e tipo de estudo, além dos principais objetivos, resultados e conclusões de cada trabalho.* **Fonte:** *Elaborada pelo autor.*

## Retomando a aula

Chegamos ao fim de mais uma aula. Vamos recordar o que estudamos em cada seção de estudo desta aula! Vamos lá?

### 1 – Desenvolvimento econômico e educação ambiental

Nessa seção, aprendemos um pouco sobre o desenvolvimento econômico, da forma como ele é moldado pelos hábitos e costumes relacionados a oferta e procura por parte dos vendedores e compradores, respectivamente. Observamos que o atual modelo econômico, o consumo excessivo, relacionado ao aumento da exploração de recursos naturais e a novos produtos não degradáveis, elencam graves problemas no contexto ambiental. Vimos que a educação ambiental pode ser utilizada como forma de mudança do contexto socioambiental do planeta, e que essa mudança tem que começar a partir de nós, de qualquer indivíduo, sem distinção de classe social.

### 2 – Escola como fomentadora da conscientização

Nessa seção, aprendemos que a escola é o local de extrema importância na formação, na mudança de pensamento e no agir ecológico. Aprendemos que em diversas situações, tanto no ensino básico ao ensino superior, as dificuldades de implementação de ações de sustentabilidade são praticamente as mesmas. Além disso, foi apresentado diversos artigos, a partir de uma revisão literária, que abordam o uso da educação ambiental no âmbito escolar, por diversas metodologias e com diferentes resultados obtidos, mas que nos mostra que a educação ambiental realmente forma ou muda o pensar daquele que a obtém.

## Vale a pena

### Vale a pena ler,

SANTOS, LEILANE ALVES DE ARGÔLO; SIMÕES, LIVIA SANTOS; BUCK, THOMAS DE ARAUJO. Inovação como estratégia para o desenvolvimento sustentável praticado pelas empresas. RISUS - Journal on Innovation and Sustainability. v. 4, n. 3, 2013.

Mello, Lucélia Granja de. A importância da Educação Ambiental no ambiente escolar, in EcoDebate, ISSN 2446-9394, 2017.

### Vale a pena acessar,

FREITAS, Eduardo de. "O cidadão no desenvolvimento sustentável"; Brasil Escola. Disponível em <https://brasilescola.uol.com.br/geografia/o-cidadao-no-desenvolvimento-sustentavel.htm>.

TÁVORA, Allison. DESENVOLVIMENTO SUSTENTÁVEL – O QUE É E COMO ALCANÇÁ-LO? Disponível em: <https://meioinfo.eco.br/desenvolvimento-sustentavel-o-que-e/>.

### Vale a pena assistir,

Wall-E (2008).
Os sem floresta (2006).
O dia depois do amanhã (2003).

## Minhas anotações

# Aula 6º

# Tópicos em Biossegurança: definições, conceitos e aplicabilidade

Caros(as) alunos(as),

A partir de agora, nestas últimas três aulas de nossa disciplina, iremos tratar da biossegurança em procedimentos laboratoriais indispensáveis ao professor de Biologia, visto que a prática laboratorial torna-se uma ferramenta de grande efetividade no processo de ensino e aprendizagem do aluno. Além disso, em contrapartida, trataremos também a respeito de gerenciamento de resíduos e diminuição da geração do mesmo, que é um eixo importantíssimo no âmbito da Educação Ambiental.

Vamos para mais uma aula?

Bons estudos!

## Objetivos de aprendizagem

Ao término desta aula, vocês serão capazes de:

- desenvolver uma visão sobre conceito de Biossegurança;
- caracterizar o termo Biossegurança de acordo com sua necessidade;
- reconhecer a importância dada a Biossegurança no ambiente laboratorial;
- caracterizar o tipos de risco.

## Seções de estudo

1 - Conceito básico de Biossegurança e Política no Brasil
2 - A Biossegurança no ambiente laboratorial
3 - Tipos de Risco

## 1 - Conceito básico de Biossegurança e Política no Brasil

Os acidentes laboratoriais são ocasionados principalmente pela falta de orientação, não utilização de EPIs (Equipamentos de proteção individual) e EPCs (Equipamentos de proteção coletiva) e a falta de boas práticas laboratoriais. Estas práticas, conhecidas por serem normas de "Biossegurança", são caracterizadas por evitar a ocorrência de acidentes e aumentar a conscientização do trabalhador. O objetivo da biossegurança é prevenir à exposição do trabalhador, laboratório e ambiente a agentes potencialmente infecciosos ou biorriscos.

Biossegurança é o conjunto de ações direcionadas para a proteção do trabalhador, diminuição dos riscos inerentes às atividades de pesquisa, prevenção e medidas de cuidados frente à produção e ensino, com a finalidade de proteger o ecossistema e preservar a saúde e a vida humana. Segundo Lima (2014):

> É um conjunto de procedimentos, ações, técnicas, metodologias, equipamentos e dispositivos capazes de eliminar ou minimizar riscos inerentes as atividades de pesquisa, produção, ensino, desenvolvimento tecnológico e prestação de serviços, que podem comprometer a saúde do homem, dos animais, do meio ambiente ou a qualidade dos trabalhos desenvolvidos (LIMA, 2014, p. 1).

A atual lei de Biossegurança brasileira – Lei n. 11.105, de 24 de março de 2005 –, regulamenta os incisos II e V do § 1º do art. 225 da Constituição Federal de 1988, e estabelece normas de segurança e mecanismos de fiscalização sobre a construção, o cultivo, a produção, a manipulação, o transporte, a transferência, a importação, a exportação, o armazenamento, a pesquisa, a comercialização, o consumo, a liberação no meio ambiente e o descarte de organismos geneticamente modificados (OGMs) e seus derivados, tendo como diretrizes o estímulo ao avanço científico na área de biossegurança e biotecnologia, a proteção à vida e à saúde humana, animal e vegetal, e a observância do princípio da precaução para a proteção do meio ambiente. Segundo Cordioli (2008):

> Pode-se afirmar que são recentes as discussões e a regulamentação no Brasil sobre a biossegurança e as medidas necessárias para a proteção da saúde dos trabalhadores envolvidos com o estudo e a aplicação das novas tecnologias, evoluindo mais recentemente para uma preocupação mais ampla, no sentido de alcançar também os impactos sobre o meio ambiente, a economia e a saúde pública (CORDIOLI, 2008, p. 38).

Da análise da legislação (lei de biossegurança brasileira – Lei n. 11.105, de 24 de março de 2005 –, regulamenta os incisos II e V do § 1º do art. 225 da Constituição Federal de 1988) observa-se a preocupação com o direito à informação, a composição multidisciplinar dos órgãos de controle e os direitos legais, porém nota-se atualmente uma nova visão mais complexa para o conceito de biossegurança, para além da saúde humana e do meio ambiente, tomando como importante o modo de produção alimentícia e outros aspectos que são indispensáveis para a segurança do indivíduo e da coletividade.

No Brasil nota-se que hoje nossos legisladores voltaram os olhos para novas questões, cientes da biodiversidade nacional e dos impactos sobre o meio ambiente, acarretando prejuízos à saúde humana e a economia. Porém nesse contexto registram-se acirradas controvérsias, ora enfatizando a importância da segurança da tecnologia de produção e pesquisa, ora do produto derivado desta.

A política de biossegurança brasileira então não se limita à ocorrência de riscos à saúde humana e ao meio ambiente. Tendo em vistas os novos debates e preocupações levantadas a abrangência vai além, com o objetivo de alcançar questões relativas aos impactos sobre a economia, o modo de produção, a preservação de culturas sem ferir a Lei de Patenses e a Lei de Propriedade Industrial, contemplado assim a democratização da pesquisa e produção, sem prejuízo.

A Comissão Técnica Nacional de Biossegurança (CTNBio) trás normas centradas na segurança das técnicas, do material usado, dos recipientes e da localização dos laboratórios e do próprio objeto pesquisado, registrando o aumento da preocupação com a conservação ambiental, bem-estar das comunidades locais e dos povos indígenas e desenvolvimento internacional, tendo em vista o surgimento de novos organismos vivos muitas vezes manipulados pela engenharia genética e de produtos derivados e destinados ao consumo humano.

A Lei n. 11.105/2005, no art. 8º, II, estabeleceu a competência do Conselho Nacional de Biossegurança (CNBS), vinculado à Presidência da República, órgão de assessoramento superior do Presidente da República para a formulação e implementação da Política Nacional de Biossegurança (PNB), para analisar, a pedido da CTNBio, quanto aos aspectos da conveniência e oportunidade socioeconômicas e do interesse nacional, os pedidos de liberação para uso comercial de OGM (organismo geneticamente modificado) e seus derivados.

> Essa lei contempla o sistema de biossegurança nacional a partir da incerteza dos riscos que a evolução da biotecnologia demonstrou no curso dos últimos trinta anos, levando em consideração os interesses econômicos, políticos, científicos e sociais. Também considera a imprevisibilidade dos efeitos para a saúde humana, a agricultura e a biodiversidade no país e no planeta, e institui como instrumentos de salvaguarda desses interesses a avaliação de risco, o estudo de impacto ambiental e o licenciamento ambiental (CORDIOLI, 2008, p. 42).

## 2 - A Biossegurança no ambiente laboratorial

No âmbito laboratorial diversos grupos de profissionais estão expostos diariamente a vários tipos de risco, as medidas de biossegurança existem como um meio de prevenção para evitar ou minimizar estes riscos. A prevenção da contaminação, que é a grande maioria dos acidentes, é ocasionada pelo uso inadequado ou ineficaz das normas de biossegurança propostas, tornando-se assim um dos riscos mais frequentes.

Segundo o Manual de Biossegurança da Fundação Oswaldo Cruz (FIOCRUZ, 2005), os profissionais que trabalham utilizando produtos químicos, materiais biológicos, a radiações, ou materiais perfurocortantes, para evitar determinados riscos devem sempre ficar atento e não fazer uso de drogas que afetem o raciocínio e comportamento; estar sempre cientes dos procedimentos operacionais padrão; fazer o uso correto dos Equipamentos de Proteção Individual (EPI) como jaleco, óculos de proteção, protetor facial, cabelos presos, luvas, botas, máscara, avental de chumbo, ou de equipamentos de proteção coletiva (EPC) como câmara de exaustão, cabine de segurança biológica e química, dependendo de suas necessidades.

Além disso, os trabalhadores de uma equipe multidisciplinar num todo podem acidentar-se ou desenvolverem processos patológicos devido às condições de trabalho e sua intensidade. Constantemente, os trabalhadores ingressão em uma jornada de trabalho desconhecendo as normas de biossegurança, ou os fatores de risco presentes no ambiente, e assim seguem após admissão sem treinamento a respeito das normas de biossegurança e das rotinas de trabalho. Profissionais que já trabalharam por muito tempo sem treinamento acabam adquirindo vícios, que ocasionam a exposição ao erro, achando que nada de errado acontecerá.

Os frequentes erros observados neste âmbito estão relacionados ao não uso dos EPI's frente às técnicas de punção venosa periférica e coleta de sangue sem luvas, o não uso da máscara em ambientes de isolamento respiratório, vestuário inadequado, ausência do uso do óculos de proteção em contato com secreção de vias áreas em técnica como á aspiração em pacientes secretivos, reencape de agulhas e cateter endovenoso, uso da caixa de perfurocortantes com materiais acima da linha máxima permitida e exposição a radiações por longos períodos, além do descarte inadequado do lixo contaminado hospitalar.

Torna-se, então, necessário a conscientização desses profissionais visando o bem-estar dos mesmos e dos seus clientes/pacientes, adquirindo normas de biossegurança nas ações de técnicas assépticas e procedimentos invasivos, prevenindo a contaminação cruzada e garantindo a segurança do profissional, paciente e familiares.

## 3 - Tipos de Risco

Primeiramente, precisamos definir o que é risco: Resultado de uma exposição a um agente físico, químico, biológico ou ergonômico (BRASIL, 2001); A probabilidade que tem um indivíduo de gerar ou desenvolver efeitos adversos em situações próprias do meio (BRASIL, 2005). Sendo assim, nós podemos citar os fatores componentes do risco em perigo ou fonte que, relacionado à ameaça e vulnerabilidade do trabalhador, determinam a intensidade do risco. Veja o esquema a seguir:

Figura 14 – Fatores componentes do risco.

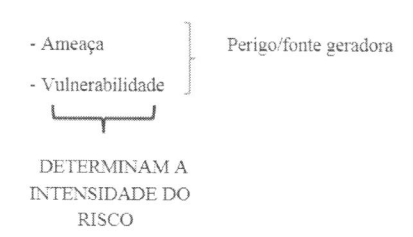

- Ameaça
- Vulnerabilidade

Perigo/fonte geradora

DETERMINAM A INTENSIDADE DO RISCO

**Fonte: Elaborada pelo autor.**

Além disso, os riscos podem apresentar-se em conjunto ou coletivamente, onde o indivíduo estará sujeito a mais de uma fonte de perigo. Neste caso, o risco coletivo torna-se mais difícil de ser detectado, monitorado e pode ocorrer de forma não uniforme, afetando uma diversidade de grupos populacionais.

Figura 15 – O risco coletivo.

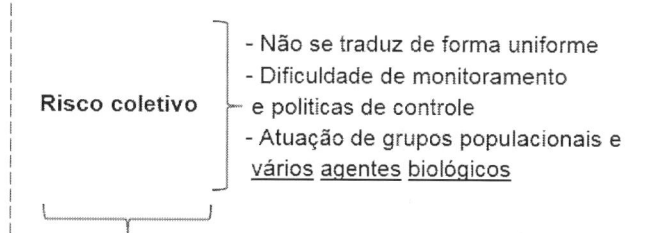

**Risco coletivo**
- Não se traduz de forma uniforme
- Dificuldade de monitoramento e políticas de controle
- Atuação de grupos populacionais e vários agentes biológicos

A apropriação do Risco leva a definição de plano de contingência e emergência.

**Fonte: Elaborada pelo autor.**

Com isso, podemos elencar os métodos de segurança utilizados pelo trabalhador para proteção dele, de outras pessoas e do meio ambiente. Os métodos de segurança são utilizados para o manejo de material infecciosos ou material de risco, com o objetivo de minimizar ou eliminar o risco de acidentes, promovendo um ambiente de trabalho seguro. Estes métodos podem ser chamados de "métodos de contenção", se diferenciando em primário e secundário:

- A contenção primária nada mais é do que o uso de equipamento individual e das práticas microbiológicas seguras, fazendo assim a proteção do trabalhador e do ambiente de trabalho.
- A contenção secundária é proporcionada pela adequação da estrutura física do local, instituição de rotinas de trabalho, descarte correto de resíduos sólidos, limpeza e desinfecção de áreas e artigos, entre outros. Protegendo assim o ambiente externo contra a contaminação proveniente dos setores que manipulam matérias contaminados.

Figura 16 – Curva representativa dos fatores de risco relacionados a acidentes.

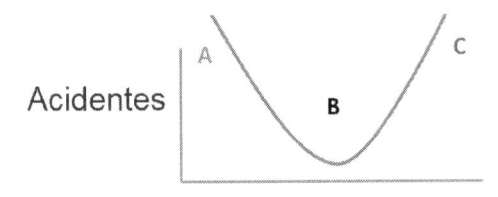

Acidentes

A – Desconhecimento do Risco
B – Estabilidade
C – Negligência / Excesso de Confiança

*Fonte: Elaborada pelo autor.*

## 3.1 Tipos de riscos

Os riscos de acidente laboratorial são divididos em risco de acidentes, riscos físicos, riscos químicos, riscos biológicos e riscos ergonômicos.

Figura 17 – Tipos de riscos. Fonte: Elaborada pelo autor.

### 3.1.1 Risco de acidentes

Segundo Busso [20-?]:

> Considera-se risco de acidente qualquer fator que coloque o trabalhador em situação de perigo e possa afetar sua integridade, bem estar físico e moral. São exemplos de risco de acidente: as máquinas e equipamentos sem proteção, probabilidade de incêndio e explosão, arranjo físico inadequado, armazenamento inadequado, etc. (BUSSO, [20-?], p. 10).

### 3.1.2 Risco ergonômico

De acordo com Schwanke (2013), risco ergonômico é todo e qualquer fator que modifique as características psicofisiológicas gerando desconforto ou afetando a saúde do trabalhador. São exemplos de Risco Ergonômico:
- levantamento e transporte manual de peso.
- ritmo excessivo de trabalho.
- monotonia e repetitividade.
- responsabilidade excessiva.
- postura inadequada de trabalho.
- trabalho em turnos.

### 3.1.3 Riscos físicos

A NR-9 (Portaria do Ministério do Trabalho), que trata sobre "Programa de prevenção de riscos ambientais" (BRASIL, 2017), considera agentes de risco físico as diversas formas de energia a que possam estar expostos os trabalhadores. São exemplos de Risco Físico:
- ruído e vibrações.
- pressões anormais.
- temperaturas extremas e radiações ionizantes.
- radiações não ionizantes.
- ultrassom.
- materiais cortantes e pontiagudos.

### 3.1.4 Riscos químicos

Segundo Neto (2018), podemos destacar como agentes potenciais de risco químico toda e qualquer substância que possa ser aspirada por via inalatória ou contato através da pele ou por ingestão por via oral. Pode-se listar essas substâncias nas formas de:
- poeiras.
- fumos.
- névoas.
- neblinas.
- gases.
- vapores.

### 3.1.5 Riscos biológicos

No que se refere a riscos biológicos, segundo Báo ([20-?], p. 25):

> As características peculiares dos agentes biológicos sejam estes microrganismos (vírus, bactérias ou fungos), animais ou plantas, exigem do profissional que os manipula um conhecimento aprofundado de suas características e das técnicas utilizadas em coleta, armazenamento (ou transporte) e manipulação em laboratório, bem como as normas de higiene e segurança do trabalho (BÁO, [20-?], p. 25).

Diversas características dos agentes microbiológicos, como grau de patogenicidade, poder de invasão, resistência a processos de esterilização, virulência e capacidade mutagênica devem ser conhecidos antes de serem manipulados, para que se tomem precauções básicas, minimizando as situações de risco que ocorrem frequentemente.

Vale ressaltar, então, que as vias de contaminação e ou infecção por microrganismos, pode ocorrer de diferentes maneiras, sendo a primeira delas por inalação de aerossóis, que possuí a capacidade de se alastrar em um grande grupo de pessoas; a via cutânea ou pele íntegra por meio de perfurocortantes contaminados como agulhas, escalpes, ou até mesmo pela penetração por ferimentos; a via oral pela ingestão de materiais líquidos ou sólidos contaminados; e a via ocular através do contato com gotículas ou aerossóis de material potencialmente contaminado nos olhos, ou mesmo pelo contato dos olhos com as oculares de aparelhos ópticos (microscópios) (BÁO, [20-?]).

Os agentes de risco biológico podem ser distribuídos em quatro classes de 1 a 4 por ordem crescente de risco (PAULO, 2014).

### Classe de Risco I

Escasso risco individual e comunitário. São os microrganismos que possuem pouca probabilidade de provocar enfermidades humanas ou enfermidades de importância veterinária. Ex: *Bacillus subtilis*.

### Classe de Risco II

Risco individual moderado, risco comunitário limitado.

A exposição ao agente patogênico pode provocar infecção, porém, se dispõe de medidas eficazes de tratamento e prevenção, sendo o risco de propagação limitado. Ex: *Schistosoma mansoni*.

### Classe de Risco III

Risco individual elevado, baixo risco comunitário. O agente patogênico pode provocar enfermidades humanas graves, podendo propagar-se de uma pessoa infectada para outra, entretanto, existe profilaxia e/ou tratamento. Ex: *Mycobacterium tuberculosis* (BRUNO, 2014).

### Classe de Risco IV

Elevado risco individual e comunitário. Os agentes patogênicos representam grande ameaça para as pessoas e animais, com fácil propagação de um indivíduo ao outro, direta ou indiretamente, não existindo profilaxia nem tratamento. Ex: Ebola (BRUNO, 2014).

## Retomando a aula

Ao término de mais uma aula, vamos retomar alguns dos principais pontos estudados em cada seção de estudo.

### 1 - Conceito básico de Biossegurança e Política no Brasil

Nessa seção, conhecemos o conceito básico de biossegurança e a importância de seu estudo nas práticas laboratoriais, a fim de evitar ou diminuir o risco de acidentes no nível de saúde do trabalhador. Aprendemos sobre as leis vigentes acerca das questões de biossegurança do trabalho.

### 2 - A Biossegurança no ambiente laboratorial

Nessa seção, trabalhamos um pouco a respeito da biossegurança no âmbito laboratorial, no que se refere a necessidade de adequação física do local de trabalho e de utilização de EPIs pelos trabalhadores laboratoriais. Vimos a importância da conscientização do profissional para que ele exerça de maneira correta os procedimentos laboratoriais.

### 3 - Tipos de Risco

A seção três objetivou trabalhar os tipos de risco, caracterizando cada um e determinando de forma direta a diferença deles. Aprendemos que os fatores relacionados ao risco podem ser desde fatores únicos ou coletivos de exposição ao risco, e que em conjunto disso, outro fator determinante para que ocorra um evento acidental é a vulnerabilidade do trabalhador e o grau de ameaça do risco.

## Vale a pena

### Vale a pena ler,

BRASIL. Lei nº 11.105, de 24 de Março de 2005. Disponível em: <http://www.planalto.gov.br/ccivil_03/_Ato2004-2006/2005/Lei/L11105.htm>. Acesso em: 10 set 2018.

FIOCRUZ. *Manual de Biossegurança*. 2005. Disponível em: <http://www.fiocruz.br/biosseguranca/Bis/bismanua.htm>. Acesso em: 12 de set 2018.

### Vale a pena acessar,

CTNBio – Relatório Anual 2016. Disponível em: < http://ctnbio.mcti.gov.br/relatorios-anuais >. Acesso em: 10 set. 2018.

## Minhas anotações

**Minhas** anotações

# Aula 7º

# Tópicos em Biossegurança: boas práticas laboratoriais

Caros(as) alunos(as)

Nossa sétima aula retratará a respeito das boas práticas laboratoriais. Iremos aprender a respeito da utilização de equipamentos de segurança laboratorial, iremos diferenciar cada tipo de forma de prevenção ao risco de acidentes, além de pontuar os procedimentos e ações relacionados ao correto desenvolvimento de atividades em laboratórios de pesquisa e ensino.

Vamos para mais uma aula?

Bons estudos!

## Objetivos de aprendizagem

Ao término desta aula, vocês serão capazes de:

- diferenciar de EPC e EPI;
- reconhecer a importância do uso dos equipamentos de proteção;
- caracterizar o tipos de EPI e EPC.

## Seções de estudo

1 – Equipamento de proteção individual (EPI)
2 – Equipamentos de proteção coletiva (EPC)
3 – Boas práticas laboratoriais

# 1 - Equipamento de proteção individual (EPI)

Considera-se EPI o dispositivo de uso individual, destinado a proteção da saúde e da integridade física do trabalhador, não sendo aconselhado para uso em coletividade devido a questões de higiene e segurança. A função do equipamento de proteção individual é prevenir e/ou limitar o contato entre o trabalhador e o material infectado.

A maioria dos EPIs também promove uma contenção da dispersão de agentes infecciosos no meio ambiente, facilitando assim a preservação da limpeza do ambiente de trabalho. A utilização dos EPIs encontra-se regulamentada pelo MTE através da NR-6, em que estão definidas as obrigações do empregador e do empregado (HUMANOS, 2011-18).

## 1.1 Luvas

O uso das luvas de procedimento descartáveis deve ser obrigatório frente a exposição ao sangue, hemoderivados e fluidos orgânicos. Caso exista contato com temperaturas altas e baixas o uso de luvas adequadas é indispensável, e elas devem estar disponíveis nos ambientes em que estes processos ocorram em casos de acidentes o uso de luvas de borracha grossas deve ser feito para realização da limpeza e retirada de fragmentos cortantes do chão e aparelhos.

Figura 18 – Luvas.

Fonte: <https://farmaciaestetica.com.br/biosseguranca-em-estetica/#.W63ZF9dKjlU>. Acesso em: 26 de set. 2018.

- não utilizar luvas fora do ambiente adequado de trabalho.
- evitar abrir mobiliários e portas com luvas.
- o descarte da luva é feito no lixo contaminado.

Figura 19 – Técnica de lavagem das mãos.

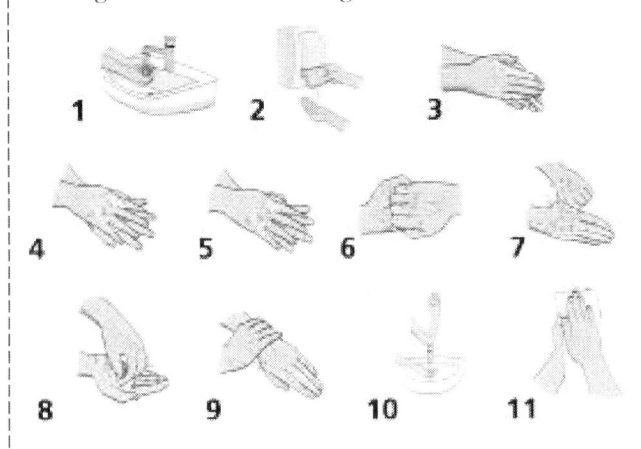

Disponível em: <http://enfermeiraoblog.blogspot.com/2016/09/lavagem-das-maos.html>. Acesso em: 10 de set 2018.

## 1.2 Avental ou Jaleco

O uso do avental ou jaleco é restrito aos laboratórios, hospitais e clínicas. Os aventais e jalecos obrigatoriamente devem ser de manga comprida, com comprimento até a altura do joelho, devendo ser usados abotoados. O tecido de escolha deve ser de preferência com fibras naturais (100% algodão), uma vez que fibras sintéticas se inflamam com mais facilidade. O acondicionamento diário para carregamento do avental ou jaleco deve ser feito em um saco plástico e posteriormente armazenados na bolsa para serem retirados dos ambientes de uso e levados para casa para lavagem.

Figura 20 – Jaleco.

Disponível em: <http://www.mixuniformesamericana.com.br/masculina/jaleco-masculino-farmaceutico>. Acesso em: 27 de set 2018.

- não utilizar avental e jaleco fora do ambiente de trabalho.
- lavar o avental ou jaleco diariamente.
- os aventais e jalecos descartáveis também devem ser de manga comprida e descartados após o uso em lixo contaminado.

## 1.3 Máscara cirúrgica descartável e N-95

O uso da máscara cirúrgica descartável está associado à

proteção por gotículas, visando que a fibra de confecção dela é de espaçamento largo permitindo a passagem de aerossóis. Para proteção em isolamentos aerossóis o uso da máscara N-95 é indicado, pois ela realiza vedação das bordas na face e suas fibras de confecção não permitem a passagem de aerossóis (Ex. isolamento para meningite, H1N1, entre outros).

Figura 21 – Máscara cirúrgica descartável.

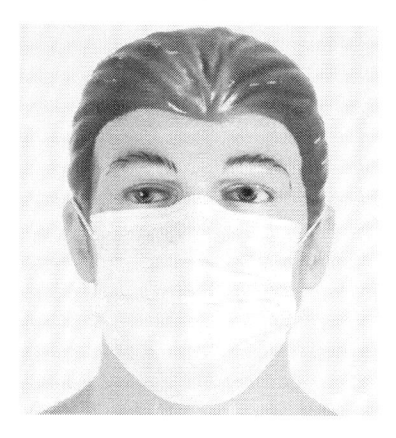

*Disponível em: < http://www.lojapodosystemclip.com.br/biosseguranca-podo-system >. Acesso em: 27 de set 2018.*

## 1.4 Outros equipamentos

- Visores e óculos de proteção: protegem contra gotículas e respingos.
- Respiradores: protegem contra o pó, gases e fumaças.
- Dispositivos de pipetagem.

Figura 22 – Óculos de proteção.

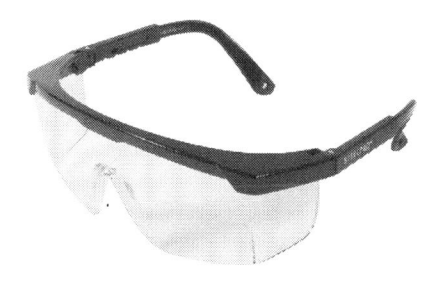

*Disponível em: < http://www.quanticaw.com.br/OCULOS-DE-PROTECAO-CRISTAL >. Acesso em: 27 de set 2018.*

Figura 23 – Respirador.

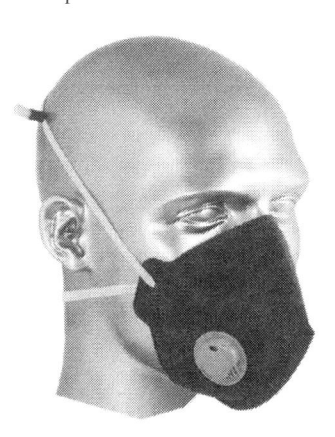

*Disponível em: < https://www.netsuprimentos.com.br/respirador-descartavel-maskface-pff1-com-valvula/p >. Acesso em: 27 de set 2018.*

Figura 24 – Dispositivos de pipetagem.

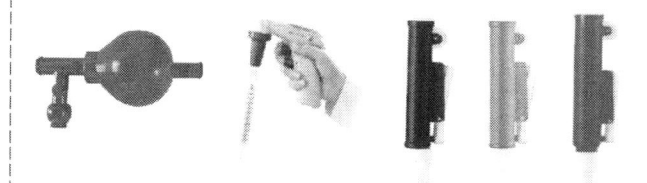

*Disponível em: < https://www.unifal-mg.edu.br/riscosambientais/node/14 >. Acesso em: 27 de set 2018.*

## 2 - Equipamentos de proteção coletiva (EPC)

Os equipamentos de proteção coletiva são os equipamentos que protegem a equipe de trabalho de um modo coletivo, evitando também a disseminação de agentes infecciosos no meio ambiente.

### 2.1 Cabine de Segurança Biológica

As CSB são equipamentos que oferecem uma proteção ao operador contra partículas de 0,3u de diâmetro no manuseio de agentes infecciosos, que possa gerar aerossóis e salpicos de gotículas. Essa proteção possui uma eficiência de 99,93% para o trabalhador, além de proteger também o ambiente de trabalho (HUMANOS, 2011-18).

Figura 25 – Cabine de Segurança Biológica.

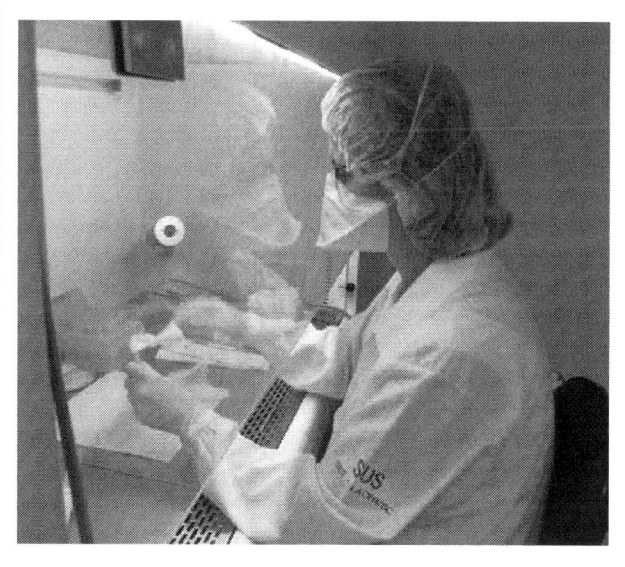

*Disponível em: < http://biossegurancablog.blogspot.com/2009/11/teoria-e-pratica-para-o-uso-de-cabines.htm l>. Acesso em: 27 de set 2018.*

### 2.2 Capela Química

O manual de biossegurança da FIOCRUZ (2005) nos cita que a capela química nada mais é do que uma cabine construída de forma aerodinâmica, cujo fluxo de ar ambiente não causa turbulência e correntes, reduzindo a possibilidade de inalação e contaminação do trabalhador e ambiente.

Figura 26 – Capela Química.

*Disponível em: < http://www.splabor.com.br/blog/cabine-de-seguranca-biologica/seguranca-no-laboratorio-principais-causas-de-acidentes-ocorrem-por-uso-incorreto-de-equipamentos/ >. Acesso em: 27 de set 2018.*

### 2.2.1 Procedimento correto para o uso da capela química segundo FIOCRUZ [20-?]:

- fechar as portas do laboratório.
- usar jaleco de manga longa, máscara e luvas.
- colocar os matérias e equipamentos que vão ser usados no plano de atividade da aérea de trabalho.
- minimizar os movimentos dentro da cabine.
- colocar os recipientes para descarte de material no fundo da área de trabalho ou nas laterais.
- usar pipetador automático.
- conduzir as manipulações no centro da área de trabalho.
- deixar a cabine ligada de 15 a 20 minutos antes de desligá-la após o fim do trabalho.
- não introduzir na cabine objetos que causem turbulência.
- jamais introduza a cabeça na cabine.
- a projeção de líquidos e sólidos contra o filtro deve ser evitada.
- papéis presos no painel de vidro ou acrílico da cabine diminuem o campo de visão e luz, e podem causar acidentes.

## 2.3 Chuveiro de Emergência

Os chuveiros de emergência devem ser instalados em locais de fácil acesso, tendo em média 30cm de diâmetro e acionamento por alavancas de mão.

## 2.4 Lava olhos

Dispositivo composto por dois chuveiros pequenos de média pressão acoplados a uma bacia de metal, cujo posicionamento permite o posicionamento correto do ângulo do jato aos olhos.

Figura 27 – Chuveiro de Emergência e lava olhos.

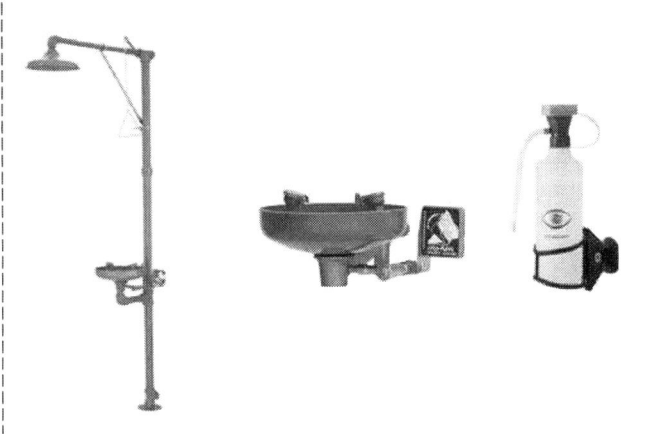

*Disponível em: < https://www.unifal-mg.edu.br/riscosambientais/node/14 >. Acesso em: 27 de set 2018.*

## 2.5 Extintor de incêndio

Os extintores devem ser mantidos regulares e em local de fácil acesso, possibilitando a opção de água pressurizada, pó químico seco e gás carbônico, para situações de acordo com o material envolvido no incêndio.

## 2.6 Caixa rígida coletora de material perfurocortante

Caixa de papelão rígido, dupla, e revestida com saco coletor, com orifício de descarte em tampa superior, com a finalidade de coletar todo material perfurocortante da unidade de trabalho, como agulhas, cateter flexíveis de punção venosa, scalp, ampolas, entre outros, evitando acidentes.

Figura 28 – Caixa rígida coletora de material perfuro cortante.

*Disponível em: https://dentalspeed.com/modelo/coletor-de-perfuro-cortante-13-litros-3740 >. Acesso em: 27 de set 2018.*

## 2.7 Lixeiras

As lixeiras são responsáveis pela coleta e separação do lixo no ambiente de trabalho, evitando a contaminação do mesmo e do meio ambiente. São divididas em três tipos: comum, contaminado e reciclável.

### 2.7.1 Lixo Comum

É classificado como lixo comum, o lixo não contaminado por material biológico, como papel toalha, papel, invólucros de materiais entre outros. O saco plástico destinado a este tipo de resíduo é o de cor preta.

### 2.7.2 Lixo Contaminado

É classificado como lixo contaminado, todo o lixo exposto por material biológico e químico, como seringas, luvas, gazes, entre outros. O saco plástico destinado a este tipo de resíduo é o de cor branca com o símbolo de "contaminante" escrito.

### 2.7.3 Lixo Reciclável

É considerado lixo reciclável o material plástico rígido que não esteve em contato com material biológico e soluções químicas, como frascos de soro e soluções. O saco plástico destinado a este tipo de resíduo é o de cor azul.

## 3 - Boas práticas laboratoriais

Todo colaborador deve conhecer a normas e rotinas de biossegurança da empresa. A empresa empregadora deve proporcionar educações continuadas e cursos para políticas de biossegurança eficazes todos os anos. É dever do empregar fornecer e orientar sobre o uso dos EPCs e EPIs, e dever do trabalhador fazer uso dos mesmos. A seguir, de acordo com Chaves (2016), segue uma série de ações que devem ser colocadas em prática no laboratório:

- todo trabalhador deve conhecer os riscos químicos, físicos, biológicos, radioativos, e ergonômicos com os quais se tem contato em seu ambiente de trabalho.
- seguir as regras de biossegurança.
- evitar trabalhar sozinho com material infeccioso, tendo uma pessoa para auxiliá-lo em casos de acidente.
- ser protegido com imunização (vacina) apropriada quando disponível.
- manter o local de trabalho limpo e organizado, evitando o armazenamento de alimentos, bebidas e materiais não relacionados ao ambiente de trabalho.
- limitar o acesso da área de trabalho somente a pessoas permitidas.
- manter a porta do local de trabalho sempre fechada.
- fazer uso do uniforme correto e das roupas protetoras.
- fazer o uso de luvas sempre que manusear material biológico ou infectante.
- remover as luvas contaminadas da forma correta.
- trocar de luvas a cada troca de material trabalhado.
- não abrir mobiliários, portas e recipientes limpos em uso de luvas.
- retirar o uniforme privativo, jaleco ou roupa de proteção ao sair do ambiente de trabalho.
- não usar sapatos abertos.
- não fazer uso de cosméticos (batom, rímel).
- evitar o uso de lentes de contato.
- os cabelos devem estar sempre presos.
- evitar uso de adornos.
- lavar a mão sempre antes e depois da manipulação de material contaminado ou contato.
- não pipetar com a boca.
- restringir o uso de agulhas e materiais perfurocortantes.
- nunca recapear agulhas.
- não usar vidraria quebrada ou trincada.
- descontaminar a bancada de trabalho sempre que necessário.
- não elevar as mãos a boca ou olhos.
- realizar todos os procedimentos com o mínimo de produção de aerossóis.
- manter as unhas curtas.
- colocar todo material com contaminação biológica em ambientes com tampa e a prova de vazamento, antes de removê-los de uma seção para a outra.
- todo material com contaminação biológica deve ser descontaminado por autoclave ou desinfecção química.
- saber como usar os materiais de proteção coletiva.
- ao sair da área de trabalha verificar se tudo está em ordem, desligar os equipamentos, e apagar as luzes conforme as normas do local.
- estabelecer protocolos operacionais padrão para direcionamento de informação da equipe.
- todo novo trabalhador deve ser orientado sobre as boas práticas de biossegurança aplicadas no trabalho que irá desenvolver.

### Retomando a aula

Por fim, chegamos ao final de mais uma aula! Como de costume, vamos retomar algumas das informações apresentadas em cada seção de estudo.

#### 1 – Equipamento de proteção individual (EPI)

Na primeira seção de estudo, nos foi apresentado o que é um equipamento de proteção individual, sendo cada um deles determinado quanto ao seu modo de usar e de sua importância ao trabalhador. Vale lembrar que este tipo de equipamento é de extrema importância na manipulação de qualquer tipo de material no meio laboratorial. Como já dito nas aulas anteriores, devemos levar os alunos à curiosidade, a vontade de aprender, de ver coisas novas. Muitas escolas já possuem laboratórios de ciências, o que facilita a implementação de aulas práticas na biologia.

#### 2 – Equipamentos de proteção coletiva (EPC)

Aprendemos nessa seção, a diferença entre um EPI (equipamento de proteção individual) e um EPC (equipamento de proteção coletiva). O que difere entre as duas classes de matérias é que os equipamentos coletivos podem proteger ou diminuir os danos relacionados a acidentes em um grupo de pessoas, e não só apenas a um trabalhador.

### 3 – Boas práticas laboratoriais

Nessa seção, descrevemos de forma bastante simples e direta, todos os pontos/ações a serem desenvolvidas por um profissional no âmbito laboratorial, afim de reverter ou minimizar os riscos de acidentes encontrados no local. Vimos que é dever de todo trabalhador conhecer e fazer uso das boas práticas laboratoriais. Além disso, aprendemos que é dever do empregador fornecer todo o material necessário ao trabalhador exercer sua atividade.

## Vale a pena

### Vale a pena ler,

BRASIL. Ministério do Trabalho e Emprego. NR- 6 – SESMT. Manuais de Legislação Atlas. 71ª. Edição. São Paulo: Atlas, 2013.

## Minhas anotações

# Aula 8º

# Tópicos em Biossegurança: gestão de resíduos biológicos e legislação

Caros(as) alunos(as)

Nossa oitava e última aula abordará as questões relacionadas ao correto gerenciamento de resíduos comuns e de saúde. Iremos aprender a classificação dos resíduos quanto a sua característica física e periculosidade à saúde humana e ambiental, além de aprendermos também sobre os resíduos comuns, reciclagem e considerações a respeito de resíduos perigosos, como pilhas e baterias.

Vamos para mais uma aula?

Bons estudos!

## Objetivos de aprendizagem

Ao término desta aula, vocês serão capazes de:

- diferenciar os resíduos biológicos, químicos, radioativos, comuns e perfurocortantes;
- reconhecer a importância do gerenciamento de resíduos;
- caracterizar o tipos de resíduos comuns.

## Seções de estudo

1 – Gerenciamento de resíduos de serviço de saúde
2 – Plano de gerenciamento de resíduos da saúde
3 – Resíduos comuns
4 – Descarte de pilhas e baterias

## 1 - Gerenciamento de resíduos de serviço de saúde

Sabe-se que o descarte inadequado de lixo pode gerar muitos problemas. O gerenciamento adequado dos Resíduos de Serviços de Saúde (RSS) é extremamente importante, pois assim garante qualidade de saúde pública e preservação do meio ambiente, além de garantir segurança ocupacional ao indivíduo que faz o manejo desses resíduos.

No Brasil, os RSS compõem apenas 3% do total de resíduos sólidos urbanos gerados, mas apresentam um potencial de risco muito grande se descartados de maneira inadequada no meio ambiente, pois podem provocar alterações no solo, na água e inclusive no ar, causando danos à diversidade de vidas.

Este tipo de resíduo, quando descartado de maneira incorreta, pode ocasionar diversos problemas a nível de saúde pública ou ambiental.

Segundo dados da Pesquisa Nacional de Saneamento Básico do Instituto Brasileiro de Estatística (IBGE), da totalidade de Resíduos de Serviços de Saúde que são gerados no país, somente 27,7% são encaminhados para os Aterros Sanitários, que, conforme a NBR 8419/1992 da Associação Brasileira de Normas Técnicas (ABNT) são uma técnica de disposição de resíduo sólidos urbanos no solo, sem causar danos à saúde pública e ao meio ambiente, minimizando os impactos ambientais.

Segundo a RDC nº 222/18 e a Resolução CONAMA nº 358/05, definem-se como geradores de RSS todos os serviços relacionados com o atendimento à saúde humana ou animal, inclusive os serviços de assistência domiciliar e de trabalhos de campo; laboratórios analíticos de produtos para saúde; necrotérios, funerárias e serviços onde se realizem atividades de embalsamamento (tanatopraxia e somatoconservação); serviços de medicina legal; drogarias e farmácias inclusive as de manipulação; estabelecimentos de ensino e pesquisa na área de saúde; centros de controle de zoonoses; distribuidores de produtos farmacêuticos, importadores, distribuidores e produtores de materiais e controles para diagnóstico in vitro; unidades móveis de atendimento à saúde; serviços de acupuntura; serviços de tatuagem, dentre outros similares.

Todo gerador deve elaborar um Plano de Gerenciamento de Resíduos de Serviços de Saúde - PGRSS, baseado nas características dos resíduos gerados. O PGRSS é um documento baseado nos princípios da não geração e da minimização de resíduos, que constam na Lei nº 12.305/2010 da Política Nacional de Resíduos Sólidos (PNRS) (MONTAÑO, 2016). Para que o estabelecimento gerador esteja em conformidade com essa mesma lei e outras legislações vigentes, principalmente a Resolução ANVISA nº 222/18 e a Resolução CONAMA nº 358/05, o PGRSS descreve medidas para o correto manejo dos resíduos gerados no local.

O manejo dos RSS deve seguir as seguintes etapas:
1. SEGREGAÇÃO - Consiste na separação dos resíduos no momento e local de sua geração, de acordo com as características físicas, químicas, biológicas, o seu estado físico e os riscos envolvidos.
2. ACONDICIONAMENTO - Consiste no ato de embalar os resíduos segregados, em sacos ou recipientes que evitem vazamentos e resistam às ações de punctura e ruptura. A capacidade dos recipientes de acondicionamento deve ser compatível com a geração diária de cada tipo de resíduo.
3. IDENTIFICAÇÃO - Consiste no conjunto de medidas que permite o reconhecimento dos resíduos contidos nos sacos e recipientes, fornecendo informações ao correto manejo dos RSS.

Cada tipo de resíduo possui um símbolo internacional específico, que o identifica dos demais tipos. Essa identificação deve ser respeitada (principalmente para resíduos infectantes, cujo símbolo representa a tríade de risco biológico, conforme a imagem a seguir), pois a ausência dela pode acarretar em graves problemas ao manipulador, que não saberá que tipo de resíduo está manipulando, colocando-se, consequentemente, em risco.

Figura 29 – Cadeia de infecção e práticas de segurança relacionadas com o símbolo de risco biológico.

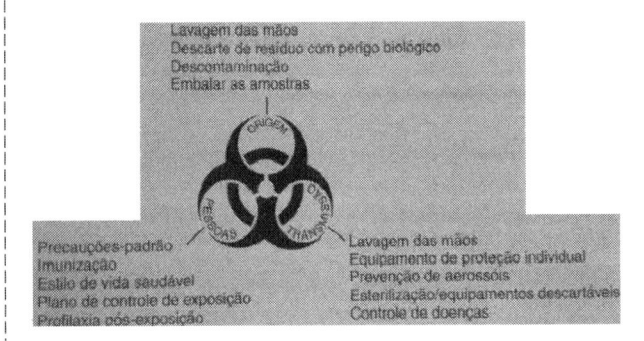

Fonte: Strasinger S. K. e DiLorenzo, M. A. Urinálise e Fluidos Corporais, p. 3. 2009.

4. TRANSPORTE INTERNO - Consiste no traslado dos resíduos dos pontos de geração até local destinado ao armazenamento temporário ou armazenamento externo com a finalidade de apresentação para a coleta.
5. ARMAZENAMENTO TEMPORÁRIO - Consiste na guarda temporária dos recipientes contendo os resíduos já acondicionados, em local próximo aos pontos de geração, visando agilizar a coleta dentro do estabelecimento e otimizar o deslocamento entre os pontos geradores e o ponto destinado à apresentação para coleta externa. Não poderá ser feito armazenamento temporário com disposição direta dos sacos sobre o piso, sendo obrigatória a conservação dos sacos em recipientes de acondicionamento.
6. TRATAMENTO - Consiste na aplicação de

método, técnica ou processo que modifique as características dos riscos inerentes aos resíduos, reduzindo ou eliminando o risco de contaminação, de acidentes ocupacionais ou de dano ao meio ambiente. O tratamento pode ser aplicado no próprio estabelecimento gerador ou em outro estabelecimento, observadas nestes casos, as condições de segurança para o transporte entre o estabelecimento gerador e o local do tratamento. Os sistemas para tratamento de resíduos de serviços de saúde devem ser objeto de licenciamento ambiental, de acordo com a Resolução CONAMA nº. 237/1997 e são passíveis de fiscalização e de controle pelos órgãos de vigilância sanitária e de meio ambiente.
7. ARMAZENAMENTO EXTERNO - Consiste na guarda dos recipientes de resíduos até a realização da etapa de coleta externa, em ambiente exclusivo com acesso facilitado para os veículos coletores.
8. COLETA E TRANSPORTE EXTERNOS - Consistem na remoção dos RSS do abrigo de resíduos (armazenamento externo) até a unidade de tratamento ou disposição final, utilizando-se técnicas que garantam a preservação das condições de acondicionamento e a integridade dos trabalhadores, da população e do meio ambiente, devendo estar de acordo com as orientações dos órgãos de limpeza urbana.
9. TRATAMENTO – Existem vários tipos de tratamento, sendo que a incineração é a forma de tratamento mais utilizada. Outas maneiras são autoclave, micro-ondas ou por substâncias químicas como hipoclorito.
10. DISPOSIÇÃO FINAL - Consiste na disposição de resíduos no solo, previamente preparado para recebê-los, obedecendo a critérios técnicos de construção e operação, e com licenciamento ambiental de acordo com a Resolução CONAMA nº.237/97.

## 2 - Plano de gerenciamento de resíduos da saúde

A resolução RDC nº 222, de 28 de março de 2018 (BRASIL, 2018), é a lei vigente que trata dos assuntos relacionados ao gerenciamento de resíduos do serviço de saúde, sendo que está pressupõe que o local gerador do resíduo deve elaborar um Plano de Gerenciamento de Resíduos de Serviços de Saúde – PGRSS. Este PGRSS por sua vez, deverá estar de acordo com as leis municipais, estaduais e federais vigentes, sendo descritas todas as medidas realizadas pelo local gerador, referentes ao processo de coleta, transporte e disposição final de seu resíduo. O PGRSS objetiva minimizar a geração de resíduos na fonte, adequar à segregação na origem, controlar e reduzir riscos ao meio ambiente e assegurar o correto manuseio e disposição final, em conformidade com a legislação vigente.

### 2.1 Classificação por grupos

Os resíduos são classificados quanto a sua capacidade de causar danos à saúde humana e ambiental, sendo diferenciado por letras, como cita a resolução RDC nº 306 da Agência de Vigilância Sanitária (BRASIL, 2004):

**Grupo A:** Resíduos com a possível presença de agentes biológicos (vírus, bactérias, fungos, protozoários) é identificado pelo símbolo de substância infectante e acondicionado em sacos brancos. Seu tratamento pode ser feito por incineração com posterior disposição final em aterros sanitários;

**Grupo B:** Identificado através do símbolo de risco associado, com discriminação de substância química e frases de risco (inflamável, corrosivo, tóxico, reativo);

**Grupo C:** É representado pelo símbolo internacional de presença de radiação ionizante;

**Grupo D:** Resíduos que não apresentem risco biológico, químico ou radiológico à saúde ou ao meio ambiente, podendo ser equiparados aos resíduos domiciliares.

**Grupo E:** Resíduo perfurocortante, sendo identificado pelo símbolo de substância infectante, acondicionados em recipientes rígidos, resistentes a ruptura e a vazamentos, podendo ser tratados por meio de incineração com posterior disposição final em aterros sanitários.

Figura 30 – Símbolos de identificação dos resíduos.

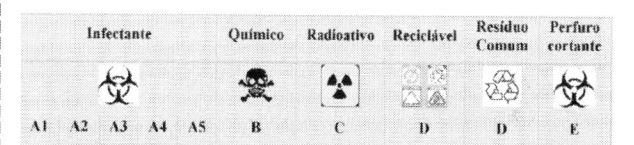

Fonte: < http://www.ebserh.gov.br/documents/147715/0/PlanoGerenciamento/505107dc-cc7f-430a-9b7b-7f94bf7e28bf >. Acesso em: 17 de Set. 2018.

## 3 - Resíduos comuns

Segundo a ONU (2016):

> "Cerca de 80 mil toneladas de resíduos sólidos urbanos são descartadas de forma inadequada no Brasil todos os dias, correspondendo a mais de 40% do lixo coletado. [...]No Brasil, "existem 1.775 lixões, e muitos deles ainda com pessoas catando materiais em condições insalubres e degradantes à dignidade humana" (ONU, 2016, p.1).

De acordo com a Lei 12.305/2010, em seu artigo 54 afirma "A disposição final ambientalmente adequada dos rejeitos, [...], deverá ser implantada em até 4 (quatro) anos após a data de publicação desta Lei." Os lixões deveriam ter sido exterminados no ano de 2014. Contudo, até o fim do prazo, aproximadamente 60% dos municípios ainda dispunham seus resíduos em lixões e aterros controlados. De acordo com a Lei 9.605/98 (Lei de crimes ambientais), os responsáveis por dispor resíduos sólidos em lixões poderão ser responsabilizados. A multa para quem não cumprisse estaria entre R$ 5 mil a R$ 50 milhões, de acordo com os artigos 61 e 62 do Decreto 6.514/08.

O Portal Resíduos Sólidos (2016) demonstra que passado um ano do fim do prazo, 3.000 lixões e aterros controlados ainda encontravam-se em operação no Brasil, correspondendo a aproximadamente 41% dos resíduos gerados pela população brasileira, e neste mesmo momento, apenas 900 municípios possuíam coleta seletiva. Isso demonstra a dificuldade do governo e da população a se atentar às questões ambientais, por isso a educação ambiental se faz necessária na vida da sociedade, afim de que estes dados não ocorram.

Sabe-se da necessidade de fazer-se o descarte correto de papéis, plásticos, vidro e metais, pois o descarte inadequado pode trazer consequências para o meio ambiente. Por isso, faz-se necessário a implementação na rotina de todos a conscientização de descarte adequado para este tipo resíduos, como, por exemplo, por meio de um recipiente destacado nos blocos e pátios de instituições de ensino e locais públicos, com o foco no descarte adequado destes materiais (papéis, plásticos, vidros e metais).

Os resíduos do grupo D classificados como não recicláveis devem ser acondicionados em sacos pretos. A coleta desses resíduos é realizada pelo serviço de limpeza urbana local, oferecido pela Prefeitura Municipal, com destino final no aterro sanitário do município.

Os resíduos recicláveis devem ser segregados de acordo com o tipo, sendo eles: papel, vidro, plástico e metal. Reciclar significa transformar materiais usados em novos produtos para o consumo. Esta necessidade foi despertada pelos seres humanos, a partir do momento em que se verificaram os benefícios que este procedimento traz para o planeta Terra.

Figura 31 – Lixeiras para coleta seletiva.

Fonte: < https://www.solucoesindustriais.com.br/empresa/limpeza_industrial/ecoplast/produtos/limpeza/lixeiras-para-coleta-seletiva-1 >. Acesso em: 17 de Set. 2018.

Em entrevista ao site Opinião e notícia, José Augusto Garutti, CEO da empresa especializada em descarte ecologicamente correto de resíduos, Ecoassist, retratou:

> "O crescimento da população e o consumo exacerbado criam um volume de lixo urbano acima do que o país e o meio ambiente conseguem absorver. Dessa forma, montanhas de lixo acumulam em locais impróprios, tornando a geração de lixo um dos principais vilões do meio ambiente. Além de reduzir a quantidade de rejeitos no meio ambiente, a reciclagem diminui a procura por novas matérias-primas. Dessa forma, quanto mais se recicla, mais se reaproveita e, consequentemente, menor é a necessidade de extrair recursos retirados da natureza" (SCHMIDT, 2018, p. 1).

## 4 - Descarte de pilhas e baterias

Em tempos modernos, o uso da tecnologia vem crescendo cada vez mais, como o uso de aparelhos como telefone celular, computadores portáteis, aparelhos sonoros etc., tornando-se um meio mais prático e fácil para a realização das diferentes atividades do dia a dia. Essa tecnologia utiliza baterias ou pilhas, e muitas vezes, quando não tem mais utilidade, elas são descartadas de forma incorreta no meio ambiente, podendo causar impactos ambientais e também problemas de saúde devido a contaminação pelos metais utilizados em sua composição.

Figura 32 – Lixeira para coleta de pilhas e baterias.

Fonte: < https://www.pensamentoverde.com.br/reciclagem/importancia-descarte-correto-pilhas-baterias/ >. Acesso em: 17 de Set. 2018.

Segundo Albuquerque (2016):

> "As pilhas e baterias possuem substâncias químicas altamente tóxicas e a reação entre as mesmas produz energia elétrica, funcionando como uma usina portátil. O zinco, o chumbo e o manganês são metais encontrados nas pilhas e quando jogados de maneira incorreta no lixo podem contaminar o solo e o lençol freático. Se estes metais forem parar na água e entrarem na cadeia alimentar podem causar sérios problemas à saúde, como câncer, danos ao sistema nervoso central e problemas genéticos" (ALBUQUERQUE, 2016, p. 1).

Essas baterias devem ser descartadas corretamente em pontos de coleta, afim de reduzir a contaminação e posteriores problemas causados pela disseminação dessas substâncias que estão presentes nas pilhas e baterias. Para isso acontecer é recomendável a implantação de programas de educação ambiental e de informações para a população. As pilhas e baterias portáteis utilizadas de forma comum são classificadas em oito tipos de tecnologias: zinco/cloreto; alcalina; mercúrio/zinco; zinco/ar; zinco/prata; lítio, e níquel/cádmio (GOMES, MELO, 2006).

Com isso, nas leis brasileiras ficam apresentadas as normas de gerenciamento, coleta, reciclagem, reutilização, descarte, tratamento e disposição final do produto (PROVAZI et al, 2012). Como por exemplo, a Lei Estadual do decreto de Rio

Grande do Sul n.º 11.019/97 prevê que pilhas e baterias que contenham mercúrio metálico não possam ser depositadas no lixo comum e que os fabricantes desses produtos ou seus representantes comerciais devem exigir dos consumidores as pilhas e baterias usadas.

A Lei 12.305 de agosto de 2010 implementou diretrizes relativas à gestão integrada e ao gerenciamento dos resíduos sólidos, incluindo os perigosos. Ela reforça também o que já havia sido regulamentado pelas resoluções do CONAMA, através da logística e lei obrigatória que o exige, onde o meio empresarial toma responsabilidade acerca das pilhas e baterias, sendo os responsáveis a estes produtos fornecidos e o reaproveitamento em seu ciclo ou ainda dando a estes dispositivos um destino ambientalmente adequado.

Uma forma efetiva para o descarte de pilhas e baterias é o projeto "papa-pilhas", esse projeto tem como objetivo de recolher esse tipo de resíduo e encaminhar para reciclagem correta, a cor da lixeira para o descarte desses resíduos é laranja. Dessa maneira, pode haver uma redução do acúmulo desses resíduos.

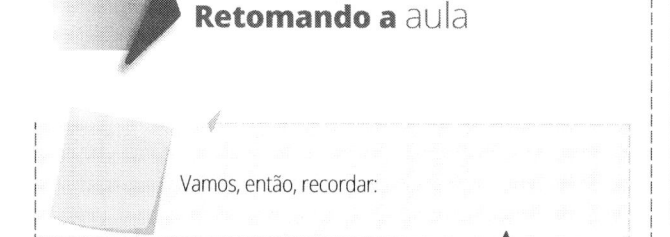

## Retomando a aula

Vamos, então, recordar:

### 1 – Gerenciamento de resíduos de serviço de saúde

Nessa seção, aprendemos a importância do gerenciamento dos resíduos dos serviços de saúde, pontuando as leis vigentes e as etapas do correto descarte e tratamento deste tipo de material. Vimos que em caso de uma destinação inadequada desse tipo de resíduo, diversos problemas na esfera ambiental e da saúde da população podem estar em risco.

### 2 - Plano de gerenciamento de resíduos da saúde

Essa seção abordou informações pertinentes ao Plano de Gerenciamento de Resíduos Sólidos dos Serviços de Saúde (PGRSS), retratando que cada local com potencial gerador deste tipo de lixo deverá elaborar, de acordo com as leis municipais, estaduais e federais vigentes, seu próprio documento, tomando em consideração as peculiaridades do local, pontuando a forma como este material é manipulado, segregado, acondicionado e tratado.

### 3 – Resíduos comuns

Nessa seção, estudamos a respeito do resíduo caracterizado como comum (aquele que não possui características de contaminação biológica, química ou física), que por sua vez não gera, de forma direta, riscos à saúde da população. Entretanto, a problemática do gerenciamento dos resíduos sólidos urbanos, se dá a partir do momento em que estes não são tratados e dispostos corretamente, poluindo o meio ambiente e contaminando o solo, aquíferos e, consequentemente, os animais, as plantas e o homem.

### 4 – Descarte de pilhas e baterias

Essa seção teve por objetivo demonstrar a importância do descarte correto de pilhas e baterias, visto que este tipo de material, caracterizado como resíduo eletrônico, é um dos mais potencialmente infectantes e capazes de poluir o meio ambiente, por meio da liberação de seu conteúdo, contento, em sua maior parte, metais pesados potencialmente toxicantes para o meio ambiente e para o ser humano.

## Vale a pena

### Vale a pena ler,

BRASIL - Agência Nacional de Vigilância Sanitária. Resolução RDC nº 222, de 28 de março de 2018. Dispõe sobre o Regulamenta as Boas Práticas de Gerenciamento dos Resíduos de Serviços de Saúde e dá outras providências. Diário Oficial da República Federativa do Brasil, Brasília, DF, mar. 2018.

BRASIL. Resolução CONAMA n. 358, de 29 de abr. de 2005. Dispõe sobre o tratamento e a disposição final dos resíduos dos serviços de saúde e dá outras providências. Brasília, DF, abr 2005.

### Vale a pena acessar,

Portal resíduos sólidos. Gestão e Gerenciamento de Resíduos. Disponível em: <https://portalresiduossolidos.com/gestao-e-gerenciamento/>. Acesso em: 14 de set. 2018.

Ministério do meio ambiente. Gestão de Resíduos. Disponível em: <http://www.mma.gov.br/responsabilidade-socioambiental/a3p/eixos-tematicos/gest%C3%A3o-adequada-dos-res%C3%ADduos>. Acesso em: 14 de set. 2018.

## Referências

ARNAUD, Débora Karenine Lacerda; DANTAS, Murielle Magda Medeiros; GUIMARÃES, Maria Luíza Candido; SILVA, Taize Araújo. *Produção de horta suspensa com utilização de garrafas PET*. 2012. Disponível em: <http://propi.ifto.edu.br/ocs/index.php/connepi/vii/paper/view/1325/2163>. Acesso em: 15 jul. 2018.

BALBINO, Michele Lucas Cardoso; OLIVEIRA, Laene Leticia Vieira de. *A interdisciplinaridade na educação ambiental e sua aplicação no ensino superior*. In: Âmbito Jurídico, Rio

Grande, XVII, n. 123, abr 2014. Disponível em: < http://www.ambito-juridico.com.br/site/?n_link=revista_artigos_leitura&artigo_id=14062 >. Acesso em: set 2018.

BÁO, S. N. *CARTILHA DE SEGURANÇA PARA O CAMPO E LABORATÓRIO*. Programa Especial de Treinamento. Departamento de Biologia Celular - CEL/Universidade de Brasília-UnB. [20-?].

BARBIERI, J. C. et al. *Inovação e Sustentabilidade:* Novos Modelos e Proposições. Revista de administração de empresas RAE/FGV, v.50, n.2, p.146-154, abr./jun. 2010.

BARBIERI, José Carlos; SILVA, Dirceu Da. *Desenvolvimento sustentável e educação ambiental:* uma trajetória comum com muitos desafios. RAM. Revista de Administração Mackenzie, v. 12, n. 3, p. 51–82, 2011.

BARBOSA, J. P. L. *Impasses políticos na atividade de reflorestamento*. 2015. Dissertação (Mestrado em Administração) – Universidade Estadual de Londrina, Paraná.

Beskow, Eduardo; Mattei, Lauro. *NOTAS SOBRE A TRAJETÓRIA DA QUESTÃO AMBIENTAL E PRINCIPAIS TEMAS EM DEBATE NA CONFERÊNCIA RIO + 20*. Revista NECAT - Ano 1, nº 2, p. 4-12, Jul-Dez de 2012.

Bomfim, Alexandre Maia do, Anjos, Maylta Brandão dos, Floriano, Marcio Douglas, Figueiredo, Carmen Simone Macedo, Santos, Denise Azevedo dos, & Silva, Carolina Luiza de Castro da. *Parâmetros curriculares nacionais:* uma revisita aos temas transversais meio ambiente e saúde. Trabalho, educação e saúde. Rio de Janeiro, v. 11, n. 1. 2013.

BONZI, Ramón Stock. *Meio Século de Primavera silenciosa:* um livro que mudou o mundo. Desenvolvimento e Meio Ambiente, v. 28, 2013.

BORGES, Jorge Amaro de Souza. *Sustentabilidade & acessibilidade:* educação ambiental, inclusão e direitos da pessoa com deficiência - práticas, aproximações teóricas, caminhos e perspectivas! OAB, Conselho Federal, 2014.

BRASIL - Agência Nacional de Vigilância Sanitária. Resolução RDC nº 222, de 28 de março de 2018. Dispõe sobre o Regulamenta as Boas Práticas de Gerenciamento dos Resíduos de Serviços de Saúde e dá outras providências. Diário Oficial da República Federativa do Brasil, Brasília, DF, mar. 2018.

BRASIL - Agência Nacional de Vigilância Sanitária. Resolução RDC nº 306, de 7 de dezembro de 2004. Dispõe sobre o Regulamento Técnico para o gerenciamento de resíduos de serviços de saúde. Diário Oficial da República Federativa do Brasil, Brasília, DF, dez. 2004

BRASIL. Lei nº 9.394/1996. Estabelece as Diretrizes e Bases da Educação Nacional.1996. Disponível em: < http://www.planalto.gov.br/ >. Acesso em: 10 de set. 2018.

BRASIL. Constituição (1988). Constituição da República Federativa do Brasil. Brasília, DF: Senado Federal: Centro Gráfico, 1988. 292 p.

BRASIL. Decreto nº 6.938, de 31 de ago. de 1981. Política Nacional do Meio Ambiente, Brasília, DF, ago. 1981.

BRASIL. Lei 12.305, de 2 de ago. de 2010. Institui a Política Nacional de Resíduos Sólidos; altera a Lei no 9.605, de 12 de fevereiro de 1998; e dá outras providências. Brasília, DF, ago. 2010.

BRASIL. Lei nº 11.105, de 24 de Março de 2005. Disponível em: < http://www.planalto.gov.br/ccivil_03/_ato2004-2006/2005/lei/l11105.htm >. Acesso em: 10 set 2018.

BRASIL. Lei nº 6.938, de 31 de agosto de 1981. Política Nacional do Meio Ambiente. Brasília, DF, ago. 1981.

BRASIL. Ministério da Educação. Educação Ambiental: aprendizes de sustentabilidade. Brasília: Secad/MEC, 2007.

BRASIL. Ministério da Educação. Programa parâmetros em ação, meio ambiente na escola: guia do formador. / Secretaria de Educação Fundamental. – Brasília: MEC; SEF, 2001. 426p.

BRASIL. Ministério do Meio Ambiente e Ministério da Educação. Programa Nacional de Educação Ambiental ProNEA. 3 ed. Brasília, 2005. 102p.

Brasil. Ministério do Meio Ambiente. Agenda 21. Disponível em: < http://www.ana.gov.br/AcoesAdministrativas/RelatorioGestao/Agenda21/iniciar.html >. Acesso em: 10 de Set. 2018.

Brasil. Ministério do Meio Ambiente. Conselho Nacional do Meio Ambiente. Resolução nº 358, de 29 de abril de 2005. Dispõe sobre o tratamento e disposição final dos resíduos de serviço de saúde e dá outras providências. Diário Oficial da União abr. 2005; Seção1.

Brasil. Ministério do Meio Ambiente. *Consultoria Jurídica*. Legislação Ambiental Básica / Ministério do Meio Ambiente. Consultoria Jurídica. Brasília: Ministério do Meio Ambiente, UNESCO, 2008. 350 p.

BRASIL. Ministério do Meio Ambiente. Lei n. 9.795/1999. Dispõe sobre a educação ambiental, institui a Política Nacional de Educação Ambiental e dá outras providências. 1999. Disponível em: < http://www.planalto.gov.br/ >. Acesso em: 10 de Set. 2018.

BRASIL. Ministério do Trabalho e Emprego. NR- 6 – SESMT. Manuais de Legislação Atlas. 71ª. Edição. São Paulo: Atlas, 2013.

BRASIL. Parâmetros Curriculares Nacionais: terceiro e quarto ciclos: apresentação dos temas transversais / Secretaria de Educação Fundamental. Brasília: MEC/SEF, 1998. Disponível em: < http://portal.mec.gov.br/seb/arquivos/pdf/ttransversais.pdf >. Acesso em: 10 de Set. 2018.

BRASIL. Portaria MT, nº 871, de 06 de julho de 2017. NR 9 - Programa de prevenção de riscos ambientais (109.000-3). Brasília, DF, 2017.

BRASIL. Resolução CONAMA n. 237, de 19 de dez. de 1997. Dispõe sobre a revisão e complementação dos procedimentos e critérios utilizados para o licenciamento ambiental. Brasília, DF, dez. 1997.

BRASIL. Resolução CONAMA n. 358, de 29 de abr. de 2005. Dispõe sobre o tratamento e a disposição final dos resíduos dos serviços de saúde e dá outras providências. Brasília, DF, abr. 2005.

BRUNO, A. N. *Biotecnologia I:* Princípios e Métodos. Porto Alegre: Bookman, 2014.

BURSZTYN, Marcel. *Ciência, ética e sustentabilidade:* Cortez, 2001.

CABREIRA, Ana Paula Martins, *A inclusão da educação ambiental como disciplina curricular nas escolas municipais de São Gabriel-RS:* reflexões sobre a educação formal, não formal e informal. 2013. 75f. Monografia de especialização –

Universidade Federal de Santa Maria, Santa Maria, 2013.

Chagas, K. K. N. *Por uma Educação Sensível:* Brincar, Criar e Sentir. 1ª ed. Curitiba: Appris, 2017.

CHAVES, M. J. F. *Manual de Biossegurança e Boas Práticas Laboratoriais*. Laboratório de genética e cardiologia molecular do instituto do coração. Versão 02. 2016. Disponível em: < https://genetica.incor.usp.br/wp-content/uploads/2014/12/Manual-de-biosseguran%C3%A7a-e-Boas-Pr%C3%A1ticas-Laboratoriais1.pdf >. Acesso em: 23 de set. 2018.

CORDIOLI, M. S. C. *A normatização da biossegurança no Brasil:* aspectos econômicos e sociais. Boletim científico: Escola Superior do Ministério Público da União. ano 7, n. 28/29. Brasília, DF, 2008.

CTNBio – Relatório Anual 2016. Disponível em: < http://ctnbio.mcti.gov.br/relatorios-anuais >. Acesso em: 10 set. 2018.

DICIOa. Dicionário online de português: Significado de Meio. Disponível em: < https://www.dicio.com.br/ambiente/ >. Acesso em: 15 de mai. 2018.

DICIOb. Dicionário online de português: Significado de Ambiente. Disponível em: < https://www.dicio.com.br/meio/ >. Acesso em: 15 de mai. 2018.

DICIOc. Dicionário online de português: Significado de Ambiente. Disponível em: < https://www.dicio.com.br/meio-ambiete/ >. Acesso em: 15 de mai. 2018.

FIOCRUZ. Fundação Osvaldo Cruz. *Cabine de Segurança Biológica*. [online]. [20-?]. Disponível em: < http://www.fiocruz.br/biosseguranca/Bis/lab_virtual/cabine-seguranca-biologica-nb2.htm >. Acesso em: 23 de set. 2018.

FIOCRUZ. *Manual de Biossegurança*. 2005. Disponível em: < http://www.fiocruz.br/biosseguranca/Bis/bismanua.htm >. Acesso em: 12 de set 2018.

FONSECA, A., DA SILVA, A., BISPO, E., PEIXOTO, E., JR, M., FERREIRA, W. *Desenvolvimento Sustentável, Uma Nova Era para a Indústria no Brasil*. Revista Expressão, n. 02, p. 19, 2012.

FREIRE, P. *Pedagogia do oprimido*, ed. 17, Rio de Janeiro, Paz e Terra. 107 p. 1987.

FREITAS, Eduardo de. *"O cidadão no desenvolvimento sustentável";* Brasil Escola. Disponível em: < https://brasilescola.uol.com.br/geografia/o-cidadao-no-desenvolvimento-sustentavel.htm >. Acesso em: 29 jul. de 2018.

GOHN, Maria da Glória. *Educação não-formal, participação da sociedade civil e estruturas colegiadas nas escolas*. Ensaio: aval. pol. públ. Educ., Rio de Janeiro, v.14, n.50, p. 27-38, jan./mar. 2006.

GOMES A. C. L., MELO S. R., *Pilhas e efeitos nocivos*. ARQ MUDI. 2006;10(3):10-5.

GREEN SAVERS. *Boas práticas:* "xixi no banho" faz bem ao ambiente. Disponível em: < https://greensavers.sapo.pt/boas-praticas-xixi-no-banho-faz-bem-ao-ambiente/ >. Acesso em: 15 jul. de 2018.

HUMANOS, PRÓ-REITORA DE RECURSOS. *Biossegurança em laboratórios*. SESMT – Universidade Federal do Maranhão, 2011-18.

LAYRARGUES, P. P. *A resolução de problemas ambientais locais deve ser um tema gerador ou uma atividade-fim da educação ambiental?* In: Verde cotidiano: o meio ambiente em discussão / Marcos Reigota (org.) – Rio de Janeiro: DP&A, 2001. 2ª edição.

LEFF, E. *Saber Ambiental:* sustentabilidade, racionalidade, complexibilidade, poder. 9ª ed. Petrópolis, RJ: Vozes, 2012.

LEFF, Enrique. *Saber ambiental:* sustentabilidade, racionalidade, complexidade, poder. Petrópolis, RJ: Vozes, 2001.

LIMA, G. S. *Biossegurança em laboratório físico-químico e bacteriólogico de água*. CRBio. 2014. Disponível em: < http://www.crbiodigital.com.br/portal?txt=3177333639 >. Acesso em: 23 de set. 2018.

Loureiro, C. F. B. *Educação ambiental e conselho em unidades de conservação:* aspectos teóricos e metodológicos / Carlos Frederico B. Loureiro, Marcos Azaziel, Nahyda Franca. – Ibase: Instituto TerrAzul: Parque Nacional da Tijuca, 2007.

Loureiro, C.F.B.; Saisse, M.V. & Cunha, C.C. 2013. *Histórico da Educação Ambiental no âmbito federal da Gestão Ambiental Pública:* Um Panorama da divisão do IBAMA à sua Reconstrução no ICMBio. Desenvolvimento e Meio Ambiente 57–73

LUSTOSA, Maria Cecília; CÂNEPA, Eugênio Miguel; VINHA, Valéria; YOUNG, Carlos Eduardo Frickmann. Política ambiental. In: MAY, Peter H.; LUSTOSA, Maria Cecília; VINHA, Valéria (Orgs.). Economia do meio ambiente: teoria e prática. Rio de Janeiro: Elsevier, 2003.

MARANDINO, Martha; SELLES, Sandra Escovedo; FERREIRA, Marcia Serra. *Ensino de Biologia:* histórias e práticas em diferentes espaços educativos. São Paulo: Cortez, 2009. (Coleção Docência em Formação. Série Ensino Médio).

MARX, Karl. Para a crítica da economia política. São Paulo: Nova Cultural, 1999.

Mello, Lucélia Granja de. *A importância da Educação Ambiental no ambiente escolar*, in EcoDebate, ISSN 2446-9394, 2017.

MILLER JUNIOR., G. T. *Ciência ambiental*. São Paulo: Cengage Learning, 2008.

MONTAÑO, J. *Resíduos Sólidos* – Serviços de Saúde e o PGRSS. [online]. Disponível em: < http://ambientesst.com.br/residuos-solidos-servicos-de-saude-e-o-pgrss/ >. Acesso em: 23 de set. 2018.

NETO, N. W. *Risco Químico* – O que fazer, quando fazer e como fazer. [online]. Disponível em: < https://segurancadotrabalhonwn.com/risco-quimico/ >. Acesso em: 26 de set. 2018.

OLIVA, F. L., SOBRAL, M. C., TEIXEIRA, H. J., GRISI, C. C. H., & ALMEIDA, M. I. R. *Desenvolvimento sustentável:* análise das relações interorganizacionais da indústria de celulose e papel. Ambiente e Sociedade, 15(1), 71-92. 2012.

PAULO. *Estudos de Fisioterapia:* Riscos em biossegurança. [online]. Disponível em: < https://fisioterapeutaanamarli.wordpress.com/2014/03/20/riscos-em-biosseguranca/ >. Acesso em: 26 de set. 2018.

PELEGRINI, Djalma Ferreira; VLACH, Vânia Rúbia Farias. *As múltiplas dimensões da educação ambiental:* por uma ampliação da abordagem. Soc. nat. (Online), Uberlândia, v. 23, n. 2, p. 187-196, ago. 2011. Disponível em: < http://www.scielo.br/scielo.php?script=sci_arttext&pid=S1982-45132011000200003&lng=en&nrm=iso >. Acesso em: 26

set. 2018.

PELICIONI, M. C. F. *Educação ambiental em diferentes espaços*. São Paulo: Signus, 2007.

PHILIPPI JR, Arlindo; ALVES, Alaôr Caffé; ROMÉRO, Marcelo de Andrade; BRUNA, Gilda Collet (ed.). *Meio ambiente, direito e cidadania*. São Paulo: Signus Editora, 2002.

PHILIPPI JR., Arlindo; PELICIONI, Maria Cecília Focesi. *Educação ambiental e sustentabilidade*. Barueri: Manole, 2005.

PIMENTA, Mayana Flávia Ferreira; NARDELLI, Aurea Maria Brandi. *Desenvolvimento sustentável*: os avanços na discussão sobre os temas ambientais lançados pela conferência das Nações Unidas sobre o desenvolvimento sustentável, Rio 20 e os desafios para os próximos 20 anos. Perspectiva, v. 33, n. 3, p. 1257, Jan. 2016.

PORTAL DOS RESÍDUOS SÓLIDOS. [online]. Disponível em: < http://www.transbordoambiental.com/category/noticias/portal-residuos-solidos/ >. Acesso em: 24 de set. 2018.

PROGRAMA DAS NAÇÕES UNIDAS PARA O DESENVOLVIMENTO - PNUD. *Relatório de desenvolvimento humano 1999*: globalização com uma face humana. Lisboa: Tricontinental, 1999

PROVAZI, K., ESPINOSA., D. C. R., TENÓRIO, J. A. S., *Estudo eletroquímico da recuperação de metais de pilhas e de baterias descartadas após o uso*. Rem: Revista Escola de Minas [en linea] 2012.

REIGOTA, M. *O que é Educação Ambiental*. São Paulo: Brasiliense, 2004.

REIGOTTA, MM. *O que é educação ambiental*. Primeiros Passos. São Paulo: Brasiliense, 1994. 62p.

ROSS, A., BECKER, E. L. S., *Educação ambiental e sustentabilidade*. Revista Eletrônica em Gestão, Educação e Tecnologia Ambiental REGET/UFSM, Santa Maria, v(5), n°5, p. 857 - 866, 2012.

SACHS, Ignacy. *Desenvolvimento*: includente, sustentável, sustentado. Rio de Janeiro: Garamond, 2008.

SAHEB, D; ALVES, A. P. A *Educação Ambiental na Educação Infantil*. In: Anais do XI Congresso Nacional de Educação (EDUCERE), Pontifícia Universidade Católica do Paraná, Curitiba-PR, 2013, p. 30025-30032.

SANTOS, LEILANE ALVES DE ARGÔLO; SIMÕES, LIVIA SANTOS; BUCK, THOMAS DE ARAUJO. *Inovação como estratégia para o desenvolvimento sustentável praticado pelas empresas*. RISUS - Journal on Innovation and Sustainability. v. 4, n. 3, 2013.

SAUVÉ, L. *Educação ambiental e desenvolvimento sustentável*: uma análise complexa. Revista de Educação Pública, Mato Grosso: UFMT, vol 6, n° 010, 72-103, jul-dez, 1997.

SCHMIDT, H. *Os primeiros passos da reciclagem*. Opinião e notícia. [online]. Disponível em: < http://opiniaoenoticia.com.br/brasil/os-primeiros-passos-da-reciclagem/ >. Acesso em: 26 de set. 2018.

SCHWANKE, C. *Ambiente* - Conhecimentos e Práticas. 1ª ed. Porto Alegre: Bookman, 2013.

SECCON, Simone. *Educação ambiental*. Simone Seccon. Dourados: UNIGRAN, 2010.

SEVERO, ELIANA ANDRÉA; DE GUIMARÃES, JULIO CESAR FERRO. *Desenvolvimento Sustentável*: Premissas, Realidade e Novas Perspectivas. XVI Encontro Internacional Sobre Gestão Empresarial e Meio Ambiente - ENGEMA. 2014.

SILVA, NADJA FERREIRA. UM ESTUDO DA COORDENADORIA DE EDUCAÇÃO AMBIENTAL DE PRAIA GRANDE COMO POLÍTICA DE MEIO AMBIENTE. 2015. *Dissertação (Mestrado em Educação)* - Universidade Católica de Santos, São Paulo.

SORRENTINO, M.; BIOSOLI, S. *Ambientalização das instituições de educação superior*: a educação ambiental contribuindo para a construção de sociedades sustentáveis. In: Ruscheinsky et al (orgs) Ambientalização nas instituições de educação superior no Brasil: caminhos trilhados, desafios e possibilidades. p. 39- 46, 2014.

SORRENTINO, MARCOS; Trajber, Rachel; Mendonça, Patrícia; Junior, Luiz Antonio Ferraro. *Educação ambiental como política pública*. Educação e Pesquisa, São Paulo, v. 31, n. 2, p. 285-299, 2005.

SOUZA-LIMA, José Edmilson De. *Educação Ambiental, Epistemologia e Metodologias*. FLORIANI, Dimas e KNECHTEL, Maria do Rosário. Desenvolvimento e Meio Ambiente, v. 7, 2003

TÁVORA, ALLISON. *Desenvolvimento sustentável* – o que é e como alcançá-lo? Disponível em: < https://meioinfo.eco.br/desenvolvimento-sustentavel-o-que-e/ >. Acesso em: 23 jul. 2018.

TOMAZINI, A. S. *Projeto escola verde*: problemas e perspectivas. Educação ambiental em ação. n. 64, ano XVII. 2018.

VON DENTZ, C. *Epistemologia e Educação Ambiental*: algumas perspectivas. [Dissertação de mestrado]. Programa de Pós-graduação em Educação – Universidade Regional de Blumenau. Blumenau, 2008.

**Minhas** anotações

# Graduação a Distância

**1º SEMESTRE**

## Ciências Biológicas

# BIOLOGIA
## CELULAR

**UNIGRAN** - *Centro Universitário da Grande Dourados*

Rua Balbina de Matos, 2121 - CEP 79.824 - 9000
Jardim Universitário
Dourados - MS
Fone: (67) 3411-4141 / Fax: (67) 3411-4167

*Os direitos de publicação desta obra são reservados ao Centro Universitário da Grande Dourados (UNIGRAN), sendo proibida a reprodução total ou parcial de acordo com a Lei 9.160/98.*

*Os artigos de sites e revistas indicados para a leitura foram registrados como nos originais.*

CEAD

# Apresentação da Docente

Perla Loureiro de Almeida, graduada em Ciências Biológicas pelo Centro Universitário da Grande Dourados - Unigran (1998), Especialista em Metodologia do Ensino de Biologia (1999), mestra em Ciências da Saúde pela Universidade Federal de Brasília, (2006). Atua como professora desde (2003), nos cursos de Ciências Biológicas, Farmácia, Biomedicina, Educação Física, Enfermagem, Agronomia e no Sistema EAD. Ministra às disciplinas de Citologia, Genética, Embriologia e Histologia. Também atua na licenciatura do curso de Pedagogia, ministrando a disciplina de Ciências Naturais.

ALMEIDA, Perla Loureiro de. Biologia Celular. Dourados: UNIGRAN, 2019.

52 p.: 23 cm.

1. Celular. 2. Nucleicos..

# Sumário

**Conversa inicial** *Origem celular* .......................... 4

**Aula 01**
*Origem celular* .......................... 5

**Aula 02**
*Elementos químicos da célula* .......................... 13

**Aula 03**
*Envoltório celular e transportes* .......................... 21

**Aula 04**
*Organelas citoplasmáticas* .......................... 29

**Aula 05**
*Núcleo Celular* .......................... 35

**Aula 06**
*Divisão Celular* .......................... 39

**Aula 07**
*Ácidos Nucleicos* .......................... 43

**Aula 08**
*Síntese Proteica* .......................... 47

**Referências** .......................... 51

# Conversa Inicial

Prezados(as) estudantes:

Bem-vindos(as) à disciplina de Citologia, é com grande prazer e satisfação que vamos discutir e aprofundar nossos conhecimentos sobre essa área da Biologia.

Para que seu estudo se torne proveitoso e prazeroso, esta disciplina foi organizada em 08 aulas, com temas e sub-temas que, por sua vez, são subdivididos em seções (tópicos), atendendo aos objetivos do processo de ensino-aprendizagem.

Após ter estudado a Aula 01 introdutória, que tratou da Origem celular, e sua fundamentação teórica. Na segunda aula, abordaremos os Elementos químicos da célula e seus funcionamentos frente a uma visão microscópica, procurando discutir quais as funções elementares à nível celular. Na terceira aula, veremos o Envoltório celular e seus transportes internos e externos. Enquanto na quarta aula, estudaremos as Organelas citoplasmáticas. Na quinta aula, focaremos no núcleo celular, elemento central de uma célula, e na aula seis nossa atenção se volta para a divisão celular, como elas ocorrem e em quais células. Na aula sete, apresentaremos os Ácidos nucleicos e sua importância para nossas células. E por fim, na aula oito, vamos encerrar com a Síntese Proteica, que são eventos que conduzem a célula a produzir sua proteína.

Esperamos que essas abordagens possam contribuir para melhorar sua formação e suas interpretações sobre os diversos assuntos tratados neste guia. Estamos em tempo de grandes evoluções e grandes inovações na área da saúde, principalmente, partindo dos princípios da célula.

Vamos, então, à leitura das aulas?

Boa leitura!

## Aula 1º

# Origem celular

Caros(as) aluno (as),

Em nossa primeira aula abordaremos a origem das células. Estudaremos as hipóteses sustentadas sobre a evolução celular ao longo da história da Citologia. Analisaremos as células que fazem parte do nosso organismo, como as conhecemos hoje, bem como as de todos os seres vivos. É sabido que elas passam por várias adaptações ao longo de milhares de anos para adquirirem a complexidade funcional que registramos hoje. Também vamos observar que, mesmo com um metabolismo avançado das células existentes, as mesmas, ainda mantém boa parte da estrutura e funcionamento rudimentar das primeiras células.

Bons estudos!

## Objetivos de aprendizagem

Ao término desta aula, vocês serão capazes de:

- conhecer os levantamentos histórico-científicos da origem das primeiras células neste planeta;
- identificar as hipóteses sobre a evolução dos primeiros seres vivos e como se deu a formação do organismo vivo.

# Seções de estudo

1 – As primeiras teorias sobre a origem da vida
2 – Teoria de Oparin e Haldane

## 1 - As primeiras teorias sobre a origem da vida

É um imenso prazer iniciarmos a nossa aula abordando os assuntos de Citologia, que é a ciência que tem como principal fundamento o estudo da célula. Vamos analisar como seria a constituição celular, vejamos o gráfico abaixo:

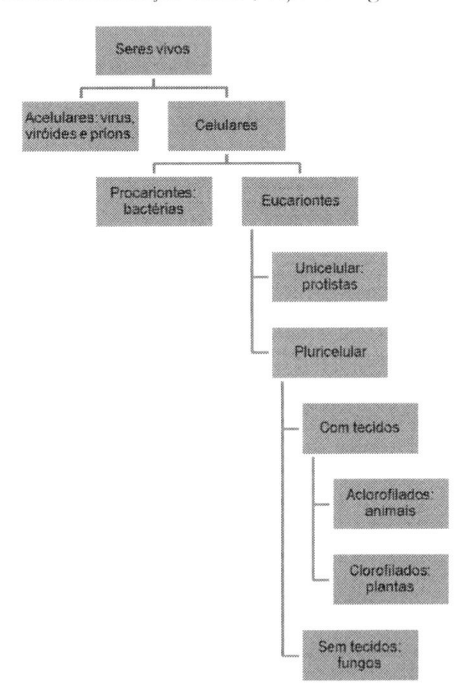

*Fonte: própria autora.*

Por meio desse diagrama é possível entender, de maneira simplificada, como se dá a organização celular dos seres vivos. Observamos também os seres considerados acelulares, que são os vírus, que serão estudados a parte. Daqui por diante vamos estudar os organismos celulares, e mais especificamente nesta disciplina, os seres Eucariontes. Posteriormente, ao longo do nosso curso, faremos uma abordagem mais atenta dos seres Procariontes (bactérias) e também dos vírus.

Vamos seguir a linha de raciocínio de nosso diagrama, onde mencionamos os Eucariontes. Em seguida, abordaremos sua evolução celular.

O professor Regis Romero faz uma abordagem precisa da origem da vida, que nos auxiliará agora e seguirá nos orientando em futuras discussões:

> Desde a Antiguidade o problema da origem da vida e dos seres vivos preocupa o ser humano. Antigas doutrinas da Índia, da Babilônia e do Egito ensinavam que rãs, cobras e crocodilos eram gerados pelo lodo dos rios. Esses seres, que apareciam inexplicavelmente eram encarados como manifestações da vontade dos deuses e gerados espontaneamente. (Disponível em: <https://slideplayer.com.br/slide/1670894>. Acesso em: 28 de junho de 2018).

Aristóteles, outro grande pensador das ciências da vida (384 – 322 a. C), cujas ideias influenciaram diversas áreas do conhecimento, acreditava que um "princípio ativo" ou "vital" teria a capacidade de transformar a matéria bruta em um ser vivo. Dessa interpretação surgiu a Teoria da geração espontânea ou Teoria da Abiogênese, segundo a qual todos os seres vivos originam-se espontaneamente da matéria bruta. Disponível em: (<https://s3.amazonaws.com/.../material/52.Enem-quiz-origem-e-evolucao-da-vida-hipot>). Acesso em: 28 de junho de 2018.

De acordo com a explicação que o professor Enrico apresenta no site Matéria: Biologia Assunto: Hipóteses de origem da vida, a Teoria da Abiogênese é reforçada. Ele dá o seguinte exemplo: "Jan Baptist van Helmont (1577-1644), um cientista belga, chegou a dar uma "receita" para se produzir seres vivos. Ele ensinava a produzir ratos a partir de uma camisa suja e suada colocando grãos de trigo em um local protegido." (Disponível em: <docplayer.com.br/24001466-Materia-biologia-assunto-hipoteses-de-origem-da-vida-p...>). Acesso em: 28 de junho de 2018.

*Disponível em: <https://cintramillena.wixsite.com/revistaocosmos/single-post/2017/03/08/ABIOG%C3%8ANESE-E-BIOG%C3%8ANESE>. Acesso em: 28 de junho de 2018.*

A teoria da Abiogênese, entretanto foi contestada por vários cientistas. Seus adversários provaram que um ser vivo só se origina de outro ser vivo – Teoria da Biogênese. Um deles foi Francesco Redi (1626-1697), cujas pesquisas se voltaram contra a Teoria da Abiogênese. Redi começou a questionar essa interpretação e levantou a hipótese de que esses "vermes" surgiram de ovos colocados por moscas atraídas pela carne podre. Porém, neste período, não se tinha essa total compreensão disso.

**EXPERIMENTO DE REDI**

*Disponível em: <https://www.todamateria.com.br/experimento-de-redi/>. Acesso em: 28 de junho de 2018.*

Os experimentos de Redi foram muito importantes para reforçar a Biogênese. Leeuwenhoek (132-1723) reforçaria –, posteriormente – sua tese ao utilizar um microscópio construído por ele, por meio do qual descreveu microrganismos não vistos a olho nu. É certo que esses modelos eram simples e precários, feitos por meio de lentes de lunetas adaptadas. Essas discussões sobre a origem dos seres suscitaram diversas opiniões ainda controvertidas, como em 1745, a do cientista inglês John T. Needham (1713-1781), que realizou vários experimentos nos quais submetia à fervura frascos contendo substâncias nutritivas. Mesmo após fervura e frasco fechado, após alguns dias, surgem microrganismos, o que voltou a reforçar a questão da Geração Espontânea. Disponível em: (<hotsites.editorasaraiva.com.br/livrodigital/arquivos_biologia/27.pdf>). Acesso em: 28 de junho de 2018.

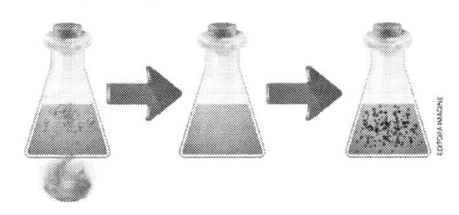

*Disponível em: <http://www.universiaenem.com.br/sistema/faces/pagina/publica/conteudo/texto-html.xhtml?redirect=44331988240971018221165816681>. Acesso em: 28 de junho de 2018.*

Para discutirmos melhor os experimentos realizados entre a Teoria da Biogênese e Abiogênese, vocês podem consultar o site: *Geração espontânea ou abiogênese - Só Biologia*, no qual se pode ver melhor o tema.

> Posteriormente, em 1770, o pesquisador italiano Lazzaro Spallanzani, repetiu os experimentos de Needham com algumas modificações e obteve resultados diferentes. Spallanzani colocou substâncias nutritivas em balões de vidro fechando-os hermeticamente e colocando em caldeirões com água e submetidos à fervura por cerca de uma hora. Após alguns dias, ele abriu os frascos e observava o líquido ao microscópio. Nenhum organismo estava presente! Spallanzani explicava que Needham não havia fervido sua solução nutritiva por tempo suficiente, esterilizando-a". Disponível em: (<https://www.sobiologia.com.br/conteudos/Evolucao/evolucao2.php>). Acesso em: 23 de junho de 2018.

**Biogênese versus abiogênese**

OS EXPERIMENTOS DE NEEDHAM E SPALLANZANI

*Disponível em: <https://www.slideshare.net/wellgermano/origem-da-vida-65780188>. Acesso em 13 de julho de 2018.*

Needham respondeu a essas críticas dizendo que Spallanzani, ao ferver por muito tempo as substâncias nutritivas em recipientes hermeticamente fechados, havia destruído a força vital e tornando o ar desfavorável ao aparecimento da vida.

> Spallanzani realizou novos experimentos, mostrando que havia aparecimento de vida quando os recipientes fechados e submetidos à fervura eram abertos e entravam em contato com o ar, provando que a "força vital" não havia sido destruída." Disponível em: (<https://br.answers.yahoo.com/question/index?qid=20080717093142AAFacJe>). Acesso em: 27 de julho de 2018.

Diante dessas controvérsias constatamos que a história de origem e evolução celular ficou estagnada por um tempo. Somente por volta de 1860 o cientista francês Louis Pasteur (1822-1895), conseguiu provar definitivamente que os seres vivos originam-se de outros seres vivos. Ele realizou experimentos com balões do tipo "pescoço de cisne".

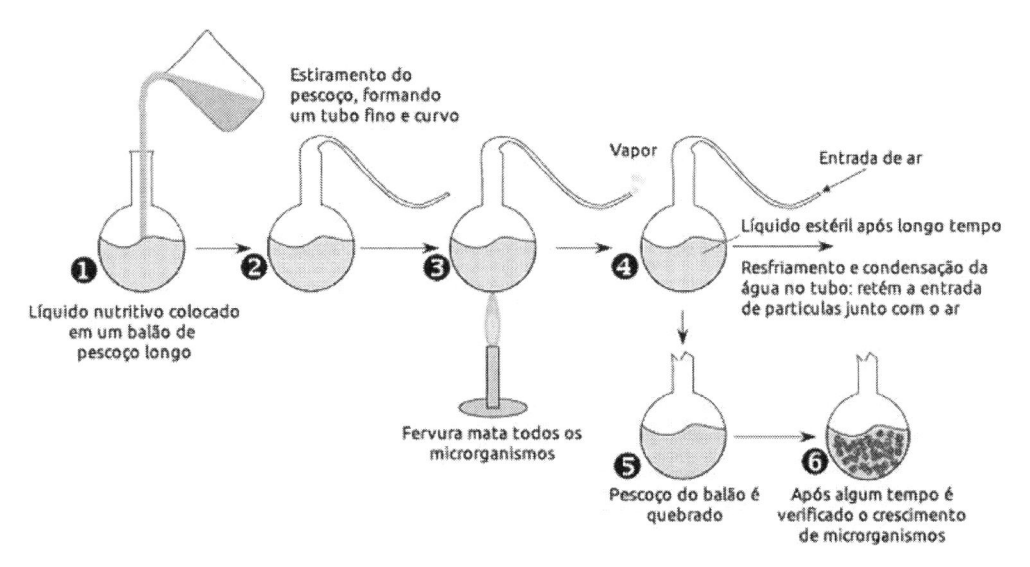

*Disponível em: <http://www.buscaescolar.com/biologia/biologia-visao-geral-e-origem-da-vida/>. Acesso em: 14 de maio de 2018.*

Esse experimento mostrou que um líquido, ao ser fervido, não perde a "força vital", como defendia os adeptos da Abiogênese, pois quando o pescoço do balão é quebrado, após a fervura desse líquido, aparecem seres vivos. O experimento rebateu ainda outro argumento dos adeptos da abiogênese. O que se justifica é que o líquido fica exposto ao ar atmosférico, deste modo provando a presença de microrganismos na atmosfera. Dessa forma, a Teoria da Abiogênese foi complemente vencida, passando a ser defendida como origem dos seres, a teoria da Biogênese.

Mesmo assim é possível questionar: mas afinal como surgiram os primeiros seres vivos neste planeta? Como foi possível, o surgimentos destes seres microscópios defendidos pela Teoria da Biogênese, que um ser só se origina a partir de outro pré-existente por semelhança.

## 2 - Teoria de Oparin e Haldane

Vamos ver daqui por diante, a teoria que sustenta até o momento a hipótese da origem celular. Ela surge na Teoria de Oparin e Haldane, dois cientistas que trabalham independentemente. Oparin era russo (1894 – 1980), e Haldane era inglês (1892 – 1964). Ambos chegam a mesma conclusão, mesmo havendo pequenas divergências:

Segundo suas hipóteses, tudo começou com as erupções vulcânicas, bastante comuns na época primitiva da Terra, que liberavam uma enorme quantidade de substâncias em forma de gases e partículas: Metano ($CH_4$), Amônia ($NH_3$), Hidrogênio ($H_2$) e Água ($H_2O$). Com o passar do tempo e pela ação a força da gravidade tais substâncias ficaram suspensas e passaram a formar a atmosfera primitiva da Terra.

Essa atmosfera recém-formada é conhecida como um ambiente redutor, ou não oxidante, pois o oxigênio era inexistente em sua composição ou apresentava-se em quantidade insignificante. Na mesma época, a Terra passou por um período de constantes oscilações térmicas e entrou em um processo de resfriamento, o que permitiu o acúmulo de água em suas depressões formando o que conhecemos como mares primitivos.

A atmosfera era naquela época desprovida da camada de Ozônio ($O_3$), portanto era constantemente atingida pelas descargas elétricas e radiações, em especial a ultravioleta. Essa quantidade de energia permitiu que algumas de suas moléculas se unissem dando origem a um tipo de molécula mais complexa. Estas seriam as primeiras moléculas orgânicas.

Com a chuva constante estas moléculas acabavam sendo arrastadas para os mares primitivos que eram rasos e quentes transformando-o numa enorme "sopa nutritiva", enriquecido com compostos orgânicos. Lá essas moléculas novamente se agregariam formando coacervados. Coacervados é oriundo do latim *coacervare* que significa "formar grupos", mas neste caso chamamos de *coacervados* o grupo de moléculas orgânica envolto por moléculas de água. Estes coacervados eram uma espécie de sistema isolados do meio, mas que trocavam com ele substâncias e possuíam reações químicas em seu interior.

Segundo Oparin e Haldane se foi possível a existência de coacervados, outros grupos mais complexos surgiram, provavelmente envoltos numa membrana de lipídios e proteínas, posteriormente com ácido nucleico. Seria como um processo de evolução, o que originaria mais tarde as primeiras formas de vida na Terra. Disponível em: (<https://www.estudopratico.com.br/hipotese-de-oparin-e-haldane/>). Acesso em: 28 de junho de 2018.

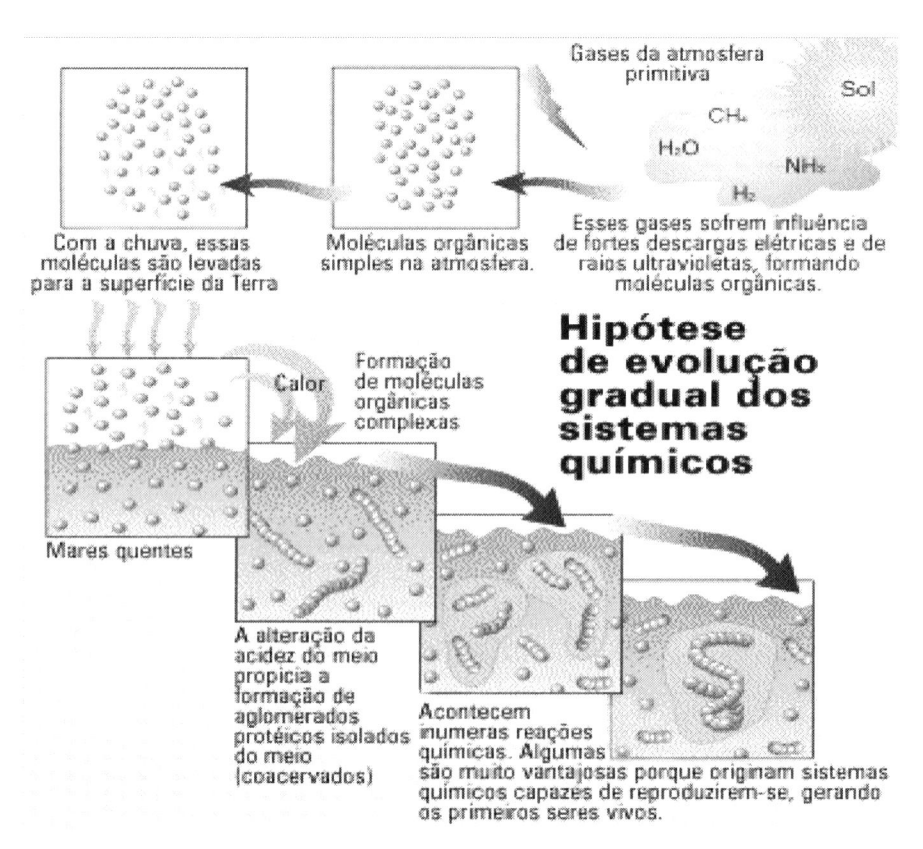

*Disponível em: <http://www.mma.gov.br/port/cgmi/nossoamb/agua/agua/ndx04.html>. Acesso em: 28 de junho de 2018.*

Na hipótese de Oparin e Haldane, primeiramente, precisamos imaginar um Planeta Terra primitivo, totalmente inóspito. Em milhares de anos esses eventos foram ocorrendo até que formam o que consideramos um princípio celular: o Coacervato. Mas, vamos nos questionar o por quê?

Primeiramente, o básico de uma célula seria sua membrana plasmática que é uma circunferência externa, a qual sabemos hoje que realmente é formada por proteínas e lipídios. No nível de comparação celular, é sobre a composição de um material nuclear, mesmo sem evidências de membrana no núcleo, mas sim de ácido nucléico, que corresponderia hoje ao DNA e RNA da célula, e mais uma vez, a hipótese aponta acertos para esta constituição.

Os coacervatos não eram seres vivos, mas sim uma primitiva organização das substâncias orgânicas em um sistema isolado do meio (protobionte). Alguns coacervatos teriam se tornando mais complexos, passando a apresentar em seu interior uma importante molécula, o ácido nucléico, que também teria se originado nas mesmas condições em que se formaram as outras substâncias orgânicas.

> Nesse momento teriam surgido os primeiros seres vivos que, apesar de muito primitivo, eram capazes de se reproduzir dando origem a seres semelhantes a eles. Esses primeiros organismos possuem compostos orgânicos em sua composição celular e têm capacidade de reprodução." Disponível em: (<https://www.sobiologia.com.br/conteudos/Evolucao/evolucao4.php>). Acesso em: 28 de junho de 2018.

Todo ser vivo precisa de alimentos, que são degradação nos processos metabólicos para liberação de energia e a realização de funções, portanto, os coacervatos precisam de fonte alimentar, e esta se fez pela captura dos elementos inorgânicos que se encontravam no oceano primitivo, tais como carbono, hidrogênio, entre outros, que eram provenientes da atmosfera.

Esses alimentos degradados também podem ser utilizados como matéria-prima na síntese de outras substâncias orgânicas, possibilitando o crescimento e a reposição de perdas que acontecem no organismo. Vamos analisar o esquema abaixo, para entender melhor essa evolução celular.

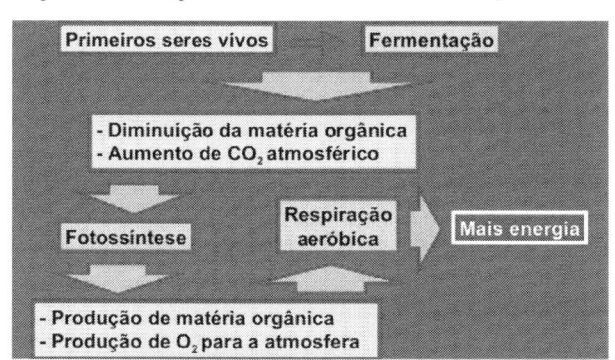

Disponível em: <https://pt.slideshare.net/brandaobio/origem-da-vida-15453821>. Acesso em: 28 de junho de 2018.

Vimos então caros(as) alunos(as), que os primeiros organismos eram estruturalmente muito simples, e supõe-se que as reações químicas em suas células também o fossem.

Eles viviam em um ambiente aquático, rico em substâncias nutritivas, mas não havia oxigênio na atmosfera, nem dissolvido na água dos mares.

Nessas condições, é possível supor que, tendo alimento abundante ao seu redor, esses primeiros seres teriam utilizado esse alimento já pronto como fonte de energia – **heterótrofos**, organismos que não são capazes de sintetizar seu próprio alimento.

Uma vez dentro da célula, o alimento precisa ser degradado, liberando energia para os demais processos metabólicos, porém sem envolver o oxigênio. Nas condições da Terra atual, a via metabólica mais simples para se degradar alimento sem oxigênio é a fermentação – processo anaeróbico.

Um dos tipos mais comuns de fermentação é a alcoólica. O açúcar (glicose) é degradado em álcool etílico (etanol) e gás carbônico, liberando energia para as várias etapas do metabolismo celular.

Os primeiros organismos deveriam viver num meio rico em alimento e teriam aumentado em número por reprodução. Porém, as condições climáticas ao longo do tempo mudaram a ponto de não mais ocorrer síntese pré-biótica da matéria orgânica. Deste modo o alimento foi ficando escasso, tem início uma competição por fonte de energia e muitos morreram e outros se adaptaram, optando, por exemplo, da luz solar.

Com o auxílio do pigmento a clorofila, sintetizaram seu próprio alimento orgânico, a partir da água e gás carbônico, surgindo os **autótrofos fotossintetizantes**, que não competiam com os heterótrofos. Como surgem os autótrofos, ocorre a liberação do oxigênio neste momento, originando os primeiros seres capazes de metabolizar esse gás, são os **aeróbicos** que realizam a respiração.

Por meio da respiração, o alimento, especialmente o açúcar (glicose), é degradado em gás carbônico e água, liberando muito mais energia para a realização das funções vitais do que na fermentação.

Vamos analisar por meio deste esquema a evolução até o momento dos primeiros seres unicelulares:

**Coavervato**
(alimenta-se de substância inorgânica do meio)
↓
**HETERÓTRÓFICO**
(alimenta-se de substância inorgânica, sem presença de Oxigênio)
↓
**FERMENTAÇÃO**
(metabolismo sem oxigênio).
↓
**AUTÓTROFO**
(Alimento ficando escasso, houve adaptação por meio da energia luminosa, para produzir alimento)
↓
**FOTOSSÍNTESE**
(ocorre a produção de energia para a célula e liberação de oxigênio no meio e para atmosfera)
↓
**RESPIRAÇÃO**
(adaptação dos heterotróficos e autótrofos com presença de oxigênio)

Ainda existem indícios científicos de bactérias, ou seja, seres unicelulares que realizam todos esses eventos metabólicos, tanto fermentação, quanto respiração. Como processo evolutivo, temos estudos que comprovam a presença de **Células Procariontes** que sobreviveram com a adaptação em presença do oxigênio, realizando o metabolismo por respiração.

Estudos atuais têm demonstrado que dois grupos distintos de procariontes divergiram muito cedo na história evolutiva da vida:
a) Grupo das arqueobactérias (Archea)
b) Grupo das bactérias ou eubactérias (Eubactéria)

Esses dois grupos quando tratados conjuntamente são denominados **Reino Monera**. Sendo assim, o termo Arquea refere-se à antiguidade da origem do grupo, sendo as primeiras células existentes no planeta. Hoje esse grupo vive em locais de condições ambientais inóspitas, como fontes termais e água muito salina. Disponível em: (<https://conhecimentodacelula.weebly.com/conhecimento-da-ceacutelula.html>). Acesso em: 28 de junho de 2018.

O grupo das Eubactérias, estão presentes as cianobactérias, por exemplo, e as mais estudadas em diversos ambientes, pois na atualidade podem estar associadas com contaminação de água por exemplo. Deste modo vejam, que bactérias provenientes de evoluções, ainda encontram-se em nosso meio. (fiz a correção do parágrafo)

Depois, temos o surgimento das primeiras **Células Eucarióticas**, a partir das células procarióticas que passaram a desenvolver evaginações e invaginações da membrana plasmática, tornando-se maiores e mais complexas. Esses dobramentos teriam dado origem às várias estruturas citoplasmáticas delimitadas por membrana e a carioteca.

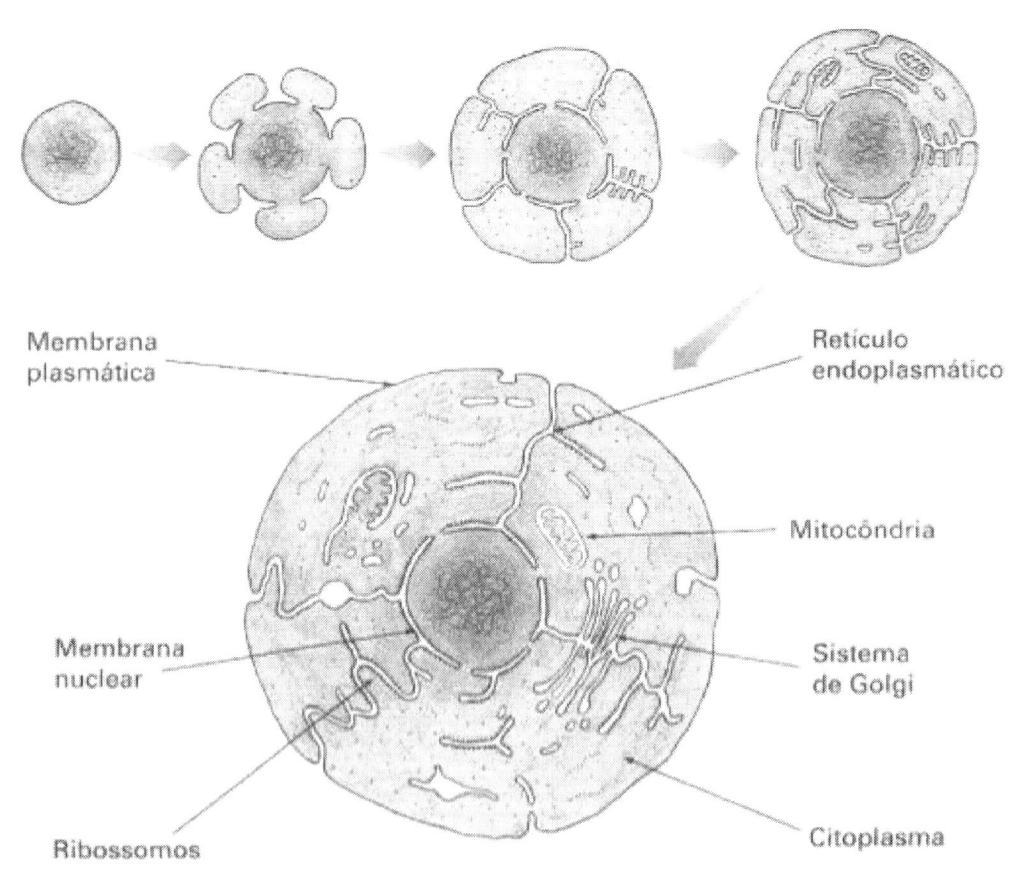

*Disponível em: <https://pt.slideshare.net/LaraTavares/a-origem-da-vida-54537879>. Acesso em: 28 de junho de 2018.*

Vejamos como ocorreu a evolução das células, com o papel de organelas que são as mitocôndrias e os cloroplastos: "Dentre as estruturas membranosas, apenas as mitocôndrias e os cloroplastos parecem ter tido origem diferente das demais. As mitocôndrias são responsáveis pela respiração celular, ocorrendo em praticamente todos os eucariontes. E os cloroplastos são responsáveis pela fotossíntese e estão presentes apenas nas plantas e nas algas unicelulares (euglena e diatomáceas) e multicelulares". Disponível em: (<https://www.vivendociencias.com.br/2014/02/origem-e-evolucao-das-celulas.html>). Acesso em: 18 de julho de 2018.

Agora vamos entender como ocorreu esta evolução, para as células que conhecemos hoje.

> Supõe-se que os primeiros eucariontes eram anaeróbicos e tinham por hábito englobar bactérias como alimento. Em algum momento da evolução desses organismos, algumas dessas bactérias, que já tinham capacidade de realizar respiração, teriam sido mantidas no citoplasma dos eucariontes e não teriam sido degradadas. Disponível em: (<https//www.vivendociencias.com.br/2014/02/origem-e-evolucao-das-celulas.html>). Acesso em: 28 de junho de 2018.

O autor Lynn Margulis, explica que:

> [...] essa associação teria trazido benefícios tanto para os eucariontes como para as bactérias. Por realizarem a respiração, as bactérias teriam trazido vantagens aos eucariontes, pois a respiração é um processo de liberação de energia dos alimentos muito mais eficiente que a fermentação. Para a bactéria, a associação também teria sido vantajosa, pois ela recebia proteção e nutrição dos eucariontes. Disponível em: (<www.bethbiologia.com.br/p/dos-procariontes-aos-eucariontes-lynn.html>). Acesso em: 28 de julho de 2018.

Essa **relação de simbiose** do tipo mutualismo, com benefício para ambos os indivíduos, teria se perpetuado, e essas bactérias teriam dado origem às atuais mitocôndrias.

Depois de estabelecida esta associação, alguns eucariontes iniciaram outra simbiose, desta vez com cianobactérias que realizavam a fotossíntese, dando origem aos atuais cloroplastos.

## Hipótese simbiótica da origem de mitocôndrias e cloroplastos

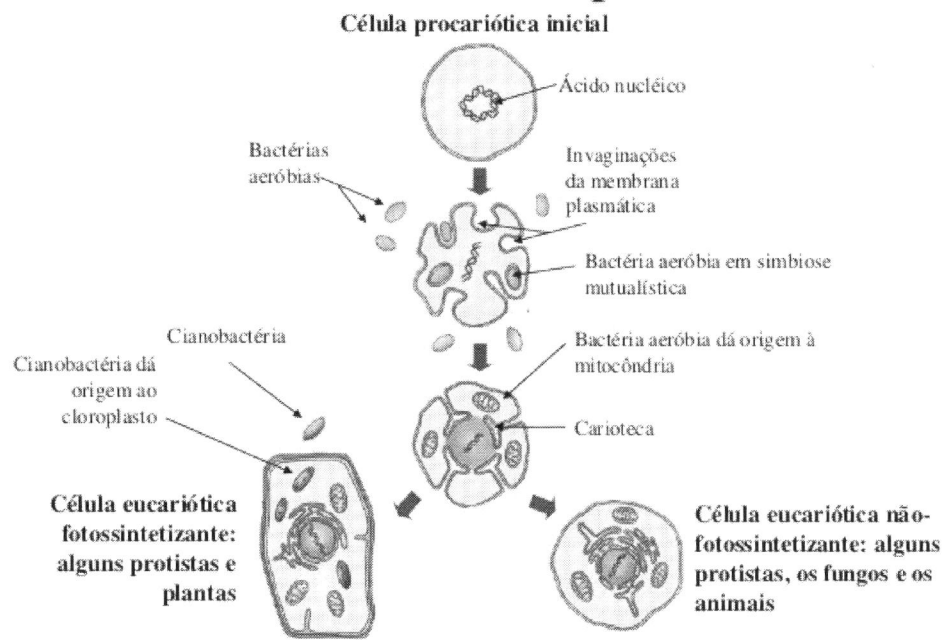

Disponível em: <https://pt.slideshare.net/costasimone/a1-origemorganizaocelular>. Acesso em: 28 de junho de 2018.

Neste esquema, observa-se como ocorreu a evolução celular e a partir destas daremos continuidade ao nosso estudo sobre a célula, observando seus compartimentos internos e estruturas externas, tão importantes para a constituição dos seres vivos.

## Retomando a aula

Chegamos, assim, ao final da primeira aula. Espera-se que agora tenha ficado mais claro o entendimento de vocês sobre a Origem celular. Vamos, então, recordar:

### 1 - As primeiras teorias sobre a origem da vida

Nesta seção podemos estudar as hipóteses apontadas em séculos antes de Cristo. Momento em que os cientistas não tinham recursos tecnológicos nem conhecimento para levantarem hipótese sobre a origem da vida, como a Biogênese, que apontava o surgimento de um novo ser a partir de um "princípio ativo", algo que despertasse em um dado momento o aparecimento de uma nova vida.

Posteriormente, a teoria da Abiogênese, foi rebatida pela Biogênese, que por meio do experimento de Redi, este provou que havia microrganismo no ar, mesmo sem o uso de microscópio, que na época não havia. E assim, a teoria da Abiogênese, teoria da geração espontâneas, matéria sem vida, foi substituída pela teoria da Biogênese, que comprova que todos os seres vivos são originados de outros seres vivos.

### 2 – Teoria de Oparin e Haldane

Pode-se acompanhar o levantamento hipotético de Oparin e posteriormente testado por Haldane em laboratório, sobre a Teoria da Origem da Vida, ou seja, a origem das primeiras células neste planeta.

Primeiramente, a teoria aborda uma atmosfera extremamente primitiva contendo apenas alguns gases, os quais após fortes tempestades e por meio de descargas elétricas dos raios, foram arrastados para um oceano raso, quente e muito primitivo, onde os elementos inorgânicos colhidos na atmosfera foram se associando até formarem as primeiras células, o coacervato. A partir destes, temos a evolução das células existentes até os dias de hoje.

## Vale a pena

### Vale a pena acessar

*Abiogênese e Biogênese*: saiba quais as principais diferenças. Disponível em: <https://www.significados.com.br/diferenca-entre-abiogenese-e-biogenese/>. Acesso em: 28 jun. 2018.

*Teoria da biogênese e abiogênese* - Estudo Prático. Disponível em: <https://www.estudopratico.com.br/teoria-da-biogenese-e-abiogenese>. Acesso em: 28 jun. 2018.

*Abiogênese X Biogênese* - YouTube
Disponível em: <https://www.youtube.com/watch?v=EjyH5MkGdPY>. Acesso em: 28 jun. 2018.

*A hipótese de Oparin e Haldane* - Estudo Prático
Disponível em: <https://www.estudopratico.com.br/hipotese-de-oparin-e-haldane/>. Acesso em: 28 jun. 2018.

Teoria de oparin & haldane - YouTube
Disponível em: <https://www.youtube.com/watch?v=DsNmHlw20sY>. Acesso em: 28 jun. 2018.

## Minhas anotações

# Aula 2º

# Elementos químicos da célula

Caros(as) alunos(as),
Sabemos que para nosso organismo funcionar perfeitamente, nossa saúde deve estar em harmonia. Desse modo, como somos seres multicelulares, precisamos proporcionar condições elementares para que cada célula do nosso corpo exerça seu papel de maneira correta. Nesta aula, abordaremos quais os elementos químicos que são "matéria-prima" para o bom funcionamento das células.
Boa aula!

— Bons estudos!

## Objetivos de aprendizagem

Ao término desta aula, vocês serão capazes de:

- compreender que os elementos químicos são de suma importância para que a célula realize seu metabolismo;
- identificar a classificação dos elementos químicos inorgânicos e orgânicos da célula.

## Seções de estudo

1 – Elementos inorgânicos da célula
2 – Elementos orgânicos da célula

## 1 - Elementos inorgânicos da célula

Vamos iniciar nossa jornada sobre o campo celular. Para isso, veremos quais são os componentes químicos necessários para o funcionamento equilibrado de uma célula. Partiremos da seguinte ideia: quando falamos da evolução biológica e começamos a analisar os seres vivos, os primeiros seres celulares, percebemos que todas as formas de vida apresentam os mesmos componentes químicos. Sendo esses divididos em dois grandes grupos: substâncias inorgânicas e substâncias orgânicas.

Disponível em: <http://slideplayer.com.br/slide/364486>. Acesso em: 24 jun. 2018.

Na imagem apresentada, vemos que os elementos são divididos em dois grupos. Mas, qual o motivo desta separação? A resposta é simples: os elementos inorgânicos são formados pelos componentes químicos básicos, como, por exemplo: carbono, hidrogênio, oxigênio, cálcio, entre outros. Já os elementos orgânicos são mais complexos e apresentam longas cadeias de carbono associadas a outros elementos químicos.

Observem a imagem a seguir:

Disponível em: <http://planetabiologia.com/a-composicao-quimica-da-celula>. Acesso em: 24 jun. 2018.

Nessa figura é possível observar o quão importante são os elementos químicos em nossa célula. Percebe-se que não há ausência dos elementos citados acima, o que indica a necessidade de reposição frequente, por meio de nossa alimentação. Os nutricionistas dizem frequentemente que devemos nos alimentar várias vezes ao longo do dia e procurar variar as cores dos alimentos. É com variação dos alimentos, que podemos extrair o fundamental para o metabolismo celular.

Para facilitar nossa compreensão, vamos abordar cada elemento químico e procurar apontar, principalmente, sua função a nível celular.

### 1.1 Água

A água é o elemento de maior abundância em nossa célula. Apresenta um percentual de 70%. Muito superior aos demais elementos químicos. Portanto, logo de início vemos que é de extrema importância para a célula.

Vamos analisar quais são as funções desse elemento primordial:

- Pelo seu percentual elevado, é um elemento importante como solvente na maioria das substâncias na célula, proporcionando a hidrólise, ou seja, quebra da substância pela água;
- Após solubilizar uma dada substância, a água realiza o transporte do meio intracelular para extracelular e vice versa;
- Outro papel fundamental, atua como regulador térmico, quando a célula animal e vegetal realizam as etapas do processo da respiração, ocorre a perda de água. Essa estratégia ajuda a célula a regularizar a temperatura do organismo como um todo.

Vamos analisar melhor esta última função da água na célula. Por exemplo, uma célula animal, ou seja, nossa célula. Para realizar um bom metabolismo, esta deve estar em temperatura de 36°C, que é a temperatura corpórea do homem. Em casos de elevação de temperatura, como um superaquecimento por conta de uma febre; grande atividade física; e/ou mesmo exposição ao sol, a tendência do nosso corpo é superaquecer. Para que nossa célula continue metabolizando e a água exercendo suas funções, assim como os demais elementos químicos, a estratégia é perder água, como forma de resfriar a mesma. Quando isto se dá, torna-se necessário repor a água utilizada no resfriamento!

Vamos analisar esse questionamento com base na imagem a seguir:

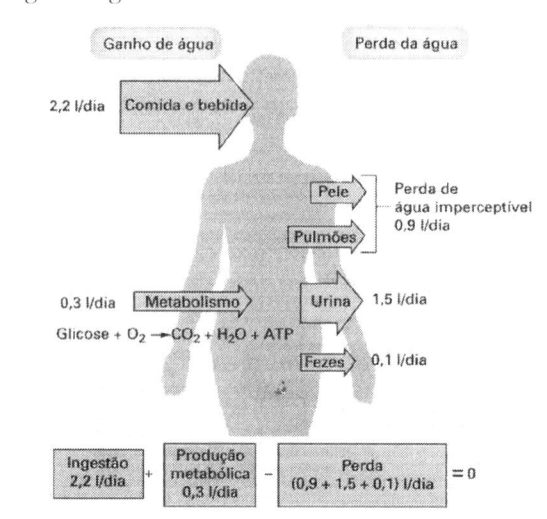

Disponível em: <http://faqbio.blogspot.com.br/2012/03/quanto-tempo-uma-pessoa-vive-sem-agua.html>. Acesso em: 25 jun. 2018.

A imagem apresentada exemplifica a existência de um ganho básico de água de 2,2L de água/dia por meio da ingestão de nossa dieta alimentar. Para que o nosso organismo realize o processo metabólico, o qual está associado às funções da água, e também perdas por meio da pele e dos pulmões, sendo este, mais um processo biológico do nosso organismo. Percebam que no final do dia, temos um estoque zerado, aquilo que foi adquirido, foi consumido, por isso a importância de reposição em quantidade considerada ao longo do dia.

Existem três fatores importantes na água que devem ser levados em consideração para que haja um percentual ideal para um bom metabolismo. Vejamos:

- Espécie: indica a espécie de ser vivo e o percentual de água nas variedades de células. Por exemplo, células de uma medusa (espécie marinha), têm cerca de 90% de água em sua célula; célula vegetal, como uma semente, pode apresentar cerca de 10% de água; nossas células de modo geral, podem apresentar cerca de 70% de água.
- Idade: indica a idade cronológica do indivíduo, ou seja, quanto mais jovem, mais capacidade de manutenção de água nos tecidos.
- Atividade celular: este fator é fundamental, pois quanto mais ativo for um determinado metabolismo, como por exemplo, o tecido muscular de uma pessoa ativa, pode apresentar cerca de 80% de água em relação ao metabolismo muscular de uma pessoa sedentária que pode atingir cerca de 60%. Portanto, quanto mais o tecido ser ativado no organismo, maior será sua capacidade de manutenção de água.

Portanto, a água é um elemento muito importante na célula, pois é por meio desta que ocorre boa parte da distribuição dos demais elementos químicos.

## 1.2 Sais minerais

Os sais minerais são elementos inorgânicos, são obtidos pela alimentação e têm funções específicas no organismo. Porém, sua quantidade mesmo sendo mínima, é de consumo diário pelo organismo. Por isso se faz necessário realizar uma alimentação equilibrada e variada, para maior extração dos sais minerais.

Vejam alguns exemplos:

| SAIS MINERAIS | FUNÇÕES | PRINCIPAIS ALIMENTOS |
|---|---|---|
| Cálcio (Ca) | Forma ossos e dentes; atua no funcionamento dos músculos e nervos e na coagulação do sangue. | Laticínios e hortaliças de folhas verdes (brócolis, espinafre, etc.). |
| Fósforo (P) | Forma ossos e dentes; participa da transferência de energia e da molécula dos ácidos nucléicos. | Carnes, aves, peixes, ovos, laticínios, feijões e ervilhas. |
| Sódio (Na) | Ajuda no equilíbrio dos líquidos do corpo e no impulso nervoso e nas membranas da célula. | Sal de cozinha e sal natural dos alimentos. |
| Cloro (Cl) | Forma ácido clorídrico do estômago. | Encontra-se combinado ao sódio no sal comum. |
| Potássio (K) | Age com o sódio no equilíbrio de líquidos e no funcionamento dos nervos e das membranas. | Frutas, verduras, feijão, leite, cereais. |
| Magnésio (Mg) | Forma a clorofila; atua em várias reações químicas junto com enzimas e vitaminas; ajuda na formação dos ossos e no funcionamento de nervos e músculos. | Hortaliças de folhas verdes, cereais, peixes, carnes, ovos, feijão, soja e banana. |
| Ferro (Fe) | Forma a hemoglobina, que ajuda a levar oxigênio e atua na respiração celular. | Fígado, carnes, gema de ovo, pinhão, legumes e hortaliças de folhas verdes. |
| Iodo (I) | Faz parte dos hormônios da tireóide, que controlam a taxa de oxidação da célula e o crescimento. | Sal de cozinha iodado, peixes e frutos do mar. |
| Flúor (F) | Fortalece ossos e dentes. | Água fluoretada, peixes e chás. |

*Disponível em: <http://biologia-no-vestibular.blogspot.com.br/2012/10/aula-bioquimica.html>. Acesso em: 24 jun. 2018.*

Com a tabela apresentada, percebe-se a importância de alguns sais minerais que fazem parte da dieta alimentar humana, devemos buscar essas fontes com mais frequência. Observe atentamente nela a atuação de cada uma em nosso organismo.

Outro ponto importante deve ser considerado sobre os sais minerais. É que os constituintes da massa óssea são armazenados neste tecido, portanto, não se fazem necessários de manutenção diária. Caso haja uma deficiência no organismo, como por exemplo, o cálcio, em processo de coagulação do sangue, este será extraído das células do tecido ósseo e conduzido pelo tecido circulatório até o local necessário no organismo. Mas, somente em condições normais, não em eventos hemorrágicos de grade porte.

Os demais sais minerais que não fazem parte do tecido ósseo precisam ser repostos diariamente por meio de nossa alimentação. Portanto, uma dieta bem equilibrada e balanceada é fundamental para o bom funcionamento das células, e consequentemente para o organismo.

*Disponível em: <http://www.mundoboaforma.com.br/o-que-e-uma-dieta-balanceada-e-por-que-e-importante/>. Acesso em: 24 jun. 2018.*

## 2 - Elementos orgânicos da célula

Vamos observar a importância dos elementos orgânicos em nossa célula, quais são suas classificações e funções.

### 2.1 Vitaminas

As vitaminas são de suma importância para o organismo como micronutrientes, além de terem importância na célula de maneira isolada, também fazem parte de alguns processos metabólicos, como dos lipídeos, das proteínas e até de carboidratos. Porém, é importante ressaltar que nosso organismo não consegue produzi-las. Portanto, é necessário que haja uma boa alimentação, bem variada surgir a possibilidade de extraí-las. As vitaminas podem variar quanto a sua ingestão de acordo com idade, sexo, estado de saúde e atividade física do indivíduo.

Vamos observar a tabela com algumas das principais vitaminas:

| Vitaminas | Principais funções |
|---|---|
| Vitamina A | Garante a formação e a manutenção das funções do sistema visual. Ainda, participa do sistema de defesa do corpo, pois está envolvida desde a formação da "barreira" de defesa nas mucosas até a formação das células desse sistema. |
| Vitamina D | Atua no aumento da absorção intestinal e o equilíbrio do cálcio em todo o corpo, fundamental ao desenvolvimento e a manutenção de um esqueleto saudável. Mais recentemente, a vitamina D também tem sido apontada como um importante modulador do sistema de defesa. |
| Vitamina E | Importante antioxidante, ajudando a manter o funcionamento e a estrutura das células livre dos danos da ação dos radicais livres. |
| Vitamina C | Essencial para o bom funcionamento do sistema de defesa, auxiliando na prevenção de infecções, gripes e resfriados. Também apresenta importante papel na cicatrização e construção dos tecidos do corpo. |
| Ácido fólico | Fundamental para o crescimento e o desenvolvimento normal de todo o corpo, pois participam da formação das células. |
| Vitamina B1 | Participa do processo de geração de energia, pois faz parte do metabolismo dos carboidratos. O funcionamento do sistema neurológico e o funcionamento adequado do coração também contam com essa vitamina. |
| Vitamina B2 | Participa da produção das células do sangue que transportam oxigênio para todo o corpo. Ainda, participa dos processos de geração e aproveitamento de energia pelas células. |
| Niacina | Auxilia o funcionamento neurológico e participa dos processos de geração e aproveitamento de energia pelas células. |
| Vitamina B6 | Fundamental para o transporte de oxigênio até as células. Além disso, participa da formação de diversas células importantes para a comunicação cerebral. |
| Vitamina B12 | O metabolismo de carboidratos e gorduras, especialmente, é dependente da presença e atuação da vitamina B12. Isso significa que toda a energia presente nesses nutrientes só se torna disponível para as células a partir da atuação desta vitamina. |
| Vitamina K | Promove a coagulação do sangue, evitando a perda de sangue excessiva em ferimentos. Ainda, estudos mostram que a vitamina K também está relacionada à saúde dos ossos. |
| Biotina | Participa do fornecimento de energia para as células e também é necessária para a multiplicação das células. |
| Ácido pantotênico | Faz parte do processo de geração de energia, proveniente dos carboidratos e gorduras. Também participa da síntese de hormônios ligados ao crescimento. |

*Disponível em: <http://www.rgnutri.com.br/2016/05/05/funcoes-das-vitaminas/>. Acesso em: 24 jun. 2018.*

A tabela apresentada clarifica o conceito de que as vitaminas, em muitos processos, acabam complementando outros eventos metabólicos na célula. Desse modo, está provada a importância dos percentuais dos elementos químicos. Entendemos que nenhum desses pode ser excluído do organismo, caso contrário, não ocorrerá o bom funcionamento celular.

Na próxima tabela, será possível observar as fontes de extração das vitaminas. Bem como, quais consequências a sua falta pode trazer para o nosso organismo.

| | |
|---|---|
| Fígado, manteiga, gema de ovo, espinafre, batata-doce | problemas de pele |
| Cereais, feijão, soja, presunto, fígado | beribéri |
| Feijão, amêndoa, fígado, cogumelo | inflamações e anemias |
| carnes, frutas, verduras e cereais | seborréia, an... de crescimen... |
| fígado, carnes | anemia |
| laranja, limão, abacaxi, kiwi, acerola, morango, brócolis, melão, manga | escorbuto |
| óleo de peixe, fígado, gema de ovos | raquitismo e... |

*Disponível em: <http://slideplayer.com.br>. Acesso em: 25 jun. 2018.*

As vitaminas apresentam classificações que estão ligadas ao seu poder de dissolução. Por exemplo, as lipossolúveis, são solúveis em gorduras, como as vitaminas A, D, K, que acabam sendo armazenadas no fígado, e a vitamina E que é distribuída por todo o organismo. Outra classificação recebe as vitaminas hidrossolúveis, que não se acumulam no organismo, por serem facilmente dissolvidas em água. Sendo assim, elas devem ser consumidas com frequência, porém em pequenas quantidades, pois seu excesso pode causar intoxicação.

## 2.2 Carboidratos

Sua principal função em nossas células é o fornecimento de energia, mas também exercem funções diferentes em outras células, como estrutural em carapaça de insetos, estrutural nas células vegetais, na composição da parede celular.

Os carboidratos são classificados em três tipos, e são essas classificações que permitem apontar sua função.

Vejamos:

### a) Monossacarídeos

Estes são considerados os carboidratos mais simples, pois não apresentam cadeias moleculares longas. São os açúcares:

- **Ribose** - compõe o ácido nucléico RNA;
- **Desoxirribose** - compõe o ácido nucléico DNA;
- **Glicose** - principal fonte de energia, sendo à base de formação dos outros carboidratos, presentes no sangue, no mel e nos tecidos vegetais;
- **Frutose** - também fornece energia, encontrado nas frutas doces;
- **Galactose** - fonte de energia, extraída do leite.

### b) Oligossacarídeos

Os carboidratos são formados por associações de açúcares, que variam entre dois e dez monossacarídeos. Porém, os que mais se destacam em nossa alimentação, e fazem parte importante em nossas células, são os que apresentam duas associações de açúcares, como os dissacarídeos. Pois, os mesmos são de fácil absorção e dissolvidos em água.

Sacarose = glicose + frutose
- Lactose = glicose + galactose
- Maltose = glicose + glicose

### c) Polissacarídeos

Como o próprio nome diz, são formados por uma cadeia bem longa de associações de monossacarídeos, os mais importantes para o homem são:

| Polissacarídeo | O que é importante saber |
|---|---|
| **Amido** | É um polissacarídeo de reserva energética dos vegetais. As batatas, arroz e a mandioca estão repletos de amido, armazenado pelo vegetal e consumido em épocas desfavoráveis pela planta. O homem soube aproveitar essas características e passou a cultivar os vegetais produtores de amido. Os pães e bolos que comemos são feitos com farinha de trigo, rica em amido. Lembrem-se que para o amido ser aproveitado pelo nosso organismo, é preciso digeri-lo, o que ocorre primeiramente na boca e depois no intestino, com adição de água e a participação de catalisadores orgânicos, isto é, substâncias que favorecem ou aceleram as reações químicas. |
| **Glicogênio** | É um polissacarídeo de reserva energética dos animais; portanto, equivalente ao amido dos vegetais. No nosso organismo, a síntese de glicogênio ocorre no fígado, a partir de moléculas de glicose. Logo, fígado de boi e fígado de galinha são alimentos ricos em glicogênio. |
| **Celulose** | É o polissacarídeo de papel estrutural, isto é, participa da parede das células vegetais. Poucos seres vivos conseguem digeri-lo, entre eles alguns microrganismos que habitam o tubo digestivo de certos insetos (cupins) e o dos ruminantes (bois, cabras, ovelhas, veados etc.). |

*Disponível em: <http://www.sobiologia.com.br>. Acesso em: 24 jun. 2018.*

Estes polissacarídeos são muito importantes para nossa célula. Porém um deles, a celulose, não tem papel de fonte de energia. Pelo fato de possuirmos a enzima celulase, não conseguimos aproveitar toda a fonte da celulose. E esta acaba realizando outro papel em nosso organismo: servirá como elemento para formação de fibras no intestino e para constituição do bolo fecal.

Um detalhe importante sobre os carboidratos: de modo geral é preciso que os mesmos sejam quebrados em porções menores para serem melhor absorvidos pelo organismo. Ou seja, transformados em monossacarídeos para que sejam aproveitados.

Um exemplo de digestão, absorção e metabolismo de um carboidrato:

Quando ingerimos um carboidrato na forma de amido (o extraído da batata, por exemplo), tem início à mastigação e este alimento mistura-se com a saliva, a qual apresenta a amilase salivar (enzima), que é ativada na presença desse tipo de alimento. A mesma vai quebrar o amido em maltose. Percebam que houve a redução de um polissacarídeo em um oligossacarídeo. E, por fim, em nossas células, este será transformado em monossacarídeo para ser aproveitado como fonte de energia.

## 2.3 Lipídeos

Vilões? Será que são sempre assim?

*Disponível em: <http://www.planocritico.com>. Acesso em: 24 jun. 2018.*

Ao falar em lipídeos, logo de imediato, pensamos nos principais: óleos e gorduras, mas veremos que nem sempre estes estão ligados a prejuízos em nosso organismo. São também uma boa fonte de energia, além de terem outras funções.

Eles exercem o papel de isolante térmico, principalmente nos animais que vivem em ambientes muito frios.

Alguns lipídeos que merecem destaque:
1. **Ceras:** presentes nas folhas dos vegetais e no esqueleto de muitos insetos, atua como material impermeabilizante.
2. **Fosfolipídios:** importantes na composição das membranas celulares, para manter sua elasticidade.
3. **Esteroides:** auxiliam na produção dos hormônios sexuais, assim como na produção do colesterol.

Para complementar o último item, vejamos a seguinte explicação:

O colesterol não "anda" sozinho no sangue. Ele se liga a uma proteína e, dessa forma, é transportado. Há dois tipos principais de combinações: o HDL, que é o bom colesterol e o LDL que é o mau colesterol. Essas siglas derivam do inglês e significam lipoproteína de alta densidade (HDL – High Density Lipoprotein) e lipoproteína de baixa densidade (LDL – Low Density Lipoprotein).

O LDL transporta colesterol para diversos tecidos e também para as artérias, onde é depositado, formando placas que dificultam a circulação do sangue, daí a denominação mau colesterol. Já o HDL faz exatamente o contrário, isto é, transporta colesterol das artérias principalmente para o fígado, onde ele é inativado e excretado como sais biliares, justificando o termo bom colesterol. Disponível em: (<http://www.sobiologia.com.br>). Acesso em: 25 jun. 2018.

## 2.4 Proteínas

As associações de aminoácidos vão formar as proteínas que nosso organismo necessita. As proteínas são de extrema importância para as nossas células. Pois realizam várias funções, tais como construtoras, que significa, formadoras, que ajudam na manutenção dos tecidos, por exemplo. Também exercem papel importante como produtoras de hormônios, que vão atuar em diversas células, mas cada uma exerce uma função específica.

Vamos destacar o papel das proteínas como enzimas e produtoras de anticorpos.

A proteína é a mais importante das macromoléculas biológicas. Compõem-se de mais da metade do peso seco de uma célula. E está presente em todo ser vivo e tem as mais variadas funções.

Ela é um polímero formado por aminoácidos e pode atuar como:
* enzimas, são catalizadores de reações químicas, e podem transportar pequenas moléculas ou íons;
* podem ser transportadoras para auxiliar no movimento em células e tecidos;
* participam na regulação gênica, ativando ou inibindo;
* participam na produção de anticorpos.

Observem as informações importantes a seguir: "As proteínas podem ser de origem vegetal ou animal. No caso das primeiras, elas são consideradas incompletas por serem pobres em variedade de aminoácidos essenciais (aqueles que o corpo não é capaz de produzir). Já a proteína de origem animal, é considerada completa por conter todos os aminoácidos essenciais". Disponível em: (<http://www.todabiologia.com/saude/proteinas>). Acesso em: 28 de jun. de 2018.

Segundo os estudos, as proteínas são formadas por associações de aminoácidos naturais (que o organismo produz) e aminoácidos essenciais (os provenientes de fonte alimentar). Vejamos, então, quais são esses aminoácidos tão importantes:

| AA NATURAIS | AA ESSENCIAIS |
|---|---|
| Alanina | Valina |
| Ácido Aspártico | Leucina |
| Ácido Glutâmico | Isoleucina |
| Arginina | Fenilalanina |
| Cisteína | Metionina |
| Glutamina | Lisina |
| Histidina | Treonina |
| Glicina | Triptofano |
| Prolina | |
| Serina | |
| Tirosina | |
| Asparagina | |

*Disponível em: <https://pt.slideshare.net/fatimacomiotto/proteinas-8619098>. Acesso em: 25 jun. 2018.*

Para analisar uma determinada situação sobre a formação de uma proteína, pode-se dizer que: a serotonina é um neurotransmissor proteico responsável pelo nosso humor, sono, fadiga. Para que este seja formado e mantenha nossa qualidade humoral em equilíbrio, é fundamental que tenhamos os aminoácidos necessários para sua constituição. A gelatina, por exemplo, é um alimento com ausência do aminoácido triptofano e este é um dos constituintes da serotonina. Vemos outra vez, a necessidade de uma dieta equilibrada, para extração de todos os elementos químicos e para o bom metabolismo celular.

As proteínas em nossa célula podem perder sua forma e função, o que chamamos de desnaturação, quando esta sofre interferência, por exemplo, alteração do PH na célula ou alteração de temperatura, como febre. Isso significa que a célula naquele determinado momento não vai construir a determinada proteína necessária ou a mesma não vai realizar a função esperada, como papel de anticorpo. Nesse estágio o sujeito fica suscetível a uma patologia.

## Retomando a aula

Chegamos, assim, ao final da segunda aula. Espera-se que agora tenha ficado mais claro o entendimento de vocês sobre os Elementos químicos da célula. Vamos, então, recordar:

**1 – Elementos Inorgânicos da Célula**

Nesta seção, falamos sobre o elemento água, que apresenta quatro funções muito importantes para nossa célula que vai auxiliar na condução e aproveitamento dos demais elementos químicos. Quanto aos sais minerais, vimos que cada um tem uma função específica em nossa célula, e que há necessidade de fazermos busca dessas fontes, por meio de uma alimentação saudável e de qualidade. A fim de extrair o maior número de sais minerais essenciais para manutenção do organismo.

**2 – Elementos Orgânicos da Célula**

Na segunda e última seção, estudamos quais são as vitaminas importantes para manutenção de nosso organismo, ou seja, onde vão atuar. Vimos o papel de fonte energética dos carboidratos; que os lipídeos são importantes como reserva de energia e também auxiliam na produção de hormônios sexuais. Por fim, estudamos sobre as proteínas que vão atuar na construção do nosso organismo, que além de formar os hormônios, são importantes na defesa do organismo por produzirem anticorpos.

Desse modo, encerramos esta aula dos elementos químicos da célula. É preciso conhecê-los e saber qual é o seu papel. A partir dessas informações, conseguiremos compreender os outros elementos de nossas células.

## Vale a pena

### Vale a pena acessar

*Componentes químicos da célula* - Bioquímica da célula - Ebah
Disponível em: <www.ebah.com.br/content/ABAAABBvEAK/componentes-quimicos-celula>. Acesso em: 25 jun. 2018.

*Química da célula.* Composição química da célula - Biologia Net
Disponível em: <https://biologianet.uol.com.br/biologia-celular/quimica-celula.htm>. Acesso em: 25 jun. 2018.

*Biologia ENEM* - Composição Química Celular - Aula 01 - YouTube
Disponível em: <https://www.youtube.com/watch?v=oUgIjf8QQBY>. Acesso em: 25 jun. 2018.

## Minhas anotações

**Minhas** anotações

# Aula 3º

# Envoltório celular e transportes

Caros(as) estudantes,

Nesta aula, vamos estudar as células, basicamente existem dois campos: o interno com seus elementos químicos, que vimos na aula anterior, e as organelas, que veremos adiante. Sua porção externa, que é formada por membranas, chamadas, de maneira generalizada, de envoltórios externos. É por meio desses processos, que é possível a célula controlar o que entra e sai e realizar certos tipos de transportes. Assim vamos focar nosso estudo em quais são os envoltórios celulares externos e quais os tipos de transportes que ocorrem nesses envoltórios para a passagem de substâncias necessárias para a célula.

Boa aula!
Bons estudos!

Bons estudos!

## Objetivos de aprendizagem

Ao término desta aula, vocês serão capazes de:

- identificar os envoltórios que atuam no equilíbrio de substâncias que entram e saem de nossas células, por meio da parede celular, do glicocálix e da membrana plasmática;
- compreender os tipos de transporte que ocorrem para que as substâncias entrem e saiam de nossas células, e como ocorrem esses processos.

### Seções de estudo

1 – Os envoltórios celulares externos
2 – Transporte passivo
3 – Transporte ativo
4 – Transporte por vesículas

## 1 - Os envoltórios celulares externos

Iniciaremos nosso estudo da célula com a análise das estruturas que as delimitam: os envoltórios celulares.

### 1.1 Parede celular

A parede celular é representada por uma estrutura espessa e rígida, composta por carboidratos e proteínas. Elas garantem a sustentação e a resistência a celular. Porém, são permeáveis às substâncias que entram e saem, presentes em vários organismos como bactérias e cianofíceas, algas, fungos e plantas.

Exemplo de parede celular em bactéria

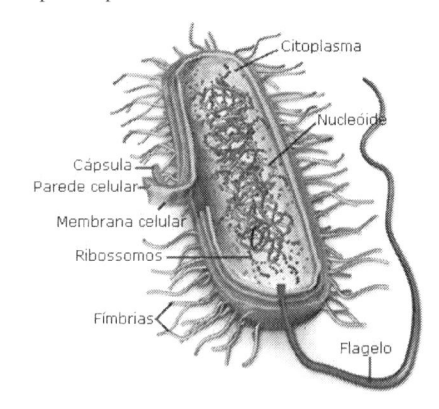

Disponível em: <http://blogdoenem.com.br/envoltorios-celulares-biologia>. Acesso em: 26 jun. 2018.

As paredes celulares vegetais são formadas por longos filamentos de miofibrilas de celulose, que são formadas por vários filamentos entrelaçados, mais associação por glicoproteínas (proteínas mais açúcar) e dois carboidratos (hemicelulose e pectina). Podemos dizer que: "Esta estruturação molecular lembra o concreto armado, onde longas e resistentes varetas de ferro, correspondentes as microfibrilas celulósicas, ficam mergulhadas em uma argamassa de cimento e pedras, correspondente à matriz de glicoproteínas, hemicelulose e pectina". Disponível em: <https://www.sobiologia.com.br/conteudos/Morfofisiologia_vegetal/morfovegetal15.php>. Acesso em: 26 jun. 2018.

Observem a imagem a seguir:

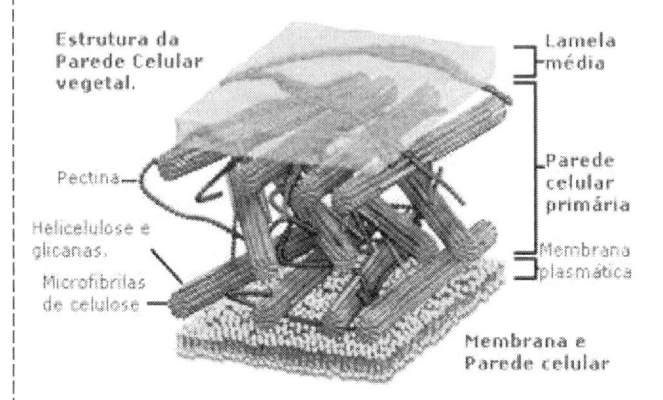

Disponível em: <https://www.sobiologia.com.br/conteudos/Morfofisiologia_vegetal/morfovegetal15.php>. Acesso em: 26 jun. 2018.

A parede celular da célula vegetal, logo que é formada, chama-se **parede primária**. É bem elástica para permitir o crescimento do vegetal. Logo após o crescimento maduro da célula, a parede primária torna-se **parede secundária**, mais rígida, e uma nova parede primária é formada na célula. Veremos que, de acordo com as especificações diferenciadas na parede celular, é possível classificar o tipo de organismo vegetal.

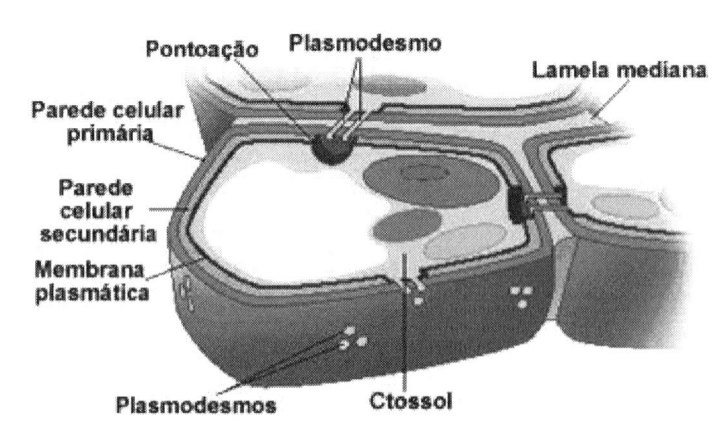

Disponível em: <http://www.anatomiavegetal.ib.ufu.br/paredeCelular/>. Acesso em: 26 jun. 2018.

## 1.2 Glicocálix

Este é outro envoltório celular, que é formado por açúcares associados a lipídeos e a proteínas. Faz-se presente apenas em célula eucarionte animal.

Vejamos, agora, quais são suas funções:

a) proteger a célula contra agentes físicos e químicos. É uma barreira mais externa da célula animal, como se fosse um amortecedor para a célula;

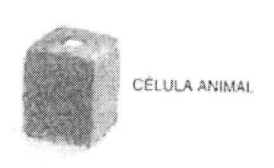

*Disponível em:< https://www.youtube.com/watch?v=IhLFdHs2foE>. Acesso em: 26 jun. 2018.*

b) proporcionar reconhecimento celular, já que o glicocálix libera açúcares diferentes para cada espécie. Por exemplo, o encontro dos gametas no momento da fecundação;

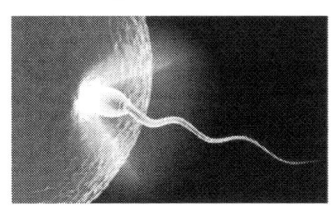

*Disponível em: <http://blogdoenem.com.br/envoltorios-celulares-biologia>. Acesso em: 26 jun. 2018.*

c) auxiliar na defesa das células. Reconhecer substâncias estranhas e induzir a produção de anticorpos;

d) determinar o tipo sanguíneo (A, B, AB ou O), pela presença das glicoproteínas presentes no glicocálix.

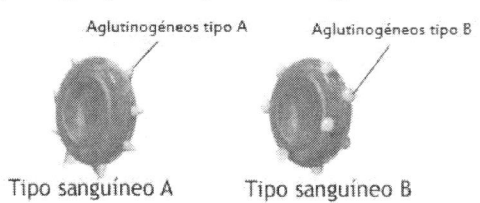

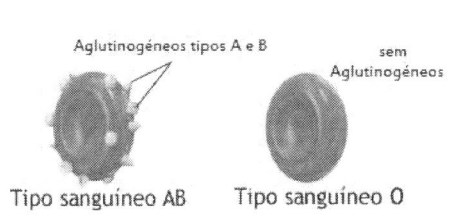

*Disponível em: <http://blogdoenem.com.br/envoltorios-celulares-biologia>. Acesso em: 26 jun. 2018.*

## 1.3 Membrana plasmática ou plasmalema

É uma estrutura extremamente fina, apenas visível a microscópio eletrônico. Apresenta grande flexibilidade e capacidade de regeneração. É formada por lipídeos (fosfolipídios) e proteínas, formando um mosaico fluido. Modelo sugerido por Singer e Nicholson (1972).

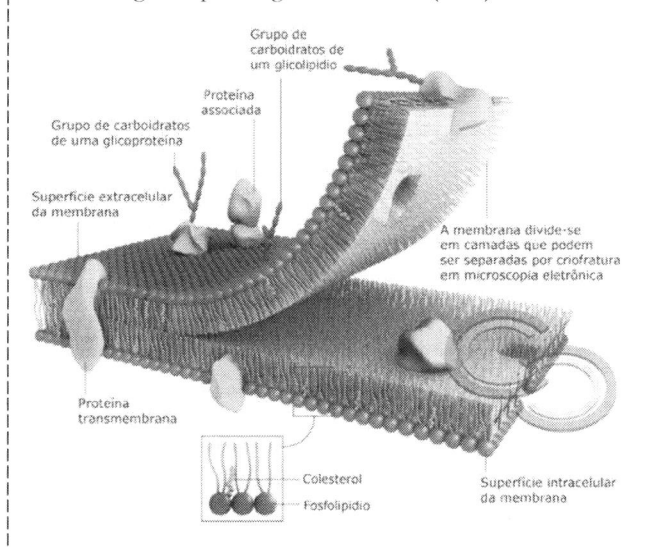

*Disponível em: <http://blogdoenem.com.br/envoltorios-celulares-biologia>. Acesso em: 26 jun. 2018.*

Vemos na figura anterior, a bicamada lipídica e proteínas inseridas, as quais são responsáveis pelo transporte de substâncias através da membrana.

De acordo com as funções da membrana plasmática, podem ocorrer modificações em sua estrutura, para que a mesma execute melhor seu papel. Exemplo: **microvilosidades** (é a membrana plasmática), que apresentam dobras em seu ápice para aumentar a superfície de contato, como acontece nas células do intestino delgado, aumentando a superfície de absorção.

### Especializações das membranas celulares

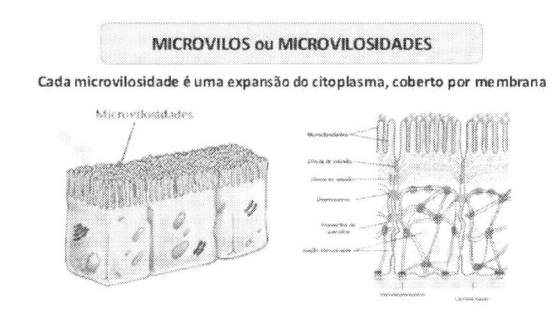

**MICROVILOS ou MICROVILOSIDADES**

Cada microvilosidade é uma expansão do citoplasma, coberto por membrana

*Disponível em: <http://pt.slideshare.net>. Acesso em: 26 jun. 2018.*

Outra modificação da membrana plasmática com funções diferentes são os cílios, estruturas curtas e numerosas, com função de locomoção em protozoários como Paramecium; filtração no revestimento da traqueia.

Também existem os **flagelos**, modificações da membrana plasmática. São estruturas longas em números reduzidos, com função de deslocamento celular com espermatozoides, protozoários flagelados (mastigóforos).

E por fim, temos os **desmossomos**, que são a união lateral entre duas membranas, através de proteínas cimentantes com função de aumentar a adesão entre as células vizinhas, como ocorre nas células da epiderme da pele. As **interdigitações** são dobras (invaginações e evaginações) que se encaixam, com a função de aumentar a aderência celular, como acontecem em tecidos de revestimento do intestino e estômago.

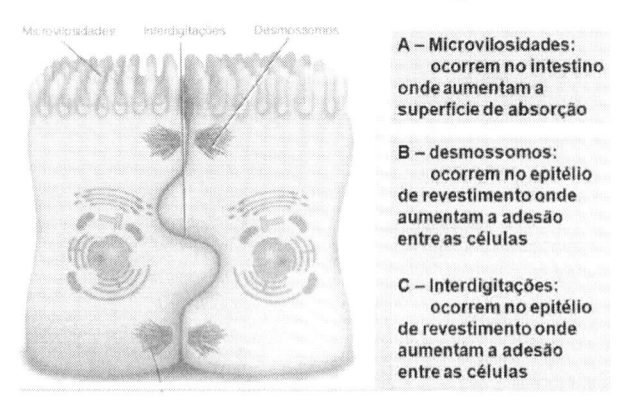

A – Microvilosidades: ocorrem no intestino onde aumentam a superfície de absorção

B – desmossomos: ocorrem no epitélio de revestimento onde aumentam a adesão entre as células

C – Interdigitações: ocorrem no epitélio de revestimento onde aumentam a adesão entre as células

*Disponível em: <http://slideplayer.com.br>. Acesso em: 27 jun. 2018.*

Na imagem apresentada, é possível compreender melhor como ocorre a comunicação entre uma célula eucarionte animal de um tecido ao outro. Vemos que as comunicações entre várias partes da membrana plasmática exercem um papel fundamental no transporte das substâncias.

## 2 - Transporte passivo

No Transporte celular, acontece a passagem das substâncias entre a membrana plasmática. Ele permite a passagem de certas substâncias e não de outras, por isso o chamamos de membrana semipermeável ou permeabilidade seletiva.

O transporte através da membrana pode ocorrer pelo Processo passivo, onde não há gasto de energia pela célula, e pode ser representado por mais de uma maneira.

### 2.1 Difusão simples

Quando o soluto (tipo de sal) entra na célula e sua concentração é menor no intracelular do que no meio extracelular, procurando haver maior entrada de solvente (água) do meio extracelular para o intracelular, para ocorrer o equilíbrio entre as concentrações.

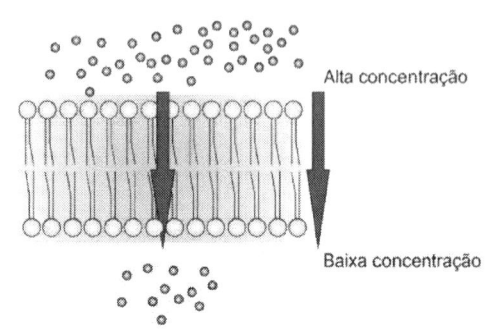

*Disponível em: <http://biosuperblog.blogspot.com.br/2016/04/difusao-simples.html>. Acesso em: 26 jun. 2018.*

Nesse tipo de transporte é possível perceber que não existe dificuldade alguma da substância ser transportada pela camada bi lipídica da membrana plasmática. Como também ocorre com o transporte de oxigênio que entra e com o gás carbônico que sai da célula pelo processo da respiração. Esse processo também é considerado transporte passivo por difusão simples.

### 2.2 Difusão facilitada

Algumas substâncias, como a glicose, a galactose e alguns aminoácidos apresentam dificuldades em atravessar as camadas bi lipídicas da membrana plasmática, e precisam de um auxílio para que essas substâncias passem do meio extra para intracelular. Desse modo, a presença de proteínas facilitadoras na membrana faz o papel de transportar essas substâncias entre a membrana.

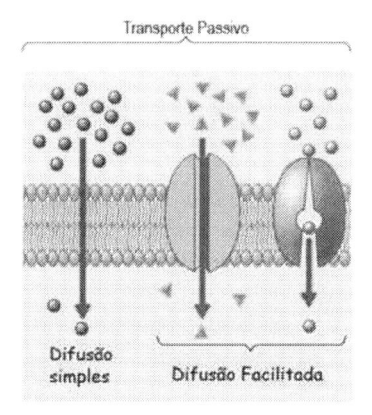

*Disponível em: <http://bio-neuro-psicologia.usuarios.rdc.puc-rio.br>. Acesso em: 26 jun. 2018.*

Percebam caros(as) alunos(as), a diferença do transporte. Na difusão simples, a substância tem livre passagem pela membrana, ao passo que, na difusão facilitada as substâncias dependem de ajuda de uma proteína transportadora, presente na membrana plasmática.

### 2.3 Osmose

Neste tipo de transporte é preciso avaliar, primeiramente, a concentração da solução do meio intracelular e extracelular. Nesse caso, a célula busca seu equilíbrio, como os outros transportes. Mas é preciso analisar a passagem de qual substância. Por exemplo, haverá transporte de solvente em maior concentração (solução hipotônica) ou soluto que se encontra em maior concentração (solução hipertônica).

Comportamento celular em soluções de diferentes concentrações

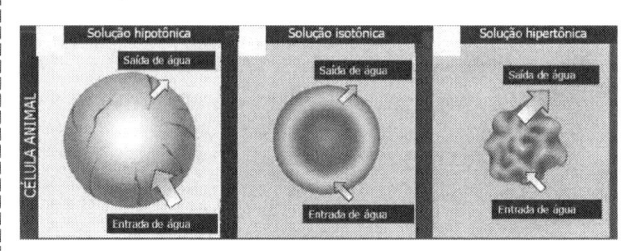

*Disponível em: <http://www.lookfordiagnosis.com>. Acesso em: 26 jun. 2018.*

Vimos que no processo de osmose, quando a célula apresenta maior concentração de água (solvente) seu meio intracelular torna-se hipotônico. Quando se entra com maior concentração de sal (soluto), torna-se hipertônica. E o ideal para o bom funcionamento de uma célula é manter o equilíbrio entre as concentrações de soluto e solvente, tornando-se isotônica. Porém, é preciso esclarecer, a osmose sempre irá ocorrer, independente de estarmos referindo ao meio intracelular ou extracelular. Será transportado de onde tem mais, para onde tem menos! E o agente, será o solvente, ou seja, a água!

## 3 - Transporte ativo

Esse tipo de transporte busca o equilíbrio entre o meio intracelular e extracelular, porém há gasto de energia na forma de glicose.

Esse transporte também é conhecido como "Bomba de sódio e potássio". O potássio encontra-se no meio intracelular e o sódio no meio extracelular. Nesse processo, há necessidade de inversão desses íons para que nossas células apresentem a condução de impulsos elétricos e desempenhem seu papel específico.

**Bomba sódio-potássio**

A diferença entre as concentrações externa e interna desses íons na célula permite a polarização da membrana

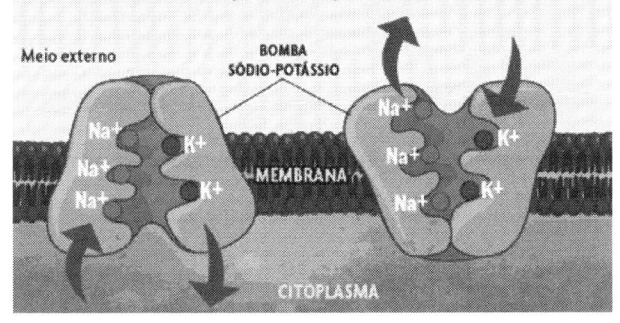

Disponível em: <http://www.estudopratico.com.br>. Acesso em: 26 jun. 2018.

O processo envolve uma proteína transportadora denominada bomba, que executa o transporte carregando uma substância, através da membrana celular, de uma área de menor concentração para outra de maior concentração.

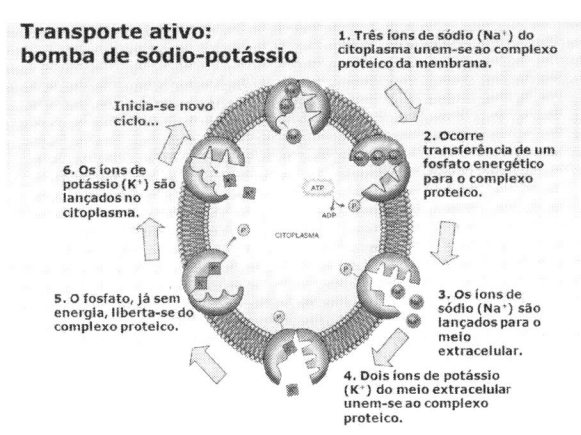

**Transporte ativo: bomba de sódio-potássio**

1. Três íons de sódio ($Na^+$) do citoplasma unem-se ao complexo proteico da membrana.
2. Ocorre transferência de um fosfato energético para o complexo proteico.
3. Os íons de sódio ($Na^+$) são lançados para o meio extracelular.
4. Dois íons de potássio ($K^+$) do meio extracelular unem-se ao complexo proteico.
5. O fosfato, já sem energia, liberta-se do complexo proteico.
6. Os íons de potássio ($K^+$) são lançados no citoplasma.
Inicia-se novo ciclo...

Disponível em: <http://www.blogeudentista.com/2016_06_01_archive.html?view=classic>. Acesso em: 26 jun. 2018.

Observaram a imagem? Tanto para saída do íon sódio ($Na+$), quanto para a entrada do íon potássio ($K+$), existe na membrana plasmática, uma proteína transportadora, como foi explicado no parágrafo anterior. Isso indica que mesmo que esse transporte seja considerado ativo, por haver gasto de energia, também ocorre o transporte passivo, que é a difusão facilitada, por conta da proteína.

Veremos que além dos transportes de micro substâncias, nossas células também transportam substâncias maiores via membrana plasmática. O chamado transporte por vesículas.

## 4 - Transporte por vesículas

Este tipo de transporte está relacionado a substâncias maiores, que não conseguem ser transportadas facilmente pela membrana plasmática. E pode ocorrer tanto na entrada de substâncias, que é feito por Endocitose, como na saída de substância, que é feito por Exocitose.

### 4.1 Endocitose

É um processo de transporte de substâncias feito por meio de vesículas (bolsas), que incorporam material do meio extracelular.

Este processo pode ocorrer de duas maneiras:

a) **Fagocitose:** quando a célula engloba substância sólida, como um microrganismo, por exemplo. A membrana plasmática promove projeções citoplasmáticas denominadas pseudópodes, que envolve o material e o armazena em uma vesícula denominada **fagossomo**. Nesse local irá ocorrer a digestão da substância ingerida.

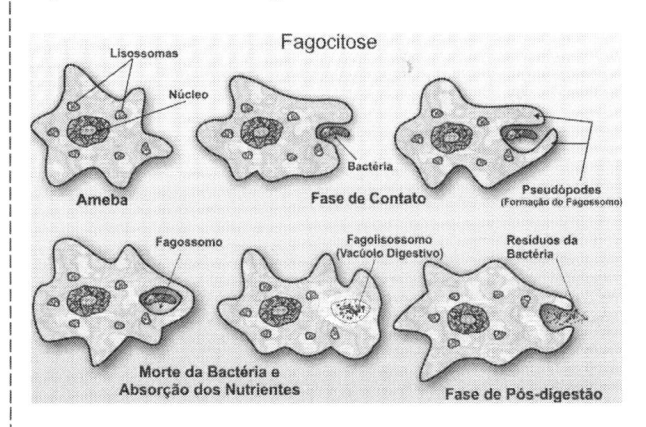

**Fagocitose**

Disponível em: <https://pt.wikipedia.org/wiki/Fagocitose>. Acesso em: 26 jun. 2018.

Este é um evento natural de nossas células primárias de defesa, as quais envolvem um microrganismo como forma de eliminá-lo no interior do fagossomo, antes mesmo que este libere seu antígeno na célula. Ou seja, antes mesmo que a célula seja "dominada" pelo microrganismo. Isso poderia gerar consequências mais graves para o organismo, provavelmente uma patologia.

b) **Pinocitose:** quando a membrana plasmática sofre uma invaginação (volta-se para dentro), para incorporar substância líquida, formando em seguida o **pinossomo** que é uma vesícula no qual vai ocorrer a digestão.

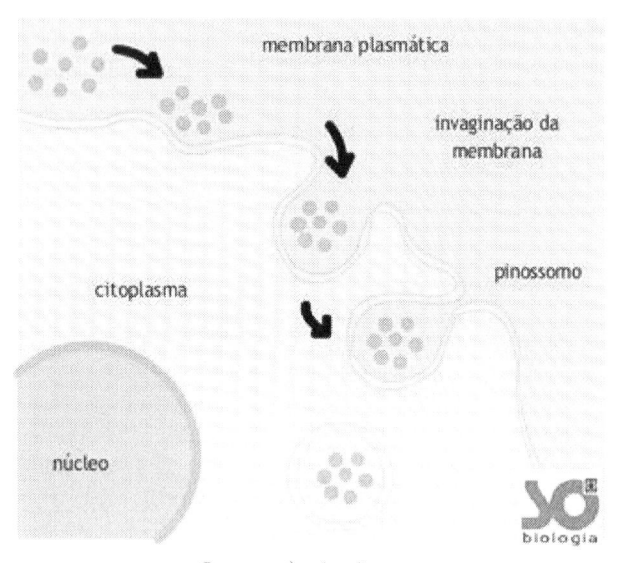

*Disponível em: <http://www.sobiologia.com.br>. Acesso em: 26 jun. 2018.*

Nesse processo, percebemos que a diferença está no movimento da membrana plasmática, até porque a ingestão é mais facilitada. Existe diluição da substância em meio hídrico e formação de uma nova vesícula para digestão.

## 4.2 Exocitose

Após os eventos incorporarem macro substâncias, a célula realiza a digestão e libera os resíduos para o meio extracelular pelo processo da **Exocitose**. Mas, falaremos desse evento mais adiante.

As substâncias que foram incorporadas pela célula, após o aproveitamento de alguns nutrientes, constituem material residual no interior das vesículas formadas pelos processos da endocitose. Esse material torna-se tóxico caso não sejam eliminados para o meio extracelular. Essa eliminação de material residual de **Clasmocitose** ou defecação celular.

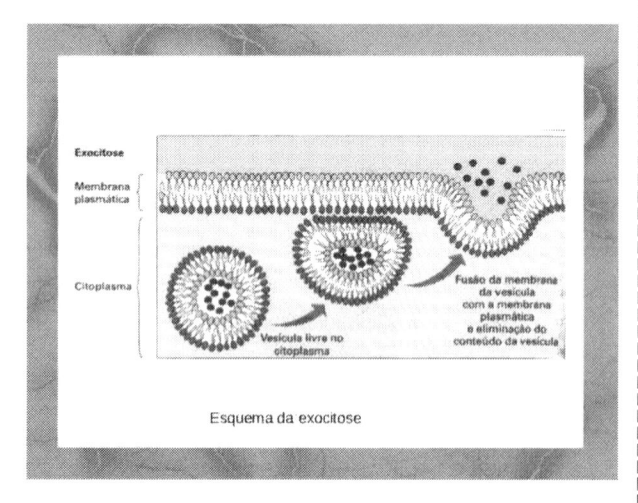

*Disponível em: <http://pt.slideshare.net>. Acesso em: 26 jun. 2018.*

O material residual é conduzido pela membrana exocítica (que carrega resíduo) até a membrana plasmática, fundindo-se a ela. Assim o material é eliminado para o meio externo da célula.

Concluímos mais uma aula. Espero que tenham aproveitado a leitura, e possam acessar as sugestões da aula, como complemento para o estudo.

## Retomando a aula

Chegamos, assim, ao final da terceira aula. Espera-se que agora tenha ficado mais claro para vocês o Envoltório celular e transportes. Vamos, então, recordar:

### 1 – Os envoltórios celular externo

Nessa seção, foi possível conhecer quais são os envoltórios externos de uma célula, e quais são a sua função. Conhecemos a membrana plasmática que se faz presente em todas as células e vimos que seu principal papel é realizar um controle da entrada e saída de substância nas células. A parede celular está presente em alguns protistas e em célula vegetal. Também exerce papel no controle de entrada e saída de substância nas células, mas procura manter certo controle de resistência à célula em períodos de crescimento ou algum tipo de estresse. Outro envoltório importante, é o glicocálix, presente nas células eucarionte animal, com papel principal de adesão entre as células.

### 2 – Transporte Passivo

No transporte passivo, foi possível conhecer a existência de três tipos de transporte de substâncias. 1) sem o gasto de energia pela célula, os quais envolvem o transporte por difusão simples, no qual uma dada substância é conduzida do meio mais concentrado para o menos concentrado pela membrana plasmática, em alguma dificuldade. 2) por difusão facilitada, como o nome diz, exige a necessidade de um agente facilitador, que sempre será uma proteína transportadora presente na membrana plasmática e, por fim, 3) a osmose, no qual o transporte procura conduzir o solvente, do meio mais concentrado, para o meio menos concentrado na célula.

### 3 – Transporte Ativo

Na terceira seção, o que temos de diferente, é a identificação de gasto de energia pela célula, ou seja, molécula de ATP que se converte em glicose, sendo que cada vez que ocorre entrada ou saída de sódio ou potássio pela membrana plasmática, a célula consome uma molécula de energia.

### 4 – Transporte por vesículas

Nessa última seção, observamos a forma de condução de macromoléculas entre o meio intracelular e extracelular, onde a entrada de substância ocorre por endocitose. Sendo esse dividido em fagocitose: absorção de substância sólida; e pinocitose: absorção de substância diluída meio hídrico. E quando esses eventos são digeridos, vão restar resíduos no interior das vesículas, os quais precisam ser eliminados da célula, evento esse que é feito pela exocitose.

## Vale a pena

### Vale a pena **acessar**

A Biologia Inovando: Envoltórios celulares. Disponível em: <bioinova.blogspot.com/2012/02/envoltorios-celulares.html>. Acesso em: 27 jun. 2018.

Biologia: Fisiologia Celular – Mecanismos de Transporte Celular. Disponível em: <https://guiadoestudante.abril.com.br/.../biologia-fisiologia-celular-mecanismos-de-tran>. Acesso em: 27 jun. 2018.

Endocitose e exocitose - Biologia - Estudo Prático. Disponível em: <https://www.estudopratico.com.br/endocitose-e-exocitose-biologia/>. Acesso em: 27 jun. 2018.

### Vale a pena **assistir**

Envoltório Celular (Aula 6) - YouTube. Disponível em: <https://www.youtube.com/watch?v=YlKoeNs_wsY>. Acesso em: 27 jun. 2018.

Transporte Ativo e Passivo - YouTube. Disponível em: <https://www.youtube.com/watch?v=p5DJanknzWw>. Acesso em: 27 jun. 2018.

## Minhas anotações

**Minhas** anotações

# Aula 4º

# Organelas citoplasmáticas

Caros(as) alunos(as),
Nesta aula, abordaremos quais são as organelas citoplasmáticas, ou seja, quais são as "maquinarias" que fazem nossa célula funcionar/metabolizar. As organelas citoplasmáticas encarregam-se da respiração e da fabricação e armazenamento de substâncias.
Boa aula!
Bons estudos!

Bons estudos!

## Objetivos de aprendizagem

Ao término desta aula, vocês serão capazes de:

- identificar as organelas citoplasmáticas e reconhecer sua função.

## Seções de estudo

1 – Organelas citoplasmáticas
2 – Organela exclusiva de célula eucarionte vegetal
3 – Organela exclusiva de célula eucarionte animal

Por meio desse tópico, esperamos contribuir com seu conhecimento. Caso tenham algumas dúvidas, estas poderão ser sanadas através do e-mail: perla@unigran.br

Vamos fazer uma analogia:
As organelas citoplasmáticas são como máquinas de uma grande indústria. Cada uma tem sua função. Os elementos químicos, estudados na aula 01, são as matérias-primas que fazem as máquinas trabalharem. Quando comparamos, percebemos que, não se pode faltar nem matéria-prima e tampouco uma máquina pode deixar de funcionar de maneira correta, caso contrário nossa célula não exercerá sua função.

## 1 - Organelas citoplasmáticas

Iniciamos nossa aula com uma analogia para melhor compreender os elementos abordados neste módulo, espero que vocês possam perceber a importância de cada elemento que será apresentado.

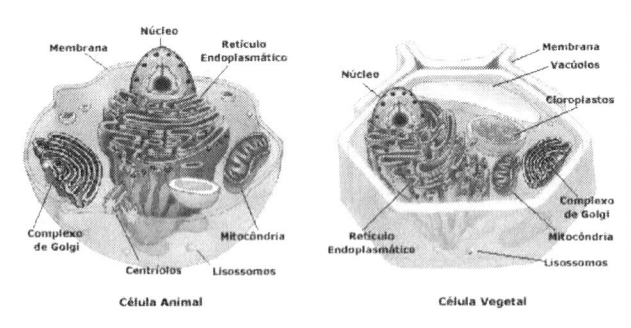

*Disponível em: <https://dicasdeciencias.com>. Acesso em: 27 jun. 2018.*

Quando observamos a imagem de uma célula eucarionte animal e vegetal, estas apresentam grandes semelhanças em relação as suas organelas. Mas cada célula tem sua especificidade e um campo celular bem complexo em relação às suas organelas.

Partiremos do campo no qual estão presentes as organelas, que é o Citoplasma.

### 1.1 Citoplasma

Este é o espaço entre a membrana plasmática e a membrana nuclear (carioteca). Ele é composto pelo hialoplasma, uma substância viscosa composta de água e outros elementos químicos.

O citoplasma é quem auxilia a estruturação e a morfologia da célula. Sua constituição proporciona armazenamento de substâncias essenciais à manutenção da célula.

No campo do hialoplasma estão dispersas as diversas organelas, cada uma com sua função. Vale lembrar que, dependendo da necessidade, o número presente em cada organela pode variar. Por exemplo: células do fígado podem apresentar um número maior de organelas lisossomos do que as células do encéfalo.

Vamos conhecer as organelas?

**PROIBIDO PERDER O FOCO**

*Disponível em: <http://exploregram.com>. Acesso em: 27 jun. 2018.*

### 1.2 Retículo endoplasmático liso

É um sistema de membranas em formato de tubos e sacos que atuam na síntese de lipídeos que vão ajudar na composição da membrana plasmática. Porém, esta organela pode estar associada a outras funções específicas, dependendo da célula em questão. Por exemplo, nas células do fígado, desempenham a função de desabilitação de substâncias nocivas à saúde, como substâncias alcóolicas, em células do músculo estriado, seu trabalho pode estar relacionado à regulação dos níveis de cálcio.

### 1.3 Retículo endoplasmático rugoso ou granulo ou ergastoplasma

Está situado próximo ao núcleo, e formado por membranas achatadas com ribossomos aderidos para realizar a síntese de proteínas.

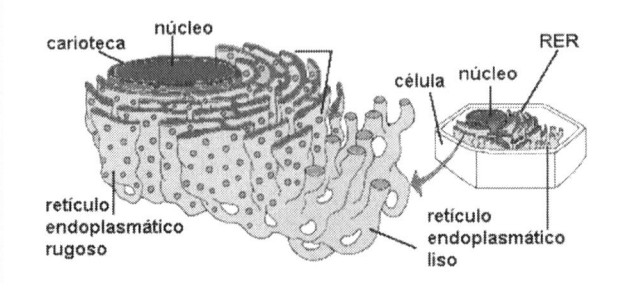

*Disponível em: <http://www.lookfordiagnosis.com>. Acesso em: 28 jun. 2018.*

Vejamos:
A proximidade com o núcleo torna a síntese de proteínas mais eficiente, uma vez que o RER pode enviar rapidamente um sinal para o núcleo iniciar o processo de transcrição do DNA, e ainda quando há proteínas deformadas ou desdobradas (inativas), há um sinal específico para melhorar o processo, caso contrário, será sinalizado que a célula deve ser encaminhada para uma morte programada (apoptose). Disponível em: <www.todamateria.com.br/reticulo-endoplasmatico-liso-e-rugoso/>. Acesso em: 28 jun. 2018.

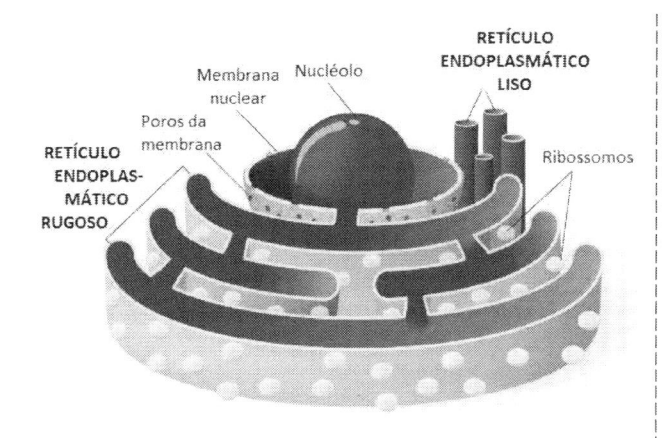

*Disponível em: <www.todamateria.com.br/reticulo-endoplasmatico-liso-e-rugoso/>. Acesso em: 28 jun. 2018.*

### 1.4 Ribossomos

São organelas livres no hialoplasma ou aderidas ao retículo endoplasmático rugoso, com a função de realizar a síntese proteica, processo que veremos mais a frente.

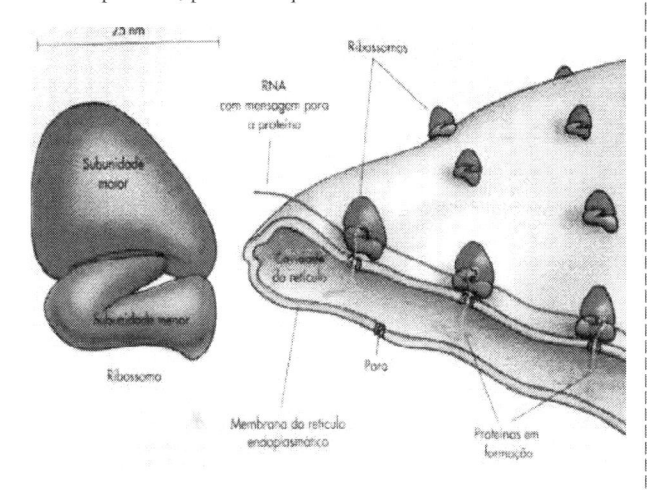

*Disponível em: <blogdoenem.com.br/organelas-ribossomo-reticulo-e-complexo-de-golgi-biologia-enem/>. Acesso em: 28 jun. 2018.*

### 1.5 Complexo de golgi

É formado por um conjunto de membranas em forma de sacos achatados, denominados dictiossomos, os quais armazenam substâncias temporariamente, até que esta seja necessária na célula.

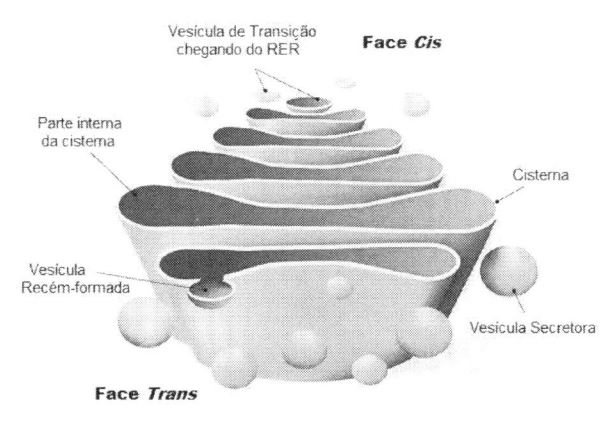

*Disponível em: <www.todamateria.com.br/complexo-de-golgi/>. Acesso em: 28 jun. 2018.*

Na imagem apresentada, podemos observar o complexo de Golgi. Existe a Face Cis, que recebe orientações proteicas do retículo endoplasmático rugoso, e a Face Trans, que repassa as enzimas para exercer outras funções.

Vamos analisar as funções do complexo do Golgi:

Formar o lisossomo, nesta função é liberada parte de seu dictiossomo, ou seja, uma parte de sua membrana, para formar uma vesícula com enzima digestiva.

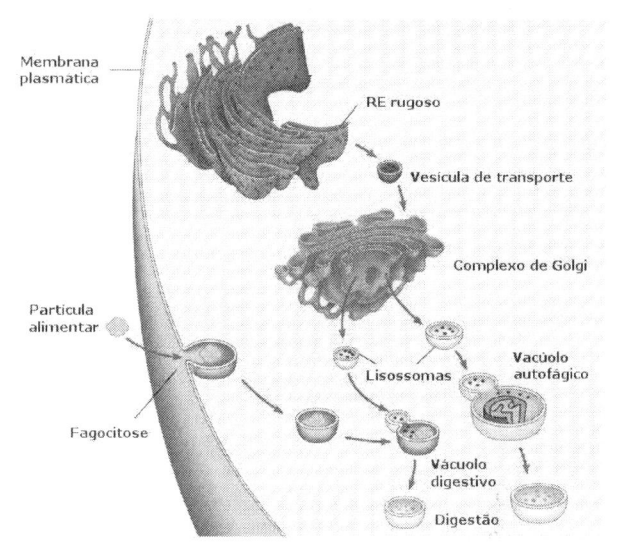

*Disponível em: <www.cientic.com/tema_celula_img7.html>. acesso em: 28 jun. 2018.*

Outra função do complexo de Golgi é formar o acrossomo, estrutura importante na célula espermatozoide, pois é o acrossomo que vai liberar enzimas para perfurar o ovócito no momento da fecundação.

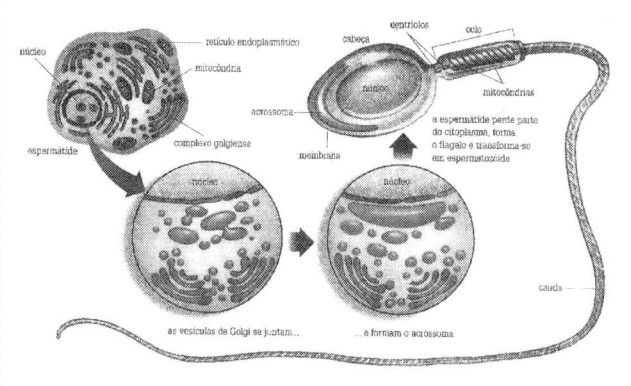

*Disponível em: <http://www.ebah.com.br/content/ABAAAAfTMAG/complexo-golgi>. Acesso em: 28 jun. 2018.*

Podemos observar, na imagem apresentada, que existe a transformação da célula espermátide para espermatozoide. Nessa metamorfose, o complexo de Golgi une suas vesículas e forma o acromossomo, que fica na extremidade da célula masculina.

### 1.6 Mitocôndria

São estruturas membranosas. Independem da célula, pois possuem um DNA próprio e tem por função realizar a respiração celular e promover energia para a célula.

## Mitocôndria

- Função: Respiração celular
  (Glicose + $O_2$ → $CO_2$ + $H_2O$)
  processo de **oxidação** da glicose
- Presente em toda célula eucarionte

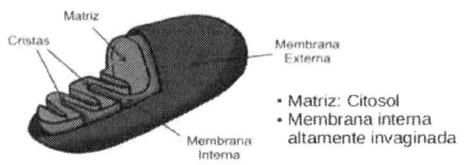

*Disponível em: </planetabiologia.com/mitocondrias-funcao-e-estrutura-o-que-e>. Acesso em: 28 jun. 2018.*

Na imagem anterior é possível compreender, de maneira resumida, que a organela mitocôndria faz a absorção da glicose, juntamente com o oxigênio. Com intuito de gerar energia e liberar o gás carbônico e a água.

### 1.7 Citoesqueleto

É o conjunto de microtúbulos e filamentos proteicos, que dão estrutura e forma à célula. Assim como mantém o movimento das organelas e da própria célula.

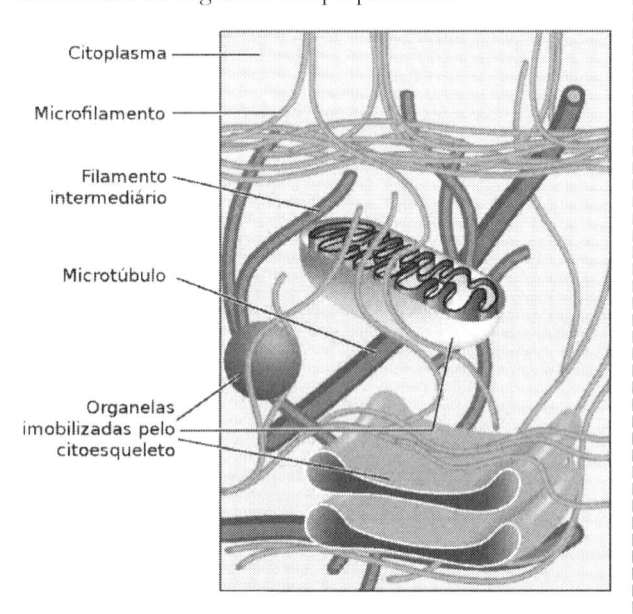

*Disponível em: <https://www.infoescola.com/citologia/citoesqueleto/>. Acesso em: 28 jun. 2018.*

## 2 - Organela exclusiva de célula eucarionte vegetal

### 2.1 Glioxissomos

Na célula vegetal, a organela, que corresponde ao peroxissomo, e está presente nas folhas, convertendo o ácido graxo em açúcar, ou seja, energia para a célula.

### 2.2 Cloroplasto

São organelas membranosas, responsáveis pelo processo da fotossíntese em plantas, algas e alguns protozoários, não se faz presente em célula animal.

Esta organela tem capacidade de se multiplicar, pois possui DNA, RNA e ribossomo próprio. Ela pode aumentar a capacidade de energia para a célula, caso haja necessidade.

### ESTRUTURA DO CLOROPLASTO

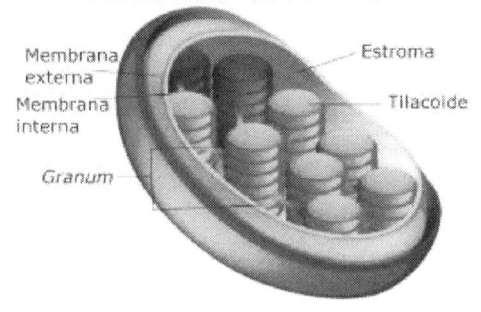

*Disponível em: <https://www.todamateria.com.br/cloroplastos/>. Acesso em: 29 jun. 2018.*

No interior dos cloroplastos existe o estroma. O espaço presente no interior dos grânulos de amido e tilacóides, local de absorção de luz, onde ocorre a fotossíntese.

## 3 - Organela exclusiva de célula eucarionte animal

### 3.1 Centríolo

São formados por túbulos proteicos em forma de cilindro. Em sua maior parte, estão próximos do núcleo para exercer a função de auxílio na divisão celular. Mas, podem estar presente no citoplasma, formando a calda dos espermatozoides.

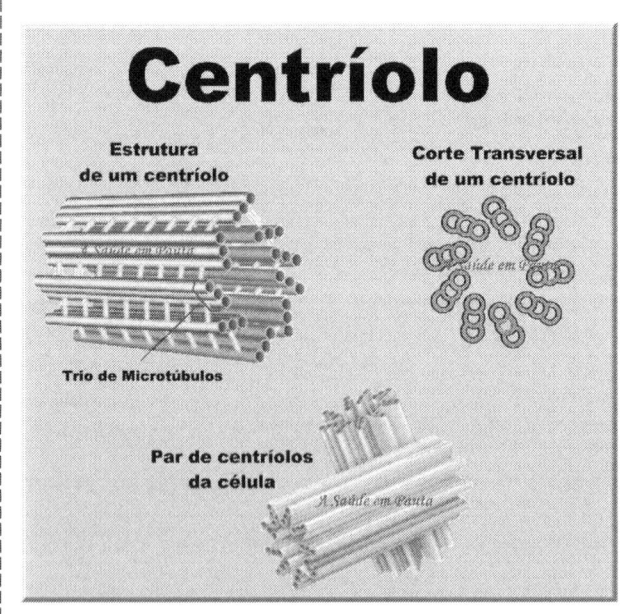

*Disponível em: <https://www.asaudeempauta.com/2016/12/celula-menor-parte-de-um-ser-vivo-estrutura-basica-celula-humana.html>. Acesso em: 29 jun. 2018.*

Os centríolos também atuam na formação de cílios e flagelos, estruturas envolvidas com a locomoção e revestimento de células especializadas.

Os cílios são mais curtos que os flagelos e possuem função locomotora. Ocorrem nas células em números maiores que os flagelos e movimentam-se de forma semelhante a um chicote. São encontrados, por exemplo, em alguns grupos de protozoários, auxiliando-os em sua movimentação no meio aquoso e também em células como as que revestem a traqueia humana. Nessas células, os cílios possuem a função de expulsar o muco que lubrifica as vias respiratórias, livrando o organismo de bactérias e partículas inaladas com o ar (AMABIS, 2015).

Os flagelos movimentam-se por ondulações, que se propagam da base para a extremidade livre do filamento. Também podem ser encontrados em organismos como os protozoários e em células reprodutoras. O espermatozoide humano, por exemplo, é dotado de um flagelo que mede cerca de 40 μm, que é responsável por impulsioná-lo no caminho de encontro ao ovócito. Já os gametas de algumas plantas podem apresentar até quadro flagelos (AMABIS, 2015).

### 3.2 Lisossomos

A organela lisossomo é proveniente da organela complexo de Golgi. Pequena vesícula com enzimas digestivas em seu interior. Esta organela move-se até as vesículas fagossomo ou pinossomo, fundem-se com estas formando um vacúolo digestivo com a finalidade de liberar a enzima para que ocorra o processo da digestão.

**Lisossomos, autofagia, endo e exocitose**

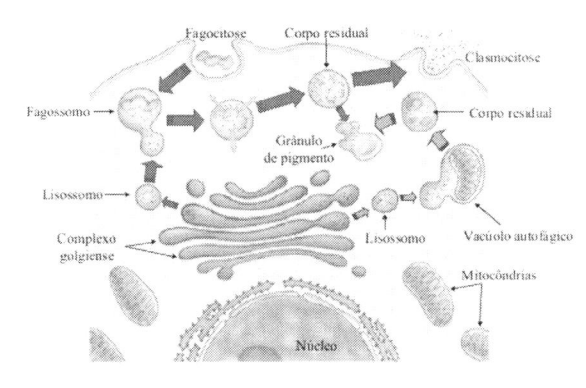

*Disponível em: <http://pt.slideshare.net>. Acesso em: 29 jun. 2018.*

Na imagem acima, vemos que o complexo de Golgi libera parte de sua estrutura, formando os lisossomos, e estes podem tomar caminhos diferentes. Um se junta ao fagossomo e forma um novo vacúolo digestivo, quando ocorre o processo da digestão e os resíduos são eliminados. O outro lisossomo, acaba por se envolver a outra organela, como no exemplo da imagem uma mitocôndria, e acaba por realizar a digestão também. Neste caso, isso é chamado de Autofagia, evento no qual o lisossomo digere a organela em desuso, aquela que não está realizando mais sua função.

### 3.3 Peroxissomo

São bolsas membranosas que contêm enzimas responsáveis pela eliminação de gorduras e aminoácidos que, possivelmente, atuariam em um processo de intoxicação celular. No interior da organela, existe enzima oxidase, para oxidar ácidos graxos. Porém, nesse processo, é formado o peróxido de hidrogênio.

No corpo humano, os peroxissomos são encontrados nas células que formam os rins (células renais) e o fígado (células hepáticas). Sua função é liberar a catalase (enzima) para atuar na desintoxicação celular proveniente, por exemplo, do uso do álcool e de medicamentos.

$$2 H_2O_2 \rightarrow \text{enzima catalase} \rightarrow 2 H_2O + O_2$$

Observem que a enzima catalase desassocia o peróxido de hidrogênio que é tóxico para a célula e transforma este em água e oxigênio.

## Retomando a aula

Chegamos, assim, ao final da quarta aula. Espera-se que agora tenha ficado mais claro o entendimento de vocês sobre as organelas citoplasmáticas. Vamos, então, recordar:

**1 – Organelas Citoplasmáticas**

Nessa seção, conhecemos as organelas em comum nas células eucarionte animal e vegetal, assim como suas funções. Vamos relembrar de maneira bem resumida.

Retículo endoplasmático liso – organela importante na síntese de lipídeos;

- Retículo endoplasmático rugoso – realiza a síntese de proteínas;
- Ribossomos – também participam da síntese de proteínas;
- Complexo de Golgi – participa da formação do lisossomo na célula animal e forma o acrossomo na célula espermatozoide e função de armazenamento de substâncias em ambas as células;
- Mitocôndria – organela responsável pela respiração celular e produção de energia;
- Citoesqueleto – formado por vários filamentos proteicos que dão sustentação à célula.

**2 – Organela exclusiva de célula eucarionte vegetal**

Nessa seção, falamos das organelas de grande importância para a célula eucarionte vegetal, como o glioxissomo, que converte ácidos graxos em açúcar, gerando energia. Outra organela fundamental para o metabolismo desse tipo celular é a organela cloroplasto, responsável por realizar o processo da fotossíntese, fundamental para produzir alimento, energia em maior quantidade para essas células.

**3 – Organela exclusiva de célula eucarionte animal**

Nessa última seção, estudamos as organelas importantes apenas para a célula eucarionte animal, como os centríolos, responsáveis por auxiliar na divisão celular e também por ajudar a célula a formar cílios e flagelos, estruturas fundamentais em algumas células específicas. Vimos os lisossomos, organelas que desempenham um papel de limpeza na célula, pois são organelas com função de digestão celular. Outra organela que se faz presente nesse tipo de célula são os peroxissomos, pois conseguem produzir enzimas específicas, como a catalase, que oxida elementos tóxicos para a célula, como o peróxido de hidrogênio, que é gerado por ação do próprio metabolismo celular. E assim, estas organelas conseguem converter esta substância em oxigênio e água, ou seja, dois elementos fundamentais para nossa célula.

## Vale a pena

### Vale a pena **acessar**,

<www.todamateria.com.br/reticulo-endoplasmatico-liso-e-rugoso/>. Acesso em: 28 jun. 2018.

## Minhas anotações

# Aula 5º

# NÚCLEO CELULAR

Caros(as) alunos(as),
Nesta aula, vamos falar sobre o elemento central de uma célula, - o núcleo, pois este é quem promove as orientações que serão seguidas até atingir um metabolismo celular. O núcleo é o comando de toda organização celular, se compararmos a célula a uma empresa, o núcleo seria o gerente, quem realmente faria as orientações para o bom funcionamento celular.
Boa aula!

Bons estudos!

## Objetivos de aprendizagem

Ao término desta aula, vocês serão capazes de:

- identificar quais são os componentes do núcleo celular;
- compreender como o núcleo faz para realizar orientações em toda a célula.

## Seções de estudo

1. Componentes do núcleo
2. Cromossomos e cromátides

O núcleo é o local da célula onde se encontra o material genético da célula, e é uma estrutura também que permite diferenciar os seres eucariontes, dos procariontes, os quais não possuem um núcleo considerado organizado.

Por meio desta aula, esperamos contribuir com seu conhecimento. Caso tenham algumas dúvidas, estas poderão ser sanadas através do e-mail: perla@unigran.br.

## 1 - Componentes do núcleo

O núcleo de uma célula é o "comando central, o comandante" de nossas células, é por meio deste que seguem as decisões de uma célula. É neste local que estão armazenadas os cromossomos, formados por moléculas de ácido desoxirribonucleico (DNA), que vão compor todas as características herdadas de um indivíduo e permitir levá-los às células-filhas.

Cada região do DNA presente no núcleo vai conter um gene, elemento importante herdado de nossos pais, que serão sintetizados na forma de uma proteína para que a célula em questão exerça tal função. Disponível em: <https://www.todamateria.com.br/nucleo-celular/>. Acesso em: 02 jul. 2018.

Quando falamos em núcleo também se é questionada a questão da divisão celular e da interfase, sendo essa última quando a célula produz proteína, e promove seu aumento de tamanho e duplicação do DNA. Portanto, a interfase é um evento natural da célula que antecede a divisão celular.

Quando os acontecimentos citados na interfase ocorrem, devemos lembrar que o DNA, ao se duplicar, vai permitir mais tarde com a divisão celular, a formação de dois núcleos, e garantir que novas células-filhas mantenham a informação genética da célula-mãe.

A interfase em nossas células ocorre em um período bem maior do que a divisão celular propriamente dita, vejamos:

### O Ciclo Celular

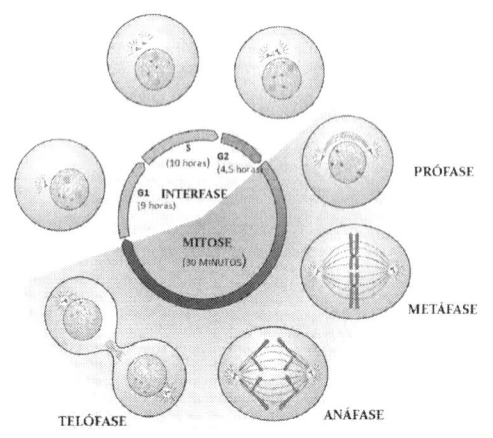

Disponível em: <https://slideplayer.com.br/slide/1271430/>. Acesso em: 02 jul. 2018.

Nesta imagem é possível perceber que é bem longa a interfase na célula, e a seguir a fase da divisão celular, leva apenas cerca de 30 minutos.

Agora, vamos acompanhar os componentes do núcleo literalmente, pois quando observamos a célula em período de interfase, o núcleo apresenta um comportamento bem diferente do que quando está na divisão celular.

Na divisão celular o núcleo organiza as cromatinas e as transformam em bastonetes individuais, que são – os cromossomos. Com isso podemos concluir que cromatinas e cromossomos são as mesmas estruturas, porém de acordo com a execução de tarefas, denominamos de maneira diferente.

Vamos analisar o quadro a seguir, que trata da presença e ausência dos componentes do núcleo na célula no período de interfase e no período da divisão celular.

| Componentes do núcleo | Interfase | Divisão celular |
|---|---|---|
| Carioteca | Presente | Presente em parte do tempo |
| Nucléolos | Presente | Presente em parte do tempo |
| Cromatina | Presente | Ausente |
| Cromossomos | Ausentes | Presentes |

No quadro pudemos observar outros elementos do núcleo, como a carioteca, que é membrana dupla lipoproteica que circunda o núcleo, com presença de poros, para regular a entrada e saída de moléculas importantes para a síntese de proteína na célula.

A carioteca, em certo momento da divisão celular, se desorganiza, permitindo que as cromatinas fiquem livres no citoplasma para que ocorra à divisão; e após o término, novas cariotecas são formadas em cada núcleo, geradas nas células-filhas.

Outro componente do núcleo é o suco nuclear ou nucleoplasma, líquido semelhante ao hiloplasma, contendo água, enzimas e outras substâncias, que serão importantes no processo químico da célula.

O nucléolo é um componente do núcleo que exerce um papel de suma importância na célula, pois são formados por grânulos, porém sem membrana, ricos em RNA ribossômico, um tipo de ácido nucleico, o qual associado à proteína serve para formar novos ribossomos. No momento da divisão celular, o nucléolo basicamente desintegra-se, já que os ribossomos acabam migrando para o citoplasma. Sendo, posteriormente distribuídos para as novas células, e ao final da divisão celular, os núcleos recém-formados, vão formar novos nucléolos, com o auxílio de um cromossomo específico denominado – cromossomo organizador do nucléolo.

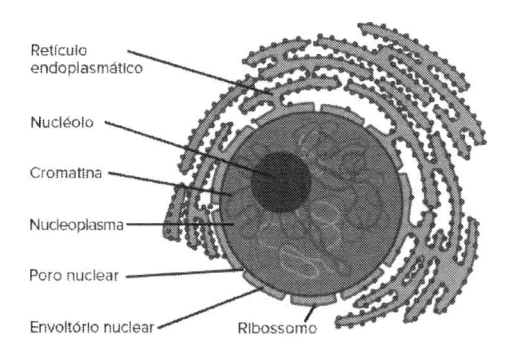

*Disponível em: <https://pt.khanacademy.org/science/biology/structure-of-a-cell/prokaryotic-and-eukaryotic-cells/a/nucleus-and-ribosomes>. Acesso em: 02 jul. 2018.*

*Disponível em: <https://www.portalpadom.com.br>. Acesso em: 02 jul. 2018.*

Restou dúvida?

Vamos adentrar o campo da Cromatina e do Cromossomo, certo? Então, vamos lá?

Na interfase a cromatina é um conjunto embaralhado de filamentos finos, e na divisão celular esses filamentos espiralam-se, ou seja, enrolam-se sobre si mesmo, e ficam mais curtos e mais espessos (cromossomos), o que chamamos de condensados, e pode facilitar dessa forma a distribuição da cromatina na divisão celular.

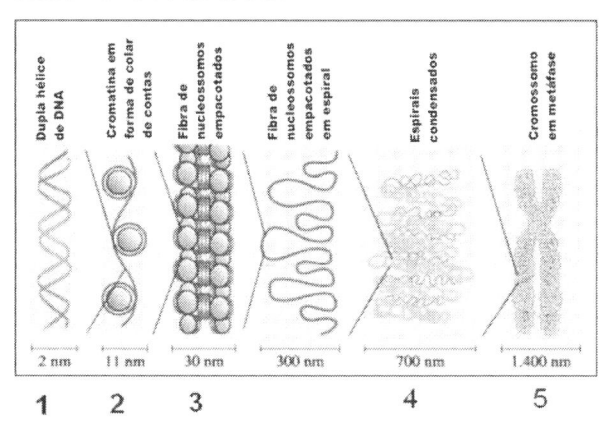

*Disponível em: <https://www.sobiologia.com.br/conteudos/Citologia2/nucleo2.php>. Acesso em: 02 jul. 2018.*

A imagem acima nos mostra a organização desde a cromatina ao cromossomo, sendo esse último representado no número 1 por uma molécula de DNA muito longa, enrolada no número 2, temos as histonas, formando "nozinhos", um conjunto que chamamos de nucleossomos, os quais se enrolam entre si no número 3, que é a cromatina. Na sequência esta se desespirala. Agora, observe que no número 4, a cromatina espirala-se muito até constituir o cromossomo que vemos no número 5.

## 2 - Cromossomos e cromátides

Agora que conseguimos identificar quando denominamos cromátides e quando se é chamado de cromossomos, vamos acompanhar essas questões no evento da divisão celular.

O cromossomo humano é composto de um filamento longo e enrolado em si mesmo.

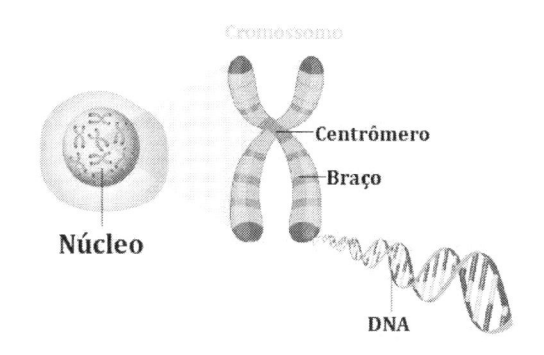

*Disponível em: <https://escolakids.uol.com.br/cromossomos.htm>. Acesso em: 02 jul. 2018.*

O cromossomo observado é duplo, porque contém o DNA duplicado, proveniente da interfase que ocorrerá. Cada parte do cromossomo contém metade da cromátide, sendo essas presas por uma região denominada centrômero, parte importante na divisão celular.

Em certo momento da divisão celular as cromátides, que são idênticas, vão se separar, migrando cada uma para uma nova célula. Nesse processo em repouso, ou seja, sem realizar interfase ou divisão celular, torna-se denominadas de cromossomos.

Os cromossomos das células de um humano são representados sempre por um mesmo número, ou seja, 46 cromossomos, mas cada espécie expressa um determinado número específico.

Nas espécies humanas, os cromossomos são representados aos pares, o que representa de um lado da cromátide o outro lado também terá a mesma informação, o que chamamos de cromossomos homólogos.

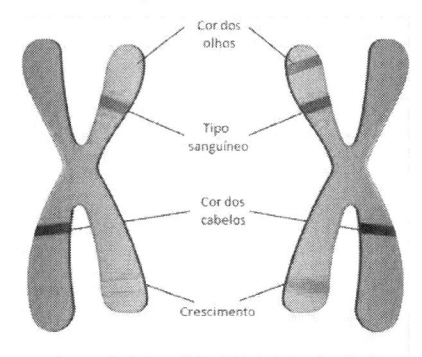

*Disponível em: <https://brainly.com.br/tarefa/8561733>. Acesso em: 02 jul. 2108.*

Observem que os cromossomos homólogos representam identificações de nossas características, que é a informação do pai e a outra da mãe.

Outro detalhe importante dos cromossomos homólogos é o posicionamento dos genes, que também é identificado em ambos. Na imagem anterior, pode-se avaliar a cor dos olhos, a cor dos cabelos e assim por diante. Os cromossomos homólogos controlam os mesmos caracteres, então, esses são denominados de genes alelos, que ocupam o mesmo *lócus gênico.*

Os genes alelos nem sempre são idênticos, ou seja, não representam a característica igual do pai e da mãe, vejamos:

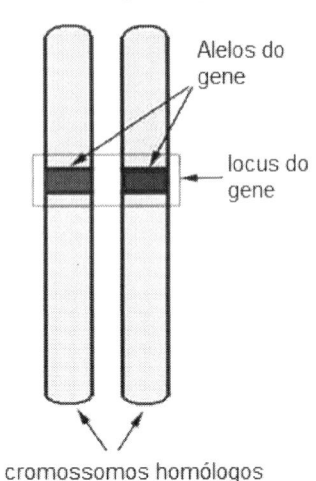

Disponível em: <http://creationwiki.org/pt/Alelo>. Acesso em: 03 jul. 2018.

Na imagem apresentada, observamos que os cromossomos homólogos são representados por cor, por exemplo: a cor azul é o gene alelo do pai, cor de olho claro e a cor vermelha o gene alelo da mãe, para cor de olho escuro. Isso indica que nem sempre os genes alelos que se encontram no mesmo lócus gênico apresentam o mesmo caractere.

Na próxima aula, discorreremos ainda sobre a divisão celular, na qual vamos definir a célula diploide e haploide. Nas células diploides, ou seja, 2n, dizemos que o número de cromossomos são iguais, e estão aos pares. Nas células haploides (n), possuem apenas um cromossomo, não existem pares de homólogos. O exemplo mais clássico é o gameta, representado pelo espermatozoide com 23 cromossomos e o óvulo representado com 23 cromossomos, que somente após a fecundação tornam-se diploide de 46 cromossomos.

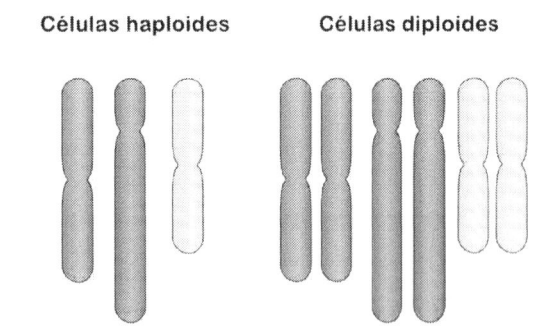

Disponível em: <https://www.diferenca.com/celulas-diploides-e-haploides/>. Acesso em: 03 jul. 2018.

Quando temos o conjunto de dados sobre tamanho, número, forma e características dos cromossomos, denominamos de cariótipo.

Muito bem, caros(as) alunos(as), espero ter transmitido informações importantes a vocês sobre os componentes do núcleo. Em nossa próxima aula, estudaremos a divisão celular.

## Retomando a aula

Chegamos, assim, ao final da nossa quinta aula. Espera-se que agora tenha ficado mais claro e entendimento de vocês sobre o Núcleo celular. Vamos, então, recordar:

### 1 – Componentes do núcleo

Nesse primeiro momento da aula, adquirimos conhecimentos sobre a interface e divisão celular, mais especificamente sobre os componentes do núcleo. Estes que são fundamentais na célula. Também abordamos a presença da carioteca, nucléolo e cromatina no período da interface e parcialmente a presença da carioteca e nucléolo no período da divisão celular, e a ausência da cromatina. Esses acontecimentos são importantes para a distribuição das informações genéticas na célula, e permitem determinar os caracteres herdados.

### 2 – Cromossomos e cromátides

Na segunda e última seção, pudemos diferenciar quando as estruturas presentes no núcleo que carregam nossa informação genética tornam-se cromátide e quando se tornam cromossomo. A cromátide está presente no momento da interface representada por filamentos finos e os cromossomos as mesmas estruturas das cromátides condensam-se, ou seja, espiralam-se e tornam-se mais curtos. Esses se organizam em cromossomos homólogos os quais vão carregar os genes alelos, que são os caracteres herdados das células da mãe e do pai.

## Vale a pena

### Vale a pena ler,

Núcleo celular - Só Biologia
Disponível em: <https://www.sobiologia.com.br/conteudos/Citologia2/nucleo.php>. Acesso em: 02 jul. 2018.

O Núcleo da Célula - Mundo Educação
Disponível em: <https://mundoeducacao.bol.uol.com.br/biologia/o-nucleo-celula.htm>. Acesso em: 02 jul. 2018.

Núcleo da Célula - Estrutura e Composição (Cromatina e Nucléolo)
Disponível em: <https://www.youtube.com/watch?v=5Lv_CBmEf-U>. Acesso em: 02 jul. 2018.

NÚCLEO CELULAR - RESUMO PARA PROVA - Prof. Kennedy
Disponível em: <https://www.youtube.com/watch?v=4oLfYw7xE3Q>. Acesso em: 02 jul. 2018.

# Aula 6º

# DIVISÃO CELULAR

Caros(as) acadêmicos(as),
Nesta sexta aula, vamos aprofundar nossos conhecimentos sobre as divisões celulares, mais especificamente, em quais células acontecem esses eventos e como ocorrem. A divisão celular é um evento importante para a renovação, multiplicação e amadurecimento celular. A divisão celular permite que as células, ao se multiplicarem, passem por um amadurecimento que lhes permitem, posteriormente, realizar sua função.
Boa aula!

Bons estudos!

## Objetivos de aprendizagem

Ao término desta aula, vocês serão capazes de:

- identificar quais são as fases da divisão celular e localizar os cromossomos;
- diferenciar o tipo de divisão celular, quando deve a célula realizar mitose e quando deve realizar meiose.

## Seções de estudo

1. Mitose
2. Meiose

Quando falamos em divisão celular, é importante sabermos em quais células os eventos acontecem, e qual o posicionamento dos cromossomos e cromátides em cada fase da divisão.

Por meio desta aula, esperamos contribuir com seu conhecimento. Caso tenham algumas dúvidas, estas poderão ser sanadas através do e-mail: perla@unigran.br.

## 1 - Mitose

Primeiramente, precisamos avaliar quais são as células em que ocorrem as divisões celulares. Nosso organismo apresenta, basicamente, dois tipos de células: as somáticas (que formam todo nosso organismo) e as sexuais (que formam os nossos gametas). Reconhecendo essa diferença, será possível compreender melhor qual evento de divisão celular ocorre em cada célula especificada nessa explanação.

A mitose é um processo de divisão celular que ocorre em células somáticas, isto é, quando uma célula mãe origina duas células-filhas. A divisão mantém a mesma informação genética no que diz respeito ao número de cromossomos.

Este é um processo contínuo e apresenta quatro fases: prófase, metáfase, anáfase e telófase.

**a) Prófase:** nessa fase os cromossomos vão se condensando no interior do núcleo, tornando-se mais visíveis e individualizados. Gradualmente a condensação progressiva dos cromossomos reduz a produção de substâncias que compõem os nucléolos, que vão desaparecendo. O núcleo aumenta de tamanho e, ao final da prófase, a carioteca desaparece e faz surgir o fuso mitótico.

**b) Metáfase:** os cromossomos ficam bem espiralados ou condensados e ficam dispostos na região equatorial da célula. As cromátides se separam, ficando cada uma com um centrômero próprio.

**c) Anáfase:** as fibras do fuso mitótico ficam mais curtas e puxam os cromossomos para os polos da célula, à maneira de um globo terrestre.

**d) Telófase:** cada conjunto cromossômico atinge um dos polos, gradualmente desfazem o espiral e por meio do retículo endoplasmático rugoso constituem a nova carioteca. O nucléolo, com já foi dito na aula anterior, será constituído por grânulos de um cromossomo específico denominado <u>organizador de nucléolo</u>. A membrana plasmática invagina-se, ou seja, volta-se para dentro de si mesma, permitindo a separação das células-filhas recém-formadas. Ocorre o término da <u>cariocinese</u> – que é a divisão do núcleo – e tem início <u>citocinese</u> – que é a divisão do citoplasma.

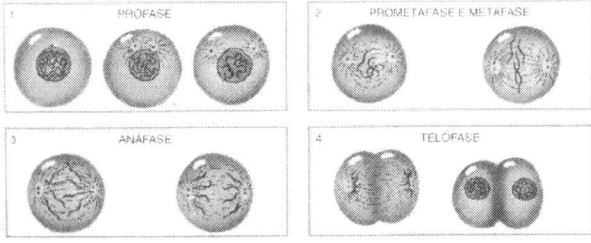

Disponível em: <https://www.algosobre.com.br/biologia/divisao-celular.html>. Acesso em: 03 jul. 2018.

Na mitose, a divisão permite que ocorra a duplicação cromossômica de cada célula-filha formada. Assim, o número e a quantidade dos cromossomos serão os mesmos da célula-mãe.

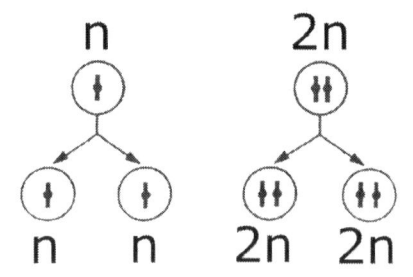

Disponível em: <http://pontobiologia.com.br/mitose-entenda-divisao-celular/>. Acesso em: 03 jul. 2018.

Na imagem apresentada, vemos uma célula haploide (n) e uma célula diploide (2n), ambas vão originar ao final, células-filhas idênticas.

## 2 - Meiose

Na divisão da meiose, observamos uma diferença bem significativa, como foi visto na seção anterior. Essa divisão da célula-mãe irá formar células-filhas com metade do número de cromossomos, ou seja, sempre a célula-mãe diploide vai formar células-filhas haploides.

A redução do número de cromossomos ocorre porque essa divisão celular está relacionada aos gametas. O espermatozoide e o óvulo têm tem 23 cromossomos cada um. No momento da fecundação, a fusão dá origem a um zigoto com 46 cromossomos, o que identifica a espécie humana.

Na meiose ocorre a duplicação dos cromossomos uma única vez, porém a divisão é feita em duas vezes, vejamos o esquema abaixo:

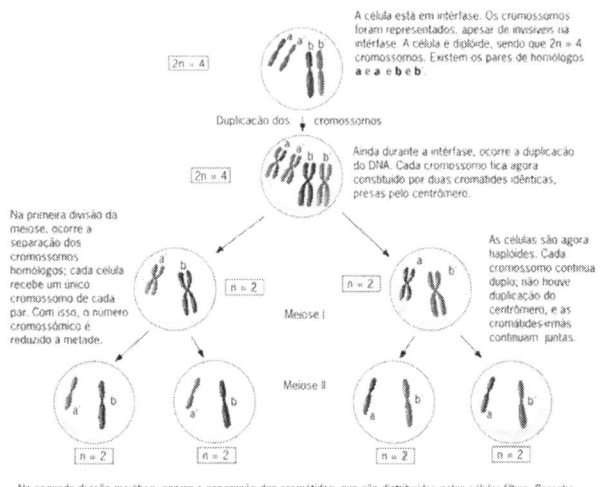

Disponível em: <https://www.sobiologia.com.br/conteudos/Citologia2/nucleo13_2.php>. Acesso em: 03 jul. 2018.

Na imagem apresentada, no primeiro momento observamos a interfase, que é o preparo dos cromossomos homólogos. Na sequência, eles duplicam seu DNA, formados por duas cromátides. Depois ocorre a primeira divisão meiótica, na qual a células-filhas formadas recebem um cromossomo de cada par e reduz a carga cromossomal, ou seja, ficando as células-filhas haploides. Na segunda divisão meiótica ocorre a separação das cromátides, que são distribuídas para novas células-filhas. Vejam que, desse modo, o número cromossomal foi mantido, assemelhando-se a divisão mitótica.

Observamos que a divisão da meiose é feita em dois momentos: Divisão Meiose I e Divisão Meiose II. Porém, na meiose I, temos a primeira fase que é Prófase I, com cinco subfases, a mais longa do processo. Para exemplificar, vamos resumir as fases na imagem a seguir.

### ETAPAS DA MEIOSE

**Meiose I – Reducional**
Separação dos cromossomos homólogos
1. Prófase I
   i. Leptóteno
   ii. Zigóteno
   iii. Paquíteno
   iv. Diplóteno
   v. Diacinese
2. Metáfase I
3. Anáfase I
4. Telófase I

**Meiose II – Equacional**
Separação das cromátides irmãs
1. Prófase II
2. Metáfase II
3. Anáfase II
4. Telófase II

*Disponível em: <https://slideplayer.com.br/slide/5653272/>. Acesso em: 03 jul. 2018.*

## 2.1 - Etapas da Meiose I

A primeira fase é a Prófase I, como vimos na imagem acima, agora vamos discutir a questão da organização celular nessas subfases da prófase:

- **Prófase I:**
  
  **a) Leptóteno:** os cromossomos encontram-se espiralados, pois já passaram pela interfase, que é a duplicação do DNA.
  
  **b) Zigóteno:** os cromossomos homólogos ficam emparelhados e são chamamos de sinapse.
  
  **c) Paquíteno:** as cromátides ficam bem visíveis, ou seja, os cromossomos apresentam-se de maneira tétrade.
  
  **d) Diplóteno:** observamos as pontas das cromátides trocadas, denominamos esse processo de *crossing-over*, o que permite a troca de material genético entre os cromossomos homólogos. Por permanecerem unidos pelas pontas, são chamamos de quiasma.
  
  **e) Diacinese:** os cromossomos começam a se separar e tornam-se mais espirados.

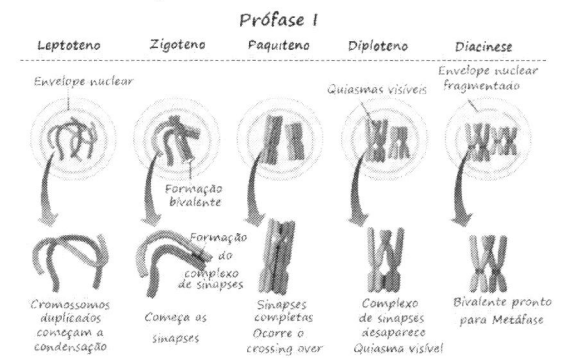

*Disponível em: <http://pontobiologia.com.br/meiose-divisao-que-multiplica/>. Acesso em: 03 jul. 2018.*

**Metáse I:** a carioteca, que é a membrana que se encontra em torno do núcleo, desaparece. É formado o fuso mitótico e os cromossomos homólogos são posicionados na região equatorial (ao meio da célula).

**Anáfase I:** os cromossomos começam a migrar em direção aos polos da célula e deslizam pelo fuso mitótico.

**Telófase:** ocorre nova reorganização da carioteca. O citoplasma se divide e os cromossomos migram para novas células.

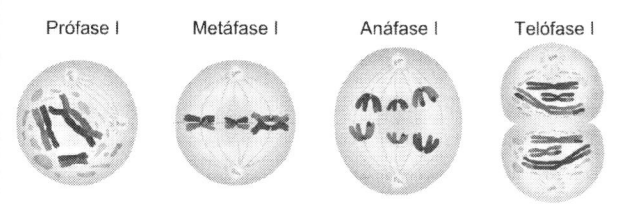

*Disponível em: <https://www.infoescola.com/citologia/meiose/>. Acesso em: 03 jul. 2018.*

## 2.2 - Etapas da Meiose II

Nesta fase acontece uma divisão celular semelhante à mitose. As células formadas vão originar células-filhas semelhantes as que lhes deram origem.

- **Prófase II:** esta fase não existe subfase, é bem mais rápida, ocorre à formação do fuso por meio dos filamentos dos centríolos (organela vista na aula 4).
- **Metáfase II:** os cromossomos se dispõem na placa equatorial, presos pelos centrômeros.
- **Anáfase II:** os cromossomos separam e cada cromossomo-filho migra para os polos da célula.
- **Telófase II:** estando nos polos, os cromossomos desespiralam-se, os nucléolos reaparecem (falamos disso na aula anterior); e por fim, ocorre a separação do citoplasma, originando células-filhas haploides.

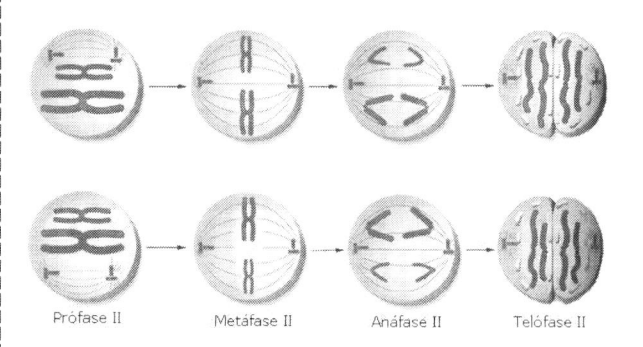

*Disponível em: <http://gracieteoliveira.pbworks.com/w/page/47051869/Divis%C3%A3o%20II%20%E2%80%93%20Divis%C3%A3o%20equacional>. Acesso em: 03 jul. 2018.*

Muito bem, caros(as) alunos(as), agora que conhecemos cada fase da divisão meiótica, podemos entender melhor a organização da célula. Assim como a questão do número de cromossomos. Vamos resumir esses dados, na imagem a seguir.

Meiose I

Meiose II

Divisão reducional

Divisão equacional

2n

n

n

Disponível em: <http://pontobiologia.com.br/meiose-divisao-que-multiplica/>.
Acesso em: 03 jul. 2018.

## Retomando a aula

Chegamos, assim, ao final da sexta aula. Espera-se que agora tenha ficado claro o entendimento de vocês sobre a Divisão celular. Vamos, então, recordar:

### 1 – Mitose

Na primeira seção, vimos que essa divisão é muito importante para a renovação celular, ou seja, as células têm ciclo de vida. Cada célula nossa tem sua periodicidade: umas vivem uma semana, outras quinze dias e assim por diante. A divisão mitótica tem como função formar novas células-filhas idênticas as células-mãe.

### 2 – Meiose

Na segunda e última seção, estudamos a divisão da meiose. Obtemos ao final do processo outras células-filhas com metade da informação do número de cromossomos da célula-mãe. Esta divisão acontece para formar as células sexuais, espermatozoide e óvulo. Também devemos ressaltar que esta divisão é feita em dois momentos: meiose I, muito importante para a troca de material genético entre os cromossomos homólogos; e meiose II, que mantem as células formadas haploides, para que no momento da fecundação dos gametas, essas se unem e formem uma célula diploide chamada zigoto.

## Vale a pena

### Vale a pena ler,

Mitose - Fases da Mitose - Toda Matéria. Disponível em: <https://www.todamateria.com.br › Biologia › Genética>. Acesso em: 03 jul. 2018.

Meiose: resumo, fases e diferenças da mitose - Toda Matéria. Disponível em: <https://www.todamateria.com.br › Biologia › Genética>. Acesso em: 03 jul. 2018.

Ciclo Celular: Mitose | RESUMÃO | Prof. Paulo Jubilut - YouTube. Disponível em: <https://www.youtube.com/watch?v=oFdqrPcGx9Y>. Acesso em: 03 jul. 2018.

MEIOSE - DIVISÃO CELULAR - Prof. Kennedy Ramos - YouTube. Disponível em: <https://www.youtube.com/watch?v=18LulgA8Y4Q>. Acesso em: 03 jul. 2018.

## Minhas anotações

# Aula 7º

# Ácidos Nucleicos

Caros(as) alunos(as),
Nesta aula, vamos estudar os conceitos e a importância dos ácidos nucleicos para nossas células e, consequentemente, para nosso organismo como um todo. Através desses elementos ocorre o controle de todo o metabolismo. Portanto, os ácidos nucleicos são de fundamental importância para que haja equilíbrio e harmonia em todos os nossos sistemas.

Bons estudos!

## Objetivos de aprendizagem

Ao término desta aula, vocês serão capazes de:

- identificar a diferença entre os ácidos nucléicos;
- reconhecer o papel da cada ácido nucléico em nossa célula.

### Seções de estudo

1. DNA – Ácido desoxirribonucleico
2. RNA – Ácido ribonucleico

Quando falamos dos ácidos nucleicos, logo nos lembramos de sua abreviação nominal: DNA e RNA. Porém, esses ácidos são considerados açúcares, à revelia de sua denominação. Sua composição é representada por carboidratos, como vimos na aula 01. Nesta aula, vamos estudá-los mais especificamente.

Por meio desta aula, esperamos contribuir com seu conhecimento. Caso tenham algumas dúvidas, elas poderão ser sanadas através do e-mail: perla@unigran.br.

## 1 - DNA – Ácido desoxirribonucléico

Na aula anterior, estudamos sobre a divisão celular, o DNA – ácido desoxirribonucleico, que é um elemento importante. Ele está contido nas cromátides, que são as "pernas" dos cromossomos, e vão exercer papel primordial na transmissão da informação genética de uma célula para outra.

Vamos compreender melhor a estrutura do DNA, que é formado por centenas de milhares de moléculas unidas, os quais chamamos de nucleotídeos.

Os nucleotídeos são formados por três partes: um fosfato, um açúcar que é um pentose denominada desoxirribose, e uma base nitrogenada.

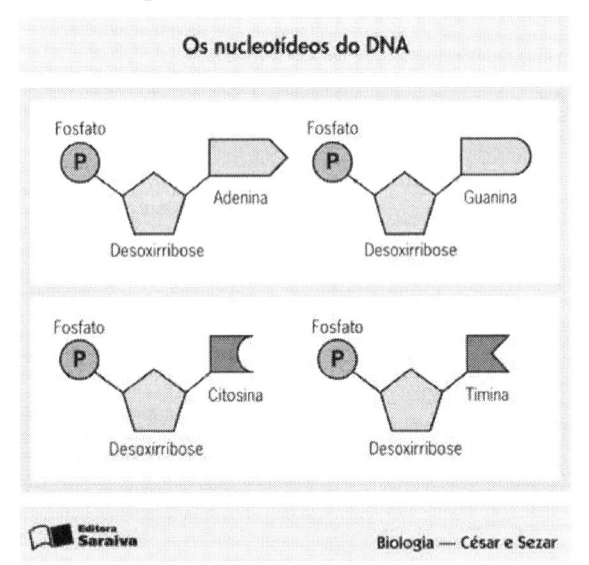

*Disponível em: <http://arquivo.ufv.br/dbg/genetica/cap10.htm>. Acesso em: 29 jun. 2018.*

Na imagem, vemos que existem quatro bases nitrogenadas diferentes, duas maiores, ditas de púricas, porque apresentam, em sua composição, anel duplo de carbono e nitrogênio, representados por **Adenina e Guanina**. E as bases nitrogenadas menores ditas de pirimídicas, formadas por um anel simples de carbono e nitrogênio, que são a **Citosina e a Timina**. O RNA, que veremos mais a frente, também apresenta nucleotídeos em sua constituição. O que difere do DNA, é que não existe a base Timina e sim a base nitrogenada pirimídica **Uracila**.

A molécula de DNA foi proposta por Watson e Crick em 1953 e confirmada mais adiante por meio de vários experimentos. Cada molécula desse ácido é formada por duas cadeias de nucleotídeos ligados uns aos outros.

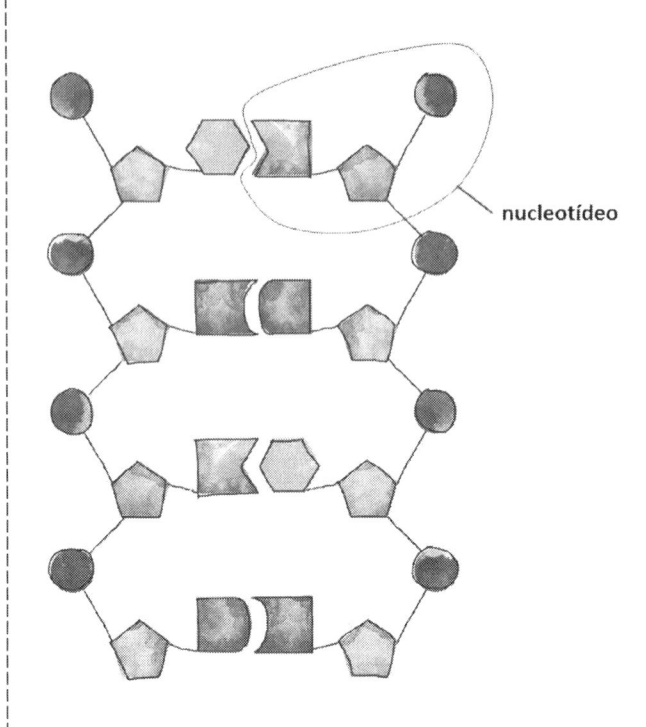

*Disponível em: <http://www.ib.usp.br/biologia/projetosemear/diferentes/o-seu-dna-e-igual-ao-de-outros-seres-vivos.html>. Acesso em: 29 jun. 2018.*

Vemos, na cadeia apresentada, que a estrutura está interligada uma a outra, por meio das bases nitrogenadas que se encaixam, o que chamamos de encaixe "chave-fechadura". Veremos que essa união ocorre de maneira específica. A ADENINA, se liga à TIMINA; e a CITOSINA, se liga à GUANINA.

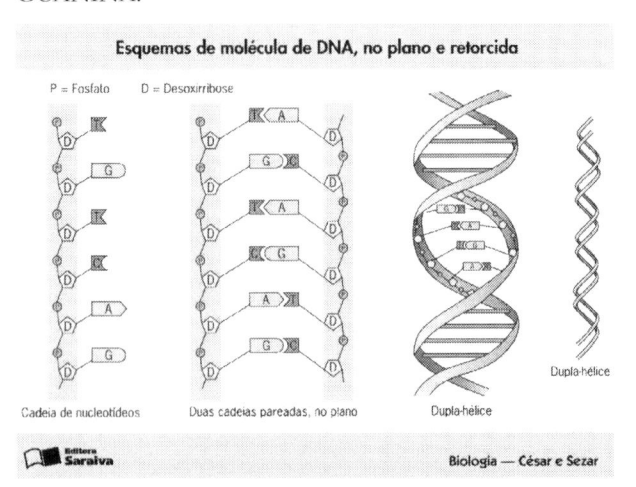

*Disponível em: <https://pequenosbiologos.wordpress.com/2010/09/15/o-que-e-dna-%E2%80%8E/>. Acesso em: 29 jun. 2018.*

Uma observação importante feita por Watson e Crick sobre a molécula de DNA, foi que eles disseram que se assemelha a uma "escada de cordas" na qual os fosfatos e os açúcares são os corrimãos, e os degraus seriam as bases nitrogenadas ligadas aos pares. Vemos que é torcido, o que representa a dupla-hélice. Sabemos, como estudado anteriormente, que o DNA é formado por duas moléculas unidas.

**Importante**: se todas nossas células apresentam a mesma informação genética, ou seja, o mesmo número cromossomal de 46 cromossomos com seus devidos genes, será que em todas as células as moléculas de DNA são idênticas na mesma sequência de bases nitrogenadas? A resposta é **Não**, pois cada célula vai ter uma sequência de DNA, para identificar a construção da proteína específica para aquele sistema (digestivo, reprodutor, assim por diante).

## 1.1 - A duplicação ou replicação da molécula de DNA

a imagem a seguir, podemos observar primeiramente a letra (A), que mostra duas fitas complementares, unidas por pontes de hidrogênio para ligar as bases nitrogenadas: A-T e C-G. Os "corrimãos", fosfatos e açúcar estão presentes, mesmo não sendo representados nas imagens.

### Duplicação do Dna

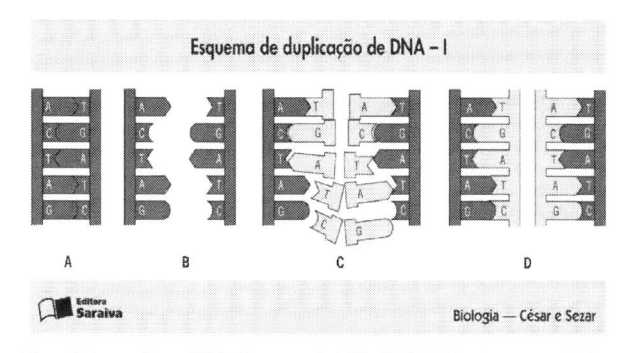

*Disponível em: <https://slideplayer.com.br/slide/10397563/>. Acesso em: 29 jun. 2018.*

Na letra (B), observamos que as pontes de hidrogênio que ligam as fitas se rompem, e acabam separando-se. Isso ocorre por conta de uma enzima denominada helicase, a qual permite que isso ocorra. Na letra (C), observamos que a cor mais escura servirá de molde para produzir fitas novas, representadas pela cor mais clara, o que nos indica que existem nucleotídeos livres na célula para encaixar-se a fita antiga.

Todavia, na letra (D), observamos duas novas fitas de DNA constituída, com a parte antiga e a parte nova. O que faz com que os novos nucleotídeos sejam encaixados na fita antiga, o que também é feito por outra enzima, uma espécie de um "adesivo", denominado DNA polimerase.

O processo da duplicação do DNA é importante, pois no momento da Interfase (preparo do DNA), que antecede a divisão celular, permite conservar as informações do gene na parte antiga da fita, mantendo a informação genética que herdados dos pais. O nome desse evento é duplicação semiconservativa. Após a duplicação do DNA, ocorre a divisão celular que direciona cada molécula nova para uma das células-filhas.

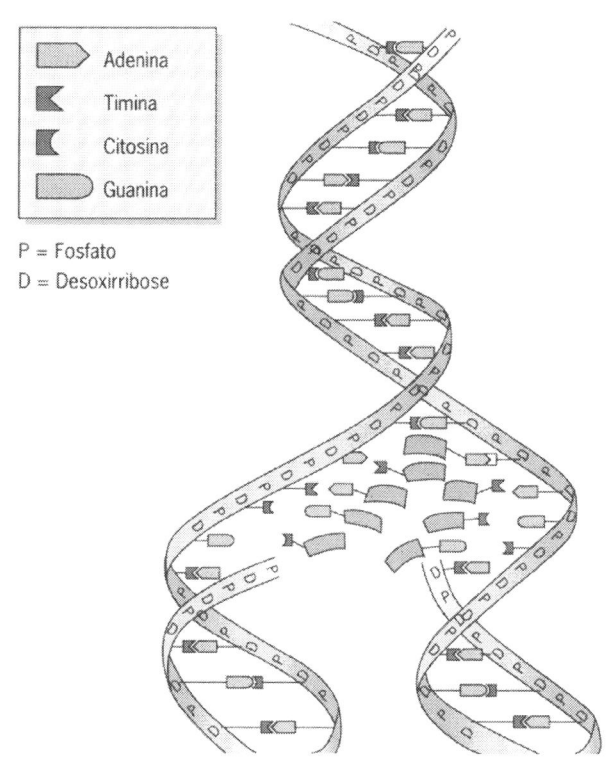

P = Fosfato
D = Desoxirribose

*Disponível em: <http://denilsonbio.blogspot.com/2012/03/metabolismo-de-controle.html>. Acesso em: 29 jun. 2018.*

## 2 - RNA – Ácido ribonucleico

O RNA – ácido ribonucleico, como foi anunciado anteriormente, é formado por nucleotídeos. Trata-se de uma fita única, o que o torna diferente da molécula do DNA. Outra diferença está na pentose, pois o açúcar é a ribose e suas bases nitrogenadas são: Adenina, Guanina, Citosina e Uracila.

O RNA por sua fez é formado a partir da molécula do DNA, que orienta a organização dos nucleotídeos que vão constituir o RNA e vão atuar na síntese de proteína que vai ocorrer no citoplasma, o que veremos na próxima aula.

Para resumirmos a importância do RNA na célula, o funcionamento celular, quando um gene, ou seja, uma parte do DNA de certo cromossomo, for expressar a orientação para a produção de uma proteína, o DNA produz o RNA que vai efetivar a tal orientação feita no núcleo da célula.

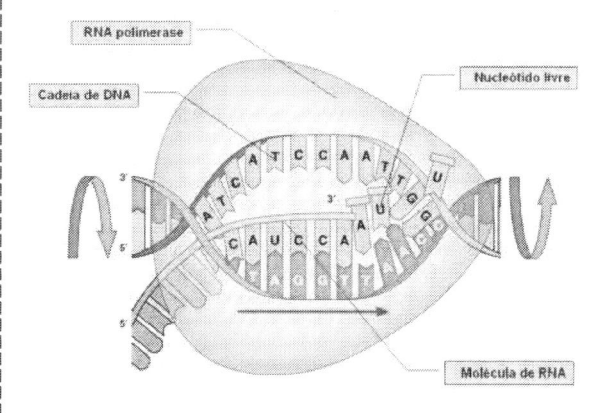

*Disponível em: <https://www.infoenem.com.br/o-dogma-central-da-genetica-e-o-rna/>. Acesso em: 29 jun. 2018.*

Vemos que a fita mais escura é o DNA. Uma parte é

separada pela enzima helicase e novos nucleotídeos livres são unidos à fita do DNA por meio da enzima RNA polimerase.

Outro detalhe importante a ser observado é que o DNA utiliza apenas uma de suas fitas para transcrever a molécula de RNA, que vai se desprender do DNA e migrar para nova fita do citoplasma. Observem a seguir:

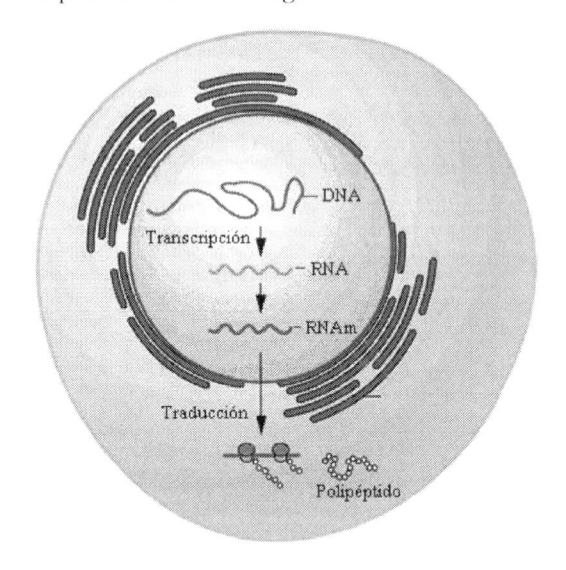

*Disponível em: <https://biolotilde.wordpress.com/2012/04/04/dogma-central-biologia-molecular/celula-dogma-biomole/>. Acesso em: 30 jun. 2018.*

Mesmo a imagem estando em espanhol, podemos compreender perfeitamente o enunciado. Observe que temos a célula e o núcleo, onde se encontram o DNA para realizar a **transcrição** em molécula de RNA m (mensageiro). Tal processo seguirá o citoplasma para realizar a **tradução** em um polipeptídio, que é síntese proteica, assunto de nossa próxima aula.

A molécula de RNA apresenta o seguinte emparelhamento dos nucleotídeos com os nucleotídeos do DNA, para que seja feita sua construção:

| DNA | RNA |
|---|---|
| A ——— T | Adenina |
| C ——— G | Citosina |
| T ——— A | Uracila |
| G ——— C | Guanina |

Percebemos, no quadro anterior, que o DNA utilizou apenas uma de suas fitas para transcrever a fita do RNA, observando a ligação dos nucleotídeos (DNA e RNA):
Timina – Adenina
Guanina – Citosina
Adenina – Uracila
Citosina – Guanina

## Retomando a aula

Chegamos, assim, ao final da sétima aula. Espera-se que agora tenha ficado mais claro o entendimento de vocês sobre os Ácidos nucleicos. Vamos, então, recordar:

### 1 – DNA – Ácido desoxirribonucleico

Nessa seção, observamos a constituição do DNA, que é formado por vários nucleotídeos unidos, sendo esses: fosfato, açúcar desoxirribose e bases nitrogenadas (adenina que se liga à timina; e citosina que se liga a citosina). Outro ponto importante da molécula do DNA é que ela é formada por fita dupla, sendo possível realizar duplicação semiconservativa antes da divisão celular com o objetivo de manter as informações genéticas que serão transmitidas as células-filhas ao final da divisão.

### 2 – RNA – Ácido ribonucleico

Na segunda seção, foi possível identificar a constituição da molécula de RNA, que é formada por nucleotídeos, sendo uma fita única, formada a partir da orientação de uma das fitas do DNA. Novos nucleotídeos vão se ligando até a sua formação no núcleo, e serão direcionadas ao citoplasma para realizar a síntese proteica.

## Vale a pena

## Vale a pena ler,

DNA. As características gerais do DNA - Biologia Net. Disponível em: <https://biologianet.uol.com.br/biologia-celular/dna.htm>. Acesso em: 29 jun. 2018.

Duplicação do DNA - Só Biologia. Disponível em: <https://www.sobiologia.com.br/conteudos/Citologia2/AcNucleico3.php>. Acesso em: 29 jun. 2018.

RNA - ácido ribonucleico - Citologia - InfoEscola. Disponível em: <https://www.infoescola.com/biologia/rna/>. Acesso em: 29 jun. 2018.

DNA, a Molécula da Vida (Animação) - YouTube. Disponível em: <https://www.youtube.com/watch?v=VJ69XcbOXTE>. Acesso em: 29 jun. 2018.

Replicação do DNA Animação - YouTube. Disponível em: <https://www.youtube.com/watch?v=tBkhK3t6Aw0>. Acesso em: 29 jun. 2018.

Transcrição da molécula de RNA (Biologia) - YouTube. Disponível em: <https://www.youtube.com/watch?v=jEMy3e2T8e0>. Acesso em: 29 jun. 2018.

## Minhas anotações

# Aula 8º

# *Síntese Proteica*

> Caros(as) alunos(as),
> Nesta última aula, vamos estudar a síntese proteica, que são eventos que conduzem a célula a produzir sua proteína, a qual vai determinar várias funções na célula, tais como estrutural, hormonal, de defesa, enzimática e nutricional. Portanto, vamos ficar bem atentos(as) aos movimentos exercidos pelos ácidos nucleicos, que são a base da execução da síntese proteica.
> Boa aula!
>
> — Bons estudos!

## Objetivos de aprendizagem

Ao término desta aula, vocês serão capazes de:

- conhecer o papel de cada ácido nucleico na célula;
- desenvolver competência e habilidade na elaboração da síntese proteica de uma célula.

## Seções de estudo

1. Ácidos nucleicos
2. Síntese proteica

Quando falamos de síntese proteica, é muito importante que façamos uma retomada nas informações sobre ácidos nucleicos, já que eles são os protagonistas da execução da síntese proteica.

Por meio desta aula, esperamos contribuir com seu conhecimento. Caso tenham algumas dúvidas, elas poderão ser sanadas através do e-mail: perla@unigran.br.

## 1 - Ácidos nucléicos

Vimos, na aula anterior, o papel dos ácidos nucleicos na célula, e que eles participam da manutenção de nossas proteínas, as quais vão determinar em cada célula a expressão genética.

Vamos partir da análise da seguinte figura:

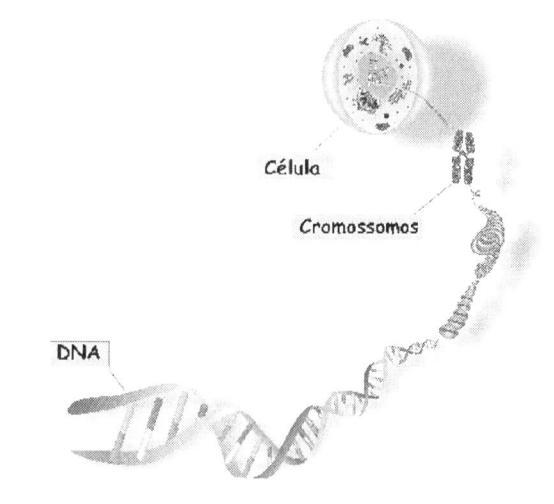

Disponível em: <http://ctc.fmrp.usp.br/>. Acesso em: 29 jun. 2018.

O gene está contido no cromossomo. Nele está contida a fita de DNA, o qual converte a informação genética em uma atividade celular, quer dizer, uma ação da célula naquele tecido, como o exemplo da melanina nas células da pele.

Mesmo assim, ainda temos questionamentos importantes:

a) Como a informação do DNA é convertida em molécula de atividade celular?

b) E como sinais bioquímicos das células controlam quais as informações que serão lidas por células, em partes diferentes de um organismo, em épocas diferentes em sua vida?

A orientação pelo DNA proporciona a produção de **proteínas** com atividades fisiológicas o tempo todo. Em parte é uma resposta às mudanças na fisiologia do organismo e, em parte, porque as moléculas no organismo estão sendo degradadas e precisam ser substituídas.

Vejam, então, que as manifestações genéticas nada mais são do que a construção de proteínas! Essas são específicas para cada célula. Sabemos que todas as células são iguais geneticamente e têm os mesmos genes herdados dos pais. Porém, aquele gene específico para "aquela" informação vai orientar o DNA a construir a proteína "daquela" célula.

Além disso, as células têm tempo de vida limitado (ciclo de vida celular), e novas devem ser produzidas por divisão celular, com a produção de novas cópias de seus conteúdos, para manter a mesma informação genética.

O que são e como atuam os genes?

Disponível em: <http://josianesousa.com.br/blog/acabei-de-estudar/>. Acesso em: 01 jul. 2018.

O gene é considerado um mentor da atividade celular. Se comparássemos a célula como uma empresa, o gene seria o Gerente; se comparássemos a célula como um exército, o gene seria o General. É ele quem rege o funcionamento celular das manifestações gênicas.

Hoje, o conhecimento sobre os genes são amplos, e sabemos que esses ocupam lugar específico nos cromossomos, porém, é pertinente indagar: qual seria a natureza química dos cromossomos? E o que é exatamente um gene?

Agora, caros(as) alunos(as), vamos adentrar em questões estudadas por Fridrich Miescher, desde 1869. Miescher isolou moléculas do núcleo da célula, ou seja, em seu cromossomo. E deu o nome de nucleínas, e essas tinham natureza ácida, e passaram a ser chamadas de ácidos nucleicos (VIANA, 2012).

Desse modo, os ácidos nucleicos no início do século XX foram identificados como: ácido desoxirribonucleico (DNA) e o ácido ribonucleico (RNA). Quando passamos a responder sobre o que é um gene, e como ele pode comandar as manifestações genéticas, as respostas passam a surgir a partir de um tratamento em 1908, por um médico inglês Archibald Garrot, sobre sua pesquisa em relação a uma doença humana rara denominada de alcaptonúria. A doença faz com que o indivíduo não consiga degradar a alcaptona, e essa substância passar a ficar acumulada nas cartilagens e no colágeno do tecido conjuntivo, provocando pigmento escuro no céu da boca, olhos, além de artrite degenerativa e grandes articulações do corpo, também seu excesso ao ser eliminado pela urina e age com o oxigênio adquirindo a cor preta (VIANA, 2012).

Desse modo, o médico Garrot, interpretou essa anomalia como decorrente da fala de uma enzima para decompor a alcaptona, sendo denominado de um **erro inato do metabolismo**. Assim, pode-se constatar que a relação entre o gene e a síntese da enzima (proteína) que não produz, está associado a um erro na informação desse gene, no qual não consegue orientar as células a produzirem tal enzima.

Disponível em: <http://www.militarpos64.com.br/>. Acesso em: 01 jul. 2018.

Nas palavras de Hoffee: "Um gene é uma longa seção de uma molécula de DNA cuja sequência de códigos genéticos, específica à sequência de aminoácidos em uma determinada proteína. A atividade da proteína é responsável pelo fenótipo associado ao gene (....). A natureza de uma característica herdada reflete a função de uma proteína"(HOFFEE, 2000).

Vimos, em aulas anteriores, que as proteínas exercem funções, e isso nada mais é do que manifestações genéticas naquelas células. As proteínas como o colágeno e a elastina exercem suporte estrutural no tecido conjuntivo, a actina e a miosina formam os músculos, a hemoglobina tem função de transportar o oxigênio, enquanto os anticorpos protegem contra infecções. É evidente que o mau funcionamento ou a não produção da proteína, vai refletir na célula, que provoca defeitos genéticos, e podem levar a sérios problemas de saúde.

Vamos analisar como se dá o processo da construção de manifestação genética na célula.

Começaremos pela **molécula do DNA**, que é formado por várias unidades, que recebem o nome de **nucleotídeos**. Esses são formados por três componentes:
▶ fosfato;
▶ açúcar de cinco carbonos – pentose – que no DNA é desoxirribose;
▶ base nitrogenada, que pode variar de nucleotídeo para nucleotídeo.

As bases nitrogenadas podem ser:
▶ púricas: adenina e guanina;
▶ pirimídicas: timina, citosina e uracila.

São comuns às moléculas de DNA e de RNA a adenina, a guanina e citosina. A base timina só ocorre no DNA, e base uracila só no RNA.

Essas bases não se unem ao acaso: A sempre emparelha com T, e G sempre com C. Neste emparelhamento, forma-se a estrutura em dupla-hélice da molécula de DNA.

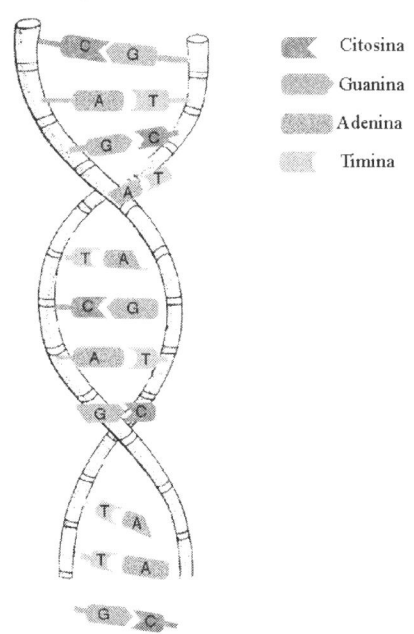

**Disponível em: <http://www.bertolo.pro.br/>. Acesso em: 01 jul. 2018.**

Nesse estágio, vamos abordar a **molécula de RNA**.

No princípio acreditava-se que o gene era o único mentor na produção de uma proteína, que esta era organizada somente no nível do núcleo celular. Porém, hoje, sabemos que há necessidade da colaboração do ácido ribonucleico, para realizar a síntese proteína, que é concluída em nível de citoplasma da célula. Assim, "um gene pode ser definido como a região do DNA que pode ser transcrita em molécula de RNA" (VIANA, 2012).

Para que isso ocorra, existe a transcrição do gene com início e fim de sequência de bases nitrogenadas do DNA. A sequência que determina o começo é conhecida como região **promotora**, e a final, **sequência terminal**. O processo inicia com a abertura de parte da fita do DNA, e vão se emparelhando novos nucleotídeos do **RNA mensageiro**, e completa a transcrição no nível do núcleo, a fita nova de RNAm, se solta do DNA levando trincas de códons para o citoplasma (Figura a seguir).

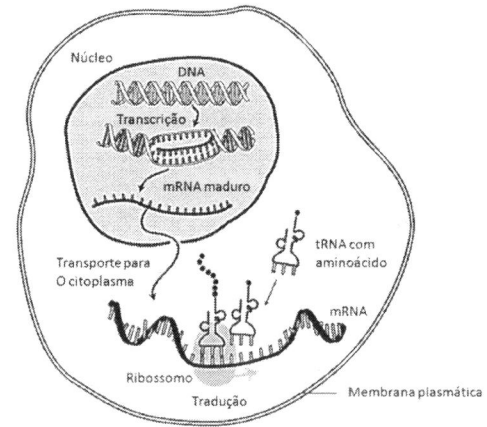

**Imagem acessada em: 01 jul. 2018.**

O RNA é uma fita única formada por **açúcar ribose** e as bases nitrogenadas são **adenina, guanina, citosina** e **uracila.**

Quando ocorre o evento da **Transcrição**, existe o emparelhamento das seguintes bases nitrogenadas:

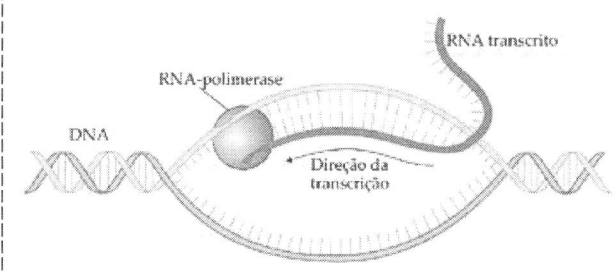

**Disponível em: <http://www.sobiologia.com.br/>. Acesso em: 01 jul. 2018.**

Na figura apresentada, é possível visualizar a sequência do nucleotídeo. Vemos que novos nucleotídeos também se fazem presentes no citoplasma para formar o **RNA ribossômico (RNAr)**, e o **RNA transportador** (RNAt) é responsável por levar os **anticódons**. Esses são trincas de três bases nitrogenadas, mais um aminoácido presente no citoplasma e o mesmo faz parte da organela ribossomo. É importante elemento promotor da leitura do códon e anticódon, evento denominado como Tradução.

Portanto, a sequência de código genético → códon → anticódon → aminoácido → proteína, existe pela determinação do gene, para a produção "de tal" proteína específica, ou seja, para a expressão "daquela" manifestação gênica.

## 2 - Síntese Proteica

As proteínas são nossa expressão genética, e é formada pela sequência de aminoácidos, e sabemos que existem vinte tipos, todos diferentes. Então, vamos analisar a seguinte pergunta: Como os genes, que são partes do DNA, podem ser transcritos e esses podem orientar a mensagem para codificar a sequência do aminoácido correto para a realização da síntese proteica?

Se tivermos como referência as bases nitrogenadas, que são quatro, obviamente teríamos quatro aminoácidos, mas isso não acontece, pois temos vinte aminoácidos diferentes. Sendo assim, surgiu a linguagem do código genético, agrupando as bases nitrogenadas em trincas, que resulta em 64 possibilidades, e um número maior que de aminoácidos. Desse modo, experimentos comprovaram que um aminoácido pode ser codificado por mais de um tipo de código genético.

Existem alguns estágios para a realização da síntese proteica, e isso foi estudado e comprovado que, para iniciar qualquer tipo de formação de uma nova proteína, temos a **fase inicial** com o códon que será **AUG**, identificando o aminoácido **metionina**.

Depois temos a fase de alongamento que está relacionada com a informação do gene de cada indivíduo, ou seja, a códons será conforme herdado de sua prole (pais).

Para concluir a formação de uma proteína, temos a **fase final ou terminal**, a qual é expressa por um dos códons **UAG**, **UAA** ou **UGA**, que identificam o aminoácido denominado: **parada**.

Vejamos o exemplo:

| DNA | RNAm | RNAt | Aminoácido |
|-----|------|------|------------|
|     | AUG  |      |            |
|     |      |      |            |
|     |      |      |            |
|     |      |      |            |
|     | UGA  |      |            |

Vemos na tabela o códon inicial e um dos códons terminais, correto?! Agora, vamos completar a tabela, fazendo o emparelhamento das bases nitrogenadas para o

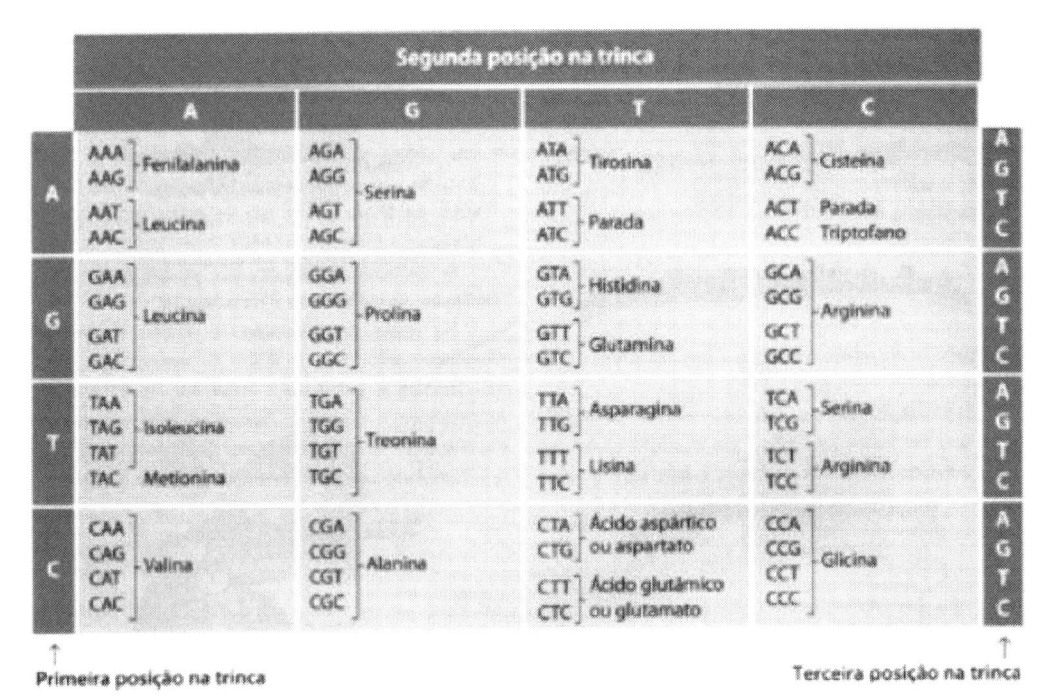

| | Segunda posição na trinca | | | | |
|---|---|---|---|---|---|
| | **A** | **G** | **T** | **C** | |
| **A** | AAA, AAG – Fenilalanina<br>AAT, AAC – Leucina | AGA, AGG, AGT, AGC – Serina | ATA, ATG – Tirosina<br>ATT, ATC – Parada | ACA, ACG – Cisteína<br>ACT – Parada<br>ACC – Triptofano | A G T C |
| **G** | GAA, GAG, GAT, GAC – Leucina | GGA, GGG, GGT, GGC – Prolina | GTA, GTG – Histidina<br>GTT, GTC – Glutamina | GCA, GCG, GCT, GCC – Arginina | A G T C |
| **T** | TAA, TAG – Isoleucina<br>TAT – Metionina<br>TAC – Metionina | TGA, TGG, TGT, TGC – Treonina | TTA, TTG – Asparagina<br>TTT, TTC – Lisina | TCA, TCG – Serina<br>TCT, TCC – Arginina | A G T C |
| **C** | CAA, CAG, CAT, CAC – Valina | CGA, CGG, CGT, CGC – Alanina | CTA, CTG – Ácido aspártico ou aspartato<br>CTT, CTC – Ácido glutâmico ou glutamato | CCA, CCG, CCT, CCC – Glicina | A G T C |

↑ Primeira posição na trinca                                    ↑ Terceira posição na trinca

Disponível em: <https://questoes.grancursosonline.com.br/questoes-de-concursos/biologia-biologia-molecular/487494>. Acesso em: 02 jul. 2018.

conhecimento do código genético (DNA) e do anticódon (RNAt).

| DNA | RNAm | RNAt | Aminoácido |
|-----|------|------|------------|
| TAC | AUG | UAC | metionina |
|  |  |  |  |
|  |  |  |  |
|  |  |  |  |
| ACT | UGA | ACU | parada |

No exemplo apresentado, temos um exemplo da **fase inicial** e da **fase terminal**, apenas falta a **fase de alongamento**, que está relacionada com o tipo de proteína a ser formada e com cada indivíduo, pois somos diferentes um dos outros.

Vamos analisar a tabela dos códigos genéticos. Para isso escolhemos três, por conveniência mesmo, apenas para concluir a nossa proteína fictícia. Lembre-se: as proteínas são formadas por cadeias bem longas de aminoácidos, e não por apenas cinco, como no exemplo.

| DNA | RNAm | RNAt | Aminoácido |
|-----|------|------|------------|
| TAC | AUG | UAC | metionina |
| TAA | AUU | UAA | Isoleucina |
| GTA | CAU | GUA | Histidina |
| CCA | GGU | CCA | Glicina |
| ACT | UGA | ACU | parada |

Pronto! Fizemos passo a passo para demonstrar como esse evento ocorre em nossas células, obtendo a sequência de aminoácidos de acordo com a tabela que é padronizada do código genético.

Um detalhe importante a ser observado: ao ocorrer a duplicação do DNA, ele pode substituir incorretamente uma base nitrogenada, gerando a troca da sequência de um aminoácido, e ocasionar modificações acidentais do material genético, denominada de **mutação gênica**, que pode provocar alterações nas características do indivíduo.

Caros(as) alunos(as), com esta aula, podemos concluir que a sequência de DNA de um gene que codifica uma proteína é transcrita em RNA e traduzida em proteína. O processo geral é chamado de expressão gênica. "O mapa humano nada mais é, do que a formação de 100 milhões de proteínas" (Autor desconhecido).

## Retomando a aula

Chegamos, assim, ao final da nossa última e oitava aula. Espera-se que agora tenho ficado claro o entendimento de vocês sobre a Síntese Proteica. Vamos, então, recordar:

### 1 – Ácidos nucléicos

Nessa seção, fizemos uma retomada sobre os ácidos nucleicos e sua importância na conclusão da síntese proteica. Ficou claro que o DNA está contido no núcleo, e este transcreve as informações na forma de códon ao RNA m, que é direcionado ao citoplasma. É, nesse espaço, vai se unir ao RNA t no RNA r, para realizar a tradução, ou seja, a leitura da dita proteína.

### 2 – Síntese proteica

Na segunda e última seção, vimos que para a realização da síntese proteica, além de moléculas do DNA e RNA, é necessário conhecer as trincas de aminoácidos, que foram estudadas e organizadas em uma tabela, na qual identificamos o nome dos aminoácidos que foram organizados de acordo com os comandos dos ácidos nucleicos para a conclusão da proteína.

## Vale a pena

### Vale a pena ler,

Síntese de Proteína: O que é? Entenda Tudo Sobre o Assunto!
Disponível em: <https://descomplica.com.br/blog/biologia/o-que-e-sintese-proteica/>. Acesso em: 02 jul. 2018.

Síntese proteica - Resumo - a produção de proteínas - Planeta Biologia. Disponível em: <https://planetabiologia.com/sintese-proteica-resumo-producao-de-proteinas/>. Acesso em: 02 jul. 2018.

Biologia - Citologia IX - Núcleo - Síntese de Proteínas - YouTube. Disponível em: <https://www.youtube.com/watch?v=BTpVc8aNqgk>. Acesso em: 02 jul. 2018.

## Referências

JUNQUEIRA, Luís Carlos U.; CARNEIRO, J. *Biologia celular e molecular*. 9. ed. Rio de Janeiro: Guanabara Koogan, 2015.

ALBERTS, Bruce; BRAY, Dennis; HOPKIN, Karen. et al. *Fundamentos da biologia celular*. 3. ed. Porto Alegre: Artmed, 2011.

COOPER, G. *A célula: uma abordagem molecular*. 3ª edição. Porto Alegre: Artmed, 2007.

FERNANDES, Marcos Gino; CRISPIM, Bruno do Amaral; TEIXEIRA, Tatiane Zaratini. et al. *Práticas de biologia celular*. Dourados: UFGD - Universidade Federal da Grande Dourados, 2017.

DE ROBERTIS, Eduard M. F.; HIB, Jose. Biologia celular e molecular. 16. ed. Rio de Janeiro: Guanabara Koogan, 2016.

CONN, Eric E.; STUMPF, P. K.; MENNUCCI, Lélia. *Introdução à bioquímica*. 4. ed. São Paulo: Edgard Blücher, 2013.

POLLARD, Thomas D.; EARNSHAW, William C.; JOHNSON, Graham T. *Biologia celular*. Rio de Janeiro: Mosby Elsevier, 2006.

ALBERTS, B.D.; LEWIS, J.; HOPKIN, K.; JHONSON, A.; RAFF, M. *Fundamentos da biologia celular*. 2ª edição. Porto Alegre: Artmed, 2006.

**Minhas** anotações

# Graduação a Distância
**1º SEMESTRE**

## Ciências Biológicas

# MORFOLOGIA
## E SISTEMÁTICA VEGETAL

**UNIGRAN** - Centro Universitário da Grande Dourados

Rua Balbina de Matos, 2121 - CEP 79.824 - 9000
Jardim Universitário
Dourados - MS
Fone: (67) 3411-4141 / Fax: (67) 3411-4167

*Os direitos de publicação desta obra são reservados ao Centro Universitário da Grande Dourados (UNIGRAN), sendo proibida a reprodução total ou parcial de acordo com a Lei 9.160/98.*

*Os artigos de sites e revistas indicados para a leitura foram registrados como nos originais.*

# Apresentação da Docente

*Bem-vindo!*

Shirlayne Silvana Umbelino de Barros, Doutora em Ciências Biológicas pela UNESP, Campus de Botucatu, graduada em Engenharia Florestal pela Universidade Federal Rural de Pernambuco e Graduada em Pedagogia pelo Centro Universitário da Grande Dourados. Atuou na Faculdade de Ciências Biológicas e Ambientais - FCBA - UFGD como professora substituta nos cursos de Ciências Biológicas, Engenharia Agrícola e Zootecnia. É Pedagoga pelo Centro Universitário da Grande Dourados e avaliadora do Instituto Nacional de Estudos e Pesquisas Educacionais Anísio Teixeira-INEP-MEC de cursos Superiores desde 2010, especialmente nos cursos de Engenharia Florestal, Engenharia Ambiental e Sanitária e Gestão Ambiental e demais engenharias. Atualmente, é Professora Adjunta do Centro Universitário da Grande Dourados desde 2006, ministrando aulas no curso de Agronomia, Ciências Biológicas, Tecnologia em Produção Agrícola, Farmácia, Biomedicina e Medicina Veterinária na modalidade presencial. Atua na modalidade a distância desde 2009 nos cursos de pós-graduação no Centro Universitário da Grande Dourados-UNIGRAN.

---

BARROS, Shirlayne Silvana Umbelino de. Morfologia e Sistemática Vegetal. Dourados: UNIGRAN, 2019.

72 p.: 23 cm.

1. Morfologia. 2. Vegetal.

# Sumário

**Conversa inicial** ......... 4

**Aula 01**
*Aspectos morfológicos das plantas vasculares* ......... 5

**Aula 02**
*Morfologia do sistema radicular e sistema caulinar* ......... 21

**Aula 03**
*Morfologia foliar* ......... 35

**Aula 04**
*Morfologia floral e noções de inflorescência* ......... 43

**Aula 05**
*Morfologia do fruto* ......... 49

**Aula 06**
*Morfologia da semente* ......... 55

**Aula 07**
*Estruturas pericarpicas e seminais envolvida na dispersão* ......... 61

**Aula 08**
*Sistemática vegetal: a ciência da biodiversidade* ......... 65

**Referências** ......... 71

## Conversa Inicial

Prezado(a) estudante:

Bem-vindos(as) à disciplina de "Morfologia e Sistemática Vegetal", que irá te proporcionar uma visão no sentido amplo que essa ciência se relaciona com toda a flora universal. Ainda de acordo com a vasta literatura, morfologia vegetal é a "ciência que estuda toda a parte externa das plantas" e a sistemática vegetal é a "ciência que tem por finalidade agrupar as plantas dentro de um sistema, levando em considerações suas características morfológicas externas e internas, suas relações genéticas e suas afinidades". A morfologia e a sistemática têm muitas aplicações práticas no campo das Ciências Biológicas, Agronomia, Engenharia Florestal, Engenharia Ambiental, Zootecnia, Engenharia Agrícola e Produção Vegetal.

As plantas exercem algum fascínio na maioria das pessoas, seja por suas propriedades alimentícias, medicinais ou mesmo pelo seu apelo estético. De forma geral, a botânica só se tornaria acessível a um estudante a partir da terminologia. A morfologia vegetal, conforme tradicionalmente conhecida, congrega o estudo de partes e órgãos de todos os grupos denominados "plantas", ou seja, cuja nomenclatura Botânica. Desse modo, este guia de estudos é apresentado com diversas ilustrações para que possam realmente entender toda teoria expressa.

Dessa forma, a disciplina "Morfologia e Sistemática Vegetal" foi pensada e elaborada com o objetivo de possibilitar as aproximações necessárias à temática: Aspectos morfológicos das criptogamas e fanerógamas, introdução das Angiospermas, Morfologia dos órgãos vegetativos: sistemas radiculares e sistema caulinar, Morfologia foliar, Morfologia floral: estrutura e variação da flor, Reprodução das plantas vasculares, Morfologia dos frutos e das sementes, estruturas do pericarpo e da semente adaptada à dispersão e sistemática vegetal, a ciência da biodiversidade.

Vamos, então, à leitura das aulas?

Bons estudos e sucesso no curso de Ciências Biológicas

# Aula 1º

# Aspectos morfológicos das plantas vasculares

Nesta aula, vamos aprender os conhecimentos de morfologia (externa e interna) das plantas vasculares, visando um embasamento para o estudo posterior de Sistemática, Fisiologia e Ecologia Vegetal.

Vamos a nossa aula?

Bons estudos!

## Objetivos de aprendizagem

Ao término desta aula, vocês serão capazes de:

- aprender o conceito de morfologia vegetal e sua aplicação;
- diferenciar as plantas inferiores e superiores vasculares;
- conhecer os portes das plantas e diferenciá-los;
- utilizar o conhecimento científico necessário dessa aula à atuação profissional.

## Seções de estudo

1 – Aspectos morfológicos das plantas vasculares
2 – Reprodução das plantas com sementes

Estamos iniciando um estudo direcionado para a morfologia externa das plantas que representa não só um plano básico para o conhecimento de botânica no seu mais amplo sentido, como também se constitui num campo fecundo para o trabalho botânico.

Vamos à aula.

## 1 - Aspecto morfológicos das plantas vasculares

Primeiramente, vamos entender o significado de morfologia vegetal externa. Bom, é uma área da ciência especializada em estudar a estrutura e a formação das plantas. Ainda é um ramo da botânica com a finalidade de documentar as plantas de forma estrutural, auxiliando também nas classificações das plantas. Dessa forma, os estudos sobre morfologia têm merecido atenção porque amplia o conhecimento sobre determinada espécie ou grupamento sistemático vegetal, quer visando o reconhecimento e identificação de plântulas de certa região dentro de um enfoque ecológico de acordo com alguns estudiosos (RAVEN et al., 2014).

O estudo sobre a morfologia dos órgãos vegetativos e, principalmente, reprodutivos faz-se necessário devido à importância dessas estruturas na identificação botânica. Ou seja, o estudo estrutural das plantas comumente divide as árvores generalizando-as, contendo raízes, caule, folhas, flores e frutos (para as árvores que possuem todo os órgãos e suas estruturas completas). As plantas vasculares, assim como são conhecidas, possuem tecidos condutores chamado xilema e floema (MARQUES, 2003; VIDAL; VIDAL, 2007).

Outra questão interessante para conhecer são os portes (hábito) das plantas: ervas, arbustos, árvores e liana ou cipó.

**Como se divide as plantas vasculares?**

**1. As criptogamas vasculares ou pteridofitas que se divide em:**

**a) Psitófitas:** o gênero *Psilotum* é bem representado neste grupo, principalmente no Brasil, pois desenvolve-se bem na região tropical. Presente em ambiente sombrio e com bastante água (dependência para reprodução), ainda apresentam as seguintes características: caule vascularizado, fotossintetizante, presença se escamas realizando o papel das folhas, homosporado, esporângios reunidos em sinângios (esporângios fundidos). Observem as características morfológicas na imagem a seguir:

Figura 1. Aspecto geral da espécie de *Psilotum nudum* (L.) P. Beauv.(Psilotaceae),

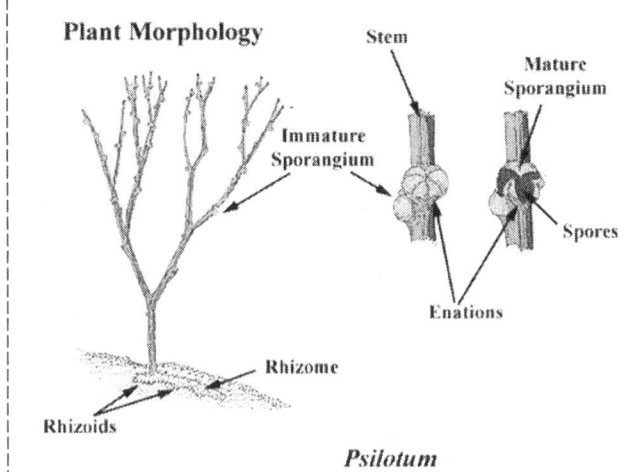

Fonte: <http://embryophytas.blogspot.com.br/2013/05/psilophyta-helechos-arcaicos.html>. Acesso em: 29 ago. 2018.

Figura 2. Aspecto geral do caule da *Psilotum nudum* (L.) P.Beauv.

Fonte: <https://www.inaturalist.org/taxa/154813-Psilotum>. Acesso em: 29 ago. 2018.

**b) Licófitas: representadas pelo gênero** *Lycopodium*. Apresentam folhas, caules e raiz além de porte pequeno bem vascularizado. Nos ramos férteis, como mostra a figura encontram-se os estróbilos, estrutura reprodutiva onde os esporângios estão reunidos. Podendo ser homosporada ou heterosporadas. Observe as imagens seguintes:

Figura 3. Aspecto geral da espécie *Lycopodium clavatum* L.

Fonte: arquivo pessoal

Figura 4. Aspecto geral da espécie *Lycopodiella camporum* Bollg. & Wind.

*Fonte: arquivo pessoal.*

Figura 6. Ciclo do gênero *Lycopodium*

*Fonte: <https://www.plantscience4u.com/2014/04/life-cycle-of-lycopodium.html>. Acesso em: 29 ago. 2018.*

Figura 7. Aspecto geral das folhas de *Selaginella lepidophylla* L.

*Fonte: <https://ervasnaturais.wordpress.com/2011/04/10/selaginela/>. Acesso em: 29 ago. 2018.*

**c) Esfenófita:** representadas pelo gênero *Equisetum* ocorrendo tanto em regiões tropicais como temperadas. Apresentam porte um pouco maior que as anteriores e folhas reduzidas. A espécie (figura. 8) é utilizada como ornamental em paisagismo, principalmente, uma espécie conhecida popularmente por cavalinha.

Figura 8. Detalhe dos caules de *Equisetum arvensis* L.

*Fonte: arquivo pessoal.*

**d) Pteridófitas:** representadas por avencas e samambaias e utilizadas como ornamental. São espécies mais avançadas vegetativamente com variada adaptações no que se refere à morfologia, reprodução e ao grau de lignificação (observem nas figuras a seguir). Depende de água para realizar a reprodução e apresenta porte além de folhas maiores.

Figura 9. *Dicksonia selloviana* L.

*Fonte: arquivo pessoal.*

Figura 10. Folha circinada e báculo da espécie *Dicksonia selloviana* L.

*Fonte: arquivo pessoal.*

Figura 11. Aspecto geral da *Anemia phyllitidis* (L.) Sw.

*Fonte: arquivo pessoal.*

Figura 12. Aspecto geral hábito de uma espécie pteridófita, destacando o porquê de serem epífitas.

*Figura: arquivo pessoal.*

De uma maneira geral, as criptogamas vasculares possuem histórico de vida diplobionte, onde o esporófito dependente apenas na fase inicial de seu desenvolvimento, é dominante e o gametófito, embora pequenino, é independente. Neste caso, o esporófito são os soros e o gametófito é a planta (figuras 13 a 15). Os esporângios são reunidos em soros, espigas e sinângios. Tem como característica célula eucarionte, pluricelulares e fotossintetizantes, por este motivo pertence ao reino plantae. Apresentam folhas com venação circinada e báculo (figuras 9 e 10). Ainda mantém a reprodução oogâmica (A **oogamia** é uma forma de anisogamia, heterogamia, na qual o gameta feminino é significativamente maior que o gameta masculino, sendo também imóvel), cutícula rica em cutina, cera e lipídeos, além de gametângio e esporângio envolvidos por camadas de células vegetativas (JOLY, 1970; JOLY, 1991, JUDD, 2002; SOUZA; LORENZI, 2013).

É constituído pelo gametângio feminino, conhecido por arquegônio, que possui em seu interior o gameta feminino, denominado oosfera. Já os gametas masculinos são os conhecidos por anterozoides. Quando há presença de água, ideal para acontecer a reprodução, a parede do anterídio rompe-se e os anterozoides pequenos e flagelados (estrutura essencial) são liberados, nadando, então, em direção ao arquegônio, onde penetram por um canal especialmente diferenciado em sua porção mais alongada até atingir a oosfera, ocorrendo, então, a fecundação. O zigoto germina sobre a própria planta mãe e dá origem ao esporófito, fase dominante, dependente do gametófito apenas nos estágios iniciais. Dessa forma, o esporófito formará, através de meiose, esporos (Figuras 13 e 14) que, ao germinarem, darão origem a um novo gametófito (observem na figura abaixo) (RAVEN *et al.* 2014). É importante ressaltar que a forma variada dos esporângios tem importância na área da taxonomia, ou seja, na identificação dessas espécies.

Figuras 13 e 14. Detalhe dos esporângios (soros) na região abaxial das folhas.

*Fonte: arquivo pessoal.*

Figura 15. Aspecto geral dos esporos que, ao germinarem, darão origem a um novo gametófito (protalo).

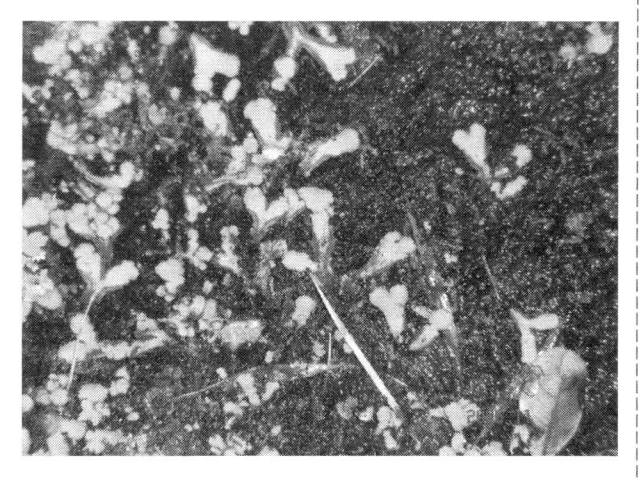

*Fonte: Arquivo pessoal.*

Figura 16. Aspecto geral do ciclo reprodutivo de uma pteridófita.

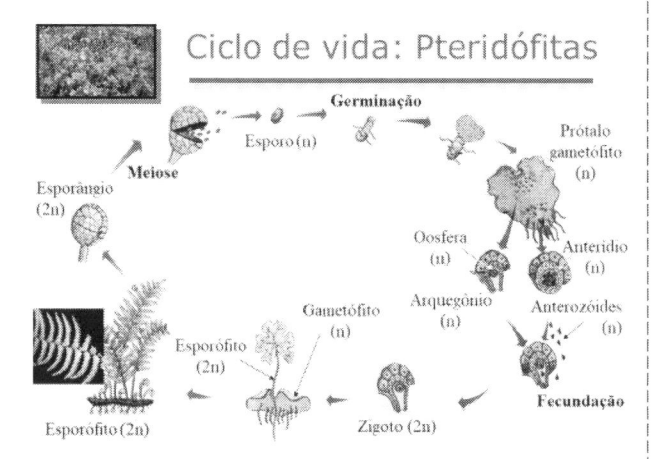

*Fonte: <https://escolaeducacao.com.br/pteridofitas/>. Acesso em: 29 ago. 2018.*

Figura 17. Resumos das estruturas de uma pteridofita.

**IMPORTANTE:**

**Não esqueça!!!**
- ✓ **Soro**: Conjunto de esporângios.
- ✓ **Esporângio**: Estrutura produtora de esporos.
- ✓ **Esporófito**: Fase duradoura da samambaia 2n.
- ✓ **Gametófito**: é o prótalo
- ✓ **Rizoma**: Caule subterrâneo.
- ✓ **Esporo**: n

*Fonte: <https://slideplayer.com.br/slide/10689064/>. Acesso em: 29 ago. 2018.*

## 2. As fanerógamas ou espermatófitas

<u>Importante: são conhecidas por produzir sementes!</u>

**a) Gimnospermas:** são plantas cosmopolitas e tem como principal característica sementes nuas, ou seja, não produz frutos (Observe o ciclo a seguir).

Figura 18. Aspecto do ciclo, destacando as estruturas envolvida no processo de reprodução

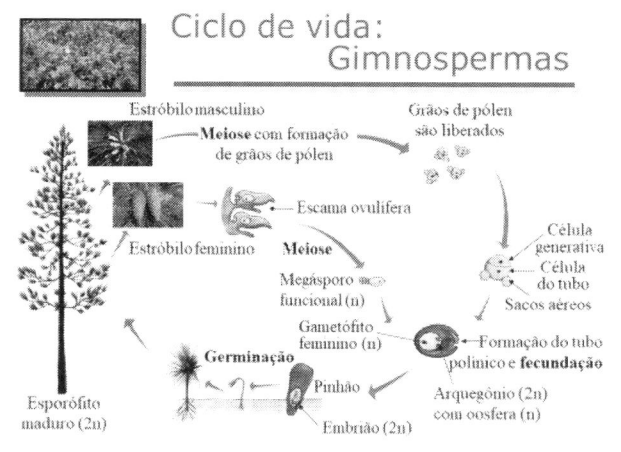

*Fonte: <http://gimnosperma305.blogspot.com/2011/07/ciclo-de-vida.html>. Acesso em: 29 ago. 2018.*

**Resumindo:**
**Megásporos:** dão origem a megagametófitos (gametófitos femininos)
**Micrósporos:** dão origem microgametófitos (gametófitos masculinos)

Figura 19. Aspecto geral da árvore *Araucaria angustifolia* L. *(conhecida por pinheiro do Paraná)*

*Fonte: arquivo pessoal.*

Figuras 20. Aspecto geral do estróbilo, estrutura reprodutiva das Gimnospermas

*Fonte: arquivo pessoal.*

Figura 21. Detalhe da semente da araucária, conhecida por pinhão, dentro do estróbilo.

*Fonte: <https://www.opas.org.br/o-pinhao-e-seus-beneficios-a-saude/>. Acesso em: 29 ago. 2018.*

Figura 22. Aspecto da árvore do gênero *Pinus (Pinaceae)*

*Fonte: <https://www.bomcultivo.com/sementes-pinus-elliottii-nua-pcs-clonal-100-gramas>. Acesso em: 29 ago. 2018.*

Figura 23. Aspecto da Espécie *Cycas revoluta* Benth (família Cycadaceae)

*Fonte: arquivo pessoal.*

Figura 24. Detalhe do estróbilo (estrutura reprodutiva)

*Fonte: arquivo pessoal.*

Estudos afirmam que as gimnospermas compreendem um grupo que abrange as plantas vasculares com sementes não inseridas no interior de frutos, outros estudiosos afirmam que surgiram na era Paleozoica. Quanto a sua origem, estima-se que o ancestral das gimnospermas tenha surgido no fim do período Devoniano de acordo com SCHULTZ (1963); JOLY (1991), JOLY (2002) e posteriormente SOUZA *et al. (2013)*.

De acordo com Souza *et al. (2013)*, a maior diversidade do grupo concentra-se no hemisfério Norte em regiões de clima temperado, onde formam extensas florestas. Um exemplo é a *Ginkgo biloba* L. (Figura 25), conhecida inclusive por possuir um princípio ativo utilizado nos medicamentos fitoterápicos. Já no Brasil são reconhecidos sete gêneros e 30 espécies pertencentes a seis famílias, sendo a família Pinaceae representada apenas por espécies subespontâneas. Trata-se de um grupo de grande importância econômica e de largo emprego no paisagismo, contudo, há carência de informações morfológicas das espécies aqui descritas. São representadas no Brasil, pela espécie Araucaria (Figuras 18 a 20), Pinus (Figura 21), Cycas (Figura 22) e são potencialmente importantes no que diz respeito a várias áreas: madeira para a construção e fabricação de móveis e de papel e resina dos pinheiros. É utilizada na fabricação de desinfetantes e na perfumaria. Já espécies que fornecem o bálsamo-do-canadá são utilizadas na preparação de lâminas nos laboratórios de análises. Os pinheiros chamados cedros-do-líbano possuem madeira muito resistente, tendo sido muito utilizados na construção naval. Espécies que produzem a terebintina são utilizadas como solvente na fabricação de tintas e vernizes, além de outras aplicações, além do âmbar, resina fóssil de coníferas. Já outras espécies são utilizadas em indústrias para a fabricação de xampu, remédios, móveis essência de perfumes, fósforo e lápis (SOUZA; LORENZI, 2013).

Em gimnospermas, especialmente no gênero do *Pinus* como expresso a seguir, pode-se observar que a planta é o esporófito que produz dois estróbilos (cones), masculino e feminino.

Figura 25. Ciclo da Gimnospermas

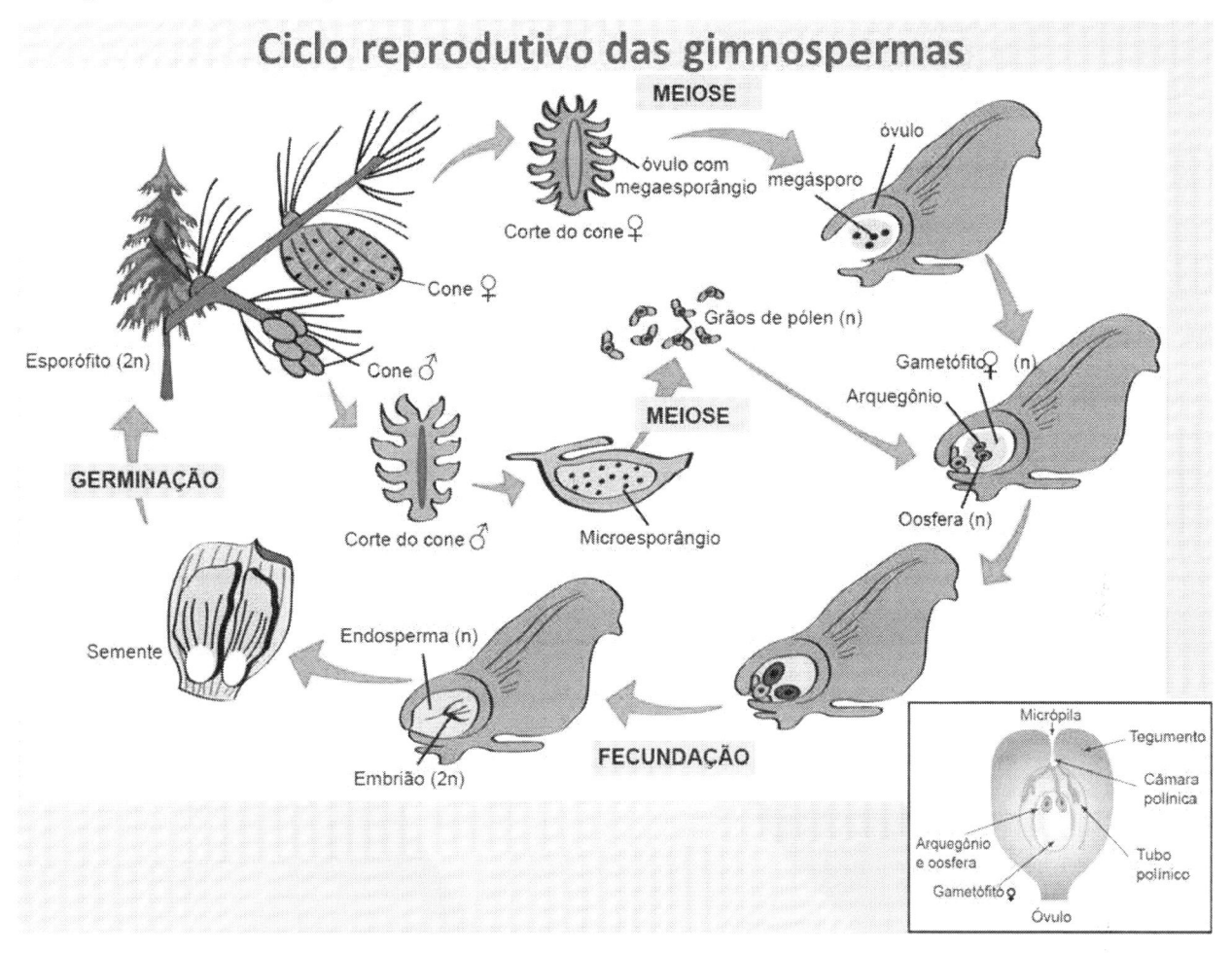

*Fonte: Gimnosperma. <http://slideplayer.com.br/slide/1649892/>. Acesso em: 30 ago. 2018.*

Figura 26. Aspecto geral da *Ginkgo biloba* L.

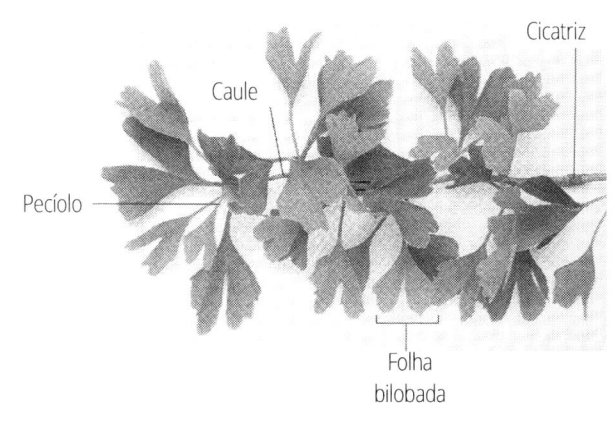

*Fonte: arquivo pessoal.*

**b) Angiospermas:** tem as sementes são protegidas, pois produz frutos. Autores como: Joly (1970) e posteriormente Joly (2001) e, posteriormente, Souza et al. (2013) afirmam que surgiram as angiospermas na última fase do Mesozóico, outros autores afirmam que foram na Era Cenozóico. Estão divididas em monocotiledôneas e Dicotiledôneas. Segundo Souza e Lorenzi (2005) com relação ao grupo das dicotiledôneas, merece destaque às famílias Fabaceae, Asteraceae, Euphorbiaceae, Myrtaceae e Rubiaceae, pois são as mais famílias diversas em número de espécies no país. Em termos sociais, o Brasil possui uma diversidade riquíssima, englobando 220 etnias indígenas, além de comunidades locais como quilombolas, seringueiros, caiçaras etc. que detêm importantes conhecimentos tradicionais associados à biodiversidade, além de se um grupo que apresenta metabolismo vegetal baseado em princípios físico-químicos.

Figura 27. Aspecto geral do ciclo reprodutivo da Angiosperma

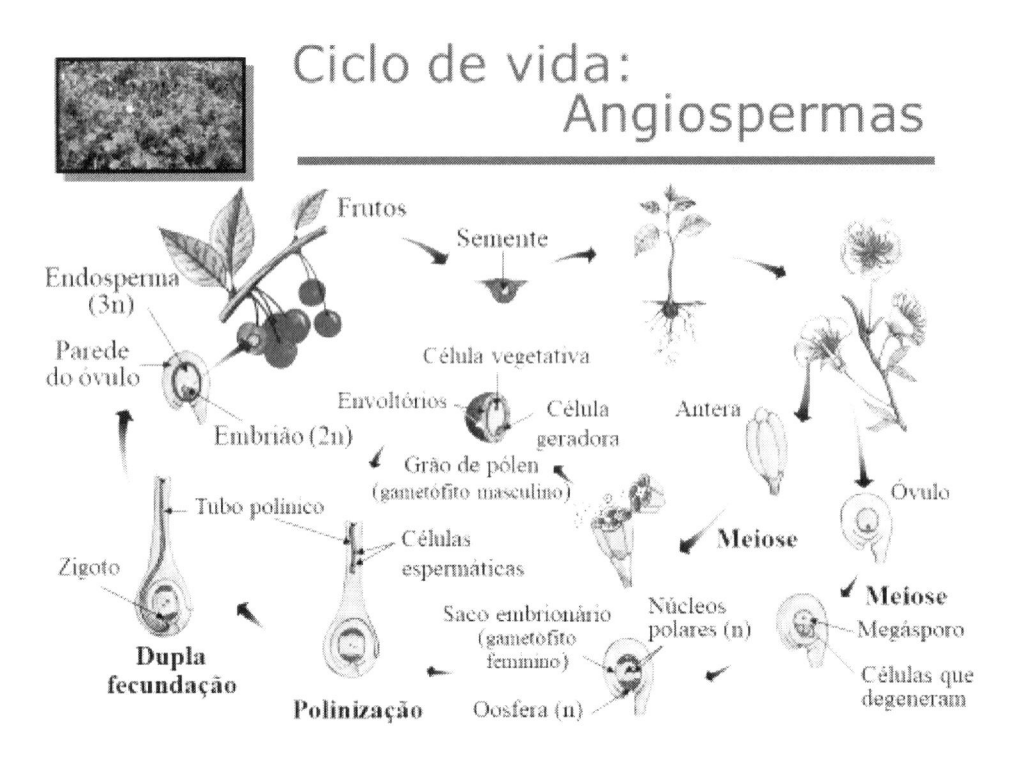

*Fonte: <https://www.todoestudo.com.br/biologia/angiospermas>. Acesso em: 30 ago. 2018.*

As angiospermas são o grupo mais recente e complexo, pois abrange as mais variadas e numerosas espécies. Têm grande importância econômica, o que torna natural o interesse na sua origem e evolução. A flor apareceu como um mecanismo de proteção dos óvulos, que eram consumidos por insetos primitivos. Atrair os animais para que pudessem transportar seus gametas contidos nos grãos de pólen foi outra evolução da flor. Provavelmente as angiospermas surgiram a partir de gimnospermas. As sementes podem ser consideradas o fator responsável pela dominância de tais plantas sobre o ambiente terrestre. Essa dominância aumentou gradativamente nos últimos milhões de anos, até chegar ao estágio atual, pois grande parte deste êxito advém da capacidade da semente de proteger o embrião (JOLY, 1991, JUDD, 2000; SOUZA; LORENZI, 2005)

Esta vantagem das espermátofitas sobre os grupos produtores de esporos, como mecanismo reprodutivo citado no início da nossa primeira aula, garantiu o desenvolvimento e diversificação. Já os órgãos reprodutivos das gimnospermas são rudimentares em relação aos das angiospermas. Seu óvulo não se encontra protegido por um envoltório, sendo diretamente polinizado. De acordo com Raven et al. (2014), o fato do pólen chegar diretamente aos óvulos torna-as tipicamente gimnospermas, agrupando-se em cones ou estróbilos, assim como os sacos polínicos.

A falta de envoltórios para os óvulos facilita a polinização anemófila (pelo vento), tipo de polinização característica das gimnospermas, apesar de algumas angiospermas também serem polinizadas dessa forma. A polinização, primeiramente anemófila, aparece como um dos vários mecanismos que vai aumentar a eficiência da reprodução entre os vegetais que habitavam os continentes (VIDAL; VIDAL, 2007).

## 2 - Reprodução das plantas com sementes

Ecologicamente, as flores são muito importantes para a polinização e, consequentemente, reprodução, neste caso pode ser biótica ou abiótica. Para isso, existem alguns aspectos morfológicos que indicam qual é a polinização. Esses aspectos são chamados de síndrome (conjunto de caracteres morfológicos relacionados com forma de polinização).

**Algumas tendências evolutivas referentes à flor:**

Disposição das peças florais: acíclicas (primitivas) ⟶ cíclicas (derivadas)

Número de peças dos verticilos: muitas ⟶ poucas

Números de verticilos: completas ⟶ incompletas

Existe uma tendência de proteção ao longo da evolução, principalmente em relação ao embrião ao máximo, pois, para que ocorra uma reprodução efetiva, tem que haver obrigatoriamente o embrião.

**Concrescimento:** peças livres pelo menos entre
{ **Adnação:** concrescimento entre verticilos diferentes
**Conação:** concrescimento dentro de um mesmo verticilo }

A adnação mais completa é o HIPANTO, que ocorre em casos de ovário ínfero.

Todas essas alterações evolutivas visam à proteção do embrião.

**Ovário súpero:** como a estrutura é externa, o óvulo fica mais exposto, ou seja, menos protegido (observem a imagem a seguir).

**Ovário ínfero:** o óvulo fica mais protegido.

Figura 28. Aspecto geral da posição do ovário

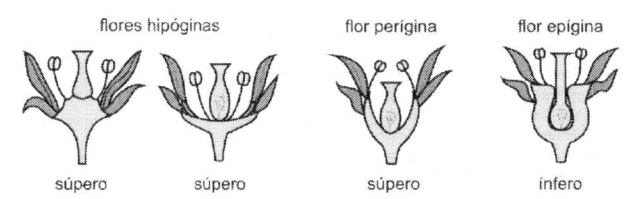

flores hipóginas — súpero — súpero
flor perígina — súpero
flor epígina — ínfero

Fonte: <http://profaerica-ciencias.blogspot.com/2016/03/morfologia-externa-e-interna-das-flores.html>. Acesso em: 30 ago. 2018.

De acordo com Vida e Vidal (2007), a simetria **actinomorfa** é aquela flor que apresenta simetria radial, ou seja, pode ser dividida em várias partes iguais como, por exemplo, a tulipa. Já a **zigomorfa** (zigo = par; morfos = forma) é aquela flor com simetria bilateral, que pode ser dividida unicamente em duas partes iguais como, por exemplo, a orquídea, observe:

Figura 29. Aspecto geral da orquídea, destacando a possibilidade da simetria zigomorfa

Fonte: arquivo pessoal.

**E por último a assimétrica:** é uma simetria de condição rara, pois não pode ser divida em partes iguais, ou seja, não apresenta simetria. Existem adaptações entre flores e polinizadores em que a **simetria bilateral é bem mais interessante.**

Figura 30. Aspecto geral da simetria das flores

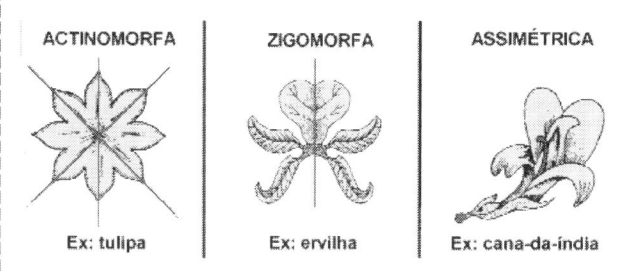

ACTINOMORFA — Ex: tulipa
ZIGOMORFA — Ex: ervilha
ASSIMÉTRICA — Ex: cana-da-índia

Fonte: <http://morfologiataxonomiavegetal.blogspot.com/2015/08/flor-morfologia-da-corola.html>. Acesso em: 30 ago. 2018.

Portanto, nesse sentido, cada família está em um estágio evolutivo, tendo características mais derivadas e outras mais primitivas. Outra questão é que muitas flores investem em produzir brácteas do que no órgão reprodutor em si, principalmente, para a polinização.

Observem, a seguir, as imagens, destacando cores e estrutura morfológica floral que facilita a reprodução:

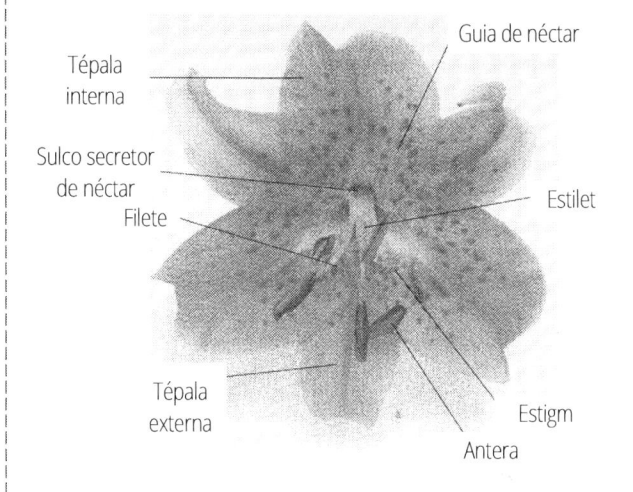

Figura 31. Aspecto morfológicos das peças florais de *Lilum candido* L. (flor de lírio, uma monocotiledênea)

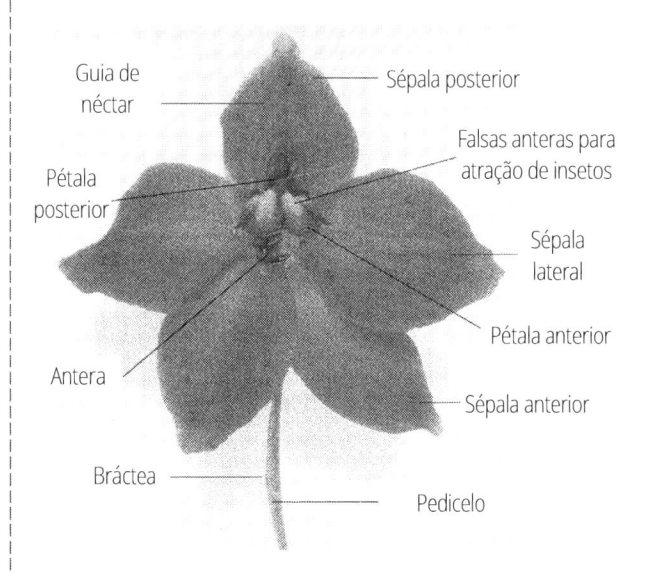

Fonte: arquivo pessoal.

Figura 32. Aspecto morfológico das peças florais de *Delphinium orientalis* L. (flor de esporinha, uma dicotiledônea

Figura 33. *Musa paradisiaca* L. (flor da bananeira). Possui várias flores para cada bráctea.

Fonte: <https://www.saudedica.com.br/os-12-beneficios-da-flor-de-banana-para-saude/>. Acesso em: 27 ago. 2018.

Outra questão importante na evolução, plantas dioicas com flores dioicas são o aspecto mais derivado como pode ser verificado nas imagens abaixo:

Figura 34. Aspecto geral das plantas monoicas e dioicas.

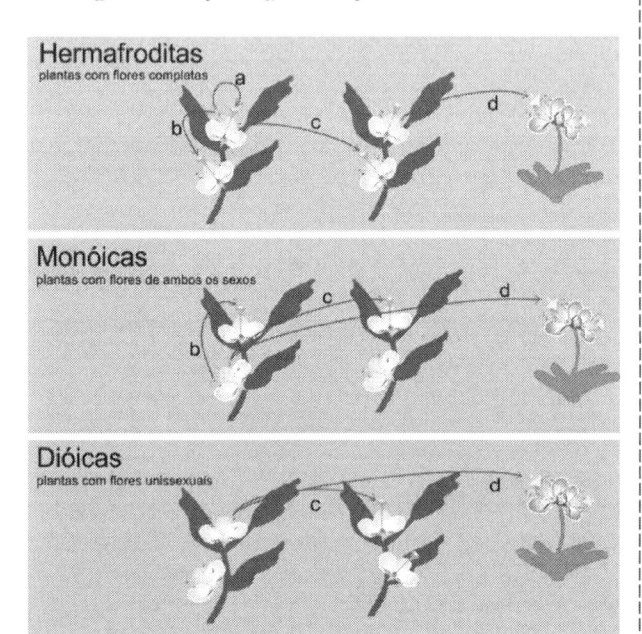

Fonte: <https://pt.slideshare.net/priscilabelintani/angiosperma-2012-aula>. Acesso em: 30 ago. 2018.

Outro exemplo acontece nas *Acacias:* existem flores que produzem dois odores: um que atrai os polinizadores e outro que espanta as formigas que depois retorna a proteger a planta. Outro exemplo é a flor do bico de papagaio (Figura 33), que é uma inflorescência com uma flor feminina e várias flores masculina ao redor. Tem as brácteas bem vistosas para atrair os polinizadores e o involucro para proteger além de muitos nectários (estrutura que produz o néctar).

Figura 35. Aspecto das brácteas (folhas coloridas) de *Euphorbia pulcherrima* L.

Fonte: arquivo pessoal.

Segundo Raven *et al. (2014), no que se trata de mecanismos reprodutivos, as angiospermas são a classe* mais adaptada do Reino Plantae. A evolução da flor, portanto, pode ser vista como a evolução do método reprodutivo destes vegetais. Mesmo sendo a flor a peça mais aparente na evolução das angiospermas outras características destas plantas tornaram-nas um sucesso evolutivo. Os vasos condutores evoluíram fazendo com que o transporte pelo floema fosse mais eficiente. Talvez com maior importância, os sistemas elaborados de polinização e dispersão de sementes, que se tornaram características de plantas com flores, permitiram uma maior distribuição dessas plantas sobre os continentes. Esse hábito apareceu em áreas tropicais que experimentavam secas periódicas.

Ainda de acordo com outros autores, as plantas que chegaram às porções mais frias do globo terrestre onde havia falta de água em certos períodos foram beneficiadas pelo mesmo motivo. Condições extremas do clima já não eram uma barreira intransponível para tais vegetais. Adaptações em relação à química das angiospermas também foram muito importantes contra doenças e contra herbívoros. Essas adaptações deram às angiospermas vantagens seletivas numa época em que o clima do mundo iria se tornar cada vez mais estressante (FERRI, 2007; GONÇALVES; LORENZI, 2011; SOUZA, 2009; SOUZA et al., 2013)

**Como acontece o processo?**
Após o processo de polinização, no qual o grão de pólen é transportado até o estigma do gineceu (observe a imagem a seguir), a fecundação prossegue.

Figuras 36. Aspecto geral da antera na liberação do grão de pólen, formação do tubo na região estigmática

- **A fecundação** ocorre na flor feminina denominada **Gineceu carpelo ou pistilo (2n)**. O grão de pólen é capturado pelo **estigma**, onde ocorre a geminação do tubo polínico, que desce pelo **estilete** até o **ovário**. O ovário contém os óvulos que produzem a **oosfera**.

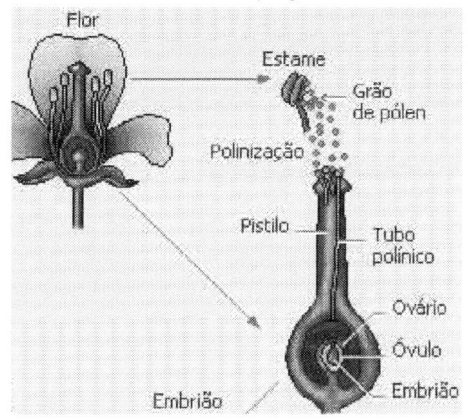

- No <u>**Androceu (2n)**</u> mais precisamente na **antera** ocorre a formação do grão de pólen: No interior da antera estão os **sacos polínicos** onde a **célula-mãe do grão de pólen (2n)** sofre **meiose** e gera os **micrósporos (n)** que se transformarão **nos grãos de pólen (n)**.

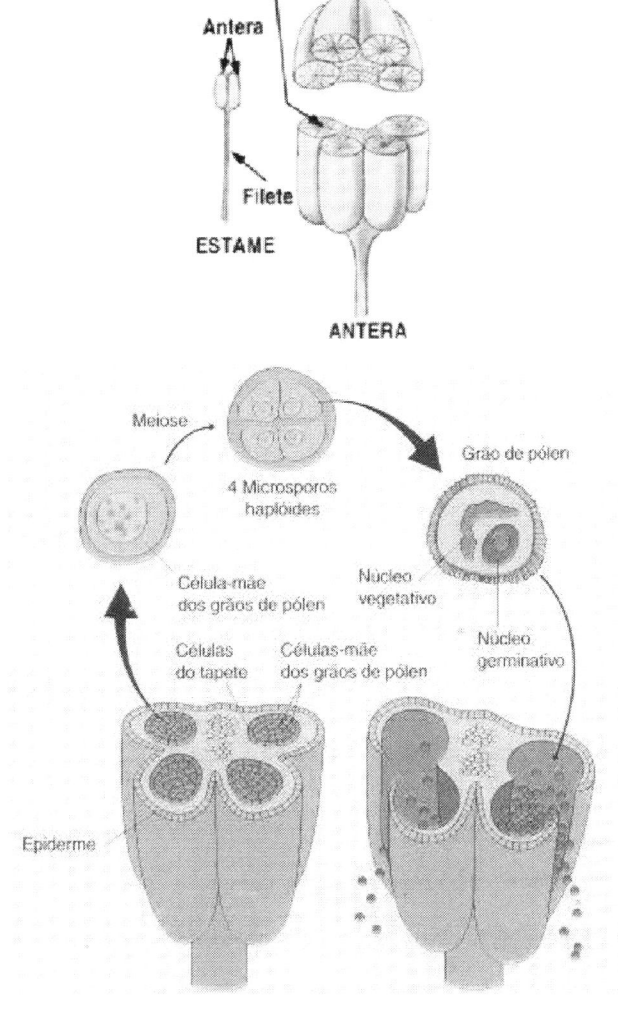

*Fonte: <https://pt.slideshare.net/EduardoTuboAlbuquerque/formao-de-fruto-e-semente>. Acesso em: 30 ago. 2018.*

Inicia-se o processo de fecundação, que pode ser dividido em três etapas: **transporte, formação do tubo polínico e singamia (processo em que dois gametas se unem na fertilização, reprodução sexuada).**

Figura 37. Aspecto geral do ovário e da formação do saco embrionário com os oito núcleos.

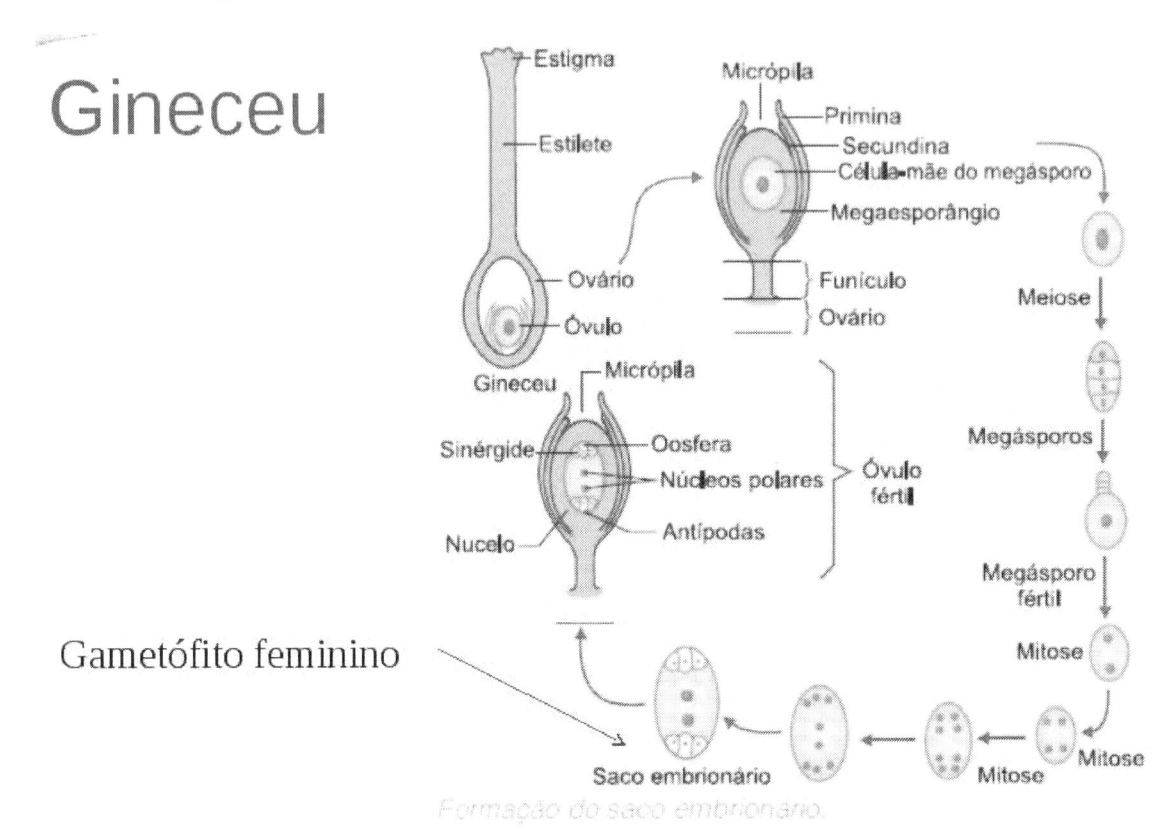

Fonte: <http://bionoensinomedio.blogspot.com.br/2013/08/3-ano-aula-18-angiospermas.htm>.

Apresentam uma redução acentuada do megagametófito, nelas denominado de **saco embrionário. Ele é formado a partir de uma tétrade de micrósporos** originados por meiose, onde apenas um evolui, dividindo-se por três vezes seguidas, originando 8 núcleos, dos quais 3 se agrupam próximo à micrópila (duas sinérgides laterais e uma oosfera central); outros 3 migram para a extremidade oposta, constituindo antípodas; no centro do saco embrionário, instalam-se os dois núcleos restantes, denominados núcleos polares da célula central (Figura 35). O conjunto do saco embrionário mais os dois tegumentos característicos desse grupo formam **o óvulo. Os micrósporos que** darão origem aos grãos de pólen (Figura 34) são formados no interior das anteras, que podem abrir-se por fendas ou poros para liberá-los, quando esses estão maduros (VIDAL; VIDAL, 2007; GONÇALVES; LORENZI, 2011; SOUZA et al., 2013)

Figura 38. Detalhe do ovário de uma flor no processo de formação dos núcleos.

## CICLO DE VIDA

Megaesporângio → megásporo → gametófito feminino (saco embrionário)

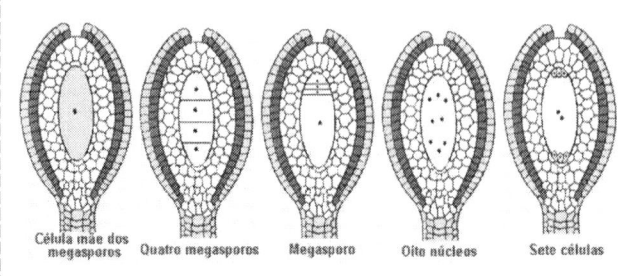

Fonte: <http://slideplayer.com.br/slide/339668/>. Acesso em: 30 ago. 2018.

Ao chegarem ao estigma de outra flor, os grãos de pólen "germinam" com a presença de água começa a produzir o tubo polínico (Figuras 35 e 36), que cresce através do estilete até o ovário, atravessa a micrópila do óvulo, lançando em seu interior duas células espermáticas; uma se funde com a oosfera, originando o zigoto e a outra se une aos núcleos polares, formando tecido triploide, o endosperma, que frequentemente acumula grande quantidade de reservas nutritivas (amido, óleo, açúcares etc.). O embrião é formado após sucessivas divisões do zigoto, nutrindo-se do endosperma (VIDAL; VIDAL, 2007; APPEZZATO-DA-GLÓRIA; CARMELLO-GUERREIRO, 2012).

Figura 39. Resumo da reprodução de uma Angiospermas

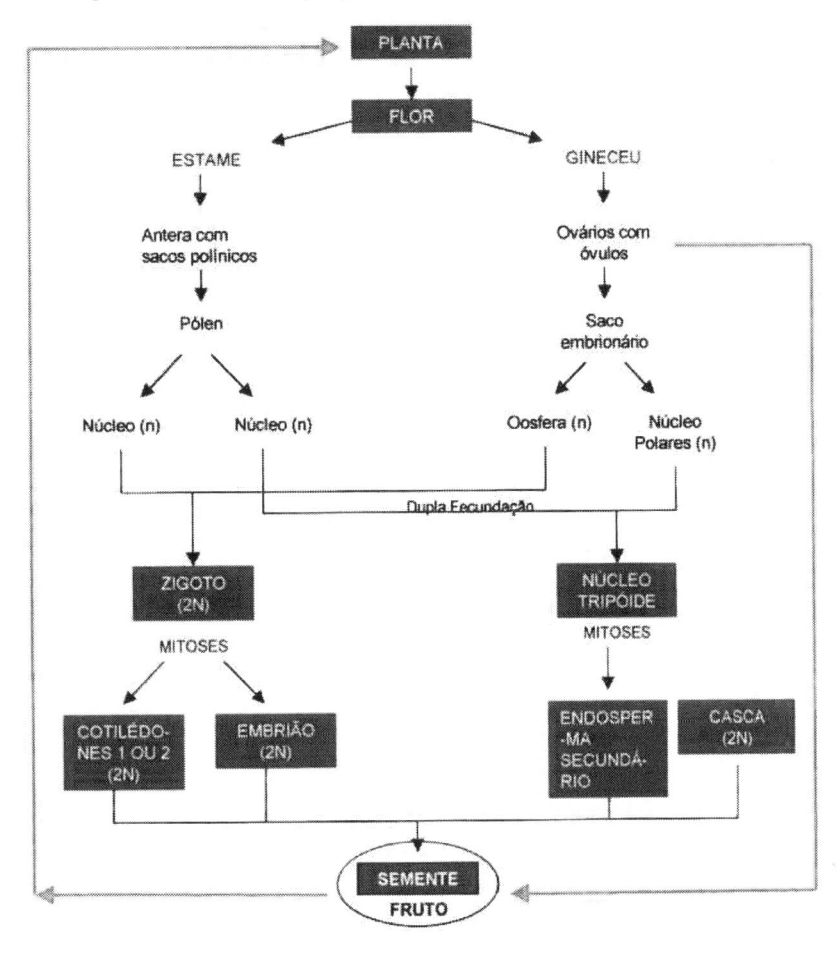

Fonte: <https://planetabiologia.com/plantas-angiospermas-caracteristicas-reproducao-exemplos-resumo/>. Acesso em: 30 ago. 2018.

A **dupla fecundação** é uma característica das Angiospermas. É um processo em que um gameta se une à oosfera, enquanto outro se une aos núcleos polares. Observe a figura 37 e posteriormente a 38:

Figura 40. Aspecto geral da dupla fecundação e núcleos envolvidos

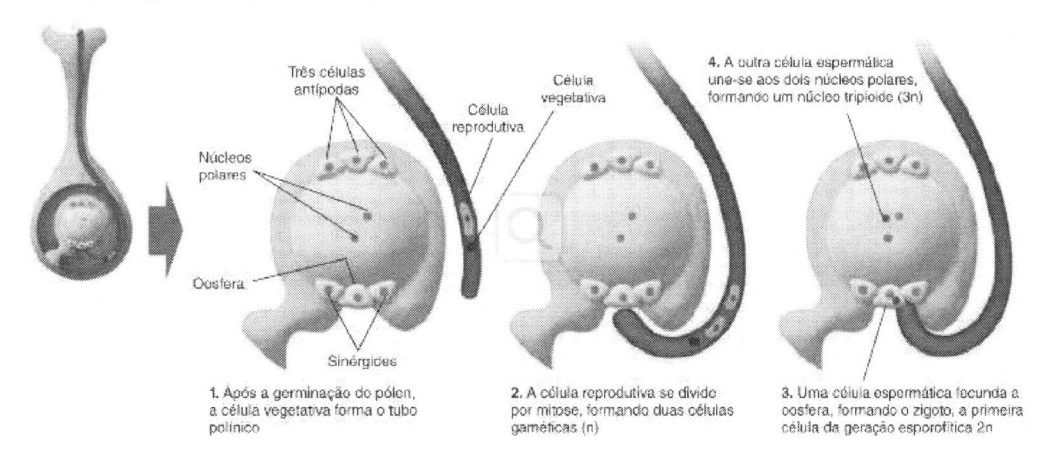

Fonte: <http://pt-br.eightbio.wikia.com/wiki/Wiki_Eight_Bio>. Acesso em: 30 ago. 2018.

## Retomando a aula

Parece que estamos indo bem. Então, para encerrar essa aula, vamos recordar:

**1 – Aspecto morfológicos das plantas vasculares**

Nesta seção, destaquei o significado de morfologia vegetal externa, pois é um ramo da botânica com a finalidade de documentar as plantas de forma estrutural, auxiliando na classificação. Dessa forma, os estudos sobre morfologia têm merecido atenção porque amplia o conhecimento da botânica.

**2 – Reprodução das plantas com sementes**

Nesta seção ressaltei que as flores são muito importantes para a polinização e, consequentemente, para a reprodução. Também vimos conjuntos de caracteres morfológicos relacionados com forma de polinização. Além disso, ressaltei como ocorre a fecundação das plantas vasculares com sementes.

## Vale a pena

### Vale a pena ler,

Fonte: <http://biologiaparabiologos.com.br/a-botanica-como-alicerce-nas-bioconstrucoes/>. Acesso em: 30 ago. 2018.

Fonte: <https://ppbio.inpa.gov.br/sites/default/files/Guia%20e%20Manual%20Arquitetura%20foliar.pdf>. Acesso em: 30 ago. 2018.

Fonte: <https://ia800503.us.archive.org/15/items/EnsaioSobreOUsoDoLatimNaBotanica/LatimParaBotnicos.pdf>. Acesso em: 30 ago. 2018.

Fonte: <http://www3.ambiente.sp.gov.br/institutodebotanica/ffesp_online/>. Acesso em: 30 ago. 2018.

Fonte: <http://www.terrabrasilis.org.br/ecotecadigital/images/abook/pdf/2016/junho/Jun.16.25.pdf>. Acesso em: 30 ago. 2018.

Fonte: <http://www.fzb.rs.gov.br/upload/20160429181347gramineas_ornamentais_nativas.pdf>. Acesso em: 30 ago. 2018.

## Vale a pena **acessar**

<http://biologiaparabiologos.com.br/35-livros-de-botanica-para-download-gratuito/>.

<http://www.lcb.esalq.usp.br/sites/default/files/publicacao_arq/978-85-86481-32-1.pdf>.

<https://www.passeidireto.com/arquivo/11104952/botanica-organografia---vidal--vidal-4-edicao>.

<http://ainfo.cnptia.embrapa.br/digital/bitstream/item/121837/1/LivroIdentificacaoBotanica.pdf>.

## **Minhas** anotações

**Minhas** anotações

# Aula 2º

# Morfologia do sistema radicular e sistema caulinar

Nesta aula, vamos aprender os conhecimentos de morfologia externa das raízes e dos caules, visando diferenciar suas verdadeiras características, bem como compreender as diversas tipologias desses órgãos vegetativos.

Vamos à nossa aula?

— Bons estudos!

## Objetivos de aprendizagem

Ao término desta aula, vocês serão capazes de:

- aprender as diferenças morfológicas da raiz e do caule;
- compreender a importância desses órgãos terrestres, aquáticos e aéreos para o ecossistema e na vida do ser humano;
- utilizar o conhecimento científico necessário dessa aula à atuação profissional.

## Seções de estudo

1 – Aspectos morfológicos das raízes
2 – Aspectos morfológicos dos caules

Estamos iniciando um estudo direcionado para a morfologia externa das raízes e dos caules, os dois primeiros órgãos vegetativo na nossa disciplina, pois começaremos a entender porque são órgãos especializados

Vamos à aula...

## 1 - Aspectos morfológicos das raízes

A raiz pode ser definida por um órgão vegetativo, geralmente subterrâneo, que tem como principal função absorção e fixação. É um órgão que pode armazenar substâncias, sendo usada como alimento: cenoura, batata-doce, beterraba, batata doce, nabo etc., pois são ricos em substâncias nutritivas. Como característica morfológica, não apresenta gema, nós e entrenós (RAVEN et al., 2014; VIDAL; VIDAL, 2007; SOUZA, 2009).

Vamos conhecer as partes principais da raiz?
Observem a imagem:

Figura 01. Aspecto geral de uma raiz de dicotiledônea

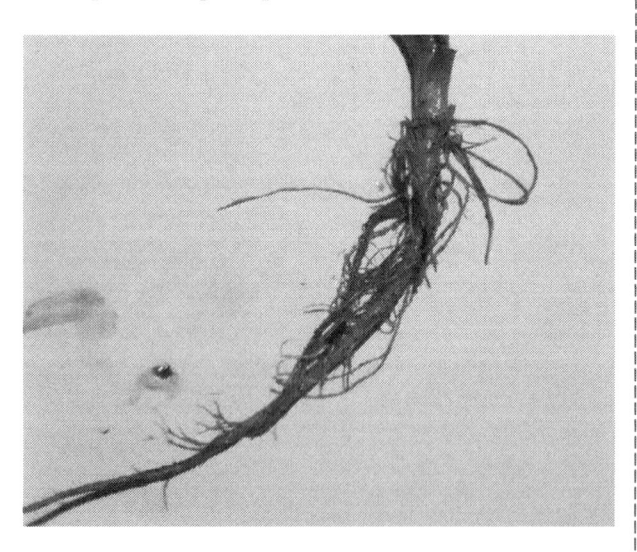

*Fonte: arquivo pessoal.*

Acima destaco uma região de ramificação na raiz (seta maior), observem que há muitas raízes laterais. É possível observar a zona lisa ou alongamento (seta menor) e pelos absorventes (são projeções das células epidérmicas) que têm como função absorver a água e os minerais necessários, aumentando, em muitas vezes, a superfície de absorção das raízes. Esses pelos estão sempre em renovação. outra região de extrema importância onde muitas células estão em intensa divisão (meristemática) é a coifa (seta na imagem abaixo, Figura 02), que protegem contra a transpiração excessiva e o atrito com o solo. Vale ressaltar que as raízes, na medida em que vão crescendo, produzem uma região rica em suberina no tecido epidérmico (FERRI, 2007; RAVEN et al., 2014).

**Quanto à origem:**

**Embrionária:** a raiz primária ou radícula do embrião tem origem a partir da semente, observe:

Figura 02. Aspecto geral de uma semente. Em destaque, a origem da raiz primária de Stryphnodendron polyphyllum (Mart.), espécie do cerrado, germinando.

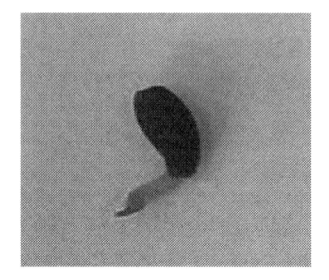

*Fonte: arquivo pessoal.*

**Adventícias:** as raízes se originam, posteriormente, de diversas partes do caule, ou seja, não tem radícula, observe:

Figuras 02 e 03. Aspecto geral das raízes adventícia no caule da espécie ornamental de *Sansevieria trifasciata* L.

*Fonte: arquivo pessoal.*

## TIPOLOGIA E HABITAT DO SISTEMA RADICULAR

As raízes basicamente desenvolvem-se em ambientes terrestres, aquáticos e aéreos. Quanto aos tipos, veja a seguir:

**I. Subterrâneos:**

**a) sistema axial ou pivotante:** é uma raiz principal, ou seja, evidente.

Observe a imagem:

Figura 04. Aspecto geral de uma raiz de dicotiledônea (uma raiz mais evidente)

*Arquivo pessoal.*

**b) sistema fasciculado, ou seja, conjunto de fascículos.**

Observe a imagem:

Figura 5. Aspecto geral de várias raízes do mesmo tamanho. Vemos que não há uma evidente (monocotiledônea)

*Fonte: arquivo pessoal*

**c) sistema ramificado, ou seja, prevalência de ramificações (todas possuem).**

Observe a imagem:

Figura 6. Aspecto geral das ramificações

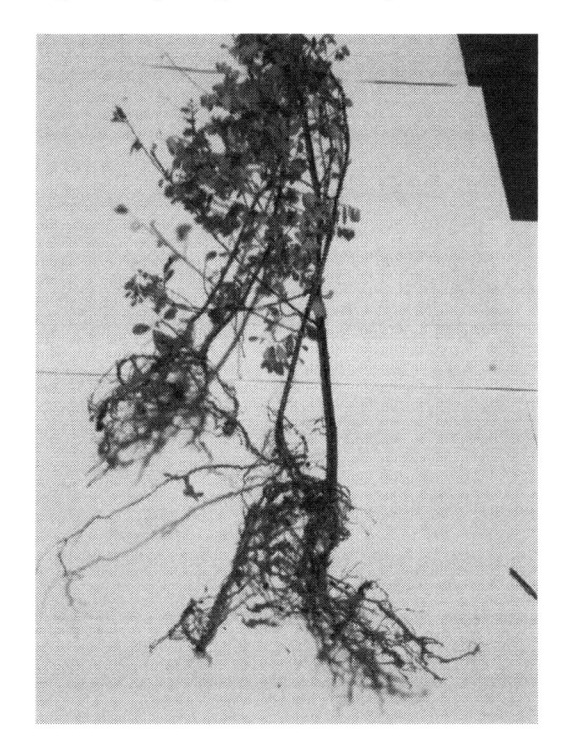

*Fonte: arquivo pessoal*

**d) sistema tuberoso, ou seja, aumento de espessura e presença de reserva.**

Figura 7. Detalhe da raiz de beterraba (*Beta vulgaris* L.)

*Fonte: arquivo pessoal*

Vamos conhecer como o sistema tuberoso se divide?

**Axial - Tuberoso:** exemplo; cenoura, nabo, etc.

Figura 8. Aspecto da raiz de cenoura (*Daucus carota* L.)

**Axial - Secundário:** ex; batata doce

Figura 9. Detalhe da raiz de batata doce (Ipomoea batatas L.)

Fonte: <https://revistagloborural.globo.com/vida-na-fazenda/como-plantar/noticia/2017/02/como-plantar-batata-doce.html>. Acesso em: 30 ago. 2018.

**Adventício - Tuberoso exemplo:** mandioca

Figura 10. Aspecto geral da raiz de mandioca (*Manihot esculenta* L.)

Fonte: <https://www.assisramalho.com.br/2017/06/mandioca-e-uma-das-culturas-que-melhor.html>. Acesso em: 30 ago. 2018.

**II. Aéreos:**

A Raiz aérea se desenvolve parcialmente ou totalmente em contato com a atmosfera (observe a Figura 11 abaixo), apresentando as mais diversas adaptações estruturais e funcionais. Auxilia no equilíbrio do indivíduo, além de fixação e absorção de nutrientes. As raízes aéreas são comuns entre as plantas epífitas (Figura 12), plantas que vivem sob outras, mas não parasitam (muitas orquídeas nativas) (FERRI, 2007; RAVEN et al., 2014).

Figura 11. Aspecto geral de uma raiz de uma orquídea do gênero *Vanda* sp.

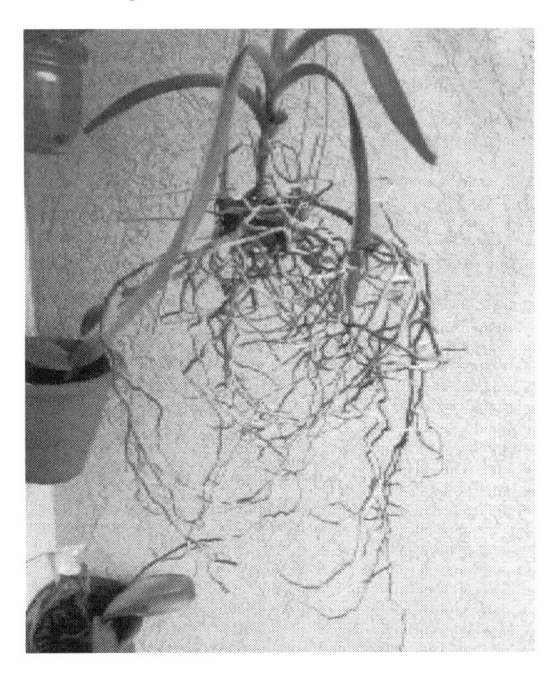

Figura 12. Aspecto geral de uma orquídea do bioma cerrado florido (planta epífita)

Fonte: arquivo pessoal.

**a) raiz do tipo tabular:** assemelham a uma tabua ou pranchas verticais, tem função de sustentar a planta, conhecido também por sapopema.

Figura 13. Aspecto geral da raiz de *Bertholletia excelsa* L.

*Fonte: arquivo pessoal.*

**b) raiz de suporte ou escora:** muitas raízes adventícias começam a formar-se a partir dos ramos laterais e, ao atingirem o chão, penetram no solo. Dessa forma, essas raízes assumem a função de caule, pois passam a auxiliar na condução da água e sais minerais do solo até a copa.

Figura 14. Aspecto da raiz de suporte milho (*Zea mays* L.)

*Fonte: arquivo pessoal.*

**c) raiz aderente ou grampiforme (assemelham-se a grampos):** esse tipo de raiz permite o desenvolvimento e a fixação em lugares inclinados como muros e rochas, ou seja, as raízes formam-se voltadas para o substrato. Portanto, tem como função absorção de água e sais. Essa absorção é realizada quase que completamente pelas outras raízes da planta que se fixam no solo.

Figura 15. Aspecto da raiz de *Hedera helix* L.

*Fonte: <https://horomidis.gr/product/%CE%B7edera-helix-hybernica-%CE%BA%CE%B9%CF%83%CF%83%CE%BF%CF%83/?lang=en>. Acesso em: 30 ago. 2018.*

**d) raiz estranguladora:** é conhecida por esse termo, porque se desenvolve envolvendo o tronco da planta hospedeira, impedindo o seu crescimento, ou seja, essas raízes crescem em direção ao solo e, ao atingi-lo, ramificam-se e começam a crescer em espessura, especialmente. No início, ambas se tornam hospedeiras e a epífita convive harmoniosamente. Porém, no momento que as raízes da planta epífita vão se espessando, o caule da planta hospedeira também começa a se espessar, até o momento em que esse crescimento começa a ser dificultado e, então, acaba morrendo, daí este nome.

Figura 16. Aspecto geral da raiz de *Ficus microcarpa* L. *(cipó mata pau)*

*Fonte: <http://tanukibonsai.forosactivos.net/t147-fusion-de-ficus>. Acesso em: 30 ago. 2018.*

**e) raiz haustório ou sugador (são parasitas):** são plantas parasitas que necessitam retirar água ou seu alimento de um hospedeiro, com prejuízos para ele (observe na Figura 17). Para isso, apresentam um tipo especial de raiz denominada sugadora. No ponto de contato do caule da planta parasita com o hospedeiro forma-se, inicialmente, uma raiz adventícia como mostra a imagem:

Figura 17. Aspecto geral da erva de passarinho (*Struthantus flexicaulis* L.)

Fonte: <https://www.chabeneficios.com.br/cha-de-erva-de-passarinho-beneficios-e-propriedades/>. Acesso em: 30 ago. 2018.

**f) raiz respiratória ou pneumatóforo (presença de lenticelas):** esse tipo de raiz produz ramificações verticais ascendentes com geotropismo negativo (observe na imagem), que crescem para fora do solo alagado dos mangues e pântanos. Em seus tecidos, apresentam estruturas de aeração semelhantes às lenticelas do caule, auxiliando na obtenção do oxigênio atmosférico, tão escasso no solo alagado ou encharcado como é também conhecido.

Figura 18. Aspecto da raiz do mangue (suporte e respiratória)

Fonte: arquivo pessoal.

Figura 19. Aspecto geral da raiz do mangue (respiratória)

Fonte: arquivo pessoal.

### III. Aquática:

A raiz desse habitat se desenvolve com a presença de água e, dessa forma, seus tecidos são especializados anatomicamente, principalmente porque flutuam. Nesse sentido, destaca-se pela abundância em aerênquima, um tecido com um grande volume de espaços internos, que auxiliam a planta na flutuação e na respiração (FERRI, 2007; VIDAL; VIDAL, 2007).

**As plantas aquáticas podem ser classificadas BASICAMENTE por:**

**a) Lamacenta ou lodoso:** onde as raízes fixam no substrato, nos pântanos e no fundo de rios e lagos. Um bom exemplo é a vitória-régia (*Victoria amazônica* (Poepp.) J.E.Sowerby).

Figura 21. Aspecto geral da vitória régia (**Victoria amazonica L.**)

Fonte: arquivo pessoal.

b) **Natantes:** plantas aquáticas que flutuam livremente na água, um exemplo é o aguapé.

Figura 22. Aspecto geral do aguapé (*Eichhornia crassipes* L.)

Vamos conhecer outras estruturas bem interessantes?

**As adaptações radiculares:**

As **micorrizas** são relações harmoniosas entre certas raízes e com algumas espécies de bactérias e fungos, sendo comum em várias plantas. As micorrizas desempenham um papel extremamente importante, pois aumenta a absorção de fósforo e outros minerais essenciais às plantas. Conhecido por nódulos radiculares, essas estruturas aparecem nas raízes de muitas plantas da família leguminosae e significa uma da infestação por bactérias fixadoras de N2 atmosférico (Figura 23) (VIDAL; VIDAL, 2007; GONÇALVES; LORENZI, 2011; SOUZA et al., *2013).*

Figura 23. Aspecto geral dos nódulos radiculares NA soja (*Glycine max* L.)

Fonte: <http://www.rizobacter.com.br/noticias/5/noticias/30/fixacao-biologica-de-nitrogenio-e-a-inoculacao-entenda-sua-importancia-para-a-planta>. Acesso em: 30 ago. 2018.

Essas bactérias ou fungos penetram ou inoculam na raiz por meio dos pelos radiculares e passam até as células do córtex, multiplicam-se e estimulam tais células a se dividirem, formando, assim, o nódulo. Esses organismos, no caso, as bactérias, são responsáveis pelo processo de fixação do nitrogênio, isto é, transformam o N2 (gás) disponível no solo para NH4+ (nitrato), que é a forma em que o nitrogênio é utilizável pelas plantas. Tem um papel importante, pois lhe permite obter nitrogênio por meio da bactéria em solos paupérrimos nesse elemento tão essencial (VIDAL; VIDAL, 2007; GONÇALVES; LORENZI, 2011; SOUZA et al., *2013).* E *outra adaptação morfológica, acontece nas raízes* **aéreas das orquídeas, que a princípio são clorofiladas em sua porção mais jovens e revestidas pelo velame (tecido impermeável de cor branca nas regiões mais velhas).**

## 2 - Aspectos morfológicos dos caules

O caule é reconhecido por ser um órgão vegetativo, geralmente aéreo, apresentando uma estrutura alongada com muitas folhas jovens, velhas e gemas (axilar e apical). Apresenta duas partes distintas: nós e entrenós (Figura 1), região onde a gema axilar, responsável pela origem das folhas surge.

Figua 24. Apecto geral e detalhado do caule e suas partes.

Fonte: arquivo pessoal.

Como função principal, sustentação e translocação de nutrientes até a extremidade das folhas e órgãos reprodutivos como: flores, frutos e sementes. No entanto, vale lembrar que existe caule como função de reserva de substâncias como: gengibre, batata-inglesa, cana-de-açúcar. Como características, apresentam nós e entre-nós, fototropismo positivo e negativo quando os caules são subterrâneos (VIDAL; VIDAL, 2007; GONÇALVES; LORENZI, 2011; SOUZA et al., *2013)*

Quanto à origem:

**Embrionária:** na gêmula do caulículo (hipocótilo/epicótilo (seta maior) + plúmula (seta menor) do embrião da semente) (observe a imagem a seguir).

Figura 25. Aspecto geral de uma semente destacando

*Fonte: arquivo pessoal.*

**Exógena:** a partir das gemas caulinares - axilares (Observe a seta na imagem a seguir)

Figura 26. Aspecto geral das folhas no caule (gema axilar)

*Fonte: arquivo pessoal.*

Quanto aos padrões de ramificação:
**a) Indiviso:** a palmeira é um excelente exemplo (observe a imagem a seguir)

Figura 27. Aspecto geral da palmeira

*Fonte: arquivo pessoal.*

**b) Ramificado:** há muitas ramificações no caule principal (observe a imagem). São exemplos de caule com essa característica: laranjeira, jabuticabeira, mangueira.

Figura 28. Aspecto geral de algumas espécies arbóreas, com destaque para as ramificações.

*Fonte: arquivo pessoal.*

**Tipologia e habitat do sistema caulinar**

Os caules basicamente se desenvolvem em ambientes terrestres, aquáticos e aéreos, e, quanto aos tipos, segue:

**I. Aéreos/eretos:**

**a) Haste:** sem lenhosidade/clorofilados, herbáceo e ramificado (observe a imagem a seguir)

Figura 29. Aspecto geral de uma couve (*Brassica oleracea* L.)

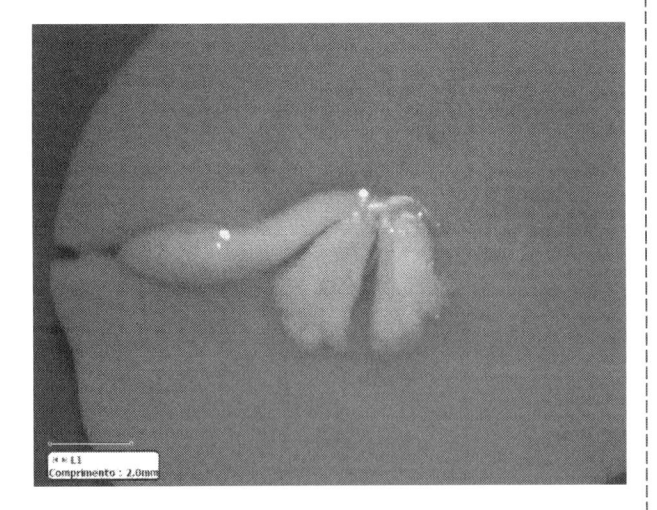

*Fonte: <https://www.tocadoverde.com.br/couve-manteiga-da-georgia.htmlb>. Acesso em: 30 ago. 2018.*

**Tronco:** como destacado na imagem a seguir, lenhoso,

com extremidades ramificadas

Figura 30. Aspecto geral do tronco do baobá (*Adansonia* sp.)

Fonte: arquivo pessoal.

**c) Estipe:** lenhoso e não ramificado e indiviso (observe a seta na imagem a seguir)

Figura 31. Aspecto geral de uma palmeira (observe o caule indiviso, característica de um estipe)

Fonte: arquivo pessoal.

**d) Colmo:** são caules cilíndricos, com nós marcantes e entrenós longos, podendo ser cheio (cana) ou oco (bambu). Observe na figura a seguir:

Figura 32. Aspecto geral do caule do bambu

Fonte: arquivo pessoal.

**e) Escapo:** são caules temporários e estão relacionados à sustentação das flores (órgãos reprodutivos).

Figura 33. Aspecto geral do escapo (*Paradisea liliastrum* L.)

Fonte: <https://commons.wikimedia.org/wiki/File:PARADISEA_LILIASTRUM_-_GENTO_-_IB-322_(Parad%C3%ADsia).JPG>. Acesso em: 30 ago. 2018.

**Atenção:** É importante que exista planta acaule (sem caule evidente), pois são curtos, entrenós sobrepostos sem alongamento, com caule temporário para reprodução (escapo).

**II. Aéreos/rastejantes:**

**a) volúvel:** quando encontra um suporte se enrola em espiral, tanto para o lado esquerdo (sinistrorso) como o direito (dextrorso).

**b) estolão ou Estolho:** propagação vegetativa, broto (gema axilar lateral), normalmente longo, formando de espaço a espaço, observe a imagem a seguir.

Figura 34. Aspecto geral do caule do morango estolão

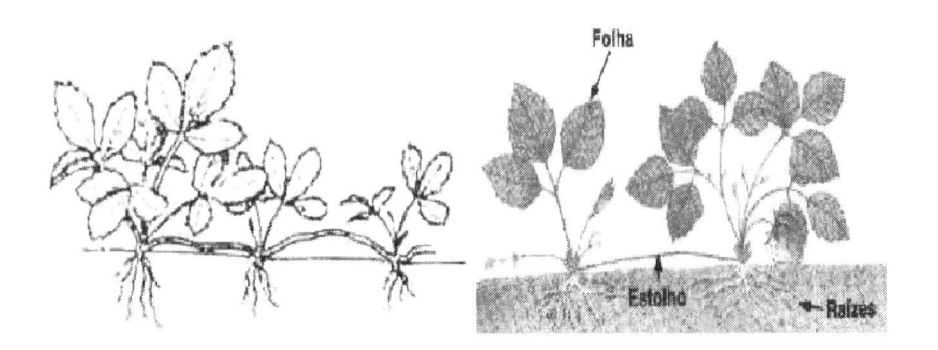

**Rastejante tipo estolho**

**Caule** que cresce paralelamente à superfície do solo formando raízes adventícias e ramos aéreos em nós consecutivos, em nós intercalados ou, às vezes, vemos vários nós e entrenós sem que as raízes e ramos se formem.
Este tipo de **caule** pode servir à reprodução vegetativa da planta, e de cada nó pode desenvolver uma nova planta, que finalmente se torna independente. Exemplo: morangueiro.

*Fonte: <https://pt.slideshare.net/FlvioBooz/raiz-9545639>. Acesso em: 30 ago. 2018.*

### III. Aéreos/trepadores:

a) **definição:** são caules que sobem ou até mesmo se desenvolve no suporte por meio de elementos de fixação: presença de gavinhas e raízes grampiformes definem esse tipo de caule. Observe a seguinte imagem:

Figura 35. Aspecto geral de um maracujá (detalhe da gavinha)

*Fonte: <http://momentodafoto.blogspot.com/2013/03/rama-verde-de-maracuja.html>. Acesso em: 30 ago. 2018.*

Figura 36. Aspecto geral da raiz de um filodendron

*Fonte: <http://www.colecionandofrutas.org/philodendron.htm>. Acesso em: 30 ago. 2018.*

### III. Aéreos/trepadores:

a) **Rizoma:** apresenta crescimento paralelo ao solo, geralmente horizontal, com muitos nós e entre nós e produção de muitas raízes. Ramificam-se e são fibrosos (observem as imagens a seguir):

Figura 37. Aspecto geral do caule horizontal da espada de são Jorge

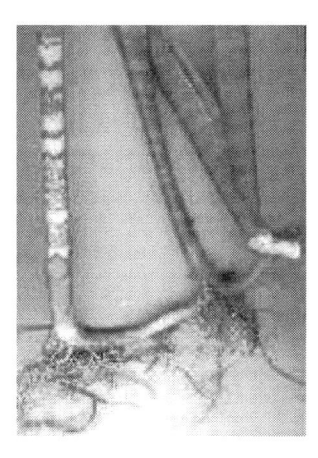

*Fonte: arquivo pessoal.*

Figura 38. Aspecto geral do caule da bananeira

*Fonte: arquivo pessoal.*

Figura 39. Aspecto geral do caule do gengibre

*Fonte: arquivo pessoal.*

b) **Tubérculo:** é um caule de reserva e formato ovoide, com muitas gemas axilares e sem ramificações, podendo ser aéreo, observe as imagens a seguir.

Figura 40. Aspecto geral da batata inglesa (*Solanum tuberosum* L.)

*Fonte: <http://terral.agr.br/plus/modulos/noticias/ler.php?cdnoticia=4 >. Acesso em: 30 ago. 2018.*

Figura 41. Aspecto geral do cará-do-ar (*Dioscorea bulbifera* L.)

*Fonte: <https://caramuela.com.br/cara-moela/>. Acesso em: 30 ago. 2018.*

a) **Bulbo:** são caules formados por um eixo cônico que constitui o prato (caule), dotado de gema, rodeado por catafilos, em geral com acúmulo de reservas. Observe a imagem.

Figura 42. Aspecto geral dos catafilos da cebola, prato (seta maior) e a gema (seta menor)

*Fonte: arquivo pessoal.*

**Vale a pena ressaltar que os bulbos podem ser:**

- sólido (tiririca), prevalece o prato;

Figura 43. Aspecto do bulbo cheio ou sólido

## Caules Subterrâneos: Bulbos

- Bulbo cheio ou sólido: as reservas acumulam-se no caule ou prato, com folhas reduzidas e escamiformes (açafrão).

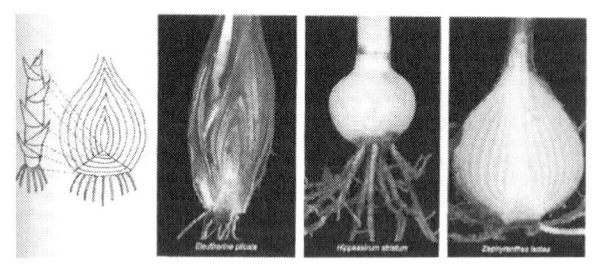

Fonte: <https://www.slideshare.net/jezili/rgos-vegetativos>. Acesso em: 30 ago. 2018.

- escamoso (lírio), com escamas protetoras, prevalece a "gema";

Figura 44. Aspecto geral do bulbo escamoso

Fonte: <http://espores.org/es/jardineria/de-bulbs-i-bulboses.html>. Acesso em: 30 ago. 2018.

- tunicado (cebola), prevalece a "túnica", escamas protetora de reservas;

Figura 45. Aspecto do bulbo tunicado e composto

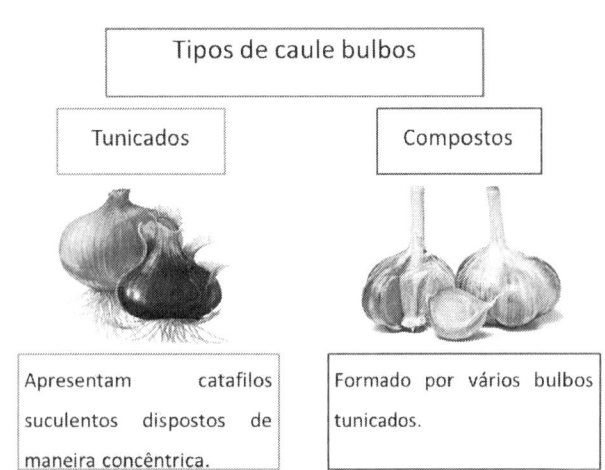

**Tipos de caule bulbos**

Tunicados — Apresentam catafilos suculentos dispostos de maneira concêntrica.

Compostos — Formado por vários bulbos tunicados.

Fonte: <https://slideplayer.com.br/slide/3971879/>. Acesso em: 30 ago. 2018.

- composto (alho): são subunidades de bulbilhos.

Figura 46. Aspecto geral do alho (*Allium sativum*. L.), bulbo composto

Fonte: <https://formasaudavel.com.br/alho/>. Acesso em: 30 ago. 2018.

Vamos aprender algumas adaptações (modificações) caulinares que confere um papel muito importante ecologicamente!

a) cladódio ou filocládios, caules carnosos ou não, verdes, achatados, laminares assemelhando-se a folhas que estão ausentes. Esse caule realiza um papel fotossintético. Exemplos: cactos, carqueja, flor de maios etc. (observem a seguir).

Figura 47. Aspecto geral da carqueja amarga, *Baccharis trimera* (Less.) DC. (filocládio)

Fonte: arquivo pessoal.

Figura 48. Aspecto geral da flor de maio (*Schlumbergera truncata* L.) (cladódio)

Fonte: arquivo pessoal.

**b) Gavinhas:** são ramos filamentosos axilares (surge em cada nó), tem a função especialmente de fixar o caule na medida em que vai se desenvolvendo aptos a**, além disto** enrolando-se formando uma espécie de "mola" (observe na figura abaixo).

Figura 49. Aspecto geral da gavinha no caule de chuchu (*Sechium edule* L.)

*Fonte: <http://www.farmaciadanatureza.com.br/chuchu-ou-maxixo/>. Acesso em: 30 ago. 2018.*

c) Espinhos e acúleos são estruturas pontiagudas, endurecida e sua origem é distinta. O espinho tem origem a partir dos tecidos vasculares mais internos do caule. Já o acúleo quem origina são os tecidos epidérmicos.

Figura 50. Aspecto geral do espinho no caule de *Zanthoxylum regnelianum* L.

*Fonte: arquivo pessoal.*

Figura 51. Aspecto geral do acúleo em um caule de roseira

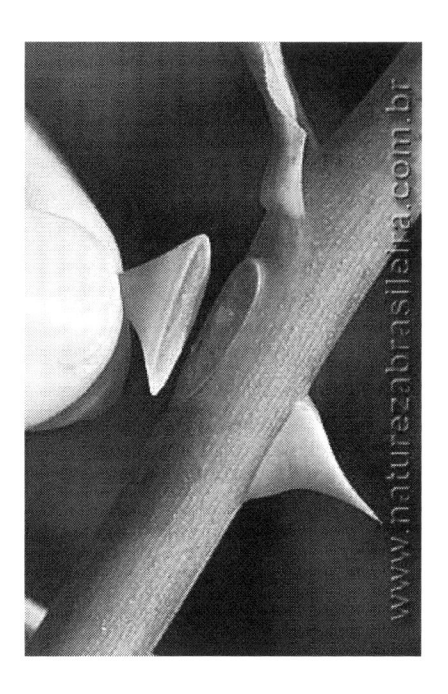

*Fonte: <http://fazedordoverde.blogspot.com/2012/10/este-ditado-esta-errado.html>. Acesso em: 30 ago. 2018.*

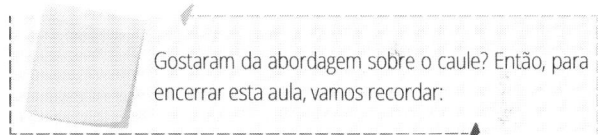

### Retomando a aula

Gostaram da abordagem sobre o caule? Então, para encerrar esta aula, vamos recordar:

#### 1 – Aspectos morfológicos das raízes

A raiz é o órgão da planta que geralmente cresce dentro do solo fixando a planta, bem como absorvendo a água e os sais minerais em solução. Porém, ainda podem ser aéreas e aquáticas e possuem outras funções especiais como armazenamento de substâncias nutritivas. Tem como características: ausência de clorofila, ausência de nós e entre nós. Quando subterrâneas, têm geotropismo positivo.

#### 2 – Aspectos morfológicos dos caules

O caule é um órgão vegetativo, geralmente aéreo e ramificado que serve de suporte às folhas e aos órgãos de reprodução dos vegetais. Tem como característica geral corpo segmentado (dividido em nós e entrenós); quando herbáceo realiza a fotossíntese e pode apresentar fototropismo positivo ou geotropismo negativo. Como função, sustenta as folhas, flores, frutos bem como realiza a translocação de substâncias. Pode ter reserva nutritiva, conferindo assim valor nutricional.

## Vale a pena

### Vale a pena ler,

Fonte: <https://pt.scribd.com/document/274719966/Praticas-de-Morfologia-Vegetal>. Acesso em: 30 ago. 2018.

Fonte: <https://pt.slideshare.net/DougBlogger2011/vidal-vidal-2006-botnica-organografia-4ed>. Acesso em: 30 ago. 2018.

### Vale a pena acessar,

<http://www.isa.utl.pt/files/pub/ensino/cdocente/MANUAL_BOTANICA_Fev2007.pdf>. Acesso em: 30 ago. 2018.

<http://www.scielo.br/pdf/rbb/v25n2/11457.pdf>. Acesso em: 30 ago. 2018.

<http://www.lcb.esalq.usp.br/sites/default/files/publicacao_arq/978-85-86481-33-8.pdf>. Acesso em: 30 ago. 2018.

## Minhas anotações

# Aula 3º

## Morfologia foliar

Nesta aula, vamos aprender sobre a morfologia externa das folhas bem como sua estrutura, variações e adaptações, visando diferenciar suas verdadeiras características, bem como compreender as diversas tipologias desse órgão vegetativo

Vamos a nossa aula?

— Bons estudos!

### Objetivos de aprendizagem

Ao término desta aula, vocês serão capazes de:

- saber as características da folha;
- compreender a importância desse órgão vegetativo;
- utilizar o conhecimento científico necessário desta aula à atuação profissional.

## Seções de estudo

**1** - Aspecto morfológico da folha

# 1 - Aspecto morfológico da folha

A folha é uma expansão laminar que se origina lateralmente do caule, com simetria bilateral e crescimento limitado, com variadas formas quanto a base, bordo e ápice foliar constituindo-se num órgão vegetativo (caule), com gemas axilares, com funções metabólicas potencialmente importantes, porque a função mais importante da folha é a fotossíntese, além da respiração e transpiração (troca gasosa), da condução e distribuição da seiva. Ainda pode ser considerado um órgão de reserva (VIDAL; VIDAL, 2007; GONÇALVES; LORENZI, 2011; RAVEN et al., 2014; SOUZA, 2009; SOUZA et al., *2013)*.

**Quanto à origem:**

**Embrionária:** na gêmula ou plúmula do embrião da semente, observem na seta a seguir:

Figura 01. Aspecto geral da plúmula (primórdios foliares) de uma semente

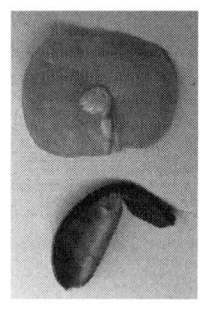

*Fonte: arquivo pessoal.*

Figura 02. Aspecto geral da origem exógena

*Fonte: arquivo pessoal*

Exógena: gema laterais (axilares) dos caules

Partes da folha:

Figura 3. Aspecto geral de uma folha simples e suas partes: limbo, pecíolo e face adaxial e abaxial.

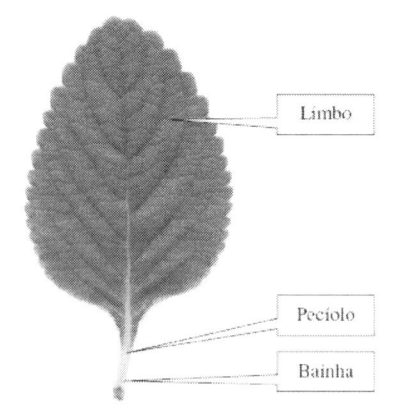

*Fonte: arquivo pessoal.*

Figura 04. Aspecto geral de uma folha simples, destacando o pecíolo e o limbo com uma nervura principal e várias reticuladas.

*Fonte: arquivo pessoal.*

Vamos conhecer algumas modificações basais do pecíolo (Vidal e Vidal, 2007):

a) bainha:

Figura 04. Aspecto geral do limbo séssil da viuvinha

*Fonte: arquivo pessoal.*

b) lígula:

Figura 05. Aspecto geral da folha séssil com bainha e na parte mais interna onde localiza-se a lígula

*Fonte: arquivo pessoal.*

c) pulvino:

Figura 06. Aspecto geral do pulvino

*Fonte: arquivo pessoal.*

d) estípula:

Figura 07. Aspecto geral de uma estípula

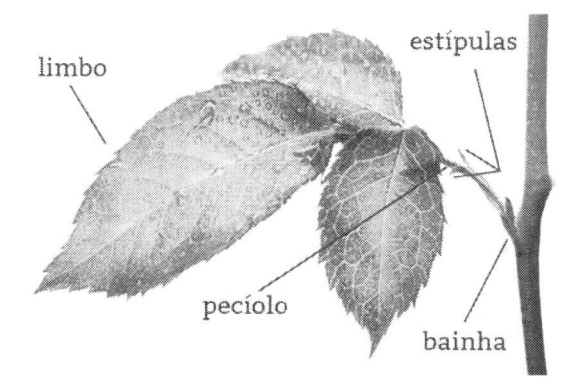

*Fonte: <https://www.todamateria.com.br/folhas/>. Acesso em: 30 ago. 2018.*

É importante enfatizar que algumas folhas são sésseis, ou seja, ausente de pecíolo, observe:

Figura 07. Aspecto geral de uma folha séssil, destacando a bainha

Fonte: arquivo pessoal.

Quanto ao número de limbo podem ser: simples, composto ou recomposto

Figura 8. Aspecto geral de uma folha simples, composta e recomposta

*Fonte: <http://matoecia.blogspot.com/2012/03/morfologia-externa-de-folhas.html>. Acesso em: 30 ago. 2018.*

Atenção: observem que a nomenclatura das partes da folha simples é bem distinta da parte folha composta. Observem na figura 8 e 9, pois, na folha composta, além do pecíolo sustentando os folíolos, cada folíolo possuem seus pecíolulos.

Figura 9. Aspecto detalhado das partes de uma folha composta

**PECIOLULO**: pecíolo dos folíolos das folhas compostas.

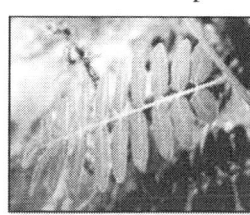

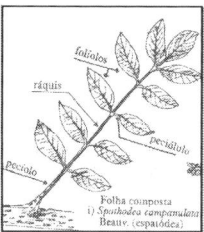

*Fonte: <https://slideplayer.com.br/slide/12866861/>. Acesso em: 30 ago. 2018.*

Quanto à consistência podem ser: carnosa ou suculenta, coriácea, herbácea e membranácea

Figura 10. Aspecto de uma folha carnosa, abundante em sucos

*Fonte: <https://www.assimquefaz.com/como-retirar-o-gel-da-planta-de-aloe-vera-babosa/>. Acesso em: 30 ago. 2018.*

Figura 11. Aspecto de uma folha coriácea lembrando couro de tão resistente

Fonte: <https://www.saudedr.com.br/folha-de-goiaba/>. Acesso em: 30 ago. 2018.

Figura 12. Aspecto de uma folha herbácea, consistência de erva

Fonte: <https://www.mundoboaforma.com.br/13-beneficios-do-manjericao-para-que-serve-e-propriedades/>. Acesso em: 30 ago. 2018.

Figura 13. Aspecto de uma folha membranácea, sútil delicada, quase imperceptível.

Fonte: <https://www.remedio-caseiro.com/dormideira-beneficios-e-propriedades-dessa-planta/>. Acesso em: 30 ago. 2018.

Quanto à superfície, podem ser: glabra, pilosa, lisa e rugosa

Figura 14. Aspecto geral de uma folha pilosa, presença de pelos

Fonte: arquivo pessoal.

Quanto às faces, podem ser uninérveas, paralelinérveas, peninérveas e palminérveas, curvinérveas, peltinérveas

Figura 15. Aspecto geral das nervuras dos limbos

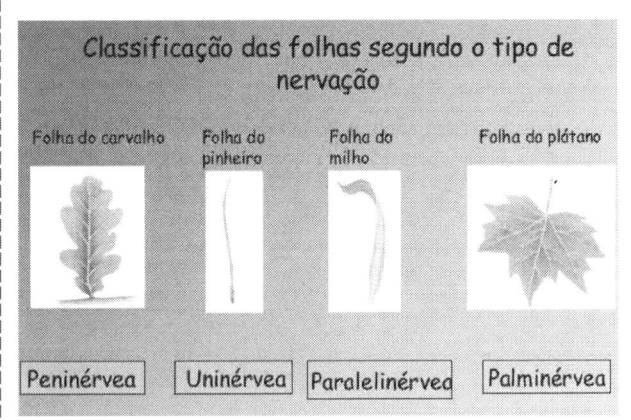

**Classificação das folhas segundo o tipo de nervação**

| Folha do carvalho | Folha do pinheiro | Folha do milho | Folha do plátano |
|---|---|---|---|
| Peninérvea | Uninérvea | Paralelinérvea | Palminérvea |

Fonte: <https://www.slideshare.net/ClaudiaMVieira/cn6-1-morfologia-das-plantas-com-flor-16255161>. Acesso em: 30 ago. 2018.

Quanto à filotaxia, ou seja, disposição do pecíolo no caule, podem ser: alterna, oposta, verticilada ou rosulada.

Figura 16. Aspecto geral da filotaxia da folha alterna (a), oposta (b), verticilada (c) e rosulada (d).

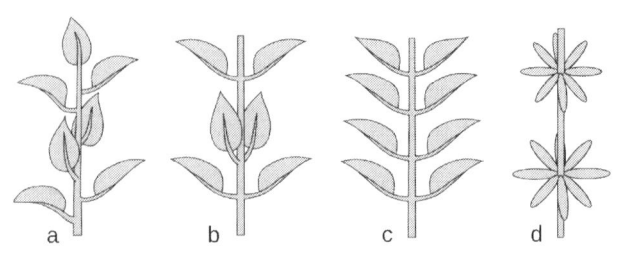

Fonte: <http://www.farmacobotanica.xpg.com.br/aula3p2.html>. Acesso em: 30 ago. 2018.

Atenção: no campo pode-se diferenciar uma folha do grupo das monocotiledôneas e dicotiledôneas por emio da nervura do limbo

Observem a seguir a disposição das nervuras:

Figura 17. Aspecto geral da disposição das nervuras (paralelinérneas-monocotiledônea) e (peninérveas-dicotiledônea)

PARALELINÉRVEAS    PENINÉRVEAS

Fonte: <http://mavracafo.blogspot.com/2010/07/folha.html>. Acesso em: 30 ago. 2018.

Vamos conhecer algumas adaptações foliares interessantes e importantes:

**a) nectários:** são estruturas produtoras de néctar que estão diretamente relacionados à polinização. Já os nectários extraflorais não estão diretamente relacionando, e, nesse sentido, são modificações caulinares.

Figura 18. Aspecto geral do nectário extra-floral numa folha composta

Fonte: <http://matoecia.blogspot.com/2011/07/familias-botanicas-03-fabaceae.html>. Acesso em: 30 ago. 2018.

**b)** espinhos, estrutura pontiaguda presente tanto lateralmente quanto na região do ápice ou nos limbos.

**c)** gavinhas (melão de são caetano), modificação em forma de mola com função de sustentar o caule.

**d)** heterofilia (espécie de mamona), polimorfismo das

folhas normais, observe abaixo.

*Fonte: http://www.feiradeciencias.com.br/sala26/26_feira_02.asp>.*

e) insetívoras (*Dionaea muscipula* L.) são conhecidas como carnívoras, pois aprisiona e digere pequenos insetos, observe abaixo.

f) pecíolo alado, expansões aliformes (formato de ala) laterais do pecíolo, observe abaixo

*Fonte: <https://slideplayer.com.br/slide/11232891/>.*

*Fonte: arquivo pessoal.*

g) brácteas da flor de *Bougainvillea* glabra L., folhas de formato variados e tamanhos coloridas com função de atração aos polinizadores, observe abaixo.

*Fonte: <http://www.cacau.prosaeverso.net/visualizar.php?idt=2497303>.*

Atenção: algumas modificações apresentam funções como: coletora de água (nutritiva) e protetoras

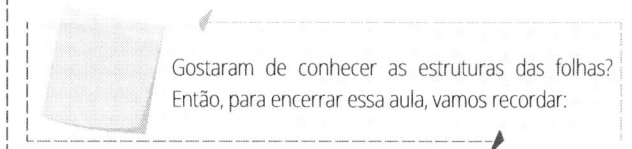

## Retomando a aula

Gostaram de conhecer as estruturas das folhas? Então, para encerrar essa aula, vamos recordar:

**1 – Aspectos morfológicos da folha**

A folha é um órgão lateral, considerado como uma expansão laminar do caule, como muitas variações em sua estrutura e principalmente funções como: fotossíntese transpiração trocas gasosas condução e distribuição da seiva.

## Vale a pena

### Vale a pena ler,

<https://pt.slideshare.net/DougBlogger2011/vidal-vidal-2006-botnica-organografia-4ed>. Acesso em: 30 ago. 2018.

## Vale a pena **acessar**

<http://botanicagraduacao.blogspot.com/2013/06/morfologia-da-folha-introducao.html>. Acesso em: 30 ago. 2018.

<http://csji.com.br/virtual/medio/page9/files/morfologia_folha.pdf>. Acesso em: 30 ago. 2018.

**Minhas** anotações

**Minhas** anotações

# Aula 4º

# Morfologia floral e noções de inflorescência

Nesta aula, vamos aprender sobre a morfologia da flor e da inflorescência, órgão reprodutivo das plantas vasculares, bem como sua estrutura e variações visando diferenciar suas características

Vamos a nossa aula?

Bons estudos!

## Objetivos de aprendizagem

Ao término desta aula, vocês serão capazes de:

- aprender as características da flor e da inflorescência, suas estruturas e variações;
- analisar as partes e diferenciar morfologicamente a flor da inflorescência;
- utilizar o conhecimento científico necessário desta aula à atuação profissional.

## Seções de estudo

1 – Morfologia floral

# 1 - Morfologia floral

Conceitualmente, a flor é o primeiro órgão reprodutor que vamos estudar (observem nas imagens a seguir). Apresenta um eixo com folhas metamorfoseadas (brácteas) que, em conjunto, constituem o aparelho reprodutor sexual das fanerógamas. É altamente variável e apresenta como função a reprodução sexual. Esse órgão é essencial no que diz respeito à classificação das plantas da flor no ramo de uma planta. Além do potencial medicinal, industrial, comestível e, sobretudo, ornamental (RAVEN et al., 2014; VIDAL; VIDAL, 2007).

**Constituição:**

Flor:
- brácteas e bractéolas: folhas modificadas, localizadas próximo aos verticilos florais
- pedúnculo: eixo de sustentação da flor
- receptáculo: porção dilatada do extremo do pedúnculo, onde se inserem os verticilos florais
- verticilos florais
  - externos ou protetores: cálice, corola (perianto ou perigônio)
  - internos ou reprodutores: androceu, gineceu

Vamos observar algumas imagens para facilitar o nosso entendimento:

Figura 01. Brácteas da flor bico de papagaio, nem todas as flores possuem.

*Fonte: arquivo pessoal.*

Figura 02. Aspecto geral de uma flor cortada longitudinalmente. Destaca-se o gineceu (ovário, estilete e estigma) (seta maior) e o androceu (seta menor).

*Fonte: arquivo pessoal.*

Figura 03. Aspecto geral da flor do ipê-mirim (*Tabebuia alba* L.), destacando os verticilos protetores: cálice e corola (seta menor e maior respectivamente) e os férteis gineceu e androceu.

*Fonte: arquivo pessoal.*

De acordo com Vidal e Vidal (2007), alguns aspectos estruturais referentes ao androceu e gineceu devem ser destacados:

**Morfologia do ANDROCEU:**
Constituído de filete, conectivo (tecido nutritivo que une as duas tecas) e antera, contendo os grãos de pólen. Podem ter formato e tamanho variados, livres ou unidos, escondido ou até mesmo sobressaindo as pétalas e quando não tem filete para sustentar as anteras permanecem adnatos as pétalas. É importante ressaltar que podem apresentar estames pequeninos, conhecidos por estaminoide, que tem apenas função estrutura, portanto, são estéreis.

Figura 05. Aspecto geral de uma antera aberta

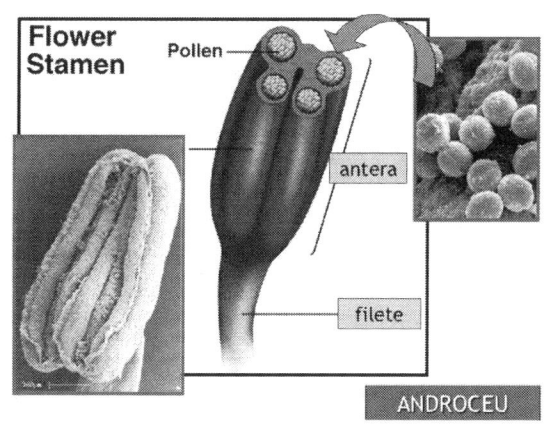

Fonte: <https://pt.slideshare.net/fitolima/aula-4-estrutura-reprodutiva-das-fanergamas>. Acesso em: 30 ago. 2018.

**Morfologia do GINECEU:**

É constituído de ovário (contém os óvulos), estilete e estigma, região que recebe o grão de pólen para ser fecundado, pode ser apocárpico, sincárpico ou simples quanto à soldadura do ovário da planta. Quanto ao número de carpelo (ovário quando fecundado), pode ser unicarpelar, dicarpelar, tricarpelar e plurcarpelar com variadas formas. Sua posição pode ser súpero, ínfero e semi-ínfero.

Figura 06. Aspecto geral de um ovário e sua posição

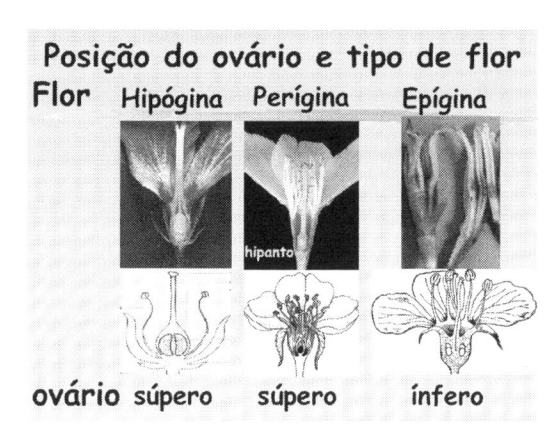

Fonte: <http://studylibpt.com/doc/731575/posi%C3%A7%C3%A3o-do-ov%C3%A1rio-e-tipo-de-flor-flor-ov%C3%A1rio-s%C3%BApero>. Acesso em: 30 ago. 2018.

Figura 7. Aspecto geral da flor de *Hibiscus rosea-sinensis* L. *(pétalas livres)*

Fonte: <https://br.depositphotos.com/67558759/stock-photo-hibiscus-flower-red-petal.html>. Acesso em: 30 ago. 2018.

Figura 8. Aspecto da flor de *Tabebuia impetigiosa* L. *(pétalas unidas)*

Fonte: <https://www.vitaminasnaturais.com/beneficios/ipe-roxo/>. Acesso em: 30 ago. 2018.

O cálice e a corola podem permanecer nas flores até mesmo quando o ovário for fecundado, como pode observado na imagem seguinte:

Figura 09. Aspecto do mamoeiro, mesmo com o ovário fecundado, os verticilos florais persistem na flor.

Fonte: arquivo pessoal.

**Importante:** Teoricamente, polinizar significa transportar o pólen da parte masculina para a parte feminina da flor, embora os órgãos reprodutivos feminino e masculino possam existir numa mesma flor, o que facilitaria a fecundação. No entanto, como descrito acima, a autopolinização não é vantajosa geneticamente para a planta como a polinização cruzada, porque o pólen produzido por uma flor precisaria então de um meio para locomover-se até a região estigmática da outra flor, assim germinando na região estigmática e produzindo o tubo para fecundar. Nesse caso, o vento é considerado um vetor para a polinização, além de outros como a água e animais. Do ponto de vista animal, a polinização é um produto secundário da colheita de um recurso largamente espalhado (pólen e/ou néctar) que é fornecido em diversos tipos de flores ou estrutura floral. Porém, estudiosos afirmam que a polinização realizada por animais é subsequente à realizada pelo vento na escala evolutiva dos vegetais.

**Vamos aprender sobre a Síndrome de polinização?**

**Conceito:** conjunto de características florais que indicam a adaptação da planta e determina aos agentes polinizadores.

**Dessa forma, a planta pode apresentar:**

**1. Anemofilia:** vento, sem recompensa

**2. Zoofilia:** com recompensa
a) entomofilia (inseto)
b) quirofilia (morcegos)
c) ornitofilia (aves)

**3. Hidrofilia:** água

**4. Mecanismos de fecundação:**
a) autogamia ou fecundação direta
b) alogamia ou fecundação indireta ou cruzada

**Fatores que favorecem a autogamia:**
a) Cleistogamia (fecundação antes da antese, ou seja, abertura da flor)
b) Isolamento geográfico

**Fatores que favorecem a alogamia:**
a) **Monoicia**
b) **Dioicia**
- **Dicogamia:** protandria (androceu amadurece primeiro) ou protoginia (gineceu amadurece primeiro)
- **Ercogamia:** barreira física (peças florais que favorecem a alogamia)
- **Heteroestilia:** brevestilia (estilete breve) ou longestilia (estilete mais longo)

Figura 12. Aspecto geral de plantas monóicas e dioicas

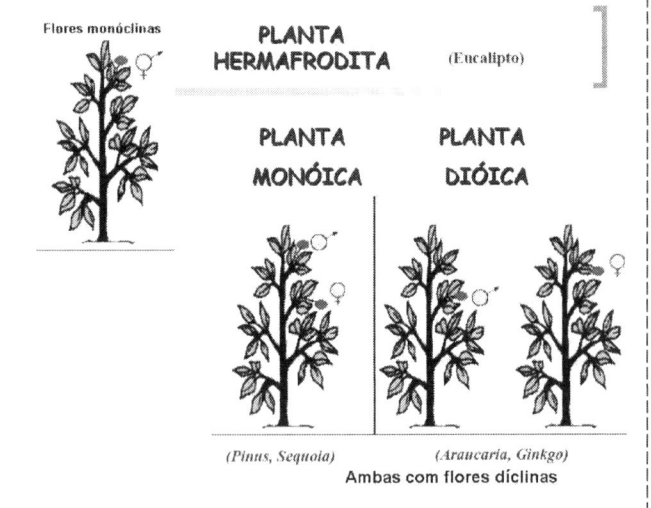

*Fonte: <https://pt.slideshare.net/priscilabelintani/angiosperma-2012-aula>. Acesso em: 30 ago. 2018.*

## 2 - Noções de inflorescência

De acordo com Vidal e Vidal (2007) e posteriormente Raven et al., (2014), a inflorescência é a produção a partir das gemas; disposição dos ramos florais e das flores sobre eles e quanto a posição podem ser **axilares quando** provém de gema axilar, nó onde origina a folha e **apicais** quando são **terminais, ou seja quando** provém de gema apical e quanto ao número podendo ser **uniflora (flor isolada):** 1 flor na extremidade do pedúnculo, exemplo: Gloriosa (figura abaixo) e **plurifloras:** várias flores no mesmo pedúnculo, exemplo: Sabugueiro (figura abaixo) e tipos como **simples:** pedúnculo principal produz pedicelos com uma flor **composta:** pedúnculo principal produz pedicelos que se ramificam.

Observem na imagem a seguir:

Figura 13. Aspecto geral dos tipos de inflorescência

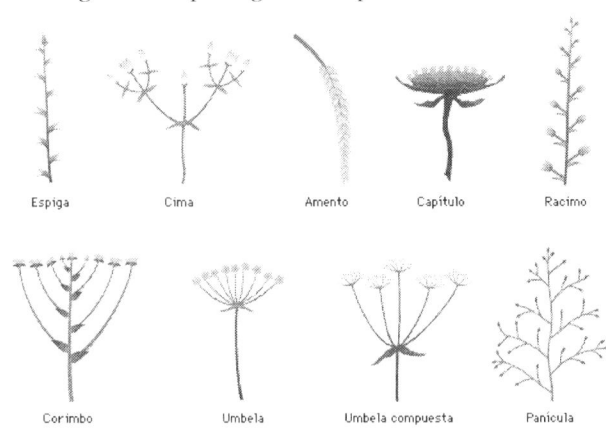

*Fonte: <https://biologia.laguia2000.com/botanica/inflorescencias-papel-de-las-flores-en-la-reproduccion-vegetal>. Acesso em: 30 ago. 2018.*

**Aspecto de uma flor solitária:**

Figura 17. Aspecto geral da flor *Gloriosa superba* Benth

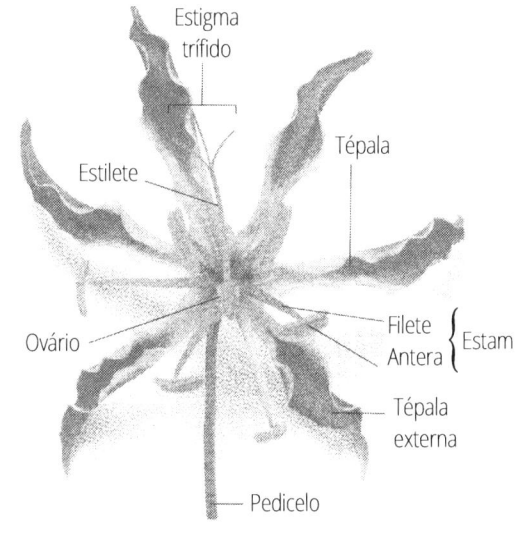

*Fonte: arquivo pessoal.*

**Aspecto de uma inflorescência:**

Figura 18. Aspecto geral da inflorescência de *Sambucus nigra* Mart

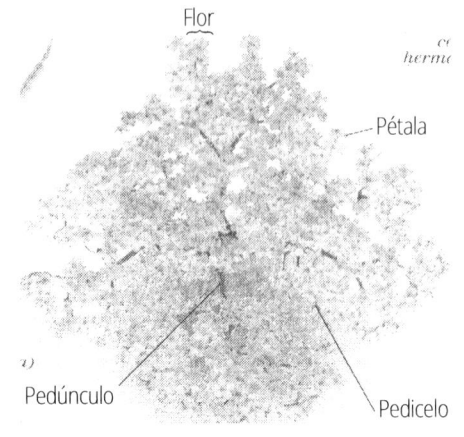

*Fonte: arquivo pessoal.*

Vamos conhecer alguns tipos:

**Umbela:** flores situadas em pedicelos que saem do mesmo ponto do ápice do pedúnculo principal, atingindo uma altura aproximadamente igual.

**Corimbo:** flores situadas em pedicelos saindo de vários níveis do pedúnculo principal. Todas atingem a mesma altura.

**Espiga:** flores sésseis situadas em diversas alturas sobre um pedúnculo principal. Exemplo: milho

Figura 21. Aspecto geral do milho

*Fonte: <https://br.freepik.com/fotos-gratis/espiga-de-milho-entre-as-folhas-verdes-milho-doce-fresco-no-mercado-dos-fazendeiros-close-up-de-milho-cozido-e-doce-no-mercado_1190056.htm>. Acesso em: 30 ago. 2018.*

**Capítulo:** quando o pedúnculo se alarga na extremidade superior, formando um receptáculo côncavo, plano ou convexo, o toro, onde se insere um conjunto de flores, rodeado por um conjunto de flores, rodeado por um conjunto de brácteas, o periclínio.

Figura 22. Aspecto geral da flor de *Helianthus annuus* L.

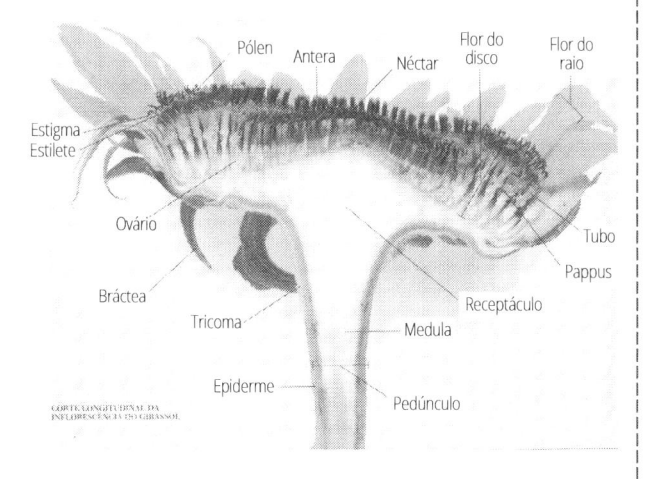

*Fonte: arquivo pessoal.*

**Espádice:** variação da espiga em que o eixo principal é carnoso. As flores são geralmente unissexuais e o conjunto é envolvido por uma grande bráctea chamada espata. Observe a imagem a seguir:

Figura 23. Aspecto geral da flor do *Anthurium andreanum* L.

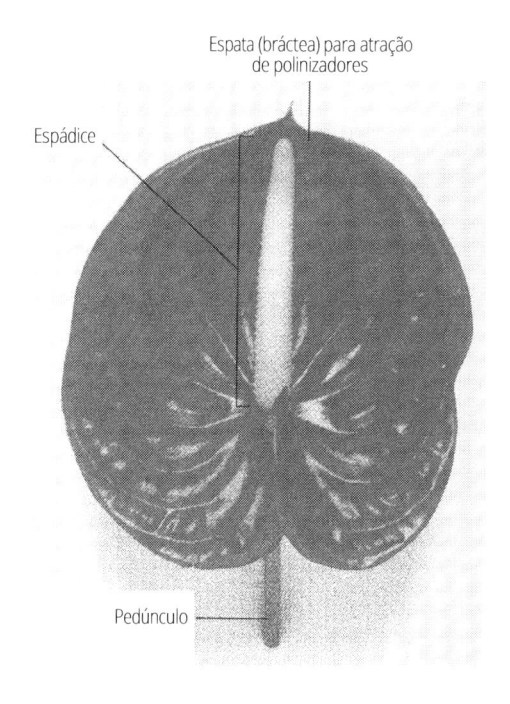

*Fonte: arquivo pessoal.*

**Importante:** De acordo com Harder e Prusinkiewicz (2013), a diversidade da morfologia floral e arquitetura da inflorescência dentro de angiospermas ilustra a plasticidade evolutiva extrema de estruturas reprodutivas. Além disso, as flores e inflorescências obviamente atuam em conjunto no decorrer da polinização, do desenvolvimento dos frutos e da dispersão de sementes.

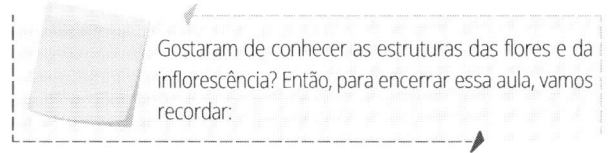

## Retomando a aula

Gostaram de conhecer as estruturas das flores e da inflorescência? Então, para encerrar essa aula, vamos recordar:

### 1 – Morfologia floral: estrutura e variação da flor

A flor tem um papel importante na reprodução sexual e classificações das plantas, uma vez que é um órgão imprescindível na identificação de uma espécie. Nessa seção, aprendemos sobre estruturas morfológicas envolvidas na reprodução bem como suas variações. Vimos, ainda, uma abordagem sobre a síndrome de polinização.

### 2 – Noções de inflorescência

A inflorescência é a disposição dos ramos florais e das flores sobre eles, podendo ser axilar e terminal de acordo com sua posição. É um ramo que apresenta muitas flores juntos.

## Vale a pena

### Vale a pena ler,

<https://pt.slideshare.net/DougBlogger2011/vidal-vidal-2006-botnica-organografia-4ed>. Acesso em: 30 ago. 2018.

### Vale a pena acessar,

<http://pontobiologia.com.br/morfologia-das-flor-de-angiosperma/>. Acesso em: 30 ago. 2018.

<http://cleidecf00.blogspot.com/2014/05/morfologia-de-flor.html>. Acesso em: 30 ago. 2018.

<http://www.floresta.ufpr.br/defesas/pdf_ms/2006/d456_0646-M.pdf>. Acesso em: 30 ago. 2018.

## Minhas anotações

# Aula 5º

# Morfologia do fruto

Nesta aula, vamos aprender sobre morfologia do fruto, órgão reprodutivo das plantas vasculares, bem como sua estrutura e variações visando diferenciar suas características

Vamos a nossa aula?

Bons estudos!

**Objetivos de** aprendizagem

Ao término desta aula, vocês serão capazes de:

- aprender as características morfológica do fruto, bem como sua origem;
- analisar as partes do fruto e diferenciá-las.

## Seções de estudo

1 – Morfologia do fruto
2 - Estruturas pericárpicas

## 1 - Morfologia do fruto

Conceitualmente, a origem do fruto pode ser através de um ou mais ovários fecundados, desenvolvidos, e amadurecidos com ou sem sementes e, algumas vezes, incluindo outras partes da flor e até inflorescências (Ferri, 2007; Raven et al., 2014). Ainda, de acordo com Barroso et al. (1999) é a estrutura que representa o último estádio do desenvolvimento do gineceu fecundado ou partenocárpico; compreende o pericarpo e a(s) semente(s). É importante saber que o surgimento dos frutos foi uma inovação marcante na história evolutiva das plantas, pois contribuiu enormemente para o aumento da eficiência da dispersão de sementes. Além disso, enfatizo que alguns frutos são provenientes de ovário e envolvem outras partes florais, classificados como pseudofrutos, pois um fruto verdadeiro origina apenas do ovário da flor (VAN DER PIJL 1969, LORTS et al. 2008, FLEMING; KRESS, 2011).

**Constituição:**

Flor { Pericarpo { epicarpo - camada mais externa
                   mesocarpo - camada intermediária
                   endocarpo - camada mais interna
       Semente

É importante lembrar que toda a estrutura do pericarpo, originou do ovário da flor, que quando se espessa forma o pericarpo. Vejam a seguinte descrição:
Diferencia-se em três camadas:
**Exocarpo (camada externa);**
**Mesocarpo (camada média);**
**Endocarpo (camada interna).**

Observem as imagens e as explicações a seguir:

Figura 01. Aspecto geral do pericarpo da espécie Leucaena leucocephala (Lam.)

*Fonte: arquivo pessoal.*

Figura 02. Aspecto geral de um ovário

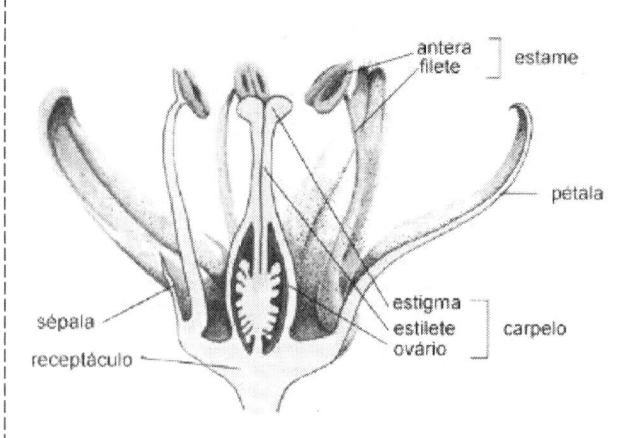

*Fonte: <http://www.ebah.com.br/content/ABAAAfcCYAI/morfologia-vegetal?part=6>. Acesso em: 30 ago. 2018.*

De acordo com Vidal (2007) e Raven et al. (2014), para acontecer o processo da fecundação, toda parte da flor está envolvida, principalmente, os gametas masculino e feminino. Observem as imagens:

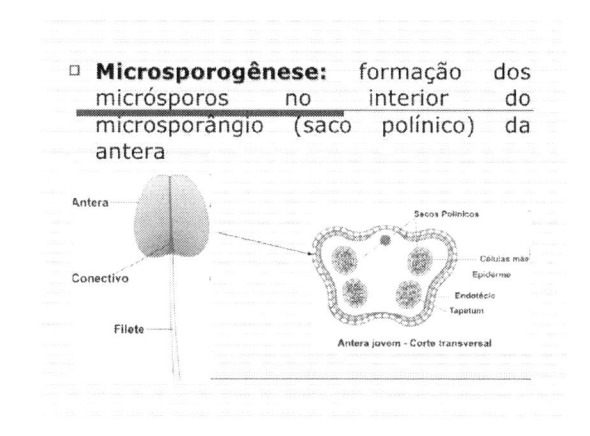

□ **Microsporogênese:** formação dos micrósporos no interior do microsporângio (saco polínico) da antera

O androceu

Microsporogênese (meiose):
Processo pelo qual se dá a formação dos micrósporos(n) nos microsporângios (no interior das anteras).

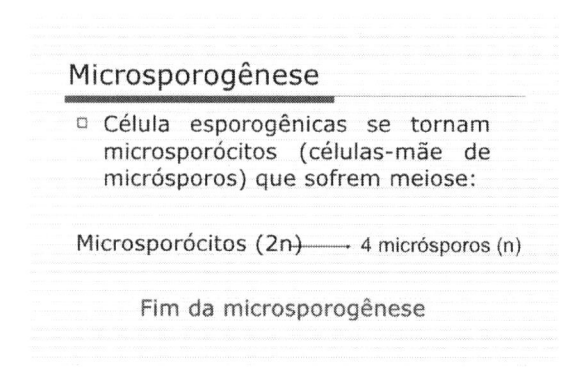

### Microsporogênese

□ Célula esporogênicas se tornam microsporócitos (células-mãe de micrósporos) que sofrem meiose:

Microsporócitos (2n) ⟶ 4 micrósporos (n)

Fim da microsporogênese

Microgametogênese (mitose):
Processo de formação de dois microgametas (n) pelo microgametofito (desenvolvimento do microgametofito)

Figura 01. Processo da microsporogênese

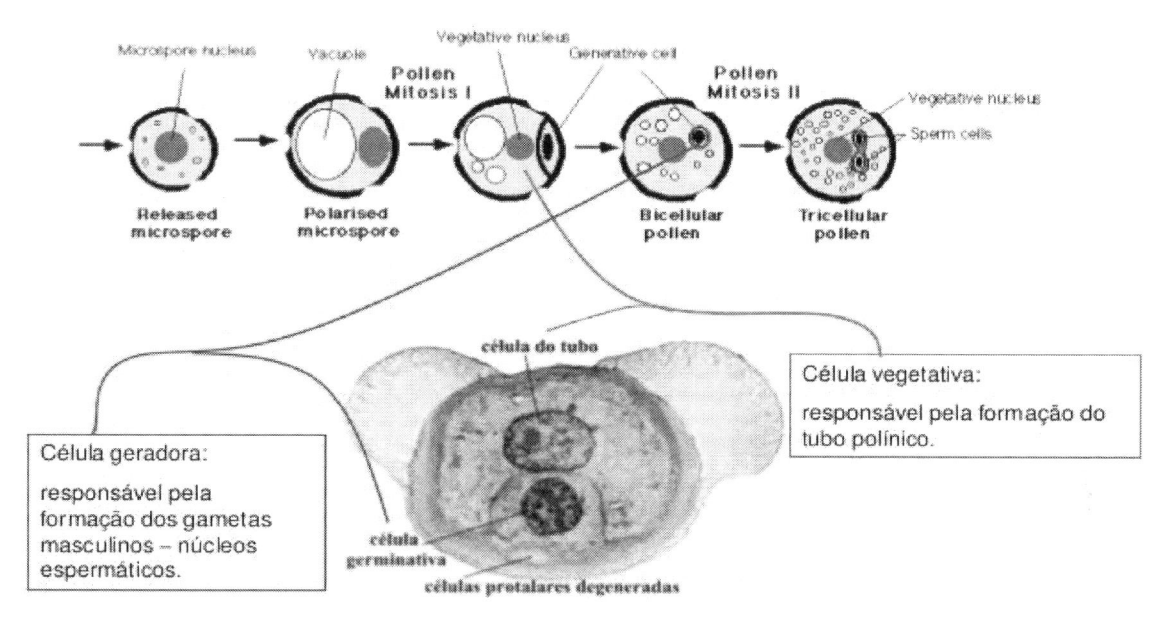

*Fonte: <https://pt.slideshare.net/BrunoRodriguesdSouza/unidade-02-formao-e-desenvolvimento-das-sementes>. Acesso em: 30 ago. 2018.*

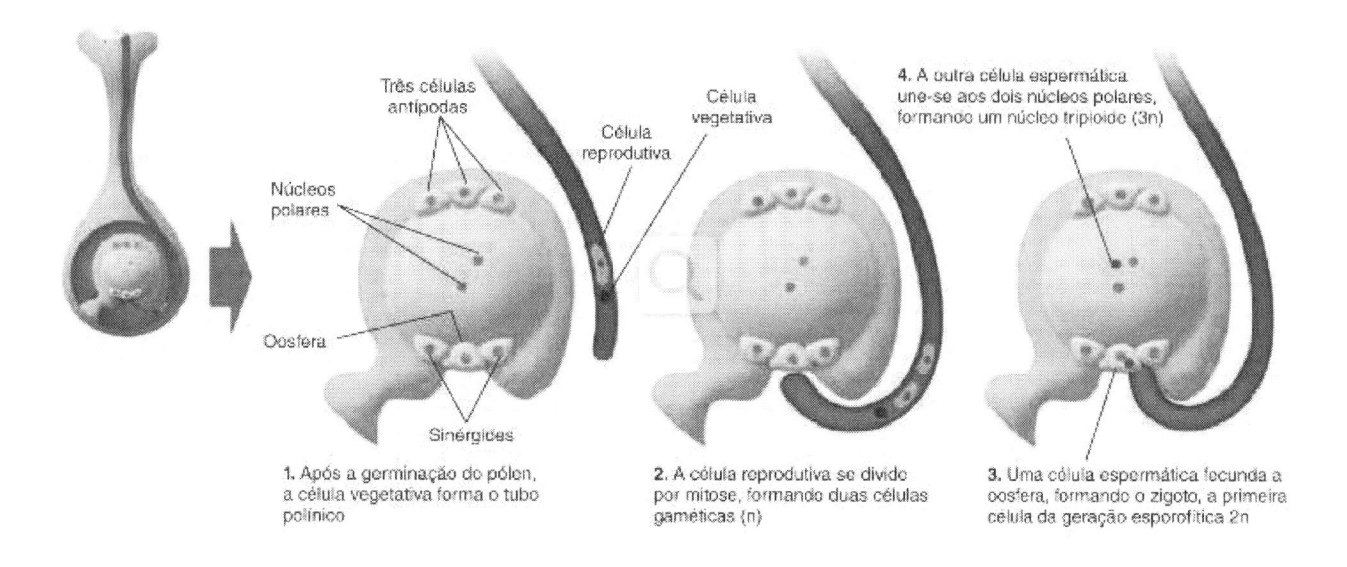

1. Após a germinação do pólen, a célula vegetativa forma o tubo polínico

2. A célula reprodutiva se divide por mitose, formando duas células gaméticas (n)

3. Uma célula espermática fecunda a oosfera, formando o zigoto, a primeira célula da geração esporofítica 2n

4. A outra célula espermática une-se aos dois núcleos polares, formando um núcleo triploide (3n)

**Megasporogênese (meiose):** processo pelo qual se dá a formação do megasporo (n) funcional no megasporângio (que é o nucelo, no interior do óvulo).

**Megagametogênse (mitose):** processo de formação da oosfera (n) e células acessórias (sinérgides, antípodas e célula média) pelo megagametofito (saco embrionário), retido no interior da parede do megasporo (desenvolvimento endósporico do megagametofito)

# 2 - Estruturas pericárpicas

### Gametogenese

Figura 2. Aspecto geral da formação dos núcleos dentro do ovúlo

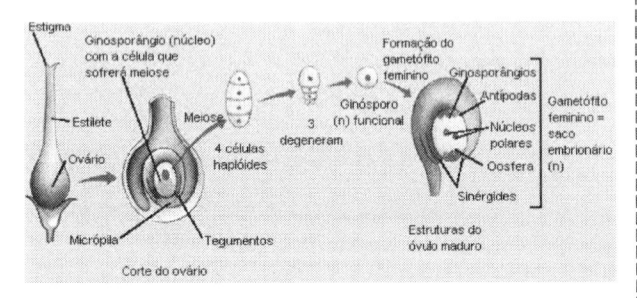

Fonte: <http://www.ebah.com.br/content/ABAAAA6lwAC/reproducao-sexuada-esporogenese->. Acesso em: 30 ago. 2018.

Figura 3. Aspecto geral do ovário e da formação do gametófito feminino

Fonte: <http://ptbr.protistaeplantae.wikia.com/wiki/Forma%C3%A7%C3%A3o_do_saco_embrion%C3%A1rio:_o_gamet%C3%B3fito_feminino>. Acesso em: 30 ago. 2018.

Vamos compreender a origem dos frutos?

Classificação dos frutos:

**Múltiplos:** provenientes de inflorescência são originados de ovários e de outras partes florais

**Simples:** classe de frutos unicarpelares ou plurigamocarpelares, originados somente do ovário das flores.

Observem a imagem seguinte:

Figura 4. Aspecto geral dos tipos de ovário na flor

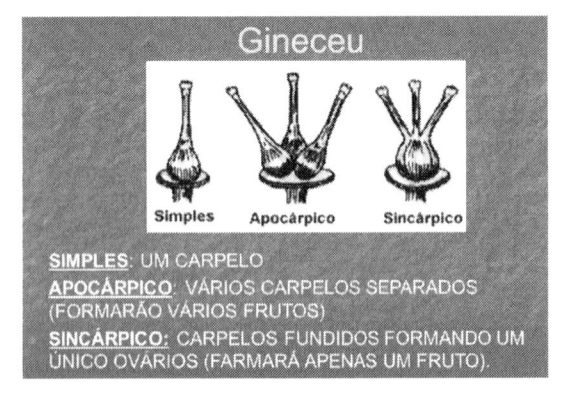

Fonte: <https://slideplayer.com.br/slide/338612/>. Acesso em: 30 ago. 2018.

Então, vamos aprender mais características sobre o ovário da flor:

Número de carpelos:
a. **Monocárpicos:** provenientes de gineceu unicarpelar (FLOR COM UM OVÁRIO).
b. **Apocárpicos ou dialicarpelar:** provenientes de gineceu dialicarpelar (FLOR DIALIPÉTALA).

**Ovários para cada carpelo.**

EX; FRUTOS MÚLTIPLOS, exemplos: framboesa, rosa, morango

**Sincárpicos ou gamocarpelar:** provenientes de gineceu gamocarpelar (FLOR GAMOPÉTALA).

**Vários carpelos para um ovário**

EX: FRUTOS SIMPLES, exemplos: feijão e soja

Quanto à consistência o fruto pode ser:
a. **Carnoso:** com suculência
b. **Seco:** sem suculência

Quanto à deiscência do pericarpo:
a. **Deiscente:** pericarpo se abre naturalmente quando maduro para liberar as sementes;
b. **Indeiscente:** pericarpo permanece fechado não liberando as sementes.

Quanto ao número de sementes:
a. Monospérmicos - 1 semente;
b. Dispérmicos - 2 sementes;
c. Trispérmicos - 3 sementes;
d. Polispérmicos - várias sementes.

Observem as imagens dos frutos carnosos e secos a seguir:

Figura 05. Aspecto geral de um fruto de ervilha (*Pisum sativum* L.)

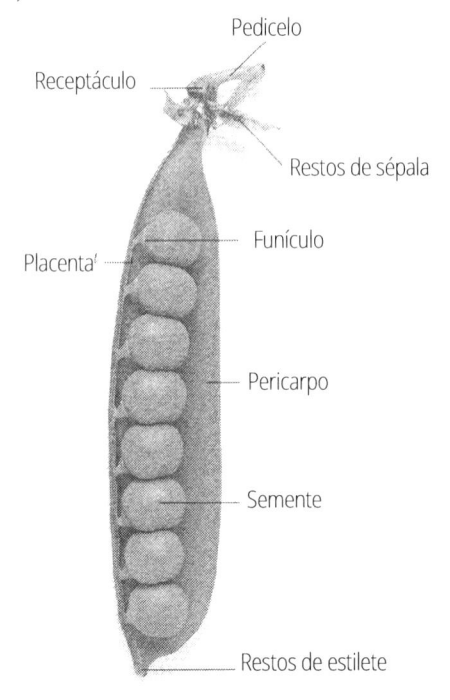

Fonte: arquivo pessoal.

Figura 6. Aspecto geral do melão (*Cucumis melo* L.)

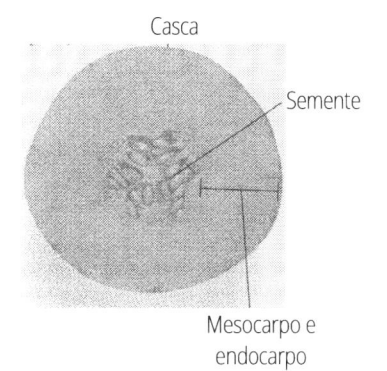

Figura 7. Lichia (*Litchi chinensis* L.)

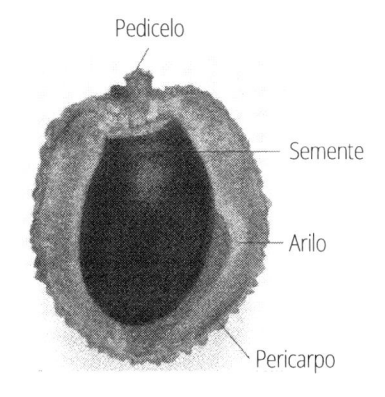

Figura 6. Aspecto geral da maça (*Malus domestica* L.)

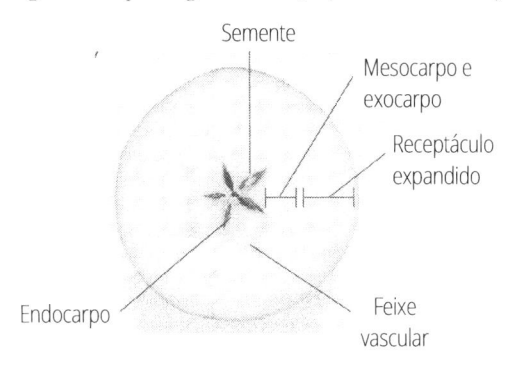

Figura 7. Aspecto geral de um fruto seco de *Mimosa caesalpiniaefolia* Benth.(sansão do campo)

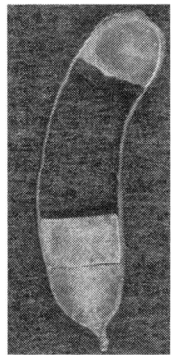

Figura 8. Aspecto geral do fruto seco do milho (*Zea mays* L.)

Figura 9. Aspecto geral do pericarpo e da semente de *Calopogonium mucunoides* L

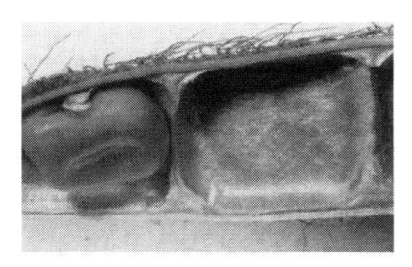

Figura 10. Aspecto geral do pericarpo *Mimosa debilis* L. (cheio de espinhos)

### Recapitulando:

**Quanto à origem:**
a. **Fruto simples:** oriundo de um único ovário de uma flor (unicarpelar ou gamocarpelar);
b. **Frutos múltiplos:** provém de ovários de uma só flor (gineceu dialicarpelar);
c. **Fruto composto ou infrutescência:** derivado de ovários de uma inflorescência. Exemplo: abacaxi;
d. **Fruto complexo ou pseudofruto:** outras partes da flor, além do ovário, entram na constituição do fruto, como receptáculo ou pedúnculo floral. Ex.; maçã e caju;
e. **Fruto partenocárpico:** são originados sem que ocorra a fecundação, sendo assim não possuem sementes. Ex.; banana.

## Retomando a aula

Gostaram de conhecer as estruturas dos frutos bem as variações? Então, para encerrar essa aula, vamos recordar:

**1 – Morfologia do fruto**

O fruto diz respeito a estruturas auxiliares no ciclo reprodutivo das angiospermas, resultante da fecundação do ovário amadurecido. Quando as sementes já estão prontas (maduras) para germinar, o fruto libera essas sementes para propagar a espécie, ou até antes são ingeridos por outros animais servindo como alimento. Sendo assim, pode-se concluir que a principal função do fruto é justamente proteger a semente enquanto ela se desenvolve.

## Vale a pena

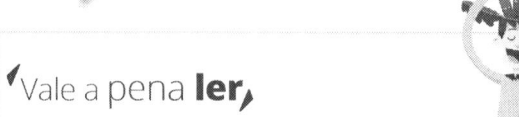

### Vale a pena ler,

<https://pt.slideshare.net/DougBlogger2011/vidal-vidal-2006-botnica-organografia-4ed>. Acesso em: 30 ago. 2018.

### Vale a pena acessar,

<http://www.gradadm.ifsc.usp.br/dados/20171/SLC0622-1/aula%209%20fruto.pdf>. Acesso em: 30 ago. 2018.

<http://www.scielo.br/scielo.php?pid=S0102-33062009000200010&script=sci_abstract&tlng=pt>. Acesso em: 30 ago. 2018.

<http://www.scielo.br/pdf/rbb/v28n3/29005.pdf>. Acesso em: 30 ago. 2018.

## Minhas anotações

# Aula 6º

# *Morfologia da semente*

Nesta aula, vamos aprender sobre a morfologia da semente, órgão reprodutivo das plantas vasculares, bem como sobre sua estrutura e variações visando diferenciar suas características.

Bons estudos!

### Objetivos de aprendizagem

Ao término desta aula, vocês serão capazes de:

- Aprender as características da semente bem como sua origem;
- Analisar as partes e diferenciar a morfologia da semente.

**Seções de** estudo

1 - Morfologia da semente

# 1 - Morfologia da semente

Conceitualmente, de acordo com Vidal e Vidal (2007), a semente é o óvulo desenvolvido após a fecundação, contendo embrião, com ou sem reservas nutritivas, protegendo a casca (tegumento). Ocorre nas Angiospermas e Gimnospermas.

Constituição (embrião):

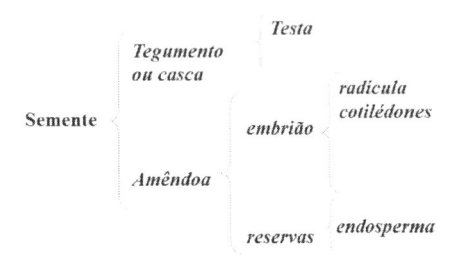

Semente
- Tegumento ou casca — Testa
- Amêndoa
  - embrião — radícula, cotilédones
  - reservas — endosperma

*Fonte: Arquivo Pessoal.*

Figura 01. Aspecto geral de uma semente ainda grudada com o pericarpo pelo funículo.

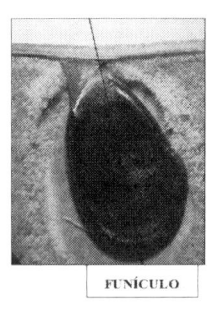

*Fonte: Arquivo Pessoal.*

Figura 02. Aspecto geral de uma semente com o resquício de funículo

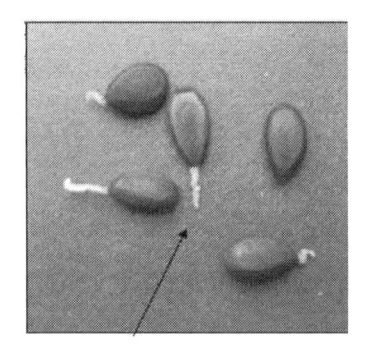

*Fonte: Arquivo Pessoal.*

Figura 3. Detalhe do cotilédone e radícula de uma semente iniciando a germinação

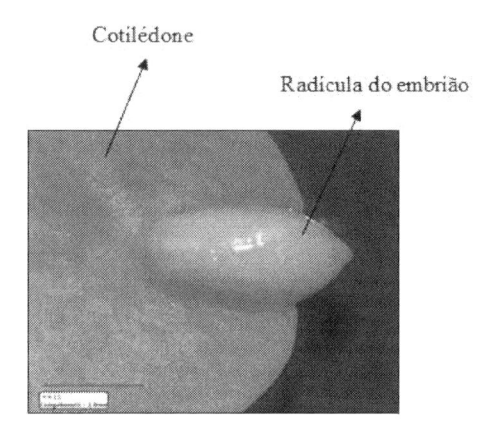

*Fonte: Arquivo Pessoal.*

**Como acontece a fecundação do óvulo?**

Figura 4. Aspecto geral do processo de fecundação do óvulo

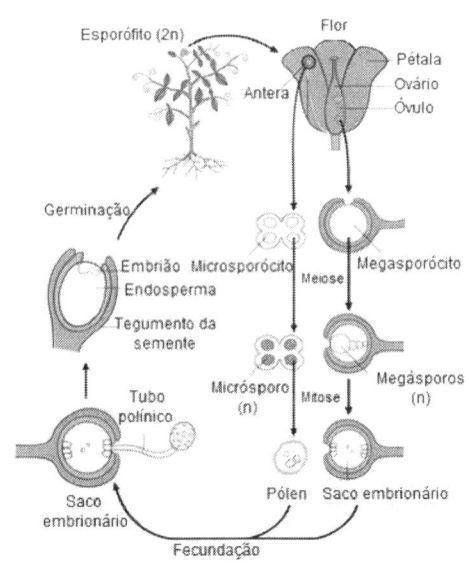

*Fonte: <https://biologianet.uol.com.br/botanica/reproducao-das-angiospermas.htm>. Acesso em: 30 ago. 2018.*

**Como surge então a semente?**

Figura 5. Aspecto geral da formação do embrião

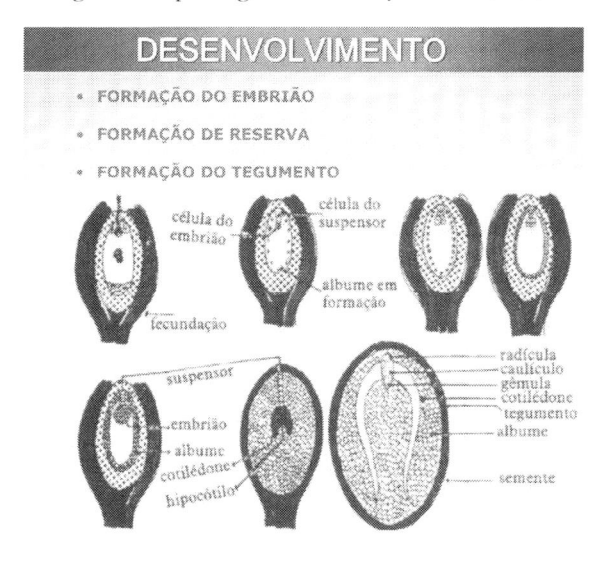

Fonte: <https://slideplayer.com.br/slide/12178964/>. Acesso em: 30 ago. 2018.

Ainda segundo Vidal e Vidal (2007), e posteriormente segundo Appezzato-Da-Glória; Carmello-Guerreiro (2012), após a fecundação, o óvulo evolui sofrendo modificações que, como resultado final, origina a semente madura com poder germinativo e cheia de vigor, pois com a quantidade de fotoassimilados, essa estrutura se divide em novas células, formando tecido além de reservas.

**O que seria a Embriogênese?**
**Vamos lá...**

O processo de formação do embrião conhecida por embriogênese acontece quando o **zigoto** diploide divide-se em duas células. Esse **zigoto** é proveniente da fusão do microgameta com a oosfera; observe nas figuras acima. A parte mais externa, encostada à micrópila, por divisões sucessivas, forma um cordão, o suspensor, ligado por um lado ao saco embrionário, por onde recebe substâncias nutritivas; o suspensor tem vida terrestre. A mais interna, simultaneamente, por divisões sucessivas, forma o embrião, que é a futura planta (BARROSO et al. 1999).

Formação de reservas: ao mesmo tempo em que os fenômenos acima se verificam, o núcleo triploide (proveniente da fusão do microgameta com o mesocisto), por divisões sucessivas, formará um tecido de reserva, o albume.

**Formação do tegumento (casca da semente):** os integumentos dos óvulos, geralmente, vão originar o tegumento, que é o revestimento protetor da semente. Observe na figura anterior.

No tegumento, pode-se originar uma estrutura suplementar carnosa que contribui para a dispersão das sementes pelos animais, conhecida por:

**Anexos do tegumento:**
- **Arilo:** excrescência esponjosa e gelatinosa que se forma no funículo ou no hilo cobrindo a semente total ou parcialmente, ex.; maracujá.
- **Arilóide:** excrescência que se origina do tegumento em torno da micrópila, ex.; noz-moscada.
- **Carúncula:** excrescência carnosa próxima da micrópila, ex.; mamona.

**As reservas da semente podem ser:**
- Albume: origina posterior a fecundação. Pode ocorrer na semente bem como desaparecer durante a formação do embrião;
- Perisperma: origina na parte do nucelo (região interna do óvulo) e persiste durante a formação do albume;
- Endosperma: origina anterior a fecundação, ainda quando o ovulo aguarda a fecundação.

**Se presente os tecidos**, são conhecidas por **albuminosas,** caso contrário **exalbuminosas.**

É importante ressaltar que os cotilédones (primeira ou primeiras folhas de reserva de um embrião), nas monocotiledônea originará apenas um cotilédone e nas dicotiledôneas serão dois (VIDAL; VIDAL, 2007).

Vamos ver, resumidamente, as partes de um embrião das espécies que pertence ao grupo das monocotiledôneas e dicotiledôneas?

Figura 6. Aspecto geral do embrião de uma espécie de dicotiledônea

- Embrião das **dicotiledôneas** apresenta:
- **dois cotilédones**, que **contém o endosperma.**
- **radícula**, que dá origem a raiz.
- **caulículo**, que origina o caule e as plúmulas (gemas apicais.

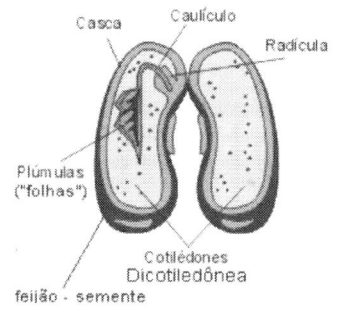

Fonte: <https://pt.slideshare.net/EduardoTuboAlbuquerque/semente-e-germinao>. Acesso em: 30 ago. 2018.

Figura 7. Aspecto geral de um embrião de uma dicotiledônea

- **Embrião** das monocotiledôneas apresenta:
- **um cotilédone** ou escutelo
- A **radícula**, que dá origem a raiz
- O **caulículo**, que dá origem ao caule e as **plúmulas** (gema apical que dá origem as folhas.

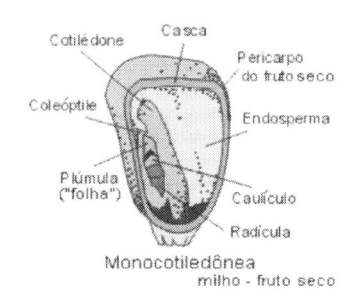

Fonte: <https://www.slideshare.net/EduardoTuboAlbuquerque/semente-e-germinao/6>. Acesso em: 30 ago. 2018.

Figura 8. Morfologia básica de uma semente

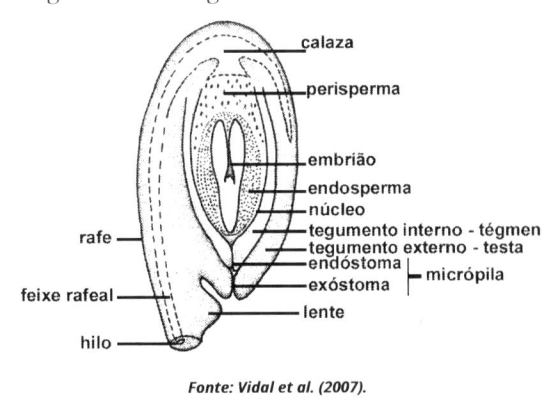

(calaza; perisperma; embrião; endosperma; núcleo; tegumento interno - tégmen; tegumento externo - testa; endóstoma; exóstoma; micrópila; lente; hilo; feixe rafeal; rafe)

*Fonte: Vidal et al. (2007).*

**O papel das sementes na vida humana é mesmo tão importante?**

O papel das sementes para a vida humana decorre, antes de tudo, do fato de que a evolução do gênero *Homo* se processou numa época geológica em que quase todos os tipos de vegetação terrestre do planeta já haviam sido dominados por plantas fanerógamas (as com flores) (GONÇALVES; LORENZI, 2011).

**Resumidamente:**

Figura 9. Aspecto geral das características morfológica básica das Monocotiledôneas e Dicotiledôneas

### Resumo: Monocotiledôneas vs Dicotiledôneas

|  | MONOCOTILEDÔNEAS | DICOTILEDÔNEAS |
|---|---|---|
| raiz | fasciculada ("cabeleira") | pivotante ou axial (principal) |
| caule | em geral, sem crescimento em espessura (colmo, rizoma, bulbo) | em geral, com crescimento em espessura (tronco) |
| distribuição de vasos no caule | feixes líbero-lenhosos "espalhados"(distribuição atactostélica = irregular) | feixes líbero-lenhosos dispostos em círculo (distribuição eustélica = regular) |
| folha | invaginante: bainha desenvolvida; uninérvia ou paralelinérvia. | peciolada: bainha reduzida; pecíolo; nervuras reticuladas ou peninérvias. |
| Flor | trímera (3 elementos ou múltiplos) | dímera, tetrâmera ou pentâmera |
| embrião | um cotilédone | 2 cotilédones |
| exemplos | bambu; cana-de-açúcar; grama; milho; arroz; cebola; gengibre; coco; palmeiras. | eucalipto; abacate; morango; maçã; pera; feijão; ervilha; mamona; jacarandá; batata. |

*Fonte: <http://heelleninha.blogspot.com/2013/06/angiospermas.html>. Acesso em: 30 ago. 2018.*

### Retomando a aula

Gostaram de conhecer as estruturas das sementes? Então, para encerrar essa aula, vamos recordar:

**1 – Morfologia da semente**

A semente é o óvulo desenvolvido após a fecundação, contendo embrião, com ou sem reservas nutritivas, protegendo a casca (tegumento). Ocorre nas Angiospermas e Gimnospermas e são vaiáveis quanto às suas estruturas morfológicas.

### Vale a pena

#### Vale a pena **acessar**

<http://www.fcav.unesp.br/download/pgtrabs/pts/m/2881.pdf>. Acesso em: 30 ago. 2018.
<http://www.ledson.ufla.br/metabolismo-da-germinacao/morfologia-de-sementes/>. Acesso em: 30 ago. 2018.
<http://botanicagraduacao.blogspot.com/2013/06/morfologia-da-semente-introducao.html>. Acesso em: 30 ago. 2018.

### Minhas anotações

**Minhas** anotações

## Aula 7º

# Estruturas pericárpicas e seminais envolvidas na dispersão

Nesta aula, vamos aprender sobre as estruturas pericárpicas e seminais envolvidas no processo de dispersão do diásporo, bem como sua importância na perpetuação da espécie.
Vamos a nossa aula?

*Bons estudos!*

### Objetivos de aprendizagem

Ao término desta aula, vocês serão capazes de:

- aprender as características das estruturas do pericarpo e da semente;
- compreender a importância dessas estruturas na dispersão.

## Seções de estudo

1 - Estrutura pericárpica
2 - Estruturas seminais

## 1 - Estrutura pericárpica

De acordo com Van Der Pijl (1969) e posteriormente Barroso et al. (1999), a dispersão da sementes é processo-chave no ciclo de vida das plantas. Entender esse processo em comunidades naturais, de um ponto de vista ecológico e evolutivo, pode ajudar a prever fatores ambientais necessários para a reprodução e sobrevivência da vegetação, auxiliando trabalhos de conservação e recuperação de áreas degradadas, como muitos presente em vários biomas brasileiros.

Interações planta-animal têm tido papel central na evolução e diversificação da morfologia dos frutos e dispersão de sementes na história das angiospermas Fleming e Kress (2013).

Quanto às síndromes de dispersão podem ser encontradas em zoocóricos, anemocóricos ou autocóricos. É importante ressaltar sas relações taxonômicas e sinal filogenético das características associadas à dispersão. Segundo os autores Tiffney (1984) e posteriormente Eriksson et al. (2000) à medida que as plantas vieram se diversificando ao longo da história evolutiva, elas colonizaram ampla variedade de ambientes e desenvolveram diferentes formas de vida e estratégias de dispersão de sementes, e, geralmente, plantas maiores estão associadas com sementes maiores, que demandam adaptações mais elaboradas para serem transportadas.

**Nesse sentido, de um modo geral, a classificação das síndromes de dispersão pode ser:**

**Dispersão:** Zoocória

**Característica e adaptações:** dispersão por animais. Frutos carnosos, com recompensa alimentícia para fauna (associados à endozoocória ou sinzoocória), geralmente, com colorido chamativo; frutos secos com sementes ariladas ou carunculadas, ou sementes coloridas e miméticas de arilo; frutos secos com formação de pseudofruto carnoso ou produção de óleos e resinas aromáticos; ou diásporos sem cor, odor ou recompensa nutritiva, mas com estruturas capazes de aderir ao corpo dos animais (associados à epizoocória).

Figura 07. Aspecto geral da semente arilada Matayba guianensis L.

Fonte: <https://www.arvores.brasil.nom.br/new/tapiriri/index.htm>. Acesso em: 30 ago. 2018.

Figura 08. Aspecto geral do fruto da *Eugenia dysenterica* L.

Fonte: <http://selosdefruta.blogspot.com/2011/03/fruto-cagaita-eugenia-dysenterica.html>. Acesso em: 30 ago. 2018.

**Dispersão: Anemocória**

**Característica e adaptações:** dispersão pelo vento. Frutos ou sementes com alas ou plumas, com capacidade de flutuação no ar; ou sementes minúsculas e leves que são transportadas pelo vento.

Figura 09. Aspecto geral dos frutos da família Melastamataceae

Fonte: <https://www.flickr.com/photos/mercadanteweb/11255125636>. Acesso em: 30 ago. 2018.

**Dispersão:** Autocoria

**Características e adaptações: dispersão pela "própria planta". Frutos secos com abertura** explosiva ou deiscência elástica, capazes de arremessar as sementes a certas distâncias da planta-mãe (autocória ativa); ou diásporos sem qualquer adaptação evidente a agentes dispersores específicos, sendo liberados de forma passiva da planta-mãe quando maduros (autocória passiva).

Figura 10. Aspecto geral do fruto de Manihot violácea L.

Fonte: <http://www.frutosatrativosdocerrado.bio.br/76-especies/31-frutos-medio/264-mandioquinha-violacea>. Acesso em: 30 ago. 2018.

**Resumidamente:**

**Nas espécies zoocóricas: foram encontradas as seguintes adaptações que** auxiliam a dispersão dos diásporos pelos animais: frutos com polpa carnosa; diásporos com ganchos ou espinhos aderentes, associados à epizoocória; presença de elaiossoma nas sementes, associados à dispersão por formigas; presença de arilo carnoso e colorido envolvendo as sementes; diásporos morfologicamente do tipo seco que desenvolveram pseudofrutos carnosos; frutos produtores de resinas, ocorrendo na maioria em leguminosas; e sementes coloridas que mimetizam sementes ariladas.

**Entre os diásporos:** anemocóricos foram observados diversos formatos para auxiliar no transporte pelo vento, classificados aqui em três grupos principais: diásporos com plumas ou cerdas; diásporos com expansões alares, que poderiam surgir do fruto, ou da semente; e diásporos com sementes leves e diminutas.

**Já em relação às espécies autocóricas, podem ser distinguidos aqui dois mecanismos associados à dispersão pela própria planta:**

\* diásporos com deiscência explosiva, associados à autocoria ativa;

\* diásporos sem nenhuma característica evidente para dispersão, sendo associados à autocoria passiva.

## 2 - Estruturas seminais

As estruturas seminais adaptadas à dispersão têm um papel fundamental no estabelecimento da plântula, apesar de ser um estádio crítico e sensível do ciclo de vida das plantas. Nesse caso, o sucesso da espécie acontece quando a semente alcança um lugar com condições favoráveis. Numa floresta, por exemplo, os processos de dispersão de sementes e estabelecimento de plântulas são diversos e a diversidade ocorre devido à presença de muitas classes de organismos dispersores. Dessa forma, o consumo de frutos por animais, muitas vezes, representa a fase inicial da dispersão de plantas com síndrome zoocórica. Desse modo, estudos de frugivoria por aves são fundamentais para a compreensão da dieta e comportamento alimentar das aves consumidoras de frutos e para a compreensão do processo de dispersão de sementes e o estabelecimento de novas populações de espécies vegetais (HOWE; SMALLWOOD, 1982; JORDANO, 2000).

**Vamos entender alguns conceitos?**
**Diásporos:** unidade de dispersão.
**Dispersão:** transporte do diásporo para longe da planta que o originou.
**Síndrome de dispersão:** conjunto de características estruturais dos diásporos que indicam a adaptação da planta aos agentes dispersores abióticos ou bióticos.

**Portanto, vamos conhecer as estruturas secas e carnosas que dispersam esse diásporo?**

- **Anemocória,** realizada pelo vento. Para isso acontecer as estruturas nas sementes são leves e minúsculos, com expansões aliformes e pelos;

Figura 8. Aspecto geral da espécie *Chaptalia nutans* (L.) Polak.

Fonte: <https://calphotos.berkeley.edu/cgi/img_query?enlarge=0000+0000+0307+1146>. Acesso em: 30 ago. 2018.

- **Hidrocoria:** realizada com auxílio da água. Para acontecer, as sementes e frutos possuem cutícula impermeável. É comum apresentarem flutuadores especiais com tecidos esponjosos e aeríferos;

Figura 9. Aspecto geral da espécie *Hernandia guianensis* L.

Fonte: <https://alchetron.com/Hernandia>. Acesso em: 30 ago. 2018.

- **Zoocória (epizoocória e endozoocória):** realizados pelos animais. Para isso acontecer, as sementes possuem pelos e espinhos que aderem ao corpo do animal. Muitas vezes, os animais ingerem e defecam; peixes ingerem e dispersam. Também pode ser realizadas por aves, primatas, formigas, morcegos etc.

Figura 10. Aspecto geral da espécie *Acanthospermum hispidum* DC.

Fonte: <https://www.flogao.com.br/czeiger/92821352>. Acesso em: 30 ago. 2018.

- **Antropocória:** realizada pelo homem acidental ou espontâneo;
- **Autocória:** realizada pelo próprio vegetal. As sementes são lançadas para longe com a pressão.

Figura 11. Aspecto geral da espécie *Impatiens balsamina* L.

Fonte: <https://jardim.info/balsamina>. Acesso em: 30 ago. 2018.

- **Barocória,** realizada pela gravidade, sementes e frutos pesados:

Figura 12. Aspecto geral da espécie *Persea americana* L.

Fonte: <http://brotarnascentes.org.br/index/catalogo/id-105/abacateiro/?box=sim>. Acesso em: 30 ago. 2018.

- **Geocarpia:** quando os pedúnculos, após a fecundação, enterram no solo os próprios frutos.

Figura 13. Aspecto geral da espécie *Arachis hypogaea* L.

Fonte: <https://www.seedsforafrica.co.za/products/peanut-seeds-arachis-hypogaea-sprouting-planting-seeds>. Acesso em: 30 ago. 2018.

## Retomando a aula

Gostaram de conhecer as estruturas das sementes e dos frutos envolvidas na dispersão? Então, para encerrar esta aula, vamos recordar:

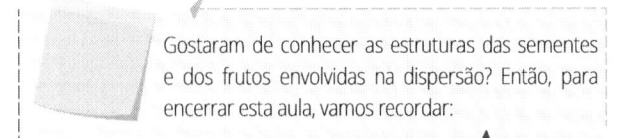

**1 – Estruturas pericárpicas e seminais adaptadas à dispersão**

O fruto e a semente apresentam estruturas auxiliares que colaboram na dispersão, pois, como vimos, a dispersão da semente é um processo-chave no ciclo de vida das plantas. Nesse caso, as estruturas seminais adaptadas à dispersão têm um papel fundamental no estabelecimento da plântula, apesar de ser um estádio crítico e sensível do ciclo de vida das plantas.

## Vale a pena

### Vale a pena ler,

<http://www.sbpcnet.org.br/livro/63ra/conpeex/pivic/trabalhos/MAXMILLE.PDF>. Acesso em: 30 ago. 2018.

### Vale a pena acessar,

<http://www.scielo.br/pdf/rbb/v29n4/01.pdf>. Acesso em: 30 ago. 2018.
<http://www.scielo.br/pdf/rbb/v23n1/v23n1a10.pdf>. Acesso em: 30 ago. 2018.
<https://biologianet.uol.com.br/botanica/dispersores-sementes.htm>. Acesso em: 30 ago. 2018.
<https://blogdoenem.com.br/polinizacao-e-dispersao-angiospermas/>. Acesso em: 30 ago. 2018.

## Minhas anotações

# Aula 8º

# Sistemática vegetal: a ciência da biodiversidade

Nesta aula, vamos aprender sobre a sistemática vegetal e o estudo da biodiversidade, principalmente no que diz respeito à identificação da espécie, visando demonstrar todo o processo nas unidades sistemáticas.

Vamos a nossa aula?

Bons estudos!

**Objetivos de** aprendizagem

Ao término desta aula, vocês serão capazes de:

- aprender o conceito de sistemática vegetal e o estudo da biodiversidade;
- compreender a importância das estruturas morfológicas que envolvem na identificação.

## Seções de estudo

1 - Sistemática vegetal: definição e unidades sistemáticas

# 1 - Sistemática vegetal: definição e unidades sistemáticas

Sistemática é a ciência que estuda a diversidade biológica e sua origem. Envolve a descoberta, descrição e interpretação da diversidade biológica bem como a síntese da informação sobre a diversidade na forma de sistemas de classificação que apresenta um caráter dinâmico. O estudo da sistemática que compreende a biodiversidade. É indispensável nas áreas como: a Ciências Biológicas, Ciências Florestais, Agronomia, Produção Agrícola, Ambiental, Saúde, pois estudar a biodiversidade e identificar essas espécies se torna fonte de informações para áreas como: saúde, agronomia, ambiental, produção agrícola, etc. (JOLY, 1970; JOLY, 1991, JUDD, 2002).

- Na área da saúde: princípio ativo em plantas utilizado na medicina;
- Na área das Ciências Biológicas, Florestal: preservação e conservação, exploração, manejo, etc.
- Ambiental: bioindicadora.

Entre outros atributos que a identificação de uma planta se torna importante!

Figura 1. Aspecto geral das divisões com suas características

Fonte: <https://br.pinterest.com/pin/588916088743294610/?lp=true>. Acesso em: 30 ago. 2018.

Figura 2. Divisão geral dos grupos vegetais e suas características morfológicas

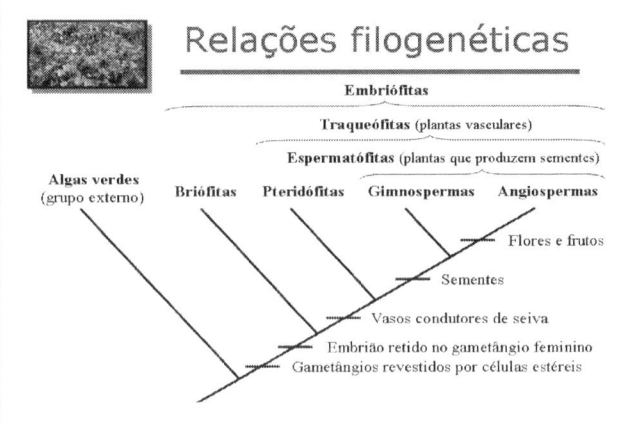

Fonte: <https://biovegetalclaretiano.wordpress.com/2013/04/22/origem-e-classificacao-das-plantas/>. Acesso em: 30 ago. 2018.

### Ramos da sistemática:

A taxonomia, muito usada como sinônimo de sistemática, é a ciência que elabora as leis da classificação, e trata dos princípios e normas dos sistemas de classificação. Pode ser realizada por comparação por meio de descrições das espécies candidatas ou por comparação com espécimes já identificados: *in natura*, fixada ou através de exsicatas, depositados em coleções biológicas. É importante enfatizar que, para ser eficiente, a exsicata deverá estar identificada corretamente. Por isso é importante a utilização de materiais identificados por pessoas (consideradas especialistas) que tenham um profundo conhecimento do grupo em questão. A nomenclatura é fundamental para que o nome aplicado ao organismo descrito seja único e universal. Para isso, a nomenclatura botânica é regida pelo Código Internacional de Nomenclatura para algas, fungos e plantas, cujas regras visam à indexação de todo o conhecimento disponível acerca do organismo nomeado (CRONQUIST, 1968; JOLY, 1991, JUDD, 2002).

### Importante lembrar que:

O estudo da botânica teve seu início histórico com a taxonomia. As espécies eram descritas e nomeadas por naturalistas, dentre eles o mais conhecido foi Carl Von Linne, ou em português, Lineu.

### Termos importantes na Sistemática:

A **Identificação** é o processo para se conseguir a denominação de uma planta reconhecendo assim que ela é idêntica ou quase a outra já descrita anteriormente;

**Táxon** é um agrupamento taxonômico de qualquer categoria;

**Espécie** é a categoria básica de hierarquia taxonômica. O conceito de espécie ainda não é um conceito definido.

De acordo com Cronquist (1968):

> "Uma espécie é a menor população permanente (em termos de tempo humano) distinta e distinguível das outras, em populações sexuais a troca de genes dentro de uma espécie é normalmente livre, enquanto que tais trocas gênicas entre espécies diferentes é bem restrita ou mesmo impossível".

**Quanto à nomenclatura botânica, vamos conhecer?**

A nomenclatura botânica é independente da zoológica e da bacteriológica. Nesse sentido, a classificação consiste na ordenação das plantas em níveis hierárquicos de acordo com suas características (atualmente, de acordo com as relações filogenéticas). Assim, um nível hierárquico mais inclusivo (mais abrangente) incluirá níveis menos inclusivos (menos abrangentes) e suas respectivas características.

**Código Internacional de Botânica:** A nomenclatura envolvendo um conjunto de **princípios, regras** e **recomendações** aprovados em Congressos Internacionais de Botânica de um grupo taxonômico, baseia-se na prioridade de publicação. Cada táxon tem apenas um nome válido. Independentes da sua origem, os nomes dos táxons são tratados como nomes latinos. As regras de nomenclatura são retroativas, exceto quando claramente limitadas.

**Resumidamente, seguem os princípios básicos do sistema de nomenclatura botânica:**

- Regras para pôr em ordem a nomenclatura antiga;
- Recomendações para conseguir uniformidade e clareza na nomenclatura atual.

**1. As seguintes terminações dos nomes designam as categorias taxonômicas em Angiospermas:**

A. Divisão ou filo: ophyta (Magnoliophyta)
B. Classe: opsida (Liliopsida)
C. Subclasse: idae (Liliidae)
D. Ordem: ales (Orchidales)
E. Família: aceae (Orchidaceae)
F. Subfamília: oideae (Orchid

**2. Gênero e espécie não têm terminação fixa.**

**3. O nome científico ou nome específico (epiteto) de um organismo vivo é uma combinação de duas palavras em latim.**

Exemplos:
**Nome vulgar** ou popular não confiável, muitas vezes causa até transtorno.
**Nomes científicos:**
*Eucalyptus benthamii Maiden*
*Eucalyptus dunnii Maiden,*
*Eucalyptus grandis Hill ex Maiden*
*Benthamii, dunni e grandis é a espécie ou epiteto específico*

É importante ressaltar que o nome científico sempre está acompanhado pelo nome abreviado do autor que o descreveu pela primeira vez de forma efetiva ou válida. Quando uma espécie muda de gênero, o nome do autor que a identificou deve ser citado entre parênteses, seguido pelo nome do autor que fez uma nova afirmação ou até mesmo combinação.

Vamos aprender a distinguir gêneros, espécies ou variedades?
Vamos lá!
Aprendendo:

**O Gênero e infragenéricas:** O nome pode vir de qualquer fonte, sendo escolhido arbitrariamente pelo autor. Deve ser um substantivo ou adjetivo substantivado, escrito em latim com a inicial maiúscula.

**A espécie:** O nome da espécie é também de escolha arbitrária, escolhido pelo autor. Deve ser um adjetivo ou substantivo adjetivado, escrito em latim como inicial minúscula. Todo nome de espécie deve ser acompanhado pelo nome do autor da mesma.

**Cultivar:** O nome reservado a variedade cultivada foi criada pelo homem em seus trabalhos de melhoramento e se opõe à variedade botânica, criada e selecionada pela natureza.
Ex.:
Milho: *Zea mays cv. Piranão*
Feijão: *Phaseolus vulgaris cv. Rosinha.*

Quando uma espécie muda de gênero, o nome do autor do basiônimo (primeiro nome dado a uma espécie) deve ser citado entre parênteses, seguido pelo nome do autor que fez a nova combinação.
Ex.:
*Majorana hortensis (Linn.) Moench.*
basiônimo: *Origanum majorana Linn.*

**O que é Híbrido?**

São o resultado do cruzamento de duas espécies diferentes. Por exemplo, cruzando a espécie *Spiraea albiflora com a espécie Spiraea japônica,* obtemos o híbrido *Spiraea x bumalda*. Assim, quando entre as duas palavras encontramos um "x" sabemos que estamos perante um híbrido, ou seja, são o resultado do cruzamento de duas espécies diferentes.
Ex.: *Spiraea x bumalda*

**O que é cultivar?**

É um resultado de um trabalho de seleção de uma característica de uma planta que é sujeita a técnicas de cultivo até que se obtenha uma planta nova com a característica pretendida, diferente da original.
Ex.: *Nerium oleander 'Mont Blanc'*

**O que é variedade?**

São plantas diferentes das da espécie em que surgiram em resultado do aparecimento natural e espontâneo de características novas.
Ex.: *Cupressus sempervirens var. horizontalis.*

Importante: conceito semelhante ao de Variedade. Ocorrem também de forma espontânea na natureza. São plantas que se distinguem dentro da espécie por força das condições geográficas do território onde se desenvolveram as quais selecionaram características da planta mais adequadas a esse terreno.
Ex.: *Quercus ilex subsp. rotundifolia*

**História e o sistema de classificação**

Iniciou pelo filósofo grego **Theophrastus (c. 371-286 a.C.)**, sucessor de Aristóteles através do hábito das plantas, ou seja, poucos caracteres, como separar por ervas, árvores, arbustos e trepadeiras. Durante a idade média, merece destaque o estudo do herbalista **Andrea Cesalpino (1509-1603)**, que surgiu com ilustrações e descrições que facilitam as identificações (considerado o primeiro taxonomista) das plantas. Essas informações eram feitas apontando as propriedades medicinais que elas possuíam e especialmente hábito e caracteres do fruto e semente e caracteres florais. Chegou a classificar aproximadamente 1500 espécies.

Representado pelo botânico **Carl F. Linnaeus (Linné) (1707-1778)**, fundador da taxonomia moderna, botânica e zoológica, e o sistema de nomenclatura que até hoje se utiliza. Nesse sentido, o que descreveu tem um papel fundamental nos estudos da sistemática. Com isso, o botânico produziu duas contribuições como: "Genera Plantarum" (1737 e subsequentes edições) e "Species Plantarum" (1753), que ficou conhecida como o "sistema sexual" uma vez que buscava similaridades estruturais reprodutivas. Assim, como o trabalho de todos os naturalistas da época, os sistemas de classificação buscavam refletir a Ordem Divina da Criação.

**Importante:**
Teofrasto (c. 371-286 a.C.):
Conhecido pelo discípulo de Platão e Aristóteles, considerado como o "pai da botânica".
O que fez?
Descreveu cerca de 500 taxa, caracteres morfológicos óbvios, envolvendo o hábito, como citado anteriormente. Característica como posição do ovário, fusão do perianto, número de pétalas etc. Muitos dos nomes por ele criados foram posteriormente adotados por Lineu e ainda hoje são usados!

Sistemas Evolutivos (Sistemática Evolutiva) ou filogenia como é conhecida, iniciou no século XIX com a publicação de *Origem das Espécies*, de Darwin, que direciona a sistemática para a compreensão das relações entre os grupos, modificando o cenário das classificações hierárquicas e passando a buscar as onze relações evolutivas dos organismos. Nessa fase, surge a escola Gradista, que apesar de ser baseada em conceitos evolutivos, não apresenta uma base metodológica com inferência empírica.

Atualmente, como acontecem os sistemas filogenéticos? Os estudos taxonômicos da atualidade utilizam inúmeras ferramentas, incluindo a incorporação da biologia molecular e métodos que visam compilar os estudos da filogenia dos diversos grupos. O sistema de classificação atual mais utilizado é o APG III (Angiosperm Phylogeny Group, 2009) e o APG IV (2016). Observe a chave mais utilizada atualmente.

Figura 3. Chave de identificação das espécies.

### Identificação de Plantas: Chaves

- Esquema ou arranjo analítico de alguns caracteres marcantes.

Oferecem duas (ou às vezes mais) alternativas em cada destinação e a escolha de uma das alternativas determina a etapa seguinte.

As chaves são montadas com base no estudo das características das plantas e das informações de literatura.

*Fonte: <https://slideplayer.com.br/slide/11618328/>. Acesso em: 30 ago. 2018.*

Esse sistema da classificação foi proposto por Judd e colaboradores. Nos anos 90, reformulou os sistemas de classificação das angiospermas, considerando apenas grupos que compartilham o mesmo ancestral. Esse sistema é plenamente utilizado porque a sistemática filogenética e representa um importante avanço conceitual nos métodos utilizados para classificar os organismos.

**É importante enfatizar:**
Os sistemas de classificação estão em modificação à medida que surgem novas informações, como é possível observar nos últimos anos, basta verificar nas classificações de plantas que têm evoluído ao se beneficiarem da inclusão de dados de áreas recentes como a paleobotânica, a ultraestrutura ou a bioquímica, a genética, etc. A incorporação e combinação de dados tão diferentes com os dados do tipo tradicional (morfologia, anatomia comparada etc.) tem permitido refinar as classificações.

Cronquist (1981) publicou um estudo "Evolution and Classification of Flowering Plants" em 1963. Uma versão posterior, intitulada "An Integrated System of Classification of Flowering Plants" foi publicada em 1981. Desta forma, o estudo trata as Angiospemas como Divisão:

**Magnoliophyta, com duas classes:**
- Magnoliopsida (Dicotiledôneas)
- Liliopsida (Monocotiledôneas)

**Considerou nas Angiospermas 83 Ordens e 383 Famílias:**

Sugere as Pteridospermas (fetos com sementes) como provável ancestral das Angiospermas Nympheales seriam os prováveis ancestrais das monocotiledôneas.

Figura 4. Aspecto geral das classes pertencente aos dois grupos.

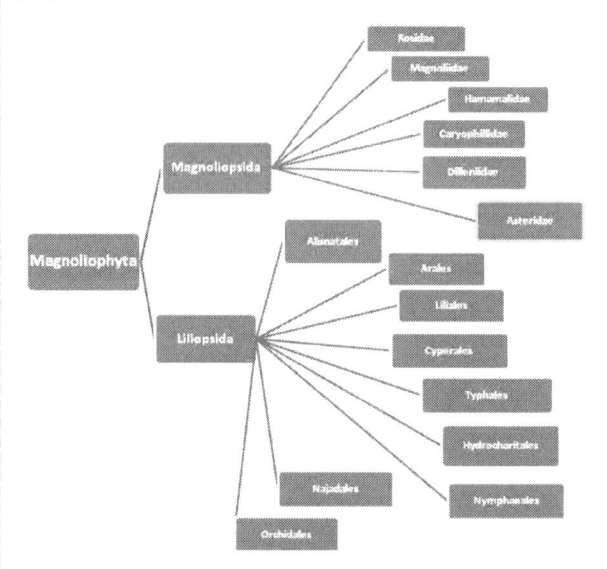

*Fonte: <http://bioweb.uwlax.edu/bio203/s2014/wlodyga_eliz/classification.htm>. Acesso em: 30 ago. 2018.*

**A importância de um herbário:**
Vamos entender o significado de um herbário: é uma coleção taxonômica que reúne, de forma ordenada, exemplares secos de vegetais ou parte destes (ramos com folhas, flores e/

ou frutos), prensados e dessecados, costurado numa cartolina, devidamente preservados para estudos. Nesse sentido, esses materiais botânicos para serem guardados em herbários devem ser: coletados e identificados (número e nome do coletor). É importante lembrar que, para cada grupo, pode ser que se tenha um cuidado especial, pois dependendo da estrutura do material o processo de coleta e secagem pode ser diferente. Aqui, neste caso, destacarei coleta de material botânico, especialmente das angiospermas. Caso você não consiga identificar o material coletado por meio da chave, poderá enviar para um especialista e assim será identificado. Porém, é importante seguir esses passos da herborização porque o material seco, em forma de exsicata, poderá ser transportado para qualquer local via correio.

### Qual o objetivo?

- Primeiramente, classificação das plantas;
- Dar suporte à comunicação internacional ligada à taxonomia por meio da identificação;
- Inventariar as espécies existentes;
- Contribuir com o reconhecimento da flora local, regional, nacional ou internacional;
- Realizar intercâmbio científico emprestando, doando ou permutando material;
- Subsidiar os trabalhos de pesquisa;
- Colecionar exsicatas de trabalhos de pesquisas pregressas e fornecer material didático e científico para estudantes de forma geral.

**Coleta:** Deve-se coletar um ramo com folhas maduras, que contenha especialmente flores e ou frutos, com cerca de 30 cm a 40 cm de comprimento. Muitas vezes, dependendo da espécie, o ramo excederá esse tamanho, mas não há problema, pois ele poderá ser dobrado ou cortado, na hora da prensagem. O importante é arranjar o ramo para que mostre a disposição das folhas e flores. Quando se tratar de ervas, elas devem ser coletadas com a raiz. Deve-se coletar de cada planta pelo menos cinco amostras para deixar no herbário onde será depositado, uma para o especialista do grupo, outra para um dos grandes herbários nacionais e as outras para serem utilizadas no intercâmbio científico de material botânico que ocorre entre os herbários. Observe as imagens a seguir:

Figura 5. Aspecto geral da coleta do ramo florido.

*Fonte: arquivo pessoal.*

Figura 6. Detalhe do ramo florido sendo coletado.

*Fonte: arquivo pessoal.*

### Como preparar o material botânico coletado?

Após a coleta, as amostras devem ser organizadas em folhas de jornal dobradas ao meio, deixando ao máximo, a disposição da planta na natureza. Essas folhas de jornal contendo a amostra devem ser intercaladas com as folhas de papelão e alumínio corrugado, as quais devem ser alternadas sempre com o papelão, além das canaletas na mesma direção para facilitar a circulação do ar. Observe a imagem:

Figura 7. Aspecto do arranjo da planta no jornal.

*Fonte: arquivo pessoal.*

Figura 8. Aspecto geral da seleção dos ramos para organizar no jornal.

*Fonte: arquivo pessoal.*

O material deverá ser organizado e colocado na prensa

e amarrado com corda. Organizado dessa forma, o material estará pronto para ser desidratado e esse processo poderá ser realizado ao sol ou sob qualquer outra fonte de calor à temperatura de 60-70 °C.

Normalmente, quando se vai até uma área de coleta, é necessário ter alguns materiais como: caderno, lápis ou caneta e borracha para anotar todas as informações morfológicas observáveis referentes à planta no ato da coleta, lembrando que para cada material coletado essas informações devem está separada por cada espécie antes de prensar para secar.

Figura 9. Aspecto geral do momento que as plantas estão sendo prensadas com jornal, papelão e alumínio corrugado.

*Fonte: arquivo pessoal.*

Figura 10. Aspecto geral de uma estufa caseira.

*Fonte: arquivo pessoal.*

É possível identificar as plantas em nível de família e espécies através de chaves taxonômicas e bibliografias especializadas, seguindo a classificação do APG III (2009).

Como podem observar com as imagens, após o processo de secagem (que poderá ser feito até com uma estufa caseira), cada planta será costurada em papel do tipo cartolina com uma ficha de identificação da espécie com as seguintes informações:
- nome da família;
- nome científico da espécie;
- nome popular;
- alguma informação que julgue importante sobre a planta.

Assim, você deixará uma exsicata com fins didáticos para auxiliar o reconhecimento das espécies de qualquer área.

Figura 11. Aspecto geral do material seco se transformando numa exsicata, detalhe da ficha catalográfica com as informações sobre a espécie (seta).

*Fonte: arquivo pessoal.*

As informações aqui descritas afirmam o quanto a sistemática contribui para inventariar e descrever a biodiversidade e compreender as relações filogenéticas entre os organismos. Inclui-se, sem dúvida, a taxonomia, ciência da descoberta, descrição e classificação das espécies e grupo de espécies, com suas normas e princípios e também mais atualmente a filogenia, ciência das relações evolutivas entre os organismos. Em geral, de acordo com os estudiosos da área, compreende a classificação dos diversos organismos vivos.

## Retomando a aula

Gostaram de conhecer o conceito de sistemática vegetal e sua importância? Então, para encerrar esta aula, vamos recordar:

**1 – Sistemática vegetal: a ciência da biodiversidade**

Sistemática é a ciência que estuda a diversidade biológica e sua origem. Envolve a descoberta, descrição e interpretação da diversidade biológica, bem como a síntese da informação sobre a diversidade na forma de sistemas de classificação.

## Vale a pena

### Vale a pena acessar

<http://www.youblisher.com/p/614622-herbario>. Acesso em: 30 ago. 2018.

<https://www2.cead.ufv.br/serieconhecimento/wp content/uploads/2015/11/colecoes-botanicas-1.pdf>

<http://www.ibb.unesp.br/Home/Departamentos/Botanica/Herbario/Manual_Herbario_BOTU.pdf>. Acesso em: 30 ago. 2018.

<http://www.ibb.unesp.br/Home/Departamentos/Botanica/Herbario/Apostila1.pdf>. Acesso em: 30 ago. 2018.

<https://www.researchgate.net/publication/308873937_Sistematica_vegetal_conceitos_estado_atual_e_perspectivas_futuras>. Acesso em: 30 ago. 2018.

## Referências

APG. (2009). An update of the Angiosperm Phylogeny Group classification for the orders and families of

APPEZZATO-DA-GLÓRIA, B.; CARMELLO-GUERREIRO, S.M. (Eds.) *Anatomia vegetal*. 3a ed. Viçosa: Editora UFV, 2012.

BARROSO, G. M.; MORRIM, M. P.; PEIXOTO, A. L.; ICHASO, C. L. F. *Frutos e Sementes:* morfologia aplicada à Sistemática de Dicotiledôneas. Viçosa: Editora UFV, 1999. 443p.

CRONQUIST, A. 1968. *The evolution and classification of flowering plants*. Boston. 396 p. flowering plants: APG III. Botanical Journal of the Linnean Society 161: 105-121.

ERIKSSON O, FRIIS, E.M., LOFGREN, P. 2000. *Seed size, fruit size, and dispersal systems in angiosperms from the early Cretaceous to the late Tertiary*. American Naturalist 156, 47 e 58.

FERRI, M. G. *Botânica:* morfologia interna das plantas. 9. ed. Nobel, 2007. 113p.

FLEMING, T. H.; KRESS W. J. 2013. *The ornaments of life:* coevolution and conservation in the tropics. University of Chicago Press.

GONÇALVES, E. G.; LORENZI H. *Morfologia vegetal:* organografia e dicionário ilustrado de morfologia de plantas vasculares. Nova Odessa: Instituto Plantarum 2011. 446 p.

HARDER, L. D.; PRUsSINkKIEWICZ, P. 2013. *The interplay between inflorescence development and function as the crucible of architectural diversity*. Annals of Botany, 112: 1477–1493.

HOWE, H. F., SMALLWOOD, J. 1982. *Ecology of seeds dispersal*. Annual Review of Ecology and Systematics 13: 201-228.

JOLY A. B. *Botânica:* introdução à taxonomia vegetal. São Paulo: Companhia Editora Nacional, 1975.

JOLY; A. B. *Introdução à Taxonomia Vegetal*. Nacional, São Paulo, 1991. Botânica – Chave de identificação das Famílias de Plantas Vasculares que Ocorrem no Brasil USP, São Paulo, 1970.

JORDANO, P. 2000. *Fruits and frugivory*. In: Fenner, M. Seeds: the ecology of regeneration in plant communities. 2° edition. CABI Publ., Wallingford, UK. Pages 125-166

JUDD, W.S. et. al. *Plant Systematis:* A Phylogenetic Approach. 2 a ed. Sinauer Associates, Inc. Sunderland, MA., 2002. 575p.

LORD, J. M. 2004. *Frugivore gape size and the evolution of fruit size and shape in southern hemisphere floras*. Austral Ecology, v.29, n.4, 430-436.

LORENZI, H. *Botânica sistemática:* guia ilustrado para identificação das famílias de Angiospermas da flora brasileira, baseado em APG II. Instituto. Nova Odessa, SP: Plantarum, 2005. 640p.

MARQUES, F. de O. *Práticas de Morfologia Vegetal*. Editora Atheneu: Brasil, 2003.

MORI, L.A.; SILVA, L.A.M.; LISBOA, G.; CORADIN, L. *Manual de manejo do herbário fanerogâmico*. Ihéus, Centro de Pesquisa do Cacau. 1989.

NOGUEIRA, E. *Uma História Brasileira da Botânica*. Editora: Marco Zero, 2001.

RAVEN, P.H.; EVERT, R.F.; EICHHORN, S.E. *Biologia Vegetal*, 8a ed., Rio de Janeiro: Editora

SCHULTZ, A.R. *Introdução ao estudo da Botânica sistemática*. 3 Ed. Globo, 1963

SOUZA, L. A. de. *Morfologia e Anatomia vegetal*. Ponta Grossa: UEPG, 2009.

SOUZA, V. C.; FLORES, T. B.; LORENZI, H. *Introdução à Botânica:* morfologia. São Paulo: Instituto Plantarum de Estudos da Flora, 2013. 224p.

TIFFNEY, B.H.; MAZER, S. J. 1995. *Angiosperm growth habit*, dispersal and diversification

reconsidered. Evol. Ecol. 9, 93-117.

VAN DER PIJL, L. 1982. *Principles of Dispersal in Higher Plants*. New York: SpringerVerlag Berlin Heidelberg

VIDAL, W.N.; VIDAL, M. R. R. *Botânica* – Organografia: Quadros Sinóticos Ilustrados de Fanerógamos. Viçosa: UFV, 2007. 124p.

## Minhas anotações

**Minhas** anotações

Printed in Poland
by Amazon Fulfillment
Poland Sp. z o.o., Wrocław